管道工程识图·工艺·预算

主　编　方翠兰　李晋旭　易德勇
参　编　孙敬涛　赵媛静　陈淑珍　车　坤

北京理工大学出版社
BEIJING INSTITUTE OF TECHNOLOGY PRESS

内 容 提 要

本书共分为九章，主要内容包括绪论、管道工程识图的基本知识、管道工程基本知识、室外给水排水工程识图与工艺、室内给水排水工程识图与工艺、给水排水工程计量计价、采暖工程、消防工程、通风与空调工程等。

本书可作为高等院校土木工程类相关专业的教材，也可供工程造价管理人员学习参考。

图书在版编目(CIP)数据

管道工程识图·工艺·预算／方翠兰，李晋旭，易德勇主编.—北京：北京理工大学出版社，2017.8

ISBN 978-7-5682-4477-0

Ⅰ.①管… Ⅱ.①方… ②李… ③易… Ⅲ.①管道工程－高等学校－教材 Ⅳ.①U172

中国版本图书馆CIP数据核字(2017)第182386号

出版发行／北京理工大学出版社有限责任公司

社　　址／北京市海淀区中关村南大街5号

邮　　编／100081

电　　话／(010)68914775(总编室)

(010)82562903(教材售后服务热线)

(010)68948351(其他图书服务热线)

网　　址／http://www.bitpress.com.cn

经　　销／全国各地新华书店

印　　刷／北京紫瑞利印刷有限公司

开　　本／787毫米×1092毫米　1/16

印　　张／17.5

字　　数／469千字

版　　次／2017年8月第1版　2017年8月第1次印刷

定　　价／68.00元

责任编辑／李玉昌

文案编辑／瞿义勇

责任校对／周瑞红

责任印制／边心超

前言 FOREWORD

我们在教学过程中，经常收到同学们的反映，在学习安装工程造价知识时，常常已把前面学习过的安装识图及其构造、施工工艺遗忘，为此，我们把《安装构造及施工工艺》（包括管道、电气）和《安装工程造价》整合成《管道工程识图·工艺·预算》与《电气工程识图·工艺·预算》两本教材，这是其中的《管道工程识图·工艺·预算》，通过这样的整合，以期最大限度地帮助学生更好地学习。同时，本书是按照从学生接到造价任务后，应该完成的每一个操作应具备的知识点的顺序进行编写，以使学生能够更好地从认识规律的角度去学习安装知识，通过这样的编排，学生学习时，思维过程会比较自然，兴趣更浓厚。

在本书中，力求用简明的语言把抽象的安装知识阐述出来，同时配以大量的图片帮助学生理解，书中注重培养学生的实际动手能力，其实用和操作性较强，重点部分均给出了识图及施工图预算编制实例。学生通过学习基本知识及实例，基本上能掌握管道工程的识图、构造及施工工艺，施工图预算的编制，尤其是造价专业的学生，会对预算的编制方法及编制程序会比较清楚，能很快适应工作岗位的要求。

全书共分为9章，由方翠兰、李晋旭、易德勇担任主编，孙敬涛、赵媛静、陈淑珍、车坤参与了本书部分章节的编写工作。具体编写分工为：方翠兰编写第1章、第2章、第3章、第4章，方翠兰、赵媛静共同编写第5章，方翠兰、孙敬涛共同编写第6章，方翠兰、陈淑珍共同编写第7章，李晋旭编写第8章、第9章。另外，本书在编写过程中，得到了重庆市宏发工程造价咨询有限公司的大力支持，该公司的易德勇、车坤参与编写了本书第3章和第6章的部分内容。

由于编者水平和时间有限，书中难免有错误和不当之处，恳请读者批评指正。

编　者

目录 CONTENTS

第 1 章　绪　论

作为一名造价人员，常常接到这样的工作任务：根据招标文件编制标底或投标书里的预算。招标文件由封面、目录、正文(招标公告、投标人须知、评标办法、合同条款及格式、工程量清单、图纸、技术标准和要求、投标文件格式)等组成。以下为一份招标文件(节选)。

1. 封面

项目名称：××安装工程

招标编号：××

招 标 文 件

招　　标　　人：××有限公司（盖章）

招标代理机构：××有限公司(盖章)

编　　制　　人：××　　资格(章)××

审　　核　　人：××　　资格(章)××

××年×月

2. 目录

目　录

第五章　工程量清单
第六章　图纸
1. 图纸目录
2. 图纸
第七章　技术标准和要求
1. 标准规范
2. 交通标志及交通安全设施设备采购及安装工程技术要求
第八章　投标文件格式
一、投标函部分
(一)投标函
(二)法定代表人身份证明及授权委托书
(三)投标保证金
二、商务部分
三、资格审查资料
(一)法定代表人身份证明及授权委托书
(二)投标人基本情况表
(三)项目管理机构
(四)近年财务状况表
(五)近年发生的诉讼和仲裁情况
(六)红绿灯制造厂出具的授权书
(七)电子警察制造厂出具的授权书
(八)其他资料
四、技术部分

3. 正文(内容节选)

(1)招标条件。本招标项目××已由××号文批准建设，项目业主为××有限公司。建设资金来源为自筹资金。项目已具备招标条件，现对该项目的××安装工程进行公开招标。

(2)项目概况与招标范围。

2.1　建设地点：××；

2.2　建设规模：××；

2.3　估算金额：××万元；

2.4　计划工期：××天；

2.5　招标范围：本工程为交钥匙工程，采用固定总价包干方式。包括但不限于××住宅给水排水工程。详见第七章技术标准和要求以及招标人提供的施工图(电子版)。

(3)本工程按《重庆市安装工程计价定额》(CQAZDE－2008)、《重庆市建设工程费用定额》(CQFYDE－2008)、《混凝土及砂浆配合比表、施工机械台班定额》(CQPSDE－2008)及相关配套定额和文件进行计量计价。

(4)图纸(部分)。如图 1.1～图 1.3 所示。

由此可知，要想编制施工图预算，需要掌握以下知识：一是识图；二是掌握安装构造及其施工工艺；三是根据定额或相关文件编制预算。本书将采用这一顺序对安装管道工程的给水排水、采暖、消防及通风空调进行解读。

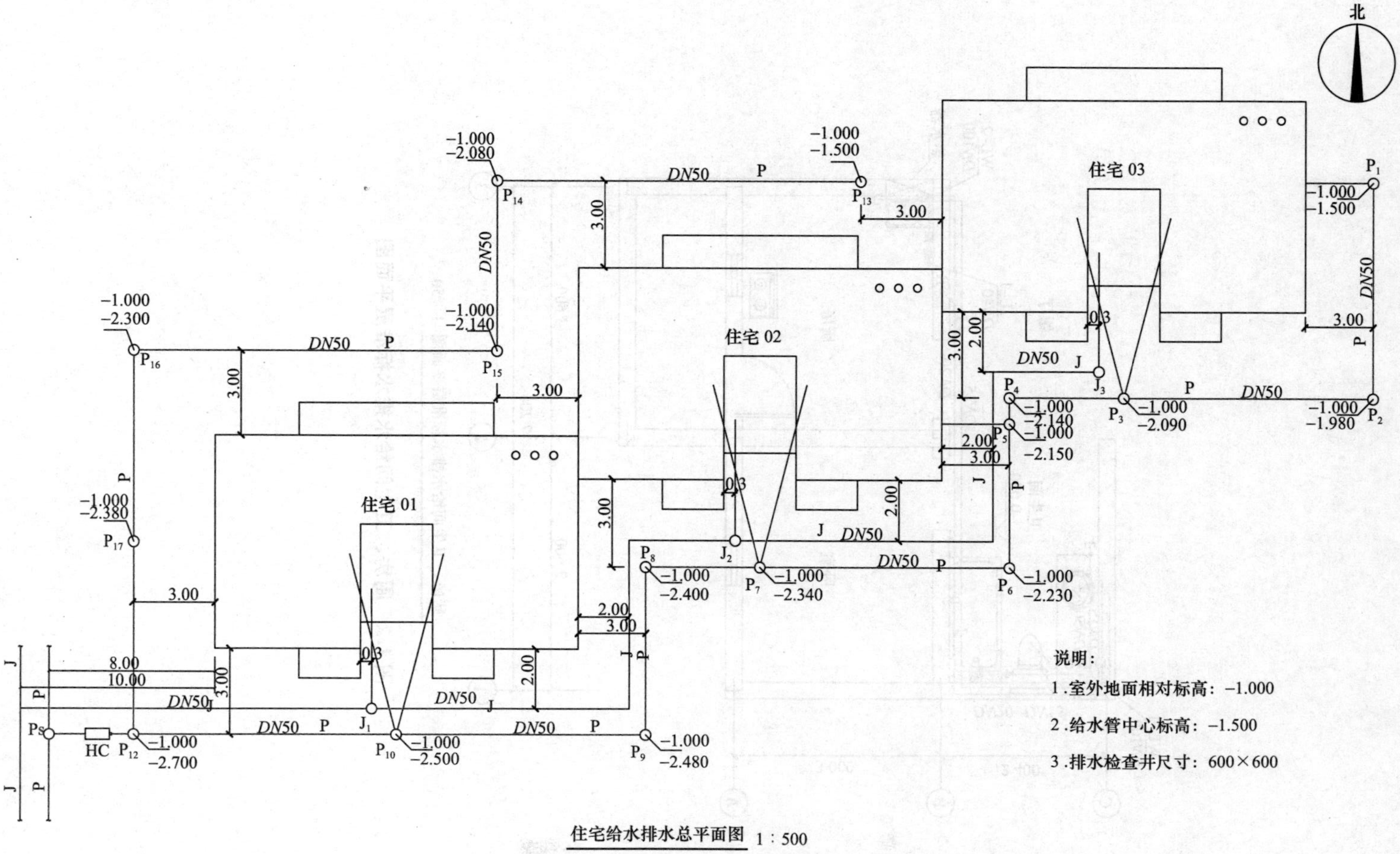

图 1.1　住宅给水排水总平面图

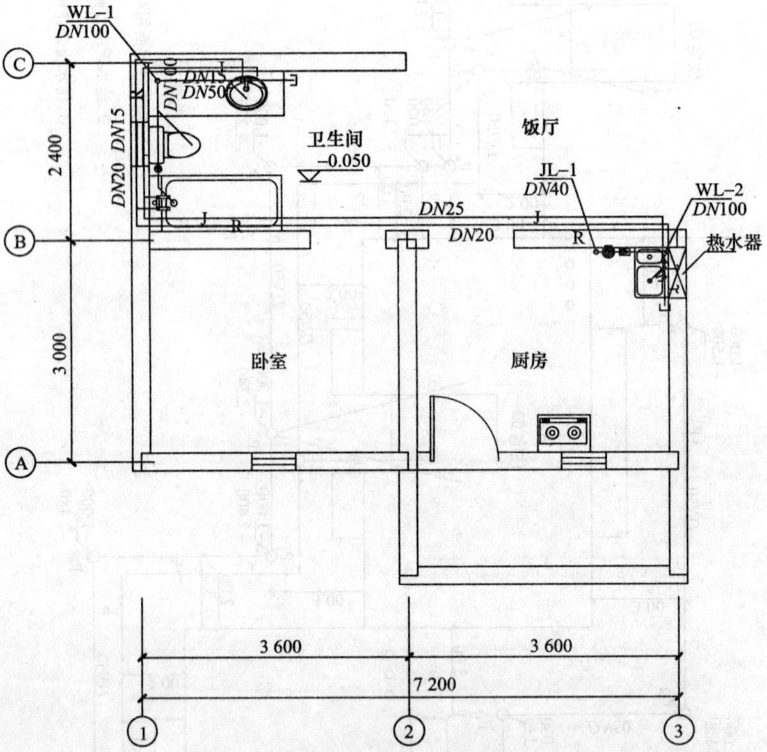

厨房、卫生间给水排水标准层平面图 1∶50

图 1.2 厨房、卫生间给水排水标准层平面图

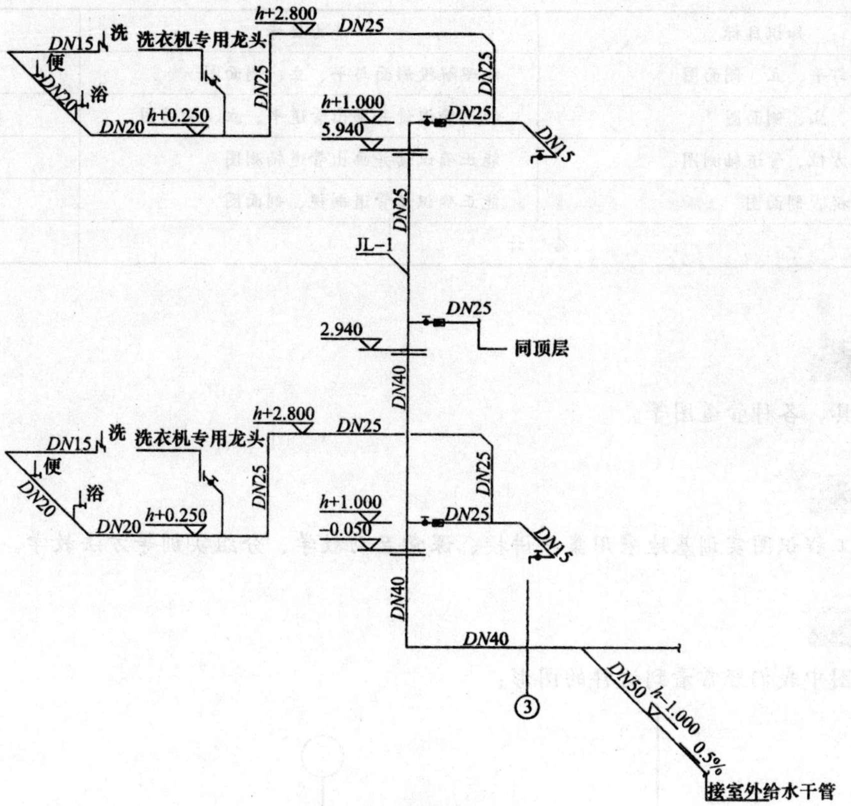

给水系统图　1：100

图 1.3　给水系统图

第 2 章　管道工程识图的基本知识

学习目标

知识目标	能力目标	权重
熟悉投影面与平、立、侧面图	能理解投影面与平、立、侧面图	0.10
了解管道平、立、侧面图	能正确识读并画出管道平、立、侧面图	0.35
了解轴测图方位、管道轴测图	能正确识读并画出管道轴测图	0.35
熟悉管道剖视、剖面图	能正确识读管道剖视、剖面图	0.20
合　计		1.0

教学准备

画图教具、各种管道图等。

教学建议

在安装工程识图实训基地采用集中讲授、课堂互动教学、分组实训等方法教学。

教学导入

在管道图中我们经常看到这样的图形：

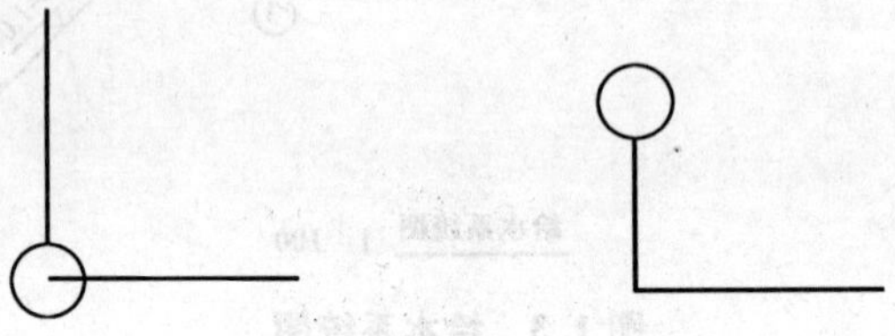

这些图形代表了什么意思？我们如何来理解呢？

2.1　管道平、立、侧面图

2.1.1　管道单、双线图

(1)管道的组成。管道也称为管路，是输送介质的通道，主要由管子、管件和附件等组成。管子的形状有圆形(圆筒形)和矩形两种。其中，圆形管子使用普遍；管件的种类较多，主要有弯头，三、四通等。其中，弯头用于管道拐弯处，三、四通用于管道分支处；附件是指附属在管道的部分，如阀门、水嘴等。

(2)管道的单、双线图。管道工程图按管道的图形分为两种：一种是用一根线条画成的管子(件)的图样，称为单线图；另一种是用两根线条画成的管子(件)的图样，称为双线图。

画图时，在同一张图纸上，一般将主要的管道画成双线图，次要的管道画成单线图。

2.1.2　管道的平、立、侧面图

1. 位置

(1)投影面。管道工程采用的投影面有四个，即水平投影面、正立投影面、左侧立投影面和右侧立投影面。在四个投影面中，水平、正立与左、右侧立投影面相互垂直，如图 2.1 所示。投影时采用正投影法，向着相应的投影面进行投影。

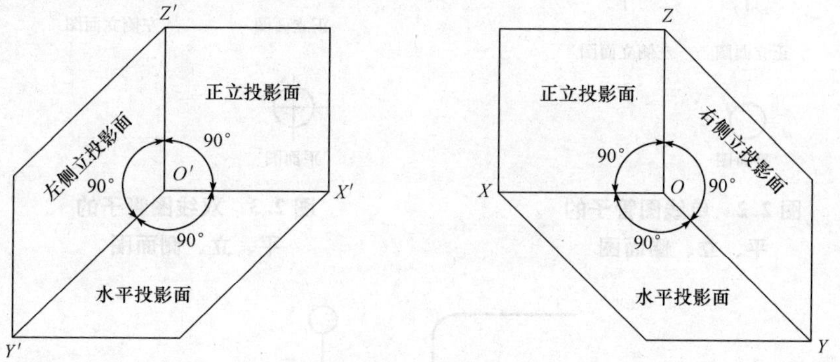

图 2.1　投影面

(2)平、立、侧面图的位置。

1)正立面图(也称为主视图)。将管道(或管子、管件)从前向后面的正立投影面投影，即得到该管道(或管子、管件)在正立投影面上的图形，其位置不动。

2)平面图(也称为俯视图)。将管道(或管子、管件)从上向下面的水平投影面投影，即得到该管道(或管子、管件)在水平投影面上的图形；然后将该图形绕着 OX 轴向下旋转 90°，画在其正立面图的正下方。

3)左侧立面图(也称为左视图)。将管道(或管子、管件)从左侧向右侧立投影面投影，即得到该管道(或管子、管件)在右侧立投影面上的图形；然后将该图形绕着 OZ 轴向右后方旋转 90°，画在其正立面图的右侧。

4)右侧立面图(也称为右视图)。将管道(或管子、管件)从右侧向左侧立投影面投影，即得到该管道(或管子、管件)在左侧立投影面上的图形；然后将该图形绕着 $O'Z'$ 轴向左后方旋转 90°，画在其正立面图的左侧。

思考：

投影面与平、立、侧面图一样吗？

2. 线型与形状

(1)单线图。单线图忽略了管子的厚度，如图 2.2 所示。当管子呈线性时，管子是一条竖直的粗实线；当管子呈管口时，是一个粗实线小圆。

(2)双线图。双线图体现出管子的厚度，如图 2.3 所示。当管子呈线性时，管子是画有中心线的两条竖直的中实线；当管子呈管口时，管子是画有“十”字中心线的中实线小圆。

3. 管件的遮挡

管子连接处的管件，如弯头、三通等，其立管和横管常存在遮挡关系。

(1)单线图(图 2.4、图 2.5)。若先看到管口时，粗实线不穿过小圆，画到粗实线小圆的边上；若后看到管口时，粗实线穿过小圆的圆心(若只遮挡了一半，粗实线画到圆心)。

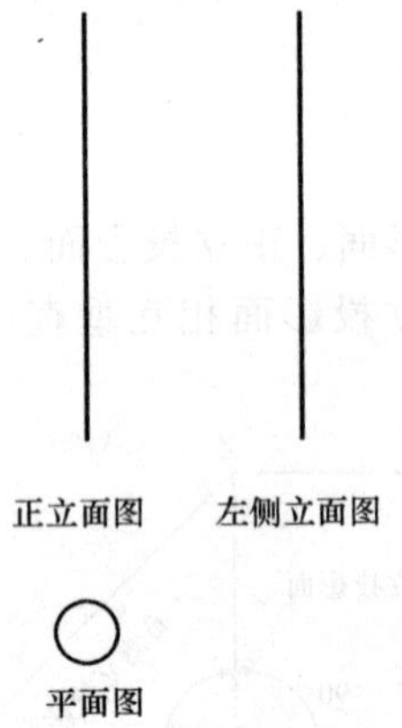

图 2.2　单线图管子的平、立、侧面图

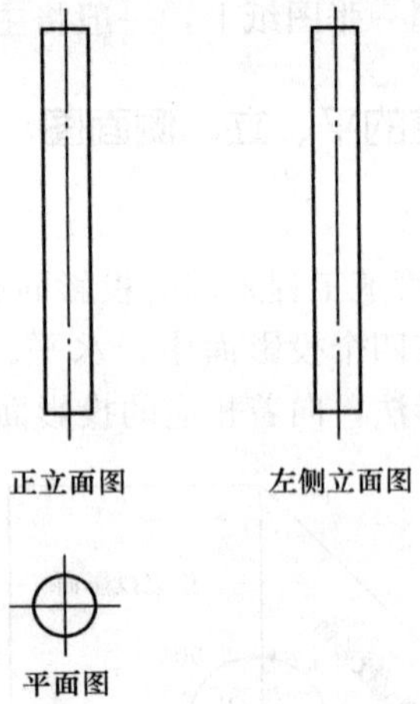

图 2.3　双线图管子的平、立、侧面图

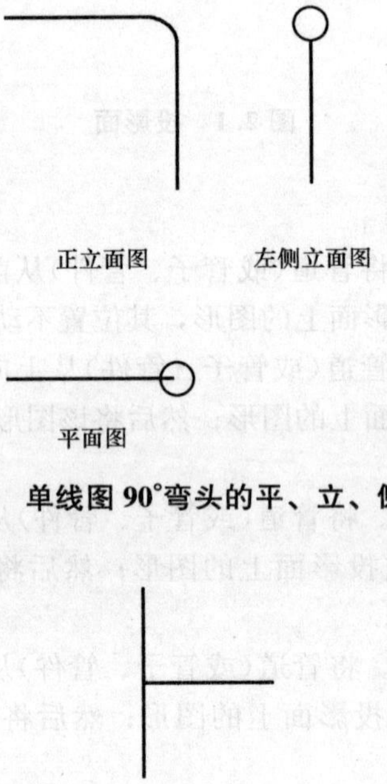

图 2.4　单线图 90°弯头的平、立、侧面图

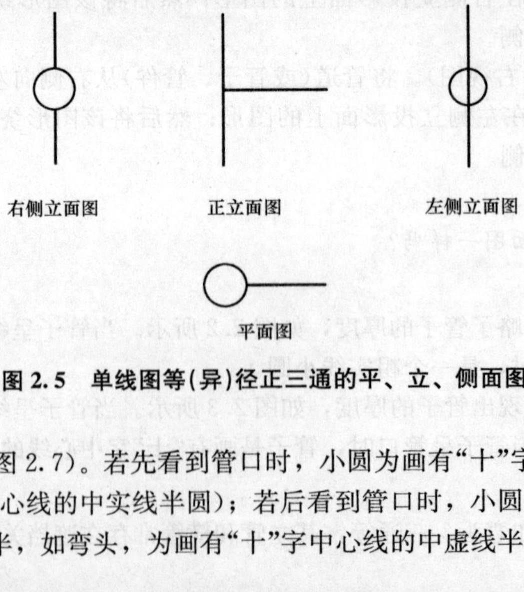

图 2.5　单线图等(异)径正三通的平、立、侧面图

(2)双线图(图 2.6、图 2.7)。若先看到管口时，小圆为画有“十”字中心线的中实线小圆(若是弯头，为画有“十”字中心线的中实线半圆)；若后看到管口时，小圆为画有“十”字中心线的中虚线小圆(若只遮挡了一半，如弯头，为画有“十”字中心线的中虚线半圆或不画)。

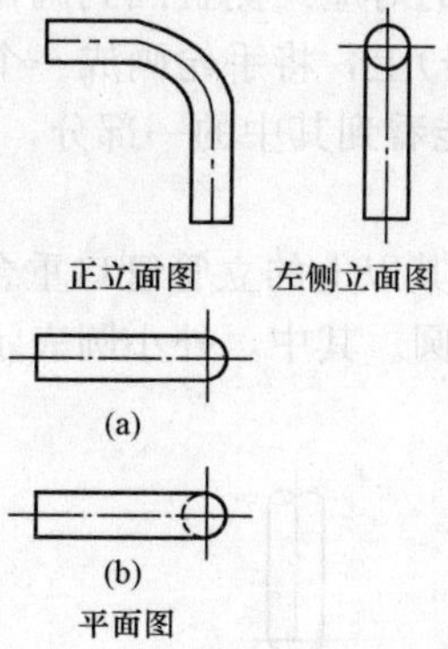

图 2.6　双线图 90°弯头的平、立、侧面图

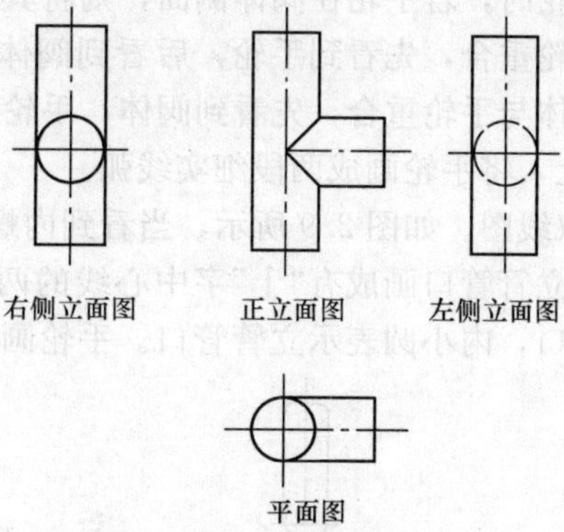

图 2.7　双线图等径正三通的平、立、侧面图

课堂活动

1. 画出正四通的单、双线图。
2. 画出异径正三通的双线图，看看与正三通中的小圆有何区别？

正四通的单、双线图　　异径正三通的双线图

4. 与阀门连接

在管道工程中，常需要连接阀门，在管道图中，这些阀门都有专用图形符号，画管道图时，可把阀门的专用图形符号画在管道图对应的位置。

在管道工程中，截止阀是使用较多的一种阀门。截止阀按其连接形式，可分为内螺纹截止阀和法兰式截止阀两种。另外，还可分为带手轮截止阀和不带手轮截止阀两种。下面以内螺纹截止阀为例画其单、双线图。

(1)单线图。如图 2.8 所示，当看到内螺纹截止阀的上口与其以上的立管管口重合时，将阀体上口与立管管口画成一个粗实线小圆。

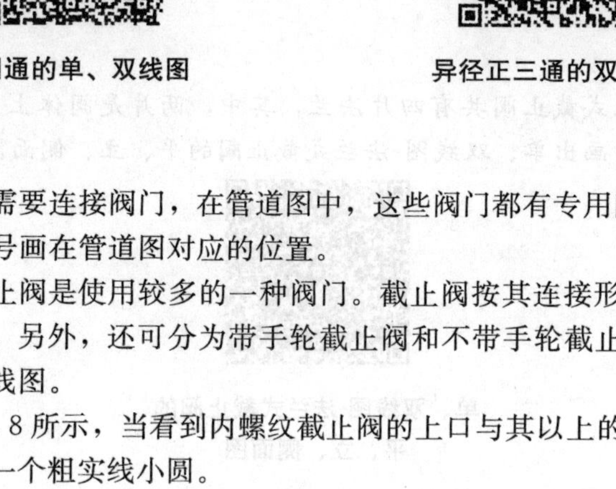

图 2.8　单线图内螺纹截止阀的平、立、侧面图

画手轮时，若手轮在阀体侧面，则将其专用符号画在阀体的对应一侧且画到阀体边上；若阀体与手轮重合，先看到手轮，后看到阀体，在阀体(专用符号)上，将手轮画成一个细实线小圆；若阀体与手轮重合，先看到阀体，手轮在阀体的后面，只能看到其中的一部分，在阀体(专用符号)上，将手轮画成两段细实线弧。

(2)双线图。如图 2.9 所示，当看到内螺纹截止阀的上口与其以上的立管管口重合时，将阀体上口与立管管口画成有“十”字中心线的两个同心的中实线小圆。其中，外小圆表示内螺纹截止阀的上口，内小圆表示立管管口。手轮画法同单线图。

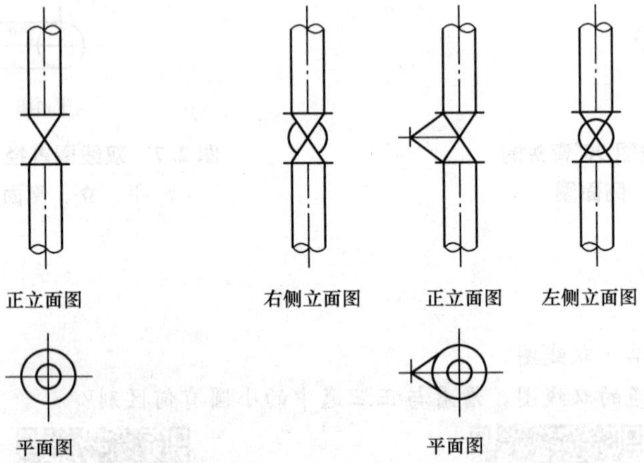

图 2.9　双线图内螺纹截止阀的平、立、侧面图

课堂活动

安装在管道上的法兰式截止阀共有四片法兰，其中，两片是阀体上自带，另外两片分别焊在其进、出口的管端。请画出单、双线图-法兰式截止阀的平、立、侧面图。

单、双线图-法兰式截止阀的平、立、侧面图

2.1.3　管子的交叉与在平、立面图上的重叠

1. 管子的交叉

(1)当两根单线图管子在平、立面图上交叉时(交叉角一般为 90°，也可任意角度)，在被遮挡处，断开被遮挡管，如图 2.10、图 2.11 所示。

(2)当两根双线图管子在平、立面图上交叉时(交叉角一般为 90°，也可任意角度)，被遮挡的部分画成虚线，如图 2.12、图 2.13 所示。

(3)单、双线图管子在平、立面图上的交叉(交叉角一般为 90°，也可任意角度)，单线管遮挡双线管时，在被遮挡处既不断开也不画成虚线，即不做任何处理，如图 2.14 所示。

(4)单、双线图管子在平、立面图上的交叉(交叉角一般为90°，也可任意角度)，双线管遮挡单线管时，在被遮挡处画成虚线，如图2.15所示。

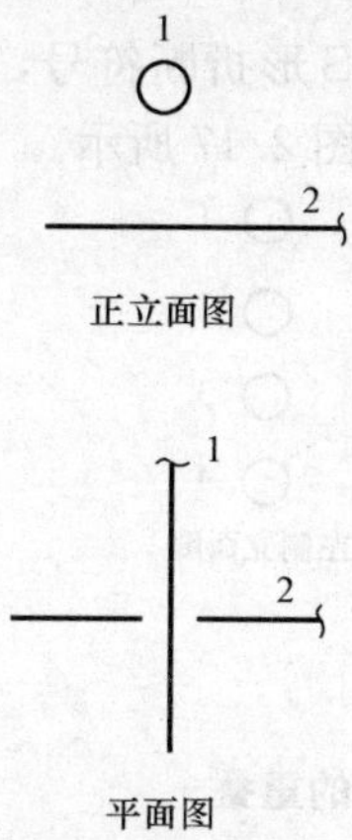

图2.10　两条单线图直管在平面图上的交叉

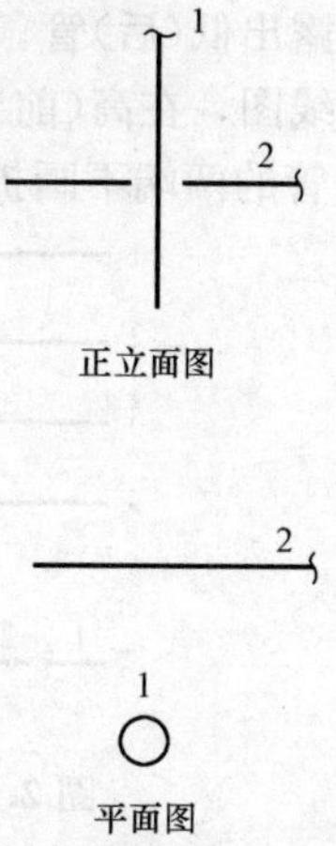

图2.11　两条单线图直管在正立面图上的交叉

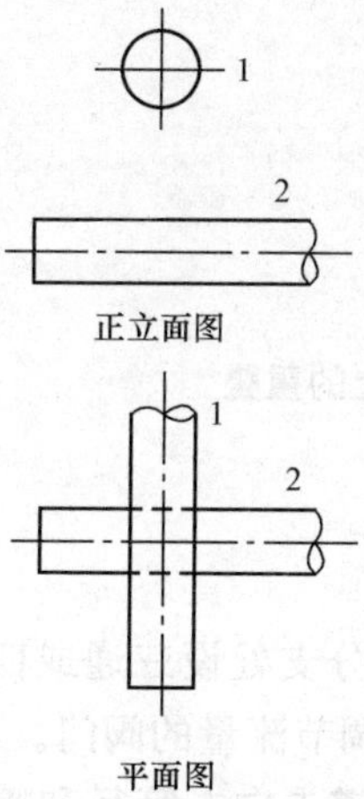

图2.12　两条双线图直管在平面图上的交叉

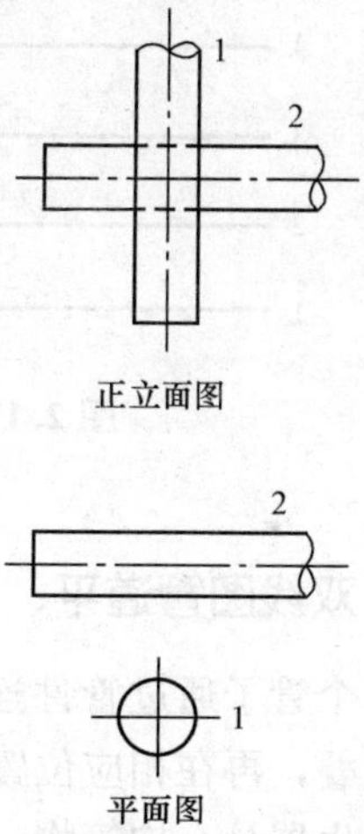

图2.13　两条双线图直管在正立面图上的交叉

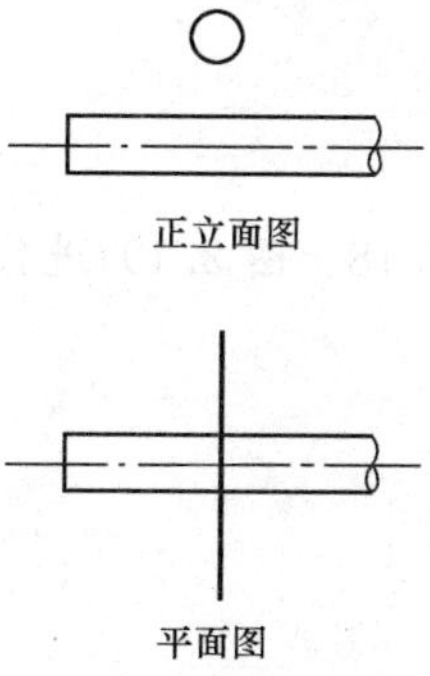

图2.14　一条单线图直管与一条双线图直管在平面图上的交叉

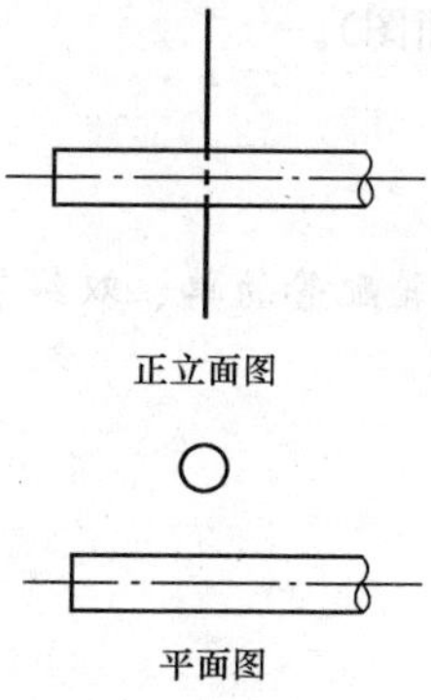

图2.15　一条单线图直管与一条双线图直管在正立面图上的交叉

2. 管子在平、立面图上的重叠

管子在平、立面图上的重叠，一般采用的方法是“断高前露低后法”，即假想将高(前)管的中间截去一段，在此露出低(后)管。

管子一般画成单线图，在高(前)管的两断口处画细线 S 形折断符号，与低(后)管端的间距为 23 mm，而低(后)管的两端不画折断符号，如图 2.16、图 2.17 所示。

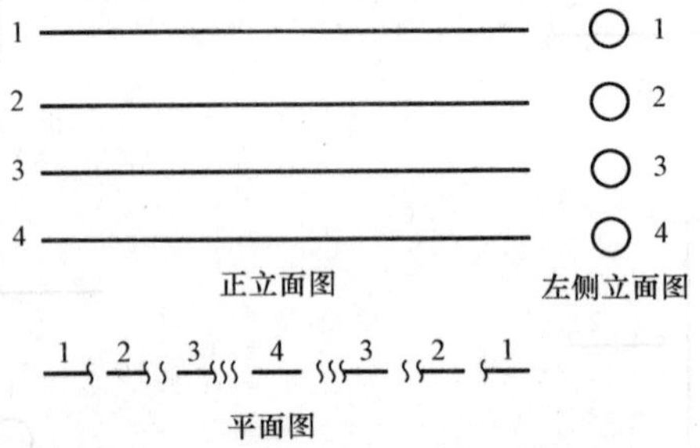

图 2.16　4 条直管在平面图上的重叠

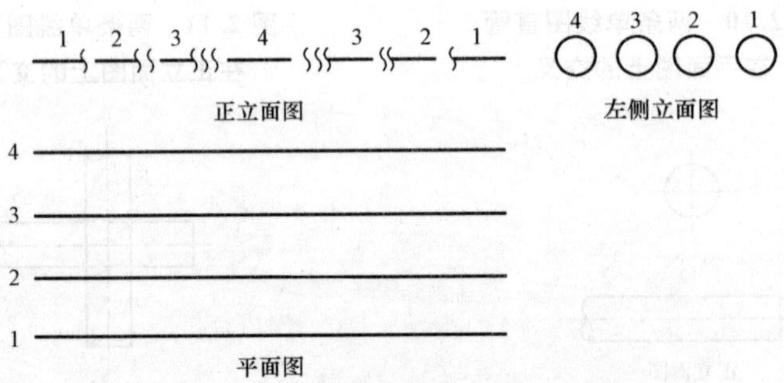

图 2.17　4 条直管在正立面图上的重叠

2.1.4　单、双线图管道平、立、侧面图

管道就是由多个管子通过管件连接，拐弯处设弯头，分支处设三通或四通，变径处设大小头等，互相交叉重叠，再在相应位置设置控制运行开闭或调节流量的阀门。

表示设备、卫生器具、构筑物、管道的平面布置、管道走向、管径和管段的长度尺寸的是管道平面图。

表示设备、卫生器具、构筑物、管道在垂直方向的布置、管道走向、管径、标高等的是管道立面图(或剖面图)。

课堂活动

请对软化水箱配管的单、双线管道平、立、侧面图(图 2.18、图 2.19)进行识读。

软化水箱配管的单、双线管道平、立、侧面图识读

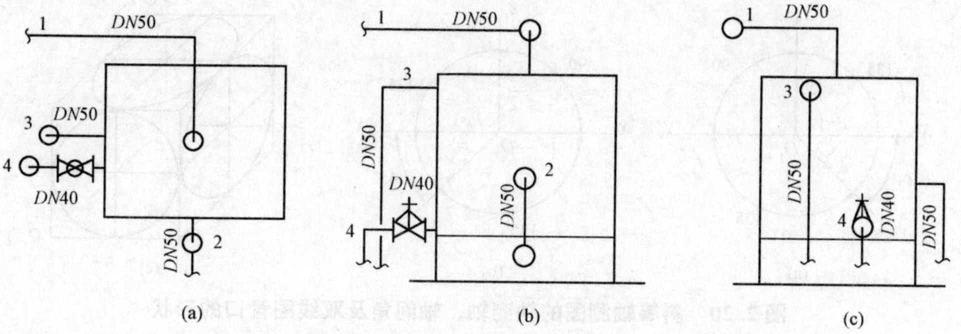

图 2.18　软化水箱配管的单线图管道平、立、侧面图

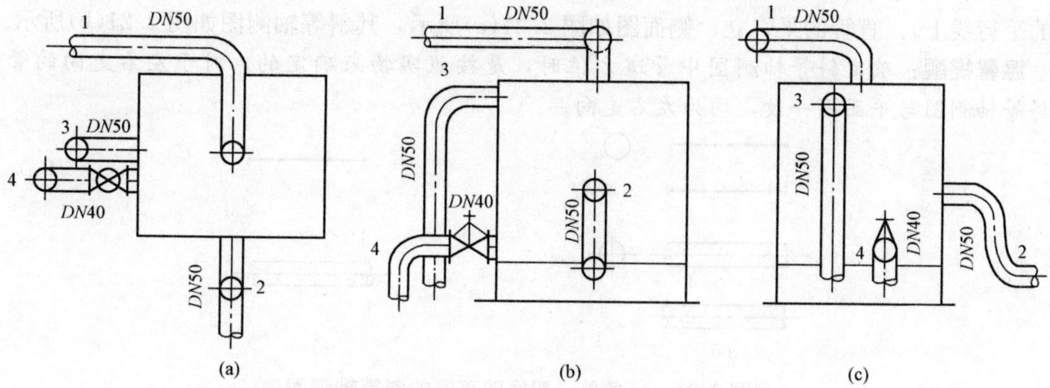

图 2.19　软化水箱配管的双线图管道平、立、侧面图

2.2　管道轴测图

1. 管道等轴测图及其管口形状

(1)管道轴测图的分类。管道轴测图按图形分为正等轴测图和斜等轴测图两种，其中，多用斜等轴测图；按单双线图分为单线图管道正、斜等轴测图和双线图管道正、斜等轴测图，其中，多用单、双线管道斜等轴测图。

(2)斜等轴测图的轴测轴与轴间角。斜等轴测图的轴测轴有 3 根，即 O_1Z_1、O_1X_1 和 O_1Y_1。其中，O_1Z_1 画成铅垂线，O_1X_1 为水平线，O_1Y_1 与水平线的夹角为 45°，O_1Y_1 的方向可向左也可向右。轴间角有 3 个，分别是$\angle X_1O_1Y_1=45°$(或 135°)，$\angle Y_1O_1Z_1=135°$，$\angle Z_1O_1X_1=90°$。3 根轴的轴向伸缩系数(也称变形系数)都相等，且均取 1，如图 2.20(a)、(b)所示。

(3)管口在斜等轴测图中的形状。在双线图管道斜等轴测图中，当管道中心线位于 O_1Y_1 轴及其延长线或平行线上时，断口的形状为正圆；当管道中心线位于 O_1X_1 轴及其延长线或平行线上时，管道断口的形状为椭圆；当管道中心线位于 O_1Z_1 轴及其延长线或平行线上时，管道断口形状也为椭圆，如图 2.20(c)所示。

2. 单、双线图直管的斜等轴测图

空间的管道错综复杂，其走向也不一致，有左右走向、前后走向和上下走向。

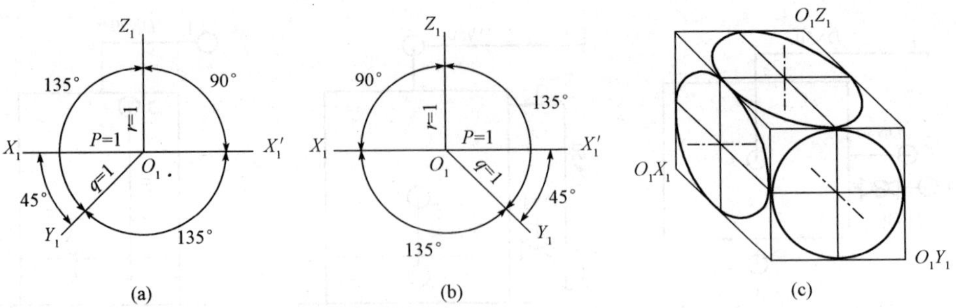

图 2.20　斜等轴测图的轴测轴、轴间角及双线图管口的形状

(a)O_1Y_1 向左斜；(b)O_1Y_1 向右斜；(c)双线图管口的形状

(1)当一条水平管道为左右走向时，可选在 O_1X_1 轴及其延长线上(两条及以上管道时，为该轴的平行线上)。直管的平、立、侧面图如图 2.21(a)所示，其斜等轴测图如图 2.21(b)所示。

温馨提醒：确定斜等轴测图中管道方位时，是按照实物来确定的。对于左右走向的管道，其斜等轴测图与平面图一致，均为左右走向。

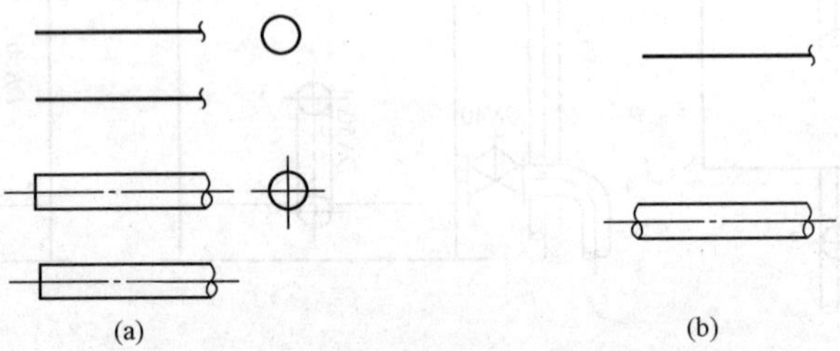

图 2.21　一条单、双线图直管的斜等轴测图

(a)一条左右走向单、双线图水平直管的平、立、侧面图；

(b)一条左右走向单、双线图水平直管的斜等轴测图

(2)当水平管道为前后走向时，可选在 O_1Y_1 轴及其延长线上(两条及以上管道时，为该轴的平行线上)，一般左斜 45°。直管的平、立、侧面图如图 2.22(a)所示，其斜等轴测图如图 2.22(b)所示。

温馨提醒：对于前后走向的管道，其斜等轴测图呈 45°方向，而在平面图上呈竖直状态。

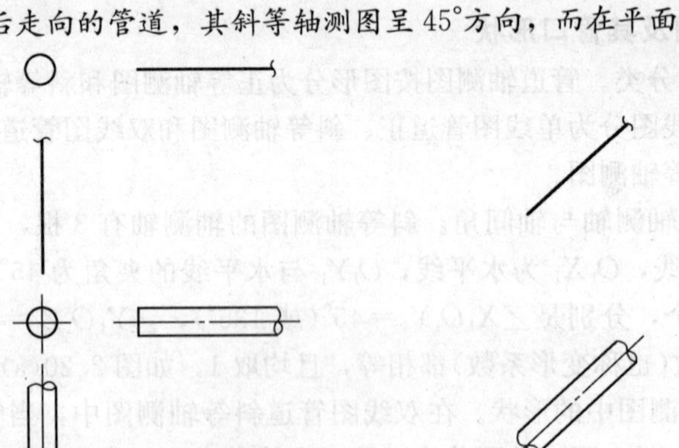

图 2.22　一条单、双线图直管的斜等轴测图

(a)一条前后走向单、双线图水平直管的平、立、侧面图；

(b)一条前后走向单、双线图水平直管的斜等轴测图

(3)当为立管(上下走向)时，选在 O_1Z_1 轴及其延长线上(两条及以上管道时，为该轴的平行线上)。直管的平、立、侧面图如图 2.23(a)所示，其斜等轴测图如图 2.23(b)所示。

温馨提醒：对于上下走向的管道，其斜等轴测图呈上下方向，而在平面图上是一个小圆。

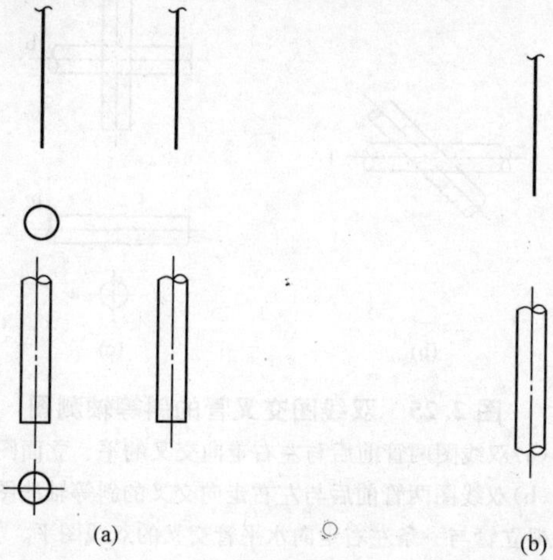

图 2.23　一条单、双线图直管的斜等轴测图

(a)一条单、双线图立管的平、立、侧面图；(b)一条单、双线图立管的斜等轴测图

课堂活动

试试两条平行直管的斜等轴测图如何画呢？多条呢？

两条平行直管的斜等轴测图

3. 单、双线图交叉管的斜等轴测图

(1)当两根单线图管子在平、立面图上交叉(交叉角一般为 90°，也可任意角度)，画其斜等轴测图时，在被遮挡处，断开被遮挡管，如图 2.24 所示。

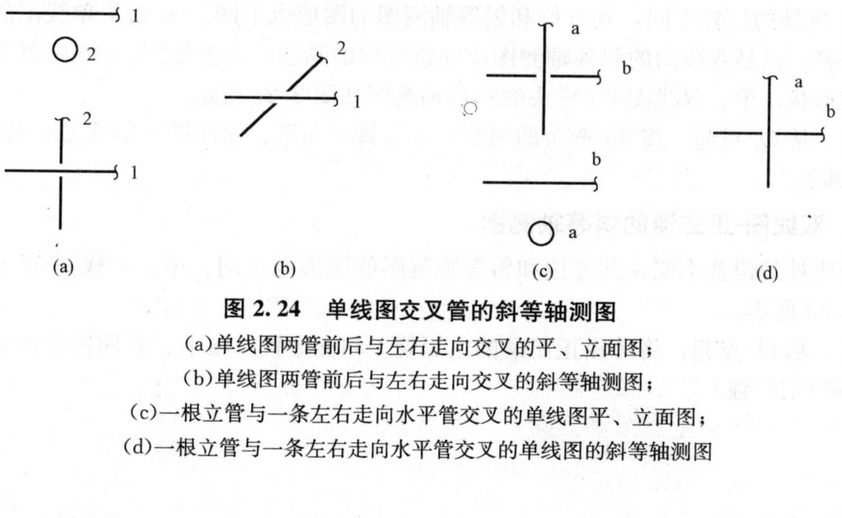

图 2.24　单线图交叉管的斜等轴测图

(a)单线图两管前后与左右走向交叉的平、立面图；

(b)单线图两管前后与左右走向交叉的斜等轴测图；

(c)一根立管与一条左右走向水平管交叉的单线图平、立面图；

(d)一根立管与一条左右走向水平管交叉的单线图的斜等轴测图

(2)当两根双线图管子在平、立面图上交叉(交叉角一般为 90°，也可任意角度)，画其斜等轴测图时，被遮挡的部分画成虚线，如图 2.25 所示。

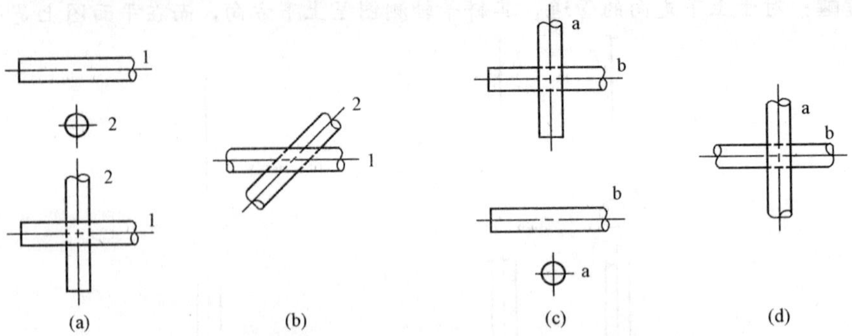

图 2.25　双线图交叉管的斜等轴测图

(a)双线图两管前后与左右走向交叉的平、立面图；
(b)双线图两管前后与左右走向交叉的斜等轴测图；
(c)一根立管与一条左右走向水平管交叉的双线图平、立面图；
(d)一根立管与一条左右走向水平管交叉的双线图的斜等轴测图

【例 2.1】　某管道平、立面图如图 2.26(a)所示，画出其斜等轴测图[图 2.26(b)]。

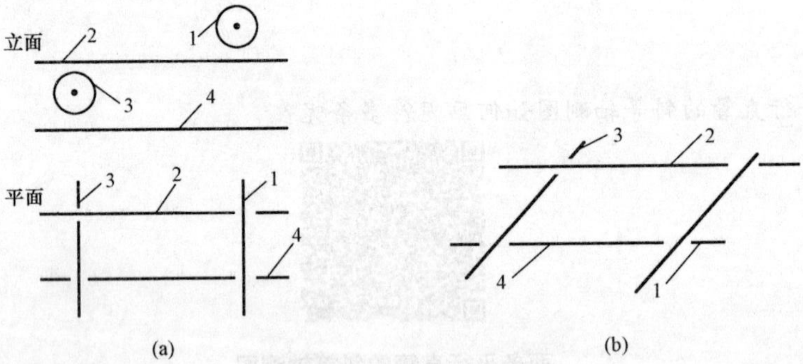

图 2.26　例 2.1 题图

(a)某管道平、立面图；(b)某管道斜等轴测图

4. 单、双线图-90°弯头的斜等轴测图

90°弯头所处的位置不同，其方位和斜等轴测图的图形也不同。90°弯头单线图的斜等轴测图同直管差不多，只是双线图的斜等轴测图中注意管口的画法，可参见图 2.20 中斜等轴测图的双线图管口的形状。单、双线图-90°弯头的斜等轴测图如图 2.27 所示。

画图时，从 O_1 点起，将 90°弯头的短管 1 和短管 2 在平、立面图上的实长，分别量在 O_1X_1 轴和 O_1Y_1 轴上。

5. 单、双线图-正三通的斜等轴测图

正三通所处的位置不同，其方位和斜等轴测图的图形也不同。单、双线图-正三通的斜等轴测图如图 2.28 所示。

画图时，从 O_1 点起，将等径正三通的主短管 1 和支短管 2 在平、立面图上的实长，分别量在 O_1Y_1 轴和 O_1Z_1 轴上。

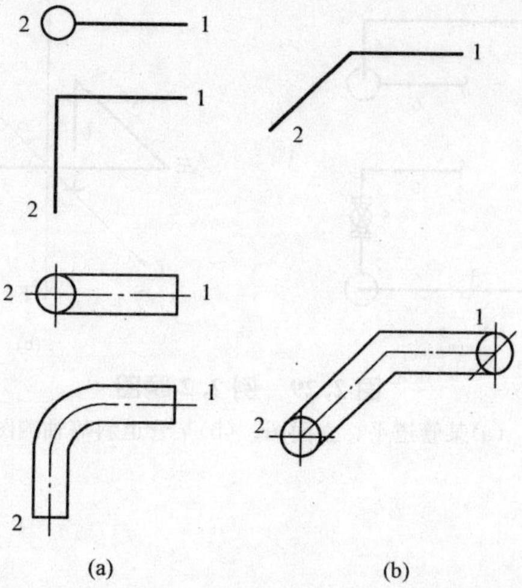

图 2.27　单、双线图-90°弯头的斜等轴测图

(a)单、双线图—水平左右与前后走向 90°弯头的平、立面图；
(b)单、双线图—水平左右与前后走向 90°弯头的斜等轴测图

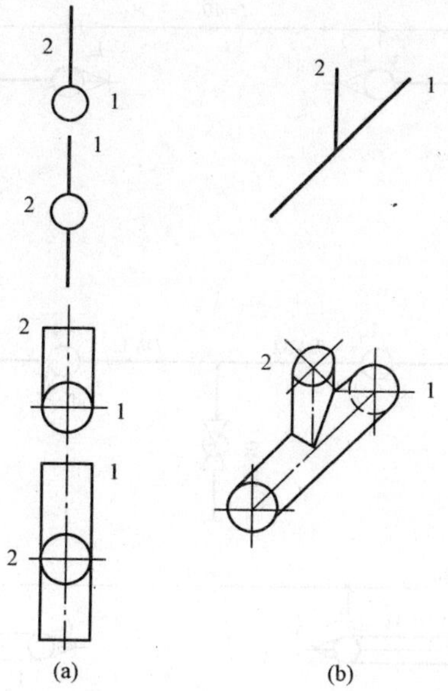

图 2.28　单、双线图-正三通的斜等轴测图

(a)单、双线图—水平前后与垂直走向等径正三通的平、立面图；
(b)单、双线图—水平前后与垂直走向等径正三通的斜等轴测图

课堂活动

试试正四通的斜等轴测图如何画呢？

正四通的斜等轴测图

【例 2.2】 某管道平、立面图如图 2.29(a)所示，画出其斜等轴测图[图 2.29(b)]。

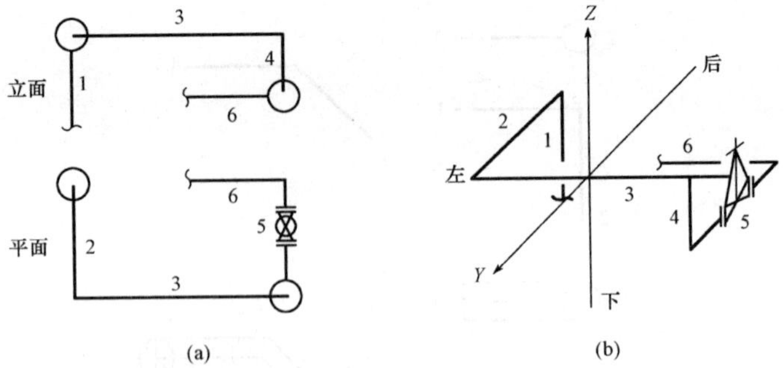

图 2.29　例 2.2 题图

(a)某管道平、立面图；(b)某管道斜等轴测图

课堂活动

1. 根据某草坪喷灌供水平面图(图 2.30)试画其斜等轴测图。

2. 根据画好的某草坪喷灌供水斜等轴测图，想想其表达的是什么信息？你能根据斜等轴测图画出其平面图吗？

某草坪喷灌供水的斜等轴测图

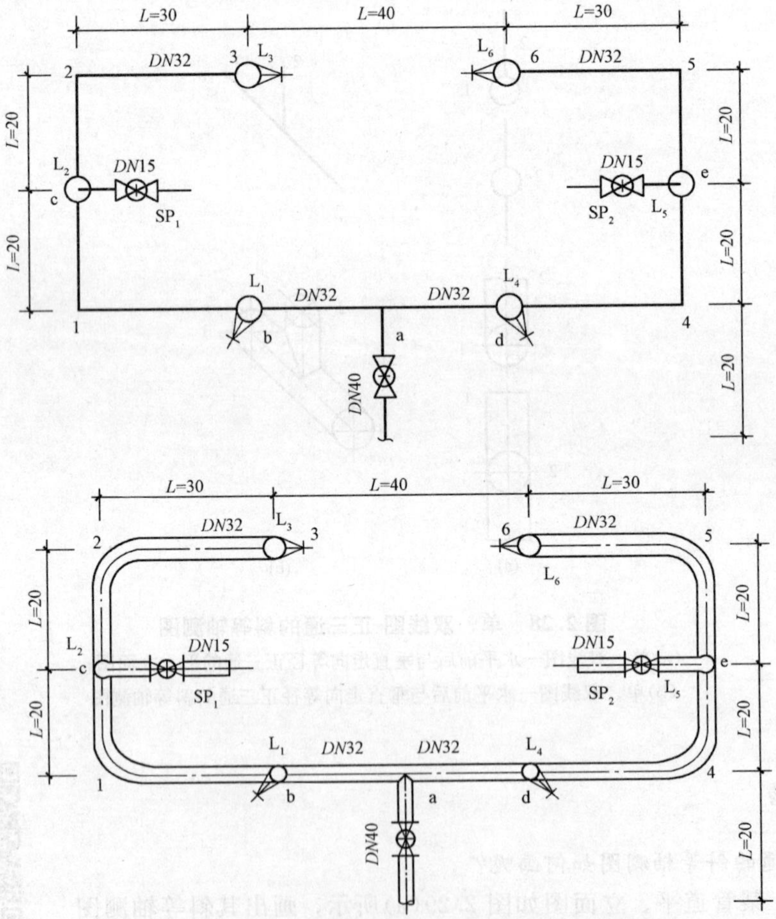

图 2.30　单、双线图—某草坪喷灌供水平面图

2.3 管道剖视、剖面、节点图

2.3.1 剖视图的基本知识

1. 剖视图的概念

在安装工程中，当阀门或其他附件的内部结构比较复杂时，为了清楚地表达其结构，通常会利用一个平面将其切成两半，然后把需要表达的一半向着投影面投影，这样所得到的图形称为剖视图，简称剖视。

2. 剖视图的标注

剖视图应标注剖切位置(线)、投影方向和剖视图编号三个主要内容。

(1)剖切位置(线)。剖切位置以两小段短的粗实线表示，一般线宽为 1～1.5*b*。线长为 3～5 mm。

(2)投影方向。投影方向以垂直于剖切位置(线)的两段较长些的粗实线表示，通常线宽为 1～1.5*b*，线长为 5～10 mm；在线端有的标上箭头，有的则不标箭头。

(3)剖视图编号。剖视图编号一般采用英文字母或阿拉伯数字按顺序进行编号。如 *A*—*A*、*B*—*B*、*C*—*C* 或 1—1、2—2、3—3 剖视图。其编号的标注位置有两处：一是标注在剖切位置(线)的投影方向一侧；二是在剖视图的正下方标注上相同的英文字母或阿拉伯数字。

3. 剖视图的剖面符号

剖视图的断面需画出剖面符号，常用的剖面符号见表 2.1。

表 2.1　常用的剖面符号

序号	剖面符号	材料名称	序号	剖面符号	材料名称
1	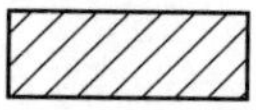	金属材料	7	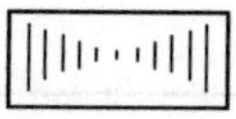	转子、电枢、变器等的叠钢片
2	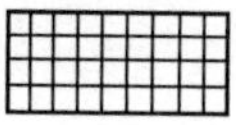	线圈绕组元件	8	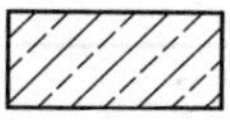	天然石材(包括岩层、砌体、铺砖、贴面等)
3	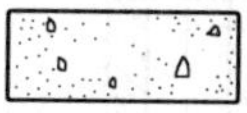	混凝土	9	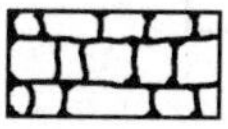	毛石
4	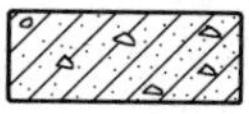	钢筋混凝土	10	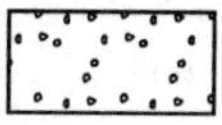	砂砾石、碎砖三合土
5	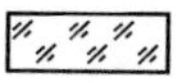	玻璃及供观察用的其他透明材料	11	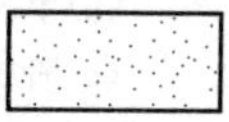	砂、灰土
6	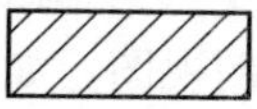	普通砖(包括砌体)	12		夯实土壤

续表

序号	剖面符号	材料名称	序号	剖面符号	材料名称
13		格网、过滤网、筛网	16		自然土壤
14	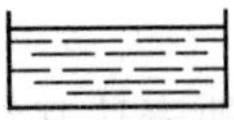	液体	17		木质胶合板(不分层数)
15	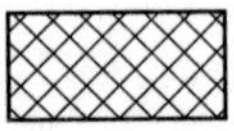	多孔材料(包括软木、泡沫塑料、加气混凝土、泡沫混凝土)	18	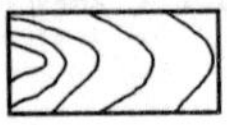	木材(纵剖面)
			19	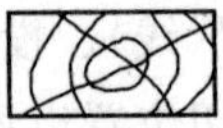	木材(横剖面)

4. 剖视图的分类

(1)按剖切位置，可将管道工程图分为单一剖和阶梯剖两种，如图 2.31 所示。

1)单一剖。利用一个平行的平面将物体剖开的方法称为单一剖，如图 2.31(a)所示。

2)阶梯剖。利用几个平行的平面将物体剖开的方法称为阶梯剖，如图 2.31(c)所示。

(2)按被剖的范围划分，可将管道工程图分为全剖视图、半剖视图和局部剖视图三种。

1)全剖视图。利用一个(或几个)平面，将物体全部切开后得到的剖视图，称为全剖视图。图 2.31(b)是利用一个平面(即单一剖)将普通斜垫铁剖开后所得到的 1—1 全剖视图。图 2.31(d)是利用两个平面(即阶梯剖)将带螺纹孔的垫铁(板)剖开所得到的 $A—A$ 全剖视图。

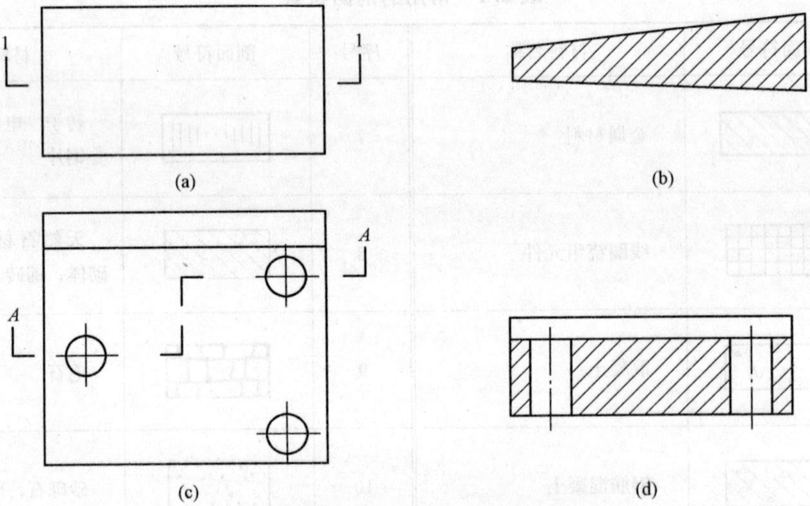

图 2.31 单一剖、阶梯剖及其全剖视图

(a)单一剖；(b)单一剖的 1—1 全剖视图；
(c)阶梯剖；(d)阶梯剖的 $A—A$ 全剖视图

2)半剖视图。当物体的内部和外部均对称时，通常是以对称中心线为界，一半画成视图，表示其外部形状；另一半则画成全剖视图，表达其内部结构，这种图形称为半剖视图，如图 2.32 所示。在半剖视图中，半个剖视图与半个视图的分界线应画成点画线。半剖视图一般适用于内、外形状对称的附件和管件等。

3)局部剖视图。利用切面将物体的某一部分剖开后所得到的图形，称为局部剖视图，如图 2.33 所示。在局部剖视图中，视图与剖视图以波浪线分界；波浪线表示剖到的范围与部位。

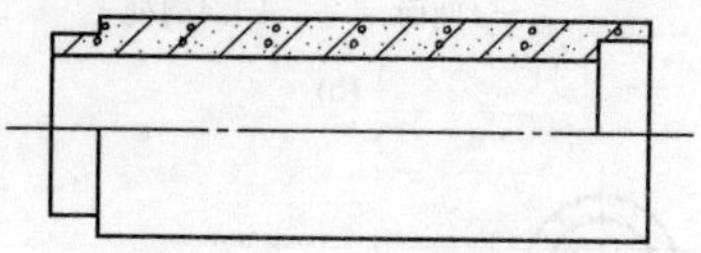

图 2.32　半剖视图

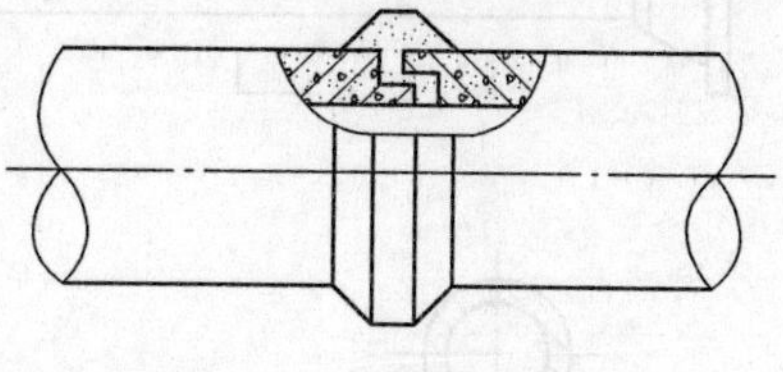

图 2.33　局部剖视图

2.3.2　剖面图的基本知识

1. 剖面图的概念及剖面符号

利用平面将物体某处切断，只画出被切断处的断面形状，并在被切断面上画出剖面符号，这种图形称为剖面图，简称剖面。

绘图时，在剖切面范围内按照不同的材料，分别画出相应材料的剖面符号。常用的剖面符号见表 2.1。

2. 剖面图的分类

按照剖面在图上的位置不同，可分为重合剖面和移出剖面两种。

(1)重合剖面。将剖面旋转 90°，而后画到视图轮廓线之内的剖面，称为重合剖面。重合剖面适用于图形简单的管件和附件等，如角钢、槽钢等，如图 2.34 所示。

重合剖面的轮廓线与视图的轮廓线，一般均画成细实线。重合剖面的图形与视图轮廓线的重叠部分以及视图轮廓线和重合剖面的轮廓线均不断开。

重合剖面一般不以英文字母或阿拉伯数字进行编号；当重合剖面对称时，也不标注剖切符号，如图 2.34(a)所示。当重合剖面不对称时，仅标注带有箭头的剖切符号，如图 2.34(b)所示。

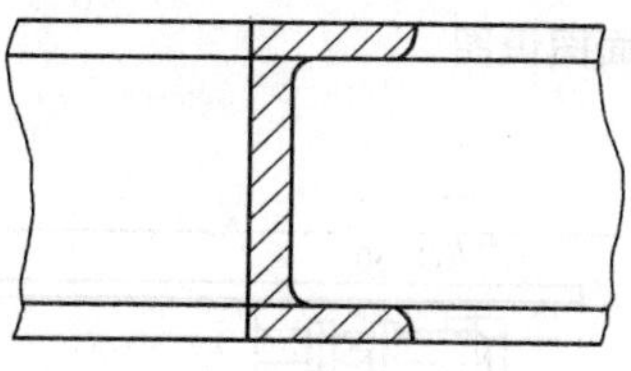

(a)

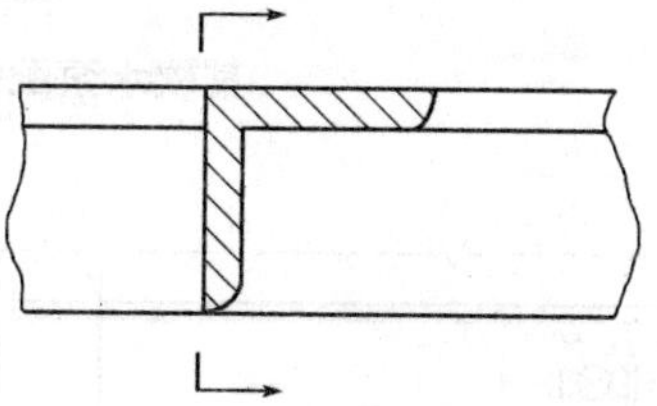

(b)

图 2.34　重合剖面

(a)对称重合剖面；(b)不对称重合剖面

(2)移出剖面。将剖面旋转 90°，而后画在视图轮廓线之外的剖面，称为移出剖面。

通常移出剖面的位置有三处：一是画在剖切位置延长线上的对称移出剖面，可不标注，如图 3.35(a)所示；二是画在中心线延长线上的对称移出剖面，可省略箭头，如图 3.35(b)所示；三是画在其他位置的对称或不对称移出剖面，应标注剖切位置、投影方向和剖面编号，如图 3.35(c)所示。

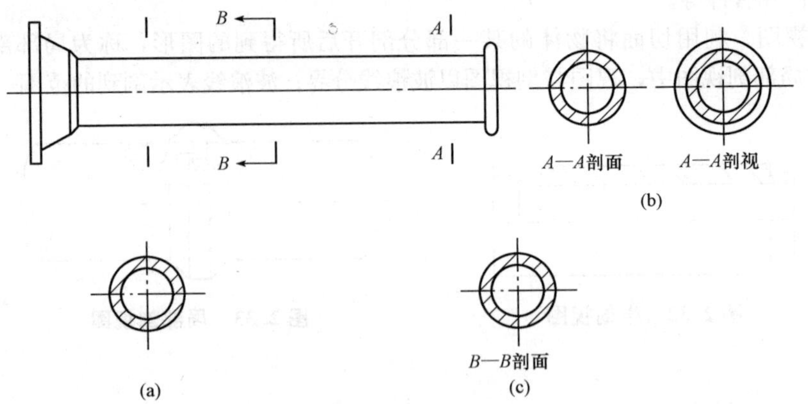

图 2.35　移出剖面

2.3.3　管道剖面图与节点图

1. 单、双线图—管道剖面图

管道剖面图主要反映安装工程中各个设备、卫生器具以及构筑物、管道在垂直方向上的布置、管道走向、管径和标高。

课堂活动

识读某软水泵配管平面图、剖面图(图 2.36～图 2.38)，想想其表达的是什么信息?

某软水泵配管平面图、剖面图识图

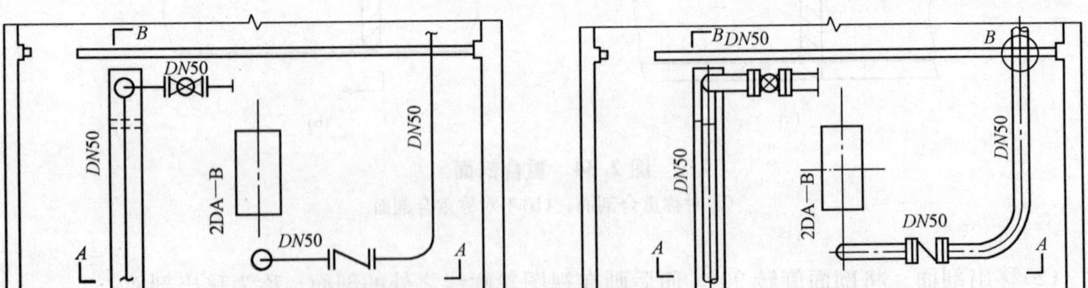

图 2.36　单、双线图-某软水泵配管平面图

(a)单线图-某软水泵配管平面图；(b)双线图-某软水泵配管平面图

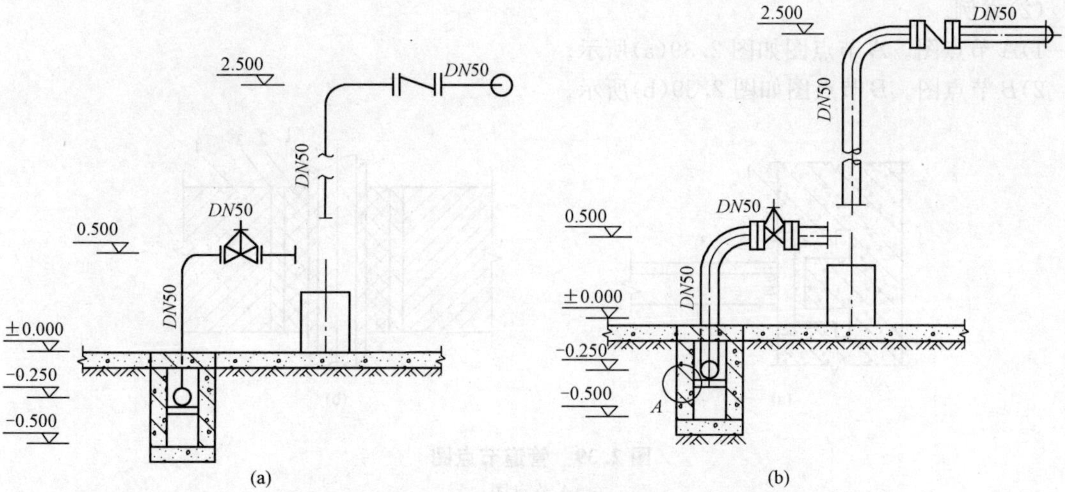

图 2.37　单、双线图-某软水泵配管 *A—A* 剖面图

(a)单线图-某软水泵配管 *A—A* 剖面图；(b)双线图-某软水泵配管 *A—A* 剖面图

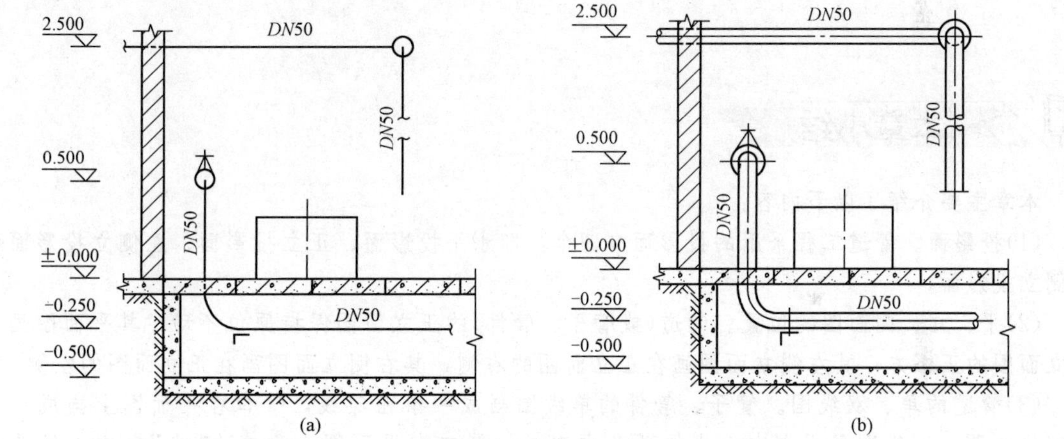

图 2.38　单、双线图-某软水泵配管 *B—B* 剖面图

(a)单线图-某软水泵配管 *B—B* 剖面；(b)双线图-某软水泵配管 *B—B* 剖面

2. 管道节点图

管道节点图是管道平面图或立、剖面图，轴测图中某个局部(通常称为节点)的放大图。它可清楚地反映出该部位的详细结构。

(1)管道节点图的作用、代号与标注。

1)当管道平面图、立面图和剖面图等图样对某一节点部位无法表示清楚时，需要绘制节点图。该图能清楚地反映出某一局部管道或组合件的详细结构和尺寸。

2)管道节点图一般是以英文字母为代号。

3)管道节点图的标注有两种方法：一种是在节点图所在的图样(平面图、立面图或剖面图)中，先用粗实线画一个小圆，将需要表示的节点部位圈起，小圆的直径视图面大小，一般为 8～16 mm，然后在小圆的旁边标注上代号，如“*A*”；另一种是在相应节点图的下方标注上相同的代号，如“节点 *A*”。

(2)举例。

1)A节点图。A节点图如图 2.39(a)所示。

2)B节点图。B节点图如图 2.39(b)所示。

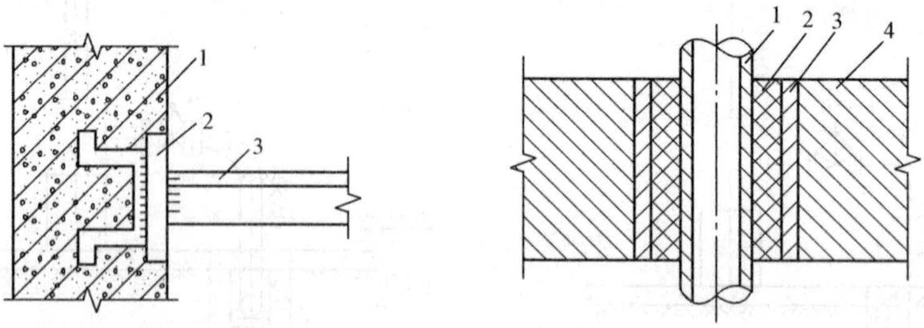

(a) (b)

图 2.39　管道节点图

(a)A节点图；

1—钢筋混凝土沟壁；2—预埋钢板；3—角钢支架

(b)B节点图

1—压水干管；2—石棉绳；3—套管；4—墙

本章小结

本章主要介绍了以下内容：

(1)投影面。管道工程采用的投影面有四个，即水平投影面、正立投影面、左侧立投影面和右侧立投影面。

(2)平、立、侧面图的位置。管道(或管子、管件)的正立面图保持原位不动，其平面图画在正立面图的正下方，其左侧立面图画在正立面图的右侧，其右侧立面图画在正立面图的左侧。

(3)管道的单、双线图。管子、管件的单线图画成一条粗实线，管口在平面图上画成一个粗实线小圆；双线图画成有中心线的两条中实线，管口在平面图上画成有“十”字中心线的中实线小圆。

(4)管道的交叉。两根单线管交叉时，在被遮挡处，断开被遮挡管；两根双线管交叉时不断开，只在被遮挡处将被遮挡的部分画成虚线；单线管遮挡双线管时，单、双线管均不断开，也不画成虚线；双线管遮挡单线管时，单、双线管均不断开，只将单线管在被遮挡处画成虚线。

(5)管道的重叠。一般采用“断高前露低后法”。

(6)管道轴测图的种类。管道轴测图分为正等轴测图和斜等轴测图两种，其中，多用斜等轴测图。

(7)管道斜等轴测图的绘制。在绘制管子、管件和管道斜等轴测图时，关键是管线的方位选定。通常左右走向的管线选在O_1X_1轴上，前后走向的管线选在O_1Y_1轴上，立管选在O_1Z_1轴上。

(8)管道剖视图与剖面图都是为了表达管道、阀门和其他附件内部结构的图样，二者不同之处在于：剖面图只画出被剖切的断面；而剖视图既画出被剖切的断面也画出未剖切部分。

(9)管道节点图是管道平、立、侧面图或剖面图中某个部位的放大图，画图时要在节点所在的图样中和相应节点图的下方标注上相同的代号。

本章的重点是：管道平、立、侧面图的绘制与识读；单、双线图—管道斜等轴测图的绘制与识读；单、双线图—管道剖面图的识读。

本章的难点是：投影方向及平、立、侧面图的位置；管线的方位选定。

习　题

2.1　按习题2.1图所示的平面图和正立面图，绘制其左侧立面图。

2.2　按习题2.2图所示的正立面图和左侧立面图，绘制其平面图。

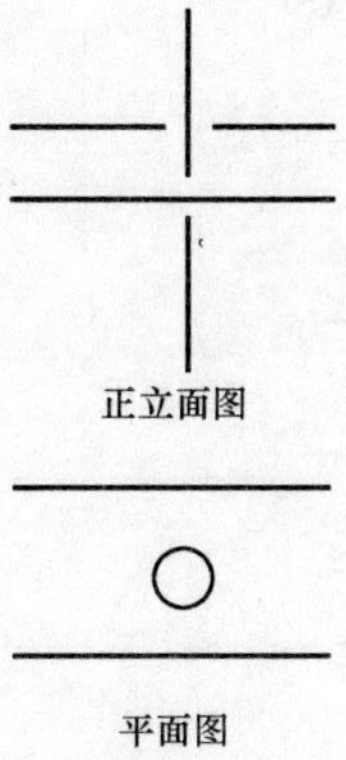

习题 2.1 图

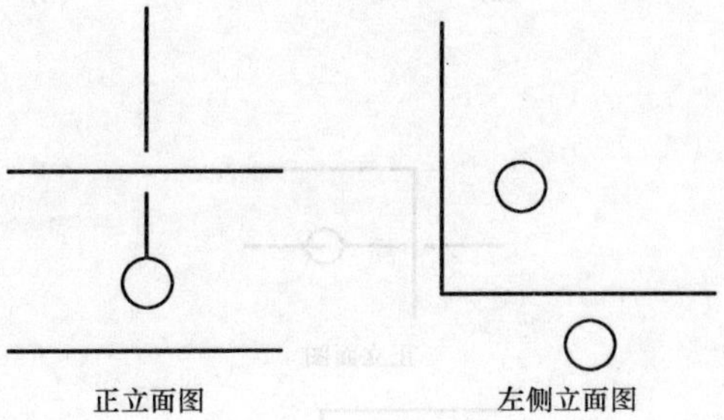

习题 2.2 图

2.3　按习题2.3图所示的平面图和正立面图，绘制其右侧立面图。

2.4　按习题2.4图所示的平面图和左侧立面图，绘制其正立面图。

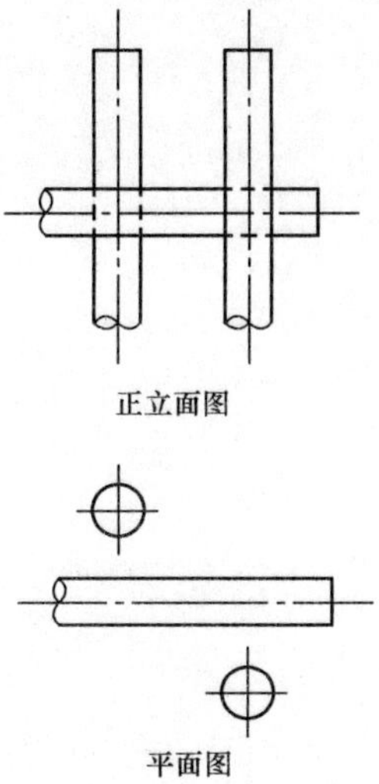

习题 2.3 图

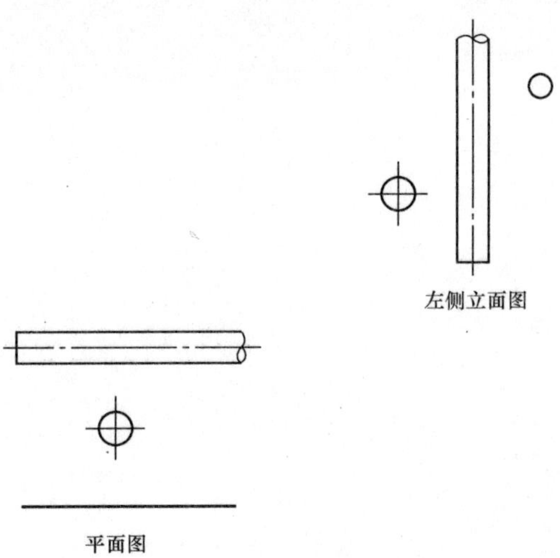

习题 2.4 图

2.5 根据习题 2.5 图(a)～(e)所示的平面图和正立面图，分别绘制它们的斜等轴测图。

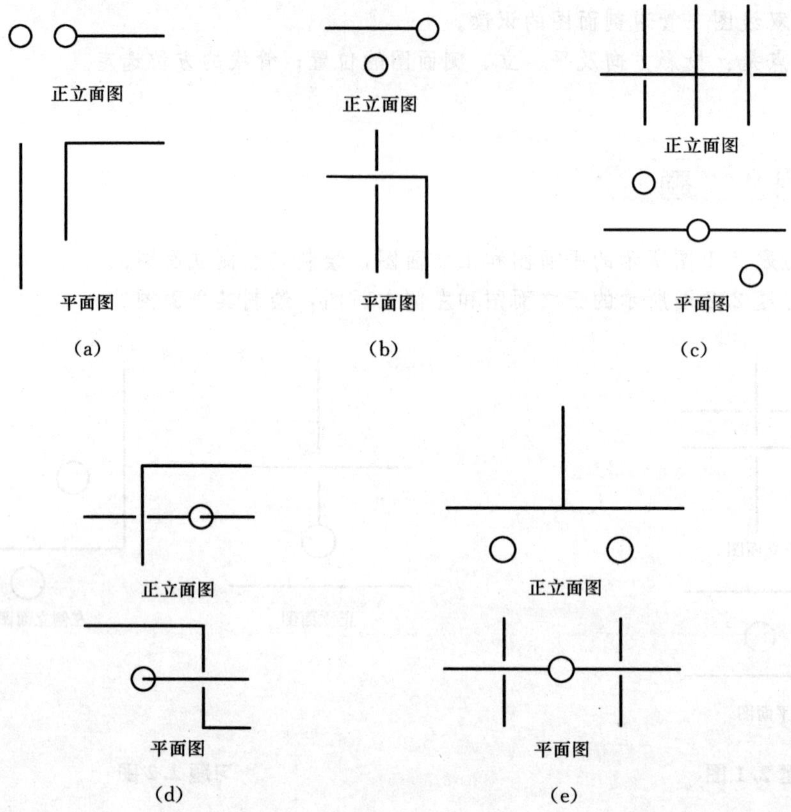

习题 2.5 图

第3章 管道工程基本知识

学习目标

知识目标	能力目标	权重
了解公称直径、公称压力、工作压力和试验压力	能通过管子的实测内径和实测外径表示出其公称直径	0.25
熟悉常用管材	能正确选用管材、管件	0.45
了解常用法兰、螺栓、垫片	能对常用法兰、螺栓、垫片进行选用	0.15
熟悉板材、型钢、阀门	能对常用板材、型钢、阀门进行选用	0.15
合　计		1.0

教学准备

安装施工规范、施工手册、各种标准图集等。

教学建议

在安装构造实训基地采用集中讲授、课堂互动教学、分组实训等方法教学。

3.1 公称直径、公称压力、试验压力和工作压力

3.1.1 公称直径

管子、管件和管路附件的公称直径(也称公称通径、名义直径)，既不是实际的内径，也不是实际的外径，而是称呼直径。其直径数值近似于法兰式阀门和某些管子(如黑铁管、白铁管、铸铁管)的实际内径。例如，公称直径为25 mm的白铁管，实测其内径数值为25.4 mm左右。

公称直径便于管子与管子、管子与管件、管子与管路附件的连接，保持接口的一致。所以，无论管子的实际外径(或实际内径)多大，只要公称直径相同都能相互连接，并且具有互换性。

公称直径用符号“*DN*”表示，公称直径的数值写于其后，单位为mm(单位不写)。例如，*DN*50，表示公称直径为50 mm。

在管道安装和工程盘点过程中，当已知黑、白铁管和给水排水铸铁管的实测内径，需要表示其公称直径时，其公称直径数值等于相应管材接近的公称直径等级值(查相应管材公称直径等级表)。例如，白铁管的实测内径是52 mm，其公称直径表示为*DN*50。给水铸铁管的实测内径是148.60 mm，其公称直径表示为*DN*150。普通钢管规格见表3.1。

表 3.1　普通钢管规格

公称直径 /mm	钢管外径 /mm	壁厚 /mm	质量 /(kg·m^{-1})	公称直径 /mm	钢管外径 /mm	壁厚 /mm	质量 /(kg·m^{-1})
15	21.25	2.75	1.25	65	75.5	3.75	6.64
20	26.75	2.75	1.63	80	88.5	4.00	8.34
25	33.5	3.25	2.42	100	114	4.00	10.85
32	42.25	3.25	3.13	125	140	4.50	15.04
40	48	3.50	3.84	150	165	4.50	17.81
50	60	3.50	4.88				

课堂活动

想想已知实测外径或实测内径，如何知道公称直径呢？

3.1.2　公称压力、试验压力和工作压力

公称压力、试验压力和工作压力均与介质的温度密切相关，都是指在一定温度下制品（或管道系统）的耐压强度，三者的区别在于介质的温度不同。

1. 公称压力

管路中的管子、管件和附件都是用各种材料制成的制品。这些制品所能承受的压力是受温度影响的，随着介质温度的升高，材料的耐压强度逐渐降低。所以，不仅不同材质的制品具有不同的强度，就同一材质的同一制品而言，在不同的温度下，它的耐压强度也不一样。

为了判断和识别制品的耐压强度，必须选定某一温度为基准，该温度称为“基准温度”。制品在基准温度下的耐压强度称为“公称压力”。制品材质不同，其基准温度也不同。一般碳素钢制品的基准温度采用 200 ℃。

公称压力用符号“*PN*”表示，公称压力数值写于其后，单位为 MPa（单位不写）。例如，*PN*1，表示公称压力为 1 MPa。

2. 试验压力

试验压力通常是指制品在常温下的耐压强度。

管子、管件和附件等制品，在出厂之前以及管道工程竣工之后，均应进行压力试验，以检查其强度和严密性。

试验压力用符号“*Ps*”表示，试验压力数值写于其后，单位为 MPa（单位不写）。例如，*Ps*1.6，表示试验压力为 1.6 MPa。

3. 工作压力

工作压力一般是指给定温度下的操作压力。

工程上，通常是按照制品的最高耐温界限，将工作温度划分成若干等级，并计算出每一工作温度等级下的最大允许操作压力。例如，碳素钢制品通常划分为 7 个工作温度等级，见表 3.2。

表 3.2　碳素钢制品工作温度等级

温度等级	温度范围/ ℃	温度等级	温度范围/ ℃
1	0～200	2	201～250

续表

温度等级	温度范围/℃	温度等级	温度范围/℃
3	251～300	6	401～425
4	301～350	7	426～450
5	351～400		

工作压力用符号“Pt”表示，“t”为缩小 10 倍之后的介质最高温度，工作压力数值写于其后，单位为 MPa(单位不写)。

4. 公称压力、试验压力和工作压力的关系

试验压力、公称压力与工作压力之间的关系为：$Ps > PN \geqslant Pt$。

碳素钢制品公称压力与最大工作压力之间的关系见表 3.3。碳素钢制品公称压力、试验压力与最大工作压力之间的关系见表 3.4(表中的试验压力不适用于管道系统；各种管道系统的试验压力标准，详见相关验收规范)。

表 3.3 碳素钢制品公称压力与最大工作压力之间的关系

温度等级	P_{max}/PN	温度等级	P_{max}/PN
1	1.00	5	0.64
2	0.92	6	0.58
3	0.82	7	0.45
4	0.73		

表 3.4 碳素钢制品公称压力、试验压力与最大工作压力之间的关系

PN/MPa	Ps/MPa	介质工作温度 t/℃						
		200	250	300	350	400	425	450
		P_{max}/MPa						
		P_{20}	P_{25}	P_{30}	P_{35}	P_{40}	P_{42}	P_{45}
0.10	0.2	0.10	0.10	0.10	0.07	0.06	0.06	0.05
0.25	0.4	0.25	0.23	0.20	0.18	0.16	0.14	0.11
0.40	0.6	0.40	0.37	0.33	0.29	0.26	0.23	0.18
0.60	0.9	0.60	0.55	0.50	0.44	0.38	0.35	0.27
1.00	1.5	1.00	0.92	0.82	0.73	0.64	0.58	0.45
1.60	2.4	1.60	1.50	1.30	1.20	1.00	0.90	0.70
2.50	3.8	2.50	2.30	2.00	1.80	1.60	1.40	1.10
4.00	6.0	4.00	3.70	3.30	3.00	2.80	2.30	1.80
6.40	9.6	6.40	5.90	5.20	4.30	4.10	3.70	2.90
10.00	15.0	10.00	9.20	8.20	7.30	6.40	5.80	4.50

3.2 管道的分类

3.2.1 按管道的基本特性和服务对象分类

各种各样的管道，按其基本特性和服务对象，可分为水暖管道和工业管道两大类。

1. 水暖管道

水暖管道通常是指给水排水管道和采暖管道。

2. 工业管道

工业管道是为生产输送介质的管道，这种管道的种类较多，如氧气、乙炔、燃气、氢气、氮气、压缩空气、燃油等介质的管道。

工业管道又可分为工艺管道和动力管道两种。

(1)工艺管道。工艺管道一般是指直接为产品生产输送主要物料(介质)的管道，所以也称为物料管道，如酱油厂输送豆饼颗粒的管道。

(2)动力管道。动力管道是指为生产设备输送的介质是动力媒介物的管道，如压缩空气管道、生产蒸汽管道等。

3.2.2 按介质的压力分类

1. 工业管道

工业管道按管内输送的介质压力可分为以下 4 级：

(1)低压管道：公称压力≤2.5 MPa。

(2)中压管道：公称压力为 4～6.4 MPa。

(3)高压管道：公称压力为 10～100 MPa。

(4)超高压管道：公称压力＞100 MPa。

2. 水暖管道

水暖管道属于低压，公称压力＜2.5 MPa。

3.2.3 按介质的温度分类

各种各样的管道，按其所输送介质的工作温度不同，通常可分为以下 4 级：

(1)常温管道。常温管道是指工作温度为－40 ℃～120 ℃的管道。

(2)低温管道。低温管道是指管内输送介质温度在－40 ℃以下的管道。

(3)中温管道。中温管道是指工作温度为 121 ℃～450 ℃的管道。

(4)高温管道。高温管道是指工作温度超过 450 ℃的管道。

3.2.4 按介质的性质分类

(1)腐蚀性介质管道。腐蚀性介质管道是指所输送的介质中含有腐蚀性介质的管道。常见的腐蚀性介质如硫化物、氯化物等。

(2)易燃易爆有毒介质管道。易燃易爆有毒介质管道是指管道内输送的介质为燃气、乙炔、氢气、甲醇、乙醇等。这些介质均易燃易爆或有毒。

(3)易凝固介质管道。易凝固介质管道是指介质在输送途中，由于散热、温度降低，其黏度增加甚至凝固。如输送原油的管道。

(4)易沉淀介质管道。易沉淀介质管道是指介质在输送途中，由于温度下降或本身特性等原因，将产生结晶沉淀。如输送尿素、苯溶液的管道。

3.3 管材及其管件

管材根据制造工艺和材质的不同有很多品种。按制造方法可分为无缝钢管、有缝钢管和铸造管等；按材质可分为钢管、铸铁管、有色金属管和非金属管等。

3.3.1 室内给水常用管材

1. 镀锌钢管

(1)管材。

1)管材的材质。通常是用普通碳素钢中的A2、A3、A4(即软钢)制造而成。

2)管材的分类。低压流体输送用焊接钢管按表面是否镀锌可分为镀锌钢管(内外表面镀一层锌)和不镀锌钢管两种。镀锌钢管表面泛白也称白铁管，未经过处理的钢管俗称黑铁管。

镀锌钢管可分为热镀锌和电镀锌两种。热镀锌管镀锌层厚，具有镀层均匀，附着力强，使用寿命长等优点。电镀锌成本低，表面不是很光滑，其本身的耐腐蚀性比热镀锌管差很多。

按管端是否带螺纹可分为带螺纹和不带螺纹两种；按管壁的厚度可分为普厚管、加厚管和薄壁管三种。每根管的制造长度：带螺纹的黑、白铁管为4～9 m；不带螺纹的黑铁管为4～12 m。

3)管材的连接方式。管材的连接方式有螺纹连接、沟槽连接(卡箍连接)和法兰连接。小管径(一般管径小于等于$DN$100时)应采用螺纹连接；大管径(一般管径大于$DN$100时)应采用沟槽连接(卡箍连接)、法兰连接，当安装空间较小时应采用沟槽连接。

①螺纹连接。螺纹连接又称丝扣连接，是通过内外螺纹将管道与管道、管道与阀门连接起来。

②沟槽连接(卡箍连接)。沟槽式管接口是在管材、管件等管道接头部位加工成环形沟槽，用卡箍件、橡胶密封圈和紧固件等组成的套筒式快速接头。安装时，在相邻管端套上异形橡胶密封圈后，用拼合式卡箍件连接。卡箍件的内缘就位在沟槽内并用紧固件紧固后，保证了管道的密封性能，如图3.1所示。

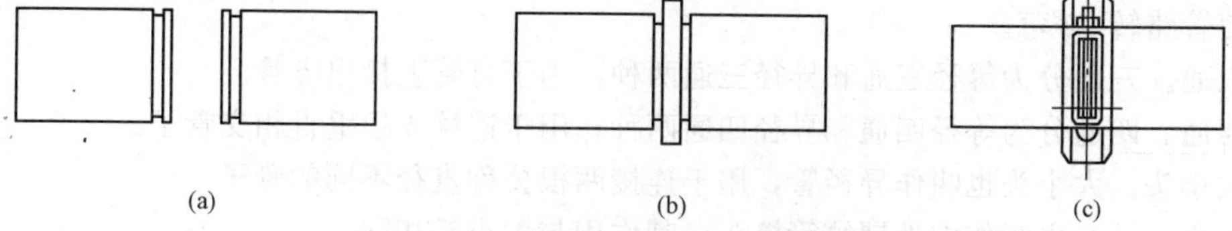

图3.1 沟槽式连接方法示意图

(a)加工好的钢管；(b)密封圈套入接口处；(c)加卡箍于接口处并紧固

③法兰连接。法兰连接就是将两个管道或管件，先各自固定在一个法兰盘上，然后在两个法兰盘之间加上法兰垫，最后用螺栓将两个法兰盘拉紧使其紧密结合起来的一种连接方式。

4)管材和适用场合。在水暖管道中，通常不使用薄壁管，加厚管也较少，一般使用普厚管。其中，白铁管的常用直径为$DN$15～$DN$80；黑铁管的常用直径为$DN$15～$DN$150。

这种管材主要用于工作压力、工作温度较低，管径不大(公称直径在150 mm以内)和要求不高的管道系统中，过去常用于室内给水，我国原建设部等四部委发文明确从2000年起禁用镀锌管作为供水管，现一般适用于消防(室内外)或热水管道中。

(2)管件。低压输送用焊接钢管的管件(图 3.2)种类比较多，螺纹连接常用的有以下几种：

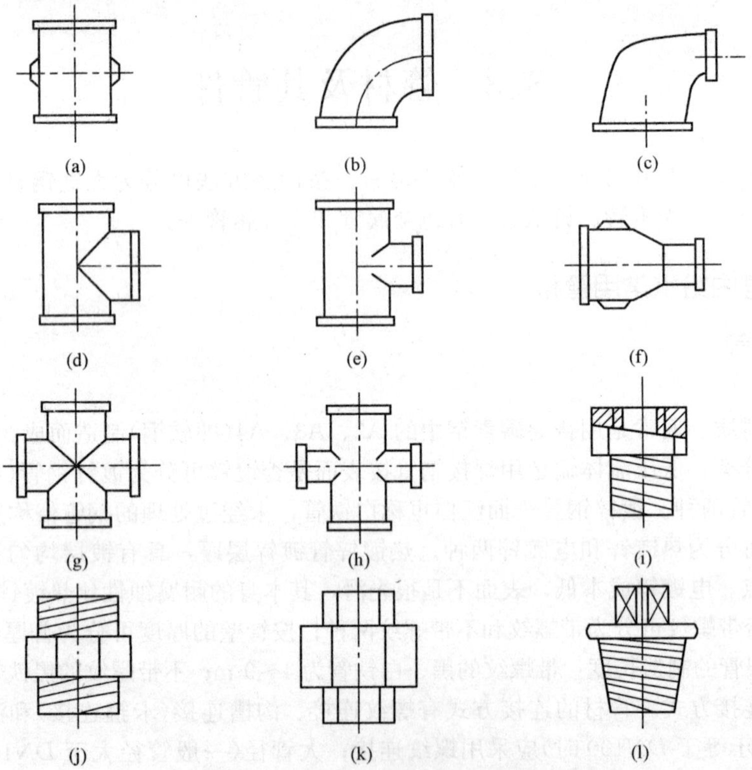

图 3.2 低压输送用焊接钢管的管件

(a)管箍；(b)90°弯头；(c)异径弯头；(d)等径三通；(e)异径三通；(f)大小头；(g)等径四通；(h)异径四通；(i)补心；(j)外接头；(k)活接头；(l)丝堵

1)管接头。管接头也称管箍、束结，用于公称直径相同的两根管子的连接。

2)活接头。活接头也称由任，用于需要拆装处的一根公称直径相同的管子连接。

3)弯头。弯头一般为 90°，分为等径和异径弯头两种，用来连接公称直径相同(或不同)的管子，并使管路转 90°弯。

4)三通。三通分为等径三通和异径三通两种，用于直管上接出支管。

5)四通。四通分为等径四通和异径四通两种，用于连接 4 根垂直相交管子。

6)大小头。大小头也叫作异径管，用于连接两根公称直径不同的管子。

7)补心。补心也叫作内外螺纹管接头，其作用与大小头相同。

8)外接头。外接头也叫作双头外螺丝，用于连接两个公称直径相同的内螺纹管件或阀门。

9)丝堵。丝堵也叫作管塞、外方堵头，用于堵塞管路，常与管接头、弯头、三通等螺纹管件配合用。

管件的材质，通常由 KT33－8 可锻铁制造而成，可分为镀锌和不镀锌两种。

思考：

想想如何选用管件？如果是螺纹连接，水平干管管径变化，支管不变，管件又如何选用呢？

(3)管材、管件的规格表示。低压输送用焊接钢管及其管件的直径，以公称直径表示。例如，白铁管的直径是 25 mm，表示为 *DN*25。

低压流体输送用焊接钢管的规格见表3.5，表中的理论质量为黑铁管每米的理论质量；镀锌钢管比黑铁管增加3%～6%。

表3.5 低压流体输送用焊接钢管规格

DN/mm	DN/in	外径 D/mm	普通管		加厚管		每m管分配的管接头质量(以每6 m 1个管接头计算)/kg
			壁厚/mm	理论质量/$(kg \cdot m^{-1})$	壁厚/mm	理论质量/$(kg \cdot m^{-1})$	
8	$\frac{1}{4}$	13.5	2.25	0.62	2.75	0.73	—
10	$\frac{3}{8}$	17	2.25	0.82	2.75	0.97	—
15	$\frac{1}{2}$	21.3	2.75	1.26	3.25	1.45	0.01
20	$\frac{3}{4}$	26.8	2.75	1.63	3.50	2.01	0.02
25	1	33.5	3.25	2.42	4.00	2.91	0.03
32	$1\frac{1}{4}$	42.3	3.25	3.13	4.00	3.78	0.04
40	$1\frac{1}{2}$	48	3.50	3.84	4.25	4.58	0.06
50	2	60	3.50	4.88	4.50	6.16	0.09
65	$2\frac{1}{2}$	75.5	3.75	6.64	4.50	7.88	0.13
80	3	88.5	4.00	8.34	4.75	9.81	0.20
100	4	114	4.00	10.85	5.00	13.44	0.40
125	5	140	4.50	15.04	5.50	18.24	0.60
150	6	165	4.50	17.81	5.50	21.63	0.80

2. 无规共聚聚丙烯管(PP—R管)

(1)管材。

1)管材的材质。采用无规共聚聚丙烯材料经挤出成为管材，采用气相共聚工艺使5%左右的PE在PP的分子链中随机地均匀聚合(无规共聚)而成为新一代管道材料，具有较好的抗冲击性能和长期蠕变性能，如图3.3所示。

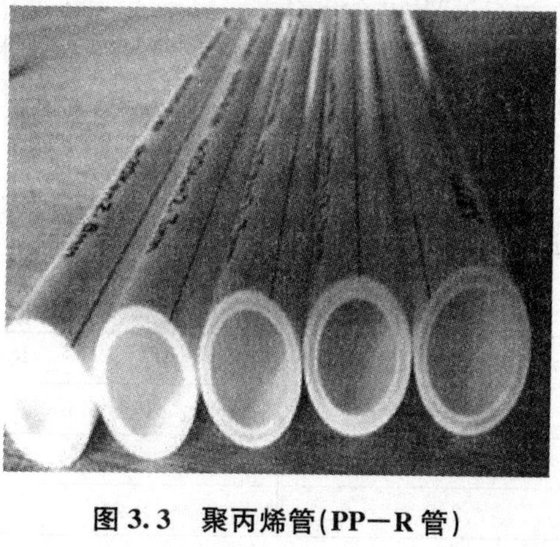

图3.3 聚丙烯管(PP—R管)

2)管材的接口。同种材质的给水聚丙烯管及管配件之间，安装应采用热熔或电熔连接，因热熔连接简单易操作，故一般都采用热熔连接，安装时应使用专用热熔工具。

给水聚丙烯管与金属管件连接，应采用带金属管件的聚丙烯管件作为过渡，该管件与塑料管采用热熔连接，与金属配件或卫生洁具五金配件采用丝扣连接和法兰连接，一般小口径管采用丝扣连接，大口径管采用法兰连接。

3)管材的适用场合能有效地避免水质的"二次污染"，现大量用于室内给水的冷、热水管道中。

(2)管件。聚丙烯管(PP—R管)管件，常用的有外螺纹接头、内螺纹接头、外螺纹三通、内螺纹三通、外螺纹90°弯头和内螺纹弯头等，如图3.4所示。

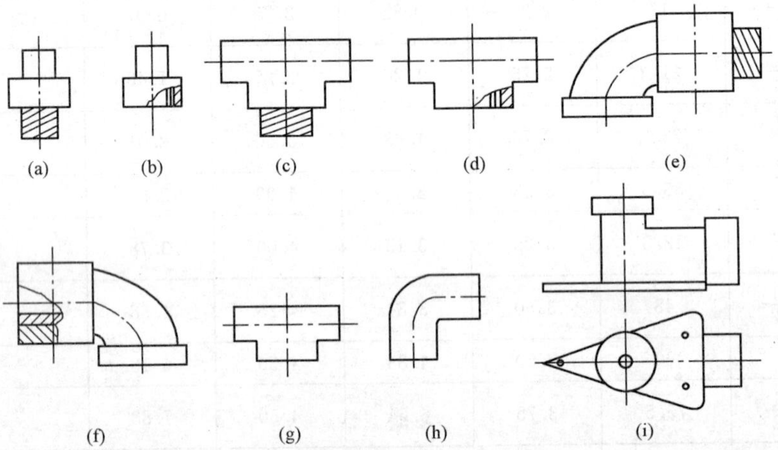

图3.4 聚丙烯管(PP—R管)管件

(a)外螺纹接头；(b)内螺纹接头；(c)外螺纹三通；(d)内螺纹三通；
(e)外螺纹90°弯头；(f)内螺纹90°弯头；(g)三通；(h)弯头；(i)带脚内螺纹90°弯头

(3)管材、管件的规格表示。PP—R管材规格用管系列S、公称外径 *DN*×公称壁厚 *en* 表示。

管系列S：

一般常用的PP—R管规格有5、4、3.2、2.5、2五个系列：

PP—R管规格S5系列——1.25 MPa(12.5 kg)；

PP—R管规格S4系列——1.6 MPa(16 kg)；

PP—R管规格S3.2系列——2.0 MPa(20 kg)；

PP—R管规格S2系列——2.5 MPa(25 kg)。

大部分企业PP—R管件都只有最高标准S2一个系列，冷、热水全部适用。

dn——PP—R公称外径，单位为mm；

en——PP—R公称壁厚，单位为mm。

例如，PP—R公称外径 *dn*25 mm、PP—R公称壁厚 *en*2.5 mm，PP—R管系列S5，则表示为S5、*dn*25×*en*2.5。PP—R管材常用规格见表3.6。

表3.6 聚丙烯管(PP—R管)常用规格

冷水管(*PN*1.6)		热水管(*PN*2.0)	
外径/mm	壁厚/mm	外径/mm	壁厚/mm
20	2.3	20	2.8
25	2.8	25	3.5

续表

冷水管($PN1.6$)		热水管($PN2.0$)	
外径/mm	壁厚/mm	外径/mm	壁厚/mm
32	3.6	32	4.4
40	4.5	40	5.5
50	5.6	50	6.9
63	7.1	63	8.6
75	8.4	75	10.3
90	10.1	90	12.3
110	12.3	110	15.1

温馨提醒：市场上基本所有的塑料管材都是用公称外径×壁厚($dn×en$)来表示，此处的公称外径(Dn或dn)大约和外径(De)差不多，其意义有点类似于公称直径，并且公称直径的字母表示为DN，又与公称外径的字母表示Dn或dn，只是一个大小写的问题，因此，造成了一定的困扰。另外，在安装工程定额里，塑料管材是采用公称直径来表示的，设计图纸有的采用公称直径，有的采用公称外径，致使施工方买材料时容易把规格买错，在这种情况下，最好是在设计图纸上做管径对照表，如下表。

公称直径(DN)	$DN15$	$DN20$	$DN25$	$DN32$	$DN40$
外径×壁厚($Dn×en$)	20×2.3	25×2.8	32×3.6	40×4.5	50×5.6

3.3.2 室外给水常用管材

(1)给水铸铁管管材。

1)给水铸铁管管材的材质。管材的材质通常是用球墨铸铁用18号以上的铸造铁水经添加球化剂后，经过离心球墨铸铁机高速离心铸造成的离心球墨铸铁管，简称为球墨铸铁管。

2)给水铸铁管管材的接口。给水铸铁管按接口形式可分为承插式和法兰式两种。其中常用承插式，如图3.5所示。

承插式给水铸铁管常用接口方法有油麻石棉水泥接口、油麻膨胀水泥接口和橡胶圈接口。

①油麻石棉水泥接口。将管口处理好(沥青除去)的管子插口的一端插入另一根合格(没有裂纹、铸造缩口、砂眼、结疤等缺陷)的管子承插口之中，调整插口的插入深度，调匀承插口环形间隙后，将油麻拧成直径为接口间隙1.5倍的麻辫，其长度应比管外径周长长100～150 mm，使油麻辫由接口下方开始逐渐塞入承插口间隙内，且每圈首尾搭接50～100 mm。一般嵌塞油麻辫2圈，并依次用麻凿在管子承插间隙内打实，将已拌好的石棉水泥填料，分层填塞到已打好油麻的承插口间隙里，并层层用灰凿和手锤打实，每层厚度以不超过10 mm为宜。对打好的石棉水泥口要养护48 h以上即可。

石棉水泥接口材料采用强度等级不低于42.5级的水泥及4级或5级的石棉。配合比(质量比)一般可参照石棉：水泥：水＝30%：70%：(10%～12%)，其中，水的比例是指占石棉和水泥总质量而言的。

在配料时，用水量可根据当时施工季节、空气的温湿度调整比例，当气温较高、风速较大时，可适当增加10%的用水量，一次配制不宜过多。

②油麻膨胀水泥接口。油麻膨胀水泥接口操作同油麻石棉水泥接口。膨胀水泥接口材料

主要是膨胀水泥及纯净中砂。膨胀水泥可用石膏矾土膨胀水泥或硅酸盐膨胀水泥，出厂日期超过 3 个月者应作水泥试验，性能及各项指标合格后方可使用。

中砂应进行筛分及清洗，砂子粒径不宜大于 1.2 mm，含泥量不超过 2%。

膨胀水泥接口配合比(质量比)一般为膨胀水泥：中砂：水＝1：1：0.3，水量可根据气候条件调整，但不宜超过 0.35，拌和应均匀，外观颜色一致，一次拌和量宜在 0.5 h 内用完。

③橡胶圈接口。橡胶圈接口以前多是采用橡胶圈作为密封填料，然后再做石棉水泥或膨胀水泥接口，胶圈断面多为圆形。近些年，为了便于施工，在承口处作出特殊形状的凹槽，采用近似梯形断面的橡胶圈将其撞入承口凹槽内，无须其他接口填料，如图 3.6 所示。

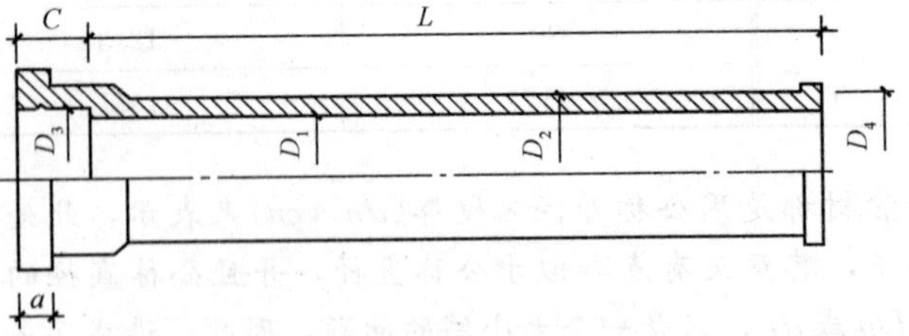

图 3.5　承插式给水铸铁管

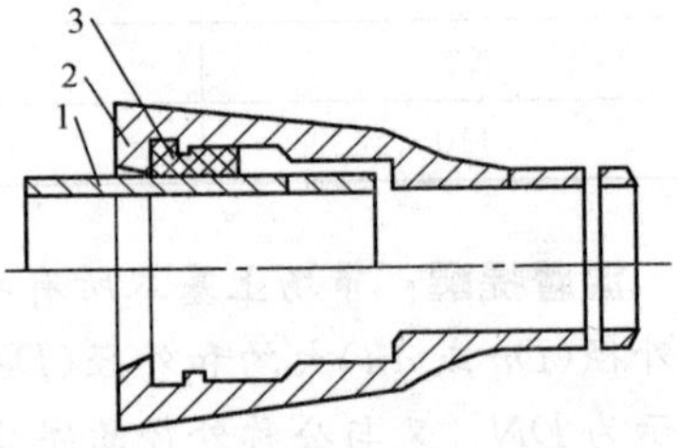

图 3.6　梯形橡胶圈接口

1—插口；2—承口；3—胶圈

3)管材的适用场合。管材主要用于室外自来水的输送，是自来水管道理想的选择用料。

(2)给水铸铁管管件。其种类常用的有正三通、四通、大小头、90°和 45°弯头等，图 3.7 所示为承插式给水铸铁管管件。

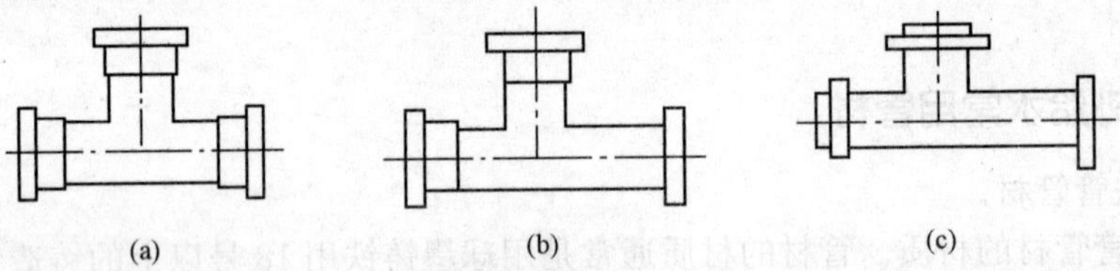

图 3.7　承插式给水铸铁管管件

(a)三承三通；(b)双承三通；(c)双盘三通；(d)三盘三通；(e)三承四通；
(f)三盘四通；(g)90°弯头；(h)45°弯头；(i)大小头；(j)承盘短管；(k)插盘短管

(3)给水铸铁管管材、管件的规格表示。给水铸铁管及其管件的直径，以公称直径表示。例如，给水铸铁管的直径是 100 mm，表示为 $DN100$。承插式给水铸铁管管材常用规格见表 3.7。

表 3.7 承插式给水铸铁管管材常用规格

DN/mm	D_1	D_2	D_3	D_4	a	b	c	L
	/mm							/m
75	75	93.0	113.0	103.5	36	28	90	3～4
100	100	118.0	138.0	128.0	36	28	95	4
125	125	143.0	163.0	163.0	36	28	95	4
150	150	169.0	189.0	179.0	36	28	100	4～5
200	200	220.0	240.0	230.0	38	30	100	5
250	250	271.0	293.6	281.0	38	32	105	5
300	300	322.8	344.8	332.8	38	33	105	6
350	350	374.0	396.0	384.0	40	34	110	6
400	400	425.6	477.6	435.6	40	36	110	6
450	450	476.8	498.8	486.8	40	37	115	6

3.3.3 室内排水常用管材

1. 排水铸铁管

(1)管材。

1)管材的材质。排水铸铁管通常是用灰口铸铁浇铸而成，其管壁较薄，承口较小。出厂之前管子内外表面不涂刷沥青漆。

2)管材的接口。接口形式只有承插一种，此类铸铁管采用橡胶圈密封、螺栓紧固，在内水压下具有良好的挠曲性、伸缩性，如图 3.8 所示。

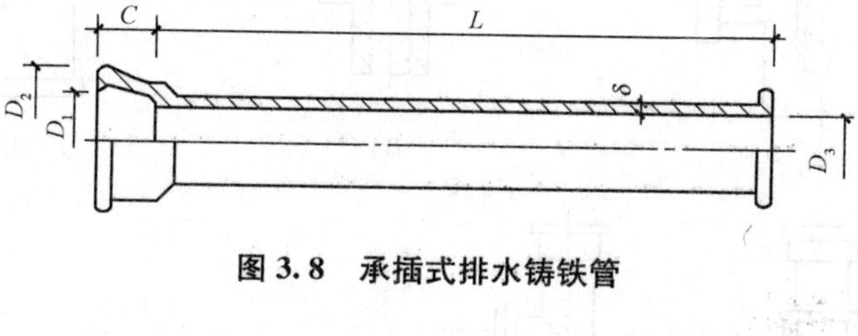

图 3.8 承插式排水铸铁管

3)管材的适用场合。管材能适应较大的轴向位移和横向曲挠变形，适用于高层建筑室内排水管，对地震区尤为合适。

(2)管件。排水铸铁管的管件，也是用灰口铸铁浇铸而成。其种类和样式比较多，常用的有斜三通(也称为立体三通)、斜四通(也称为立体四通)、出户大弯、清扫口(也称为扫除口)、立管检查口、存水弯(分为 P 形、S 形、盅形)等，如图 3.9 所示。

(3)管材、管件的规格表示。排水铸铁管及其管件的直径，以公称直径表示。例如，排水铸件管的直径是 150 mm，表示为 $DN150$。排水铸铁管的常用规格，见表 3.8。

表 3.8　排水铸铁管的常用规格

DN/mm	D_1	D_2	D_3	δ	C	L
	/mm					/m
50	80	92	50	5	60	0.5～1.5
75	105	117	75	5	65	0.9～1.5
100	130	142	100	5	70	0.9～1.5
125	157	171	125	6	75	1.0～1.5
150	182	198	150	6	75	1.5
200	234	250	200	7	80	1.5

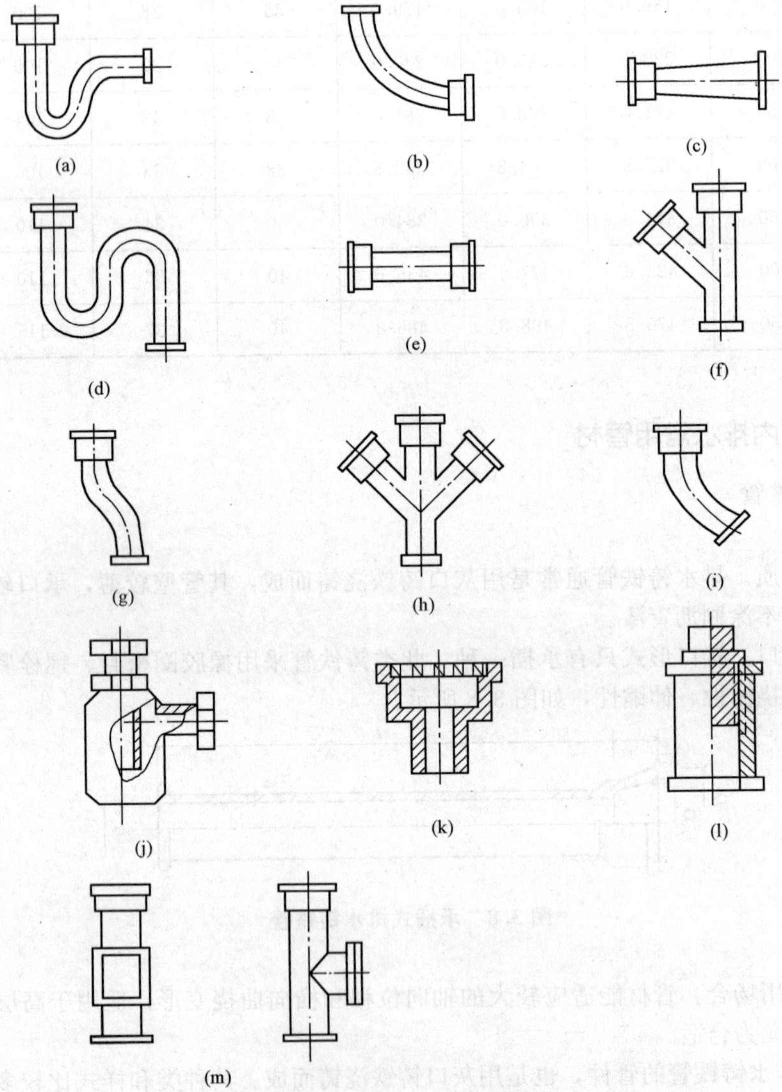

图 3.9　承插式排水铸铁管管件

(a)P形存水弯；(b)出户大弯；(c)大小头；(d)S形存水弯；
(e)套袖；(f)斜三通；(g)乙字弯；(h)斜四通；(i)45°弯头；
(j)盅形存水弯；(k)地漏；(l)清扫口；(m)立管检查口

2. 硬聚氯乙烯管塑料管(PVC－U)

(1)管材。

1)管材的材质。塑料管一般是以合成树脂，也就是聚酯为原料，加入稳定剂、润滑剂、增塑剂等，以“塑”的方法在制管机内经挤压加工而成。由于它具有质轻、耐腐蚀、外形美观、无不良气味、加工容易、施工方便等特点，在建筑工程中获得了越来越广泛的应用。管材长度一般为4～6 m。

2)管材的接口。管材两端为插头，管件均为承口，多数采用承插粘接法连接，属于不可变的永久性连接，个别采用粘接连接。粘接连接是采用胶粘剂做粘接填料，将同质的管材、管件粘接在一起，从而起到密封作用。

3)管材的适用场合。一般排水塑料管在建筑高度为100 m以下的建筑物内使用。

(2)管件。塑料排水管的管件，常用的有斜三通、斜四通、存水弯、立管检查口、清扫口、套袖等，如图3.10所示。

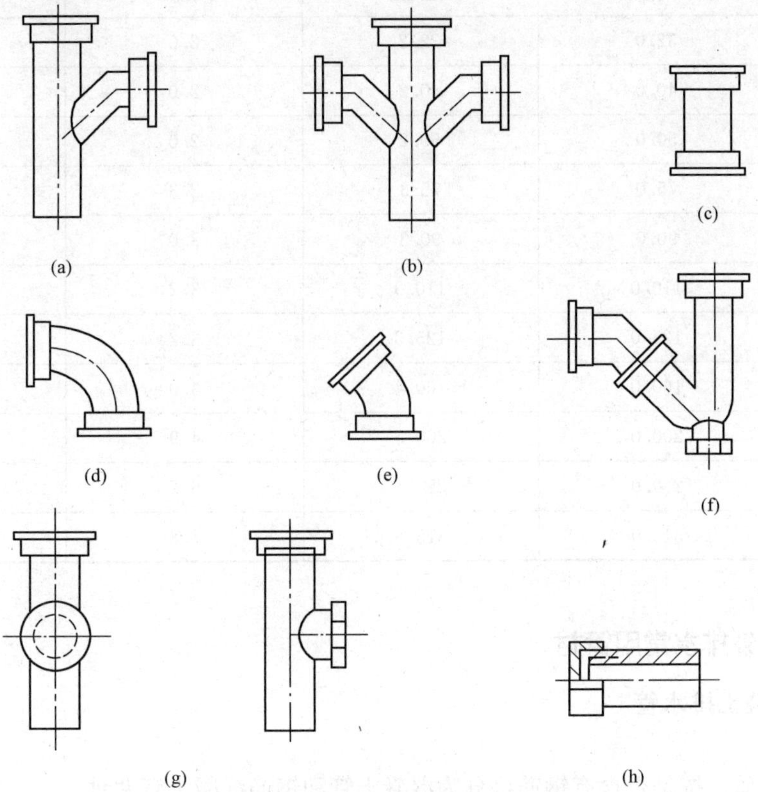

图3.10　承插式排水塑料管管件

(a)异径斜三通；(b)异径斜四通；(c)套袖；(d)90°弯头；
(e)45°弯头；(f)P形存水弯；(g)立管检查口；(h)清扫口

(3)管材、管件的规格表示。一般用公称外径×壁厚($dn \times en$)表示。例如，排水塑料管的公称外径为$dn50$，壁厚为2.2 mm，表示为$dn50 \times en2.2$。

建筑排水用硬聚氯乙烯(PVC－U)管的规格，按《建筑排水用硬聚氯乙烯》(PVC－U)管材(GB/T 5836.1－2006)的规定，共有11个规格，分别是$dn32$、$dn40$、$dn50$、$dn75$、$dn90$、$dn110$、$dn125$、$dn160$、$dn200$、$dn250$、$dn315$，见表3.9。

1)与洗脸盆、洗涤盆、浴盆、卫生盆相连的排水支管，管径为$dn32$，规格较大者可采

用 *dn*40。

2)与小便器、小便斗相连的排水支管管径分别为 *dn*50、*dn*75。

3)与大便器相连的排水管管径为 *dn*110。

4)小便槽的排水管或连接 3 个小便器以上的排水管管径不得小于 *dn*75。

5)医院里的污水池、洗涤盆排水管的管径不得小于 *dn*75。

6)公共食堂、餐厅里的洗涤池、污水池的排水管管径不得小于 *dn*75。公共食堂、餐厅、公共浴室的排水支管管径不得小于 *dn*75，干管管径不得小于 *dn*100。

7)住宅里的排水立管管径不得小于 *dn*75。

表 3.9　排水塑料管的常用规格

公称外径 *dn*/mm	平均外径/mm		壁厚/mm	
	最小平均外径 $d_{em,min}$	最大平均外径 $d_{em,max}$	最小壁厚 $e_{y,min}$	最大壁厚 $e_{y,max}$
32	32.0	32.2	2.0	2.4
40	40.0	40.2	2.0	2.4
50	50.0	50.2	2.0	2.4
75	75.0	75.3	2.3	2.7
90	90.0	90.3	3.0	3.5
110	110.0	110.3	3.2	3.8
125	125.0	125.3	3.2	3.8
160	160.0	160.4	4.0	4.6
200	200.0	200.5	4.9	5.6
250	250.0	250.5	6.2	7.0
315	315.0	315.6	7.8	8.6

3.3.4　室外排水常用管材

1. 钢筋混凝土排水管

(1)管材。

1)管材的材质。按是否含有钢筋可分为混凝土管和钢筋混凝土管两种。

2)管材的接口。钢筋混凝土排水管的接口形式有承插式和平口式两种，如图 3.11 所示。

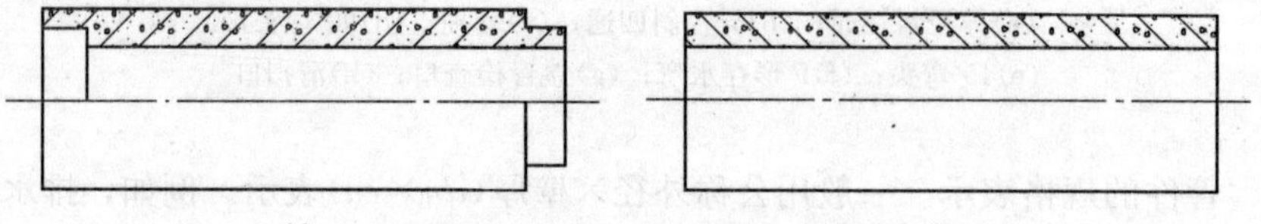

(a)　　(b)

图 3.11　钢筋混凝土排水管

(a)承插式；(b)平口式

3)管材的适用场合。钢筋混凝土排水管被大规模地运用在公共设施的排水上，但近年来已逐渐淘汰。

(2)管件。无管件、转弯和分支时利用检查井得以实现。

(3)管材的规格表示。钢筋混凝土排水管用内径表示，例如，钢筋混凝土排水管内径为200 mm，则表示为$dn200$。

常用钢筋混凝土排水管的规格，见表3.10。

表3.10 钢筋混凝土排水管常用直径

d/mm	管长/m	d/mm	管长/m	d/mm	管长/m
200	1	400	1	700	1
250	1	500	1		
300	1	600	1		
注：$d \geqslant 800$ 时为现浇钢筋混凝土。					

2. 高密度聚乙烯塑料管(HDPE)

(1)管材。

1)管材的材质。聚乙烯管按其密度不同可分为高密度聚乙烯塑料管(HDPE)、中密度聚乙烯塑料管(MDPE)和低密度聚乙烯塑料管(LDPE)。HDPE管具有较高的强度和刚度；HDPE(高密度聚乙烯)是一种结晶度高、非极性的热塑性树脂。其质轻，具有良好的耐热性和耐寒性，化学稳定性好，还具有较高的刚性和韧性，机械强度好。

2)管材的接口。高密度聚乙烯塑料管(HDPE)的连接方式主要有承插胶圈连接、粘接连接和法兰连接三种。

①管径大于等于100 mm的管道，一般采用胶圈接口；

②管径小于100 mm的管道，一般采用粘接接头，也有的采用活接头。

管道在跨越下水道或其他管道时，一般都使用金属管，这时塑料管与金属管采用法兰连接。阀门前后与管道的连接也都是采用法兰连接。

3)管材的适用场合。现逐渐替代钢筋混凝土管，广泛应用于城市污雨水排水管道。

(2)管材、管件的规格表示。高密度聚乙烯塑料管(HDPE)的规格分为S12.5和S16两个系列。其具体规格及选用详见表3.11～表3.13。

表3.11 HDPE排水管S12.5系列规格

公称外径 dn/mm	平均外径/mm		壁厚/mm	
	最小平均外径 $d_{em,min}$	最大平均外径 $d_{em,max}$	最小壁厚 $e_{y,min}$	最大壁厚 $e_{y,max}$
32	32.0	32.3	3.0	3.3
40	40.0	40.4	3.0	3.3
50	50.0	50.5	3.0	3.3
56	56.0	56.5	3.0	3.3
63	63.0	63.6	3.0	3.3
75	75.0	75.7	3.0	3.3
90	90.0	90.8	3.5	3.9

续表

公称外径 d_n/mm	平均外径/mm		壁厚/mm	
	最小平均外径 $d_{em,min}$	最大平均外径 $d_{em,max}$	最小壁厚 $e_{y,min}$	最大壁厚 $e_{y,max}$
110	110.0	110.8	4.2	4.9
125	125.0	125.9	4.8	5.5
160	160.0	161.0	6.2	6.9
200	200.0	201.1	7.7	8.7
250	250.0	251.3	9.6	10.8
315	315.0	316.5	12.1	13.6

表 3.12　HDPE 排水管 S16 系列规格

公称外径 d_n/mm	平均外径/mm		壁厚/mm	
	最小平均外径 $d_{em,min}$	最大平均外径 $d_{em,max}$	最小壁厚 $e_{y,min}$	最大壁厚 $e_{y,max}$
200	200.0	201.1	6.2	6.9
250	250.0	251.3	7.8	8.6
315	315.0	316.5	9.8	10.8

表 3.13　HDPE 排水管管材应用选择

公称外径 d_n/mm	管系列	应用领域
32～315	S12.5	B，BD
200～315	S16	B
注：B 用于建筑物内重力污、废水排放；BD 除用于建筑物内重力污、废水排放，还能用于建筑物内的埋地管重力污、废水排放以及虹吸式屋面雨水系统的排放。		

3.3.5　其他常用管材

1. 无缝钢管

(1)管材。

1)管材的材质。按用途可分为普通(一般)和专用两种。其中，常用普通无缝钢管。普通无缝钢管按制造方法可分为冷轧和热轧两种。冷轧管一般每根 1.5～9 m；热轧管一般每根 3～12 m。

2)管材的适用场合。广泛用于工业管道工程中，如氧气、乙炔、室外蒸汽等管道。

(2)管件。无缝钢管的管件种类不多，常用的有无缝冲压弯头(分为 90°和 45°两种)、无缝异径管(也称为无缝大小头，分为同心和偏心大小头两种)。

(3)管材、管件的规格表示。无缝钢管在同一外径下，往往有几种壁厚。所以，这种管材(管件)的规格，一般用实际的外径乘以实际的壁厚来表示。

通常用符号“D”表示外径，外径数值写于其后，再乘以壁厚。例如，无缝钢管的外径是 57 mm，壁厚是 4 mm，表示为 $D57\times4$。常用普通无缝钢管的规格，见表 3.14。

表 3.14 普通无缝钢管常用规格

外径 D/mm	壁厚/mm								
	2.5	3.0	3.5	4.0	4.5	5.0	6.0	7.0	8.0
	理论质量/(kg·m^{-1})								
57	3.36	4.00	4.62	5.23	5.83	6.41	7.55	8.63	9.67
60	3.55	4.22	4.88	5.52	6.16	6.78	7.99	9.15	10.26
73	4.35	5.18	6.00	6.81	7.60	8.38	9.91	11.39	12.82
76	4.53	5.40	6.26	7.10	7.93	8.75	10.36	11.91	13.12
89	5.33	6.36	7.38	8.38	9.38	10.36	12.28	14.16	15.98
102	6.13	7.32	8.50	9.67	10.82	11.96	14.21	16.40	18.55
108	6.50	7.77	9.02	10.26	11.49	12.70	15.09	17.44	19.73
114	—	—	—	10.48	12.15	13.44	15.98	18.47	20.91
133	—	—	—	12.73	14.26	15.78	18.79	21.75	24.66
140	—	—	—	13.42	15.04	16.65	19.83	22.96	26.04
159	—	—	—	—	17.15	18.99	22.64	26.24	29.79
168	—	—	—	—	—	20.10	23.97	27.79	31.57
219	—	—	—	—	—	—	31.52	36.60	41.63
245	—	—	—	—	—	—	—	41.09	46.76
273	—	—	—	—	—	—	—	45.92	52.28

2. 铝塑复合管

(1)铝塑复合管的结构。铝塑复合管简称铝塑管，是最早替代铸铁管的供水管，其基本构成应为五层，即由内而外依次为塑料(聚乙烯或交联聚乙烯)、胶粘剂、铝合金、胶粘剂、塑料(聚乙烯或交联聚乙烯)，如图 3.12 所示。

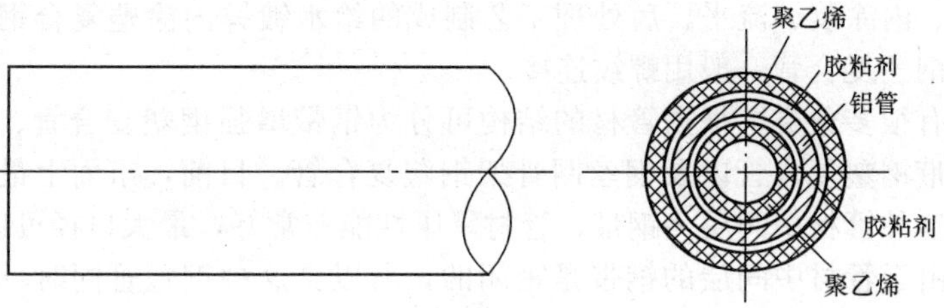

图 3.12 铝塑管结构

(2)铝塑复合管的管件。目前铝塑复合管的管件、附件采用铜管件和铜附件。常用铜阀和铜管件如图 3.13 所示。

(3)铝塑复合管常用直径。铝塑复合管常用外径等级为 *D*14、*D*16、*D*20、*D*25、*D*32、*D*40、*D*50、*D*63、*D*75、*D*90、*D*110 共 11 个等级。

(4)铝塑复合管有较好的保温性能，内外壁不易腐蚀。因内壁光滑，对流体阻力很小。又因为可随意弯曲，所以安装施工方便。作为供水管道，铝塑复合管有足够的强度。

如横向受力太大时，会影响强度，所以宜作明管施工或埋于墙体内，甚至可以埋入地下(铝塑复合管也可以埋入地下，例如，地暖中用的管子就是铝塑复合管)。铝塑复合管的连接是卡套式的(也可以是卡压式的)，因此，施工中一是要通过严格的试压，检验连接是否牢固；二是防止经常振动，使卡套松脱；三是长度方向应留足安装量，以免拉脱。

市场上出现的铝塑复合管有三种：第一种是内外层为聚乙烯；第二种是内层为交联聚乙烯，外层为聚乙烯；第三种是内外层均为交联聚乙烯，中部层均为铝层。第二种、第三种其塑料部分采用交联聚乙烯(PEX)，分子间结构更稳定，比第一种更牢固，更适用于建筑给水、供暖系统。

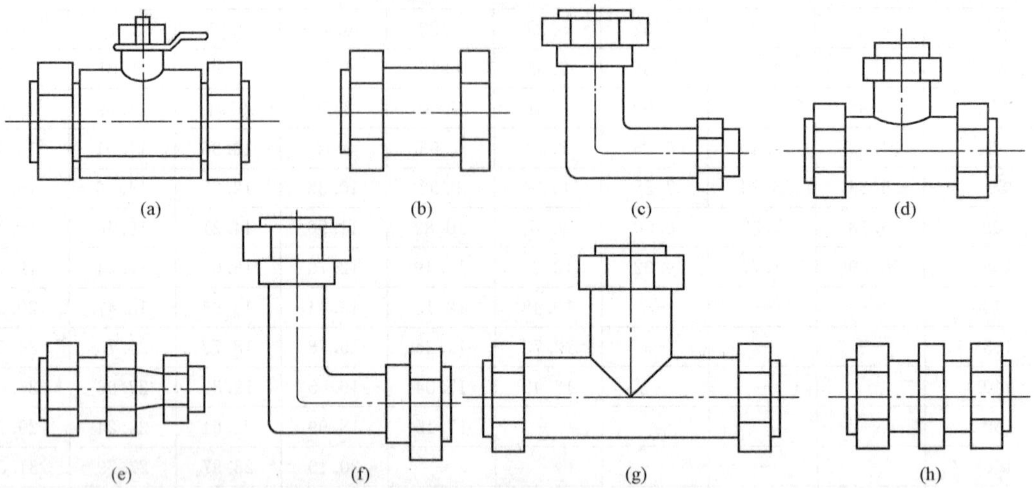

图 3.13 铝塑管的铜阀和铜管件

(a)球阀；(b)堵头；(c)异径弯头；(d)异径三通；

(e)异径外接头；(f)等径弯头；(g)等径三通；(h)等径外接头

3. 钢塑复合管

钢塑复合管是一种新兴的复合管管材，很多地方简称钢塑管。钢是一种铁质材料；塑是指塑料。钢塑复合管中的塑料一般是高密度聚乙烯(HDPE)。

钢塑复合管以无缝钢管、焊接钢管为基管，内壁涂聚乙烯粉末或涂环氧树脂涂料。这种采用前处理、预热、内涂装、流平、后处理工艺制成的给水镀锌内涂塑复合钢管，是传统镀锌管的升级型产品，钢塑复合管一般用螺纹连接。

钢塑复合管有很多分类，根据管材的结构可分为钢带增强钢塑复合管、无缝钢管增强钢塑复合管、孔网钢带钢塑复合管以及钢丝网骨架钢塑复合管。目前，市面上最为流行的是钢带增强钢塑复合管，这种管材中间层为钢带，管材承压性能非常好，最大口径可以做到 200 mm，甚至更大，同时，由于管材中间层的钢带是密闭的，所以，这种钢塑管同时具有阻氧作用，可直接用于直饮水工程，其内外层又是塑料材质，具有非常好的耐腐蚀性。

4. 钢丝网骨架塑料复合管(SRTP 管)

尽管钢带增强钢塑复合管有着其他管材无法比拟的优势，但它的生产工艺的复杂性和对高精尖技术的要求，使得许多管材厂家望而却步，于是，就有了无缝钢管增强钢塑复合管、孔网钢带钢塑复合管以及钢丝网骨架钢塑复合管这几类管材的出现。

其中，应用更为广泛的是钢丝网骨架塑料复合管，这种管材是一种经过改良的新型钢骨架塑料复合管。采用高性能的 HDPE 改性粘结树脂将钢丝骨架与内、外层高密度采用高性能聚乙烯紧密地连接在一起，使之具有优良的复合效果。克服了钢管和塑料管各自的缺点，而又保持了钢管和塑料管各自的优点。这种管材具有更高的耐压性能、优良的柔性，适用于长距离埋地用供水、输气管道系统。钢丝网骨架聚乙烯复合管采用的管件是聚乙烯电熔管件。连接时，利用管件内部发热体将管材外层塑料与管件内层塑料熔融，将管材与管件可靠地连接在一起。

3.4 常用法兰及其螺栓、螺帽与垫片

3.4.1 常用法兰

管道工程用的法兰分为钢管(道)法兰和通风管(道)法兰两种。

(1)钢管(道)法兰。

1)法兰的种类。钢管用的法兰种类较多，最常用的是平焊钢法兰。按其接触面可分为光滑式密封面和凹凸式密封面两种，如图 3.14 所示。

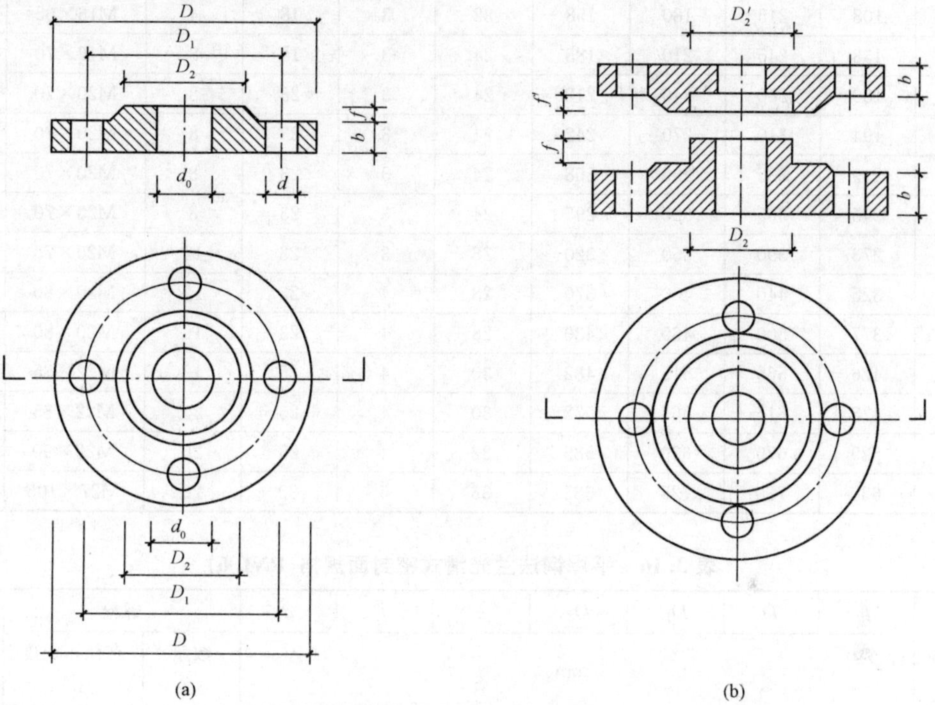

图 3.14 平焊钢法兰

(a)光滑式密封面；(b)凹凸式密封面

2)法兰的材质。法兰的材质通常与相应钢管的材质相同，采用普通碳素钢、优质碳素钢或低合金钢钢板加工而成。平焊钢法兰的常用规格，见表 3.15～表 3.18。

3)法兰的规格表示。通常选用标准法兰，平焊钢法兰的规格一般用公称直径“*DN*”和公称压力“*PN*”表示。

表 3.15 平焊钢法兰光滑式密封面规格(*PN*1)

DN/mm	d_0	*D*	D_1	D_2	*b*	*f*	*d*	螺栓		垫片厚/mm
	/mm							数量/条	直径×长度/mm	
15	18	95	65	45	12	2	14	4	M12×40	1.5
20	25	105	75	58	14	2	14	4	M12×45	1.5
25	32	115	85	68	14	2	14	4	M12×45	1.5

续表

DN/mm	d_0	D	D_1	D_2	b	f	d	螺栓		垫片厚/mm
	/mm							数量/条	直径×长度/mm	
32	38	135	100	78	16	2	18	4	M16×50	1.5
40	45	145	110	88	18	3	18	4	M16×55	1.5
50	57	160	125	102	18	3	18	4	M16×55	1.5
70	76	180	145	122	20	3	18	4	M16×60	1.5
80	89	195	160	138	20	3	18	4	M16×60	1.5
100	108	215	180	158	22	3	18	4	M16×65	2.0
125	133	245	210	188	24	3	18	8	M16×70	2.0
150	159	280	240	212	24	3	23	8	M20×70	2.0
175	194	310	270	242	24	3	23	8	M20×70	2.0
200	219	335	295	268	24	3	23	8	M20×70	2.0
225	245	365	325	295	24	3	23	8	M20×70	2.0
250	273	390	350	320	26	3	23	12	M20×75	2.0
300	325	440	400	370	28	4	23	12	M20×80	2.0
350	377	500	460	430	28	4	23	16	M20×80	3.0
400	426	565	515	482	30	4	25	16	M22×85	3.0
450	478	615	565	532	30	4	25	20	M22×85	3.0
500	529	670	620	585	32	4	25	20	M22×90	3.0
600	630	780	725	685	36	5	30	20	M27×105	3.0

表 3.16 平焊钢法兰光滑式密封面规格(*PN*1.6)

DN/mm	d_0	D	D_1	D_2	b	f	d	螺栓		垫片厚/mm
	/mm							数量/条	直径×长度/mm	
15	18	95	65	45	12	2	14	4	M12×45	1.5
20	25	105	75	58	16	2	14	4	M12×50	1.5
25	32	115	85	68	18	2	14	4	M12×50	1.5
32	38	135	100	78	18	2	18	4	M16×55	1.5
40	45	145	110	88	20	3	18	4	M16×60	1.5
50	57	160	125	102	22	3	18	4	M16×65	1.5
70	76	180	145	122	24	3	18	4	M16×70	1.5
80	89	195	160	138	24	3	18	8	M16×70	1.5
100	108	215	180	158	26	3	18	8	M16×70	2.0
125	133	245	210	188	28	3	18	8	M16×75	2.0
150	159	280	240	212	28	3	23	8	M20×80	2.0
175	194	310	270	242	28	3	23	8	M20×80	2.0
200	219	335	295	268	30	3	23	12	M20×85	2.0
225	245	365	325	295	30	3	23	12	M20×85	2.0
250	273	405	355	320	32	3	25	12	M22×90	2.0

续表

DN/mm	d_0	D	D_1	D_2	b	f	d	螺栓		垫片厚/mm
	/mm							数量/条	直径×长度/mm	
300	325	460	410	378	32	4	25	12	M22×90	2.0
350	377	520	470	438	34	4	25	16	M22×95	2.0
400	426	580	525	496	38	4	30	16	M27×105	3.0
450	478	640	585	550	42	4	30	20	M27×115	3.0
500	529	705	650	610	48	4	34	20	M30×130	3.0
600	630	840	770	720	50	5	34	20	M30×140	3.0

表 3.17 平焊钢法兰光滑式密封面规格(*PN*2.5)

DN/mm	d_0	D	D_1	D_2	b	f	d	螺栓		垫片厚/mm
	/mm							数量/条	直径×长度/mm	
15	18	95	65	45	16	2	14	4	M12×50	1.5
20	25	105	75	58	18	2	14	4	M12×50	1.5
25	32	115	85	68	18	2	14	4	M12×50	1.5
32	38	135	100	78	20	2	18	4	M16×60	1.5
40	45	145	110	88	22	3	18	4	M16×65	1.5
50	57	160	125	102	24	3	18	4	M16×70	1.5
70	76	180	145	122	24	3	18	8	M16×70	1.5
80	89	195	160	138	26	3	18	8	M16×70	1.5
100	108	230	190	162	28	3	23	8	M20×80	2.0
125	133	270	220	188	30	3	25	8	M22×85	2.0
150	159	300	250	218	30	3	25	8	M22×85	2.0
175	194	330	280	248	32	3	25	12	M22×90	2.0
200	219	360	310	278	32	3	25	12	M27×90	2.0
225	245	395	340	305	34	3	30	12	M27×100	2.0
250	273	425	370	335	34	3	30	12	M27×100	2.0
300	325	485	430	390	36	4	30	16	M27×105	2.0
350	377	550	490	450	42	4	34	16	M30×120	2.0
400	426	610	550	505	44	4	34	16	M30×120	3.0
450	478	660	600	555	48	4	34	20	M30×130	3.0
500	529	730	660	615	52	4	41	20	M36×150	3.0

表 3.18 平焊钢法兰凹凸式密封面规格

DN/mm	D_2/mm	D_2'/mm	$f-f'$/mm	PN1.0	PN1.6	PN2.5
				b/mm	b/mm	b/mm
15	39	40	4.0	12	12	12
20	50	51	4.0	12	12	12

续表

DN/mm	D_2/mm	D_2'/mm	$f-f'$/mm	$PN1.0$	$PN1.6$	$PN2.5$
				b/mm	b/mm	b/mm
25	57	58	4.0	12	12	12
32	65	66	4.0	12	12	12
40	75	76	4.0	14	14	14
50	87	88	4.0	14	14	14
70	109	110	4.0	14	14	16
80	120	121	4.0	14	14	18
100	149	150	4.5	14	16	20
125	175	176	4.5	16	16	22
150	203	204	4.5	16	18	24
175	233	234	4.5	16	18	24
200	259	260	4.5	16	20	26
225	286	287	4.5	16	20	26
250	312	313	4.5	18	24	30
300	363	364	4.5	20	28	34
350	421	422	5.0	24	32	38
400	473	474	5.0	26	36	42

(2)通风管法兰。

1)法兰的种类。通风管道所用的法兰，按其形状不同可分为圆形和矩形两种，如图 3.15 所示。

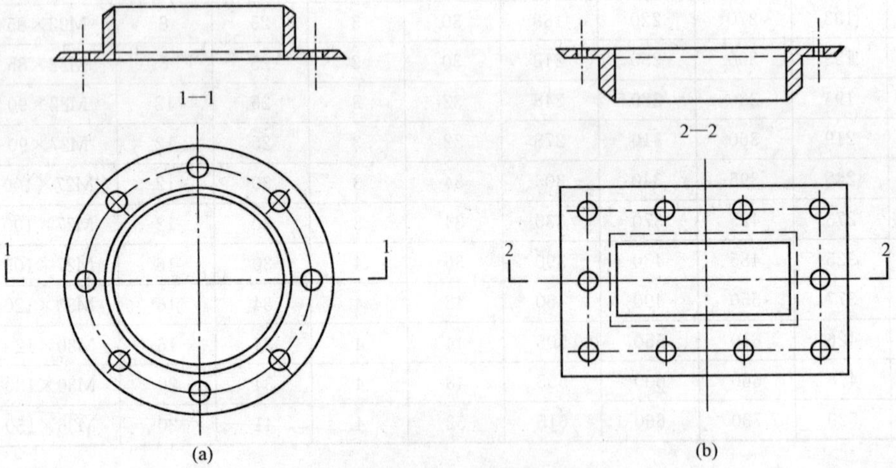

图 3.15　通风管法兰种类

(a)圆形法兰；(b)矩形法兰

2)法兰的材质。法兰的材质通常根据风管的材质选用。薄钢板风管采用角钢或扁钢加工制作法兰；硬聚氯乙烯塑料风管采用较厚的硬聚氯乙烯塑料加工制作法兰。制作钢板风管法兰常用的角钢或扁钢规格，见表 3.19。

表 3.19 法兰型钢选用表

圆风管 D 或矩风管大边/mm	角钢和扁钢规格			
	咬口风管/mm		焊接风管/mm	
	圆形	矩形	圆形	矩形
100～215	－25×4	－25×4	∟25×3	∟25×3
235～265	－25×4	－25×4	∟25×3	∟25×3
285～375	－25×4	∟25×3	∟25×3	∟30×3
440～495	∟25×3	∟25×3	∟30×3	∟30×4
545～595	∟25×3	∟25×4	∟30×3	∟30×4
660～775	∟25×4	∟32×4	∟32×4	∟36×4
885～1 025	∟32×4	∟36×4	∟36×4	∟40×4
1 100～1 200	∟36×4	∟40×4	∟40×4	∟45×4
1 325～1 425	∟40×4	∟45×4	∟45×4	∟50×4

3)法兰的规格表示。圆形法兰用风管的外径“*D*”表示；矩形法兰用矩形风管的边宽×边宽表示。

3.4.2 常用螺栓、螺帽

(1)螺栓、螺帽的种类。螺栓(及螺帽)的种类较多。在管道工程中，法兰连接时常用的螺栓有两种：一种是粗制六角头螺栓(即一端带有部分螺纹)，与其相配的螺帽为普厚粗制六角螺帽；另一种是精制双头螺栓(即两端均带有螺纹)，与其相配的螺帽为精制六角螺帽。其中，最常用的是粗制六角头螺栓及普通厚度的粗制六角螺帽。

粗制六角头螺栓和精制双头螺栓如图 3.16 所示。

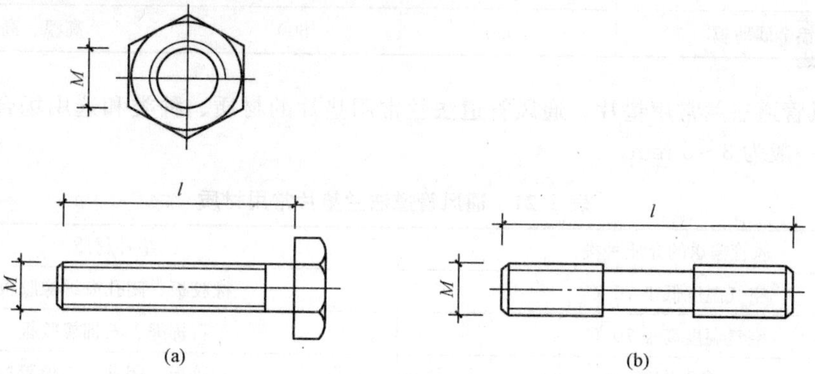

图 3.16 粗制六角头螺栓和精制双头螺栓

(a)粗制六角头螺栓；(b)精制双头螺栓

(2)螺栓、螺帽的材质。通常采用普通碳素钢、优质碳素钢或低合金钢加工螺栓、螺帽。

(3)螺栓、螺帽的适用场合。粗制六角头螺栓(及其螺帽)，常用于介质工作压力≤1.6 MPa，工作温度不超过 250 ℃的给水、供热、压缩空气等管道的法兰连接；精制双头螺栓(及其螺帽)，可用于介质工作压力和温度较高的场合。

(4)螺栓、螺帽的规格表示。通常以“M”表示螺栓(及螺帽)的直径；以“l”表示螺杆的长度，单位为 mm。

例如 M20×80，表示螺栓的直径为 20 mm，螺杆长为 80 mm；与其相配的螺帽为 M20。

3.4.3 常用垫片

(1)垫片材质的选用依据。在管道工程中，法兰垫片的材质要根据管内输送介质的性质、工作压力、温度选用。

(2)钢管道法兰常用垫片。钢管道法兰常用垫片的材质、种类和适用场合参见表 3.20。垫片厚度为 1.5～3 mm(其中，给水排水系统垫片厚度为 3～5 mm)。

表 3.20 钢管道法兰垫片常用材质

材质名称	最高工作压力/MPa	最高工作温度/℃	适用介质
普通橡胶板	0.6	60	水、空气
耐热橡胶板	0.6	120	热水、蒸汽
耐油橡胶板	0.6	60	各种常用油料
耐酸碱橡胶板	0.6	60	浓度≤20%酸碱溶液
低压石棉橡胶板	1.6	200	蒸汽、水、燃气
中压石棉橡胶板	4.0	350	蒸汽、水、燃气
高压石棉橡胶板	10.0	450	蒸汽、空气
耐油石棉橡胶板	4.0	350	各种常用油料
软聚氯乙烯板	0.6	50	酸碱稀溶液、水
聚四氟乙烯板	0.6	50	酸碱稀溶液、水
石棉绳(板)	—	600	烟气
耐酸石棉板	0.6	300	酸、碱、盐溶液
钢、铝金属薄板	20.0	600	高温、高压蒸汽

(3)通风管道法兰常用垫片。通风管道法兰常用垫片的材质、种类和选用场合参见表 3.21。其垫片厚度一般为 3～5 mm。

表 3.21 通风管道法兰垫片常用材质

风管输送的介质种类	垫片材质
空气温度低于 70 ℃	橡胶板、闭孔海绵橡胶板
空气温度高于 70 ℃	石棉绳、石棉橡胶板
含湿空气	橡胶板、闭孔海绵橡胶板
含腐蚀性介质的气体	耐酸橡胶、软聚氯乙烯板
除尘系统	橡胶板
洁净系统	泡沫氯丁橡胶垫

3.4.4 板材和型钢

1. 板材

常用的板材有金属和非金属两种。

(1)金属板材。

1)种类。管道、通风工程中常用的金属板材有下列几种：

①钢板。钢板按制造方法可分为热轧和冷轧钢板两种；按厚度可分为厚钢板、薄钢板两种。其中，薄钢板又分为镀锌钢板(俗称白铁皮)和不镀锌钢板(俗称黑铁皮)两种。

常用热轧钢板的规格见表 3.22。

表 3.22　常用热轧钢板的规格

钢板厚度/mm	钢板宽度/mm											
	600	650	700	710	750	800	850	900	950	1 000	1 100	1 250
	钢板最大长度/m											
0.35～0.60	1.2	1.4	1.42	1.42	1.5	1.5	1.7	1.8	1.9	2		
0.65～0.90	2.0	2.0	1.42	1.42	1.5	1.5	1.7	1.8	1.9	2		
1.0	2.0	2.0	1.42	1.42	1.5	1.6	1.7	1.8	1.9	2		
1.20～1.40	2.0	2.0	2.00	2.00	2.0	2.0	2.0	2.0	2.0	2	2	3
1.50～1.80	2.0	2.0	2.00	2.00	6.0	6.0	6.0	6.0	6.0	6	6	6
2.00～3.90	2.0	2.0	6.00	6.00	6.0	6.0	6.0	6.0	6.0	6	6	6
4.00～10.00	—	—	6.00	6.00	6.0	6.0	6.0	6.0	6.0	6	6	6
11～12	—	—	—	—	—	—	—	—	—	6	6	6
13～25	—	—	—	—	—	—	—	—	—	6.5	6.5	12
26～40	—	—	—	—	—	—	—	—	—	—		12

②铝板。通风空调工程中常用纯铝板。

③不锈钢钢板。即耐空气腐蚀的镍铬钢板，该镍铬钢中含碳 0.14%以下、含铬 18%、含镍 8%。

2)适用场合。厚钢板主要用于加工制作容器、设备的底板、垫铁和低压法兰等。薄钢板用于加工制作风管、空气处理箱等。铝板主要用于防爆通风系统。不锈钢钢板主要用于化工高温腐蚀的通风系统。

3)规格表示。通常以短边×长边×厚度表示，单位 mm(不写)。例如，钢板宽 800 mm、长 1 500 mm、厚 0.9 mm、表示为 800×1 500×0.9。

(2)非金属板材。常用的非金属板材有玻璃钢板、硬聚氯乙烯塑料板两种。这两种非金属板材，主要用于排除含腐蚀介质的通风系统中。

2. 型钢

常用的型钢有圆钢、扁钢、角钢和槽钢等，其断面形状如图 3.17 所示。

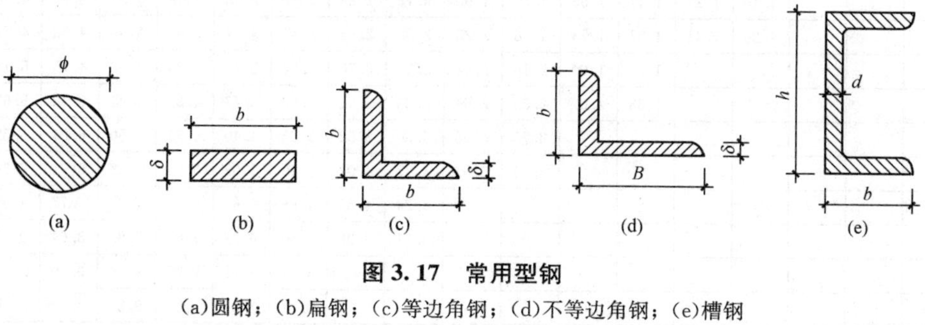

图 3.17　常用型钢

(a)圆钢；(b)扁钢；(c)等边角钢；(d)不等边角钢；(e)槽钢

(1)圆钢。

1)常用规格。在管道和通风工程中，通常采用直条、普通碳素钢的热轧圆钢。其直径为 5.5～310 mm，共 82 种直径等级，见表 3.23。直条长度：当直径≤25 mm 时，长为 4～10 m；当直径＞25 mm 时，长为 3～9 m。

表 3.23　热轧圆钢

直径/mm	理论质量/(kg·m⁻¹)	直径/mm	理论质量/(kg·m⁻¹)	直径/mm	理论质量/(kg·m⁻¹)	直径/mm	理论质量/(kg·m⁻¹)	直径/mm	理论质量/(kg·m⁻¹)
5.5	0.186	10	0.617	16	1.580	22	2.980	28	4.830
6.0	0.222	11	0.746	17	1.780	23	3.260	29	5.180
6.5	0.260	12	0.888	18	2.000	24	3.550	30	5.550
7.0	0.302	13	1.040	19	2.230	25	3.850	31	5.920
8.0	0.395	14	1.210	20	2.470	26	4.170	32	6.310
9.0	0.499	15	1.390	21	2.720	27	4.490	33	6.710

2)适用场合。圆钢主要用于加工制作 U 形螺栓和抱箍(支架)等。

3)规格表示。圆钢通常以“ϕ”表示直径，直径数值写于其后，单位为 mm(不写)。例如，ϕ20 表示圆钢的直径为 20 mm。

(2)扁钢。

1)常用规格。通常采用普通碳素钢热轧扁钢，厚度为 3～60 mm，共 25 种厚度等级；宽度为 10～200 mm，共 35 种宽度等级；长度为 3～7 m，见表 3.24。

2)适用场合。用于加工风管法兰及抱箍。

3)规格表示。以宽度×厚度表示，其前加符号“－”，单位为 mm(不写)。例如，－30×3 表示扁钢宽为 30 mm，厚为 3 mm。

表 3.24　热轧扁钢

厚度/mm	宽度/mm																	
	10	12	14	16	18	20	22	25	28	30	32	35	40	45	50	55	60	65
	理论质量/(kg·m⁻¹)																	
3	0.24	0.28	0.33	0.38	0.42	0.47	0.52	0.59	0.66	0.71	0.75	0.82	0.94	1.06	1.18			
4	0.31	0.38	0.44	0.50	0.57	0.63	0.69	0.78	0.88	0.94	1.00	1.10	1.26	1.41	1.57	1.73	1.88	2.04
5	0.39	0.47	0.55	0.63	0.71	0.78	0.86	0.98	1.10	1.18	1.26	1.37	1.57	1.77	1.96	2.16	2.36	2.55
6	0.47	0.57	0.66	0.75	0.85	0.94	1.04	1.18	1.32	1.41	1.51	1.65	1.88	2.12	2.36	2.59	2.83	3.06
7	0.55	0.66	0.77	0.88	0.99	1.10	1.21	1.37	1.54	1.65	1.76	1.92	2.20	2.47	2.75	3.02	3.30	3.57
8	0.63	0.75	0.88	1.00	1.23	1.26	1.38	1.57	1.76	1.88	2.01	2.20	2.51	2.83	3.14	3.45	3.77	4.08
9				1.15	1.27	1.41	1.55	1.77	1.98	2.12	2.26	2.47	2.83	3.18	3.53	3.89	4.24	4.59
10				1.26	1.41	1.57	1.73	1.96	2.20	2.36	2.55	2.75	3.14	3.53	3.93	4.32	4.71	5.10
11						1.73	1.90	2.16	2.42	2.59	2.76	3.02	3.45	3.89	4.32	4.75	5.18	5.61
12						1.88	2.07	2.36	2.64	2.83	3.01	3.30	3.77	4.24	4.71	5.18	5.65	6.12
14								2.75	3.08	3.30	3.52	3.85	4.40	4.95	5.50	6.04	6.59	7.14
16								3.14	3.53	3.77	4.02	4.40	5.02	5.65	6.28	6.91	7.54	8.16
18										4.24	4.52	4.95	5.65	6.36	7.06	7.77	8.48	9.18
20										4.71	5.02	5.50	6.28	7.07	7.85	8.64	9.42	10.20
22												6.04	6.91	7.77	8.64	9.50	10.36	11.23
25												6.87	7.85	8.83	9.81	10.79	11.78	12.76

(3)角钢。

1)种类。按边的宽度不同，可分为等边和不等边角钢两种。其中，常用等边角钢。

2)等边角钢常用规格。常用的等边角钢边宽为 20～250 mm，共 24 种宽度等级；厚度为 3～24 mm，共 13 种厚度等级。每根长度：当边宽为≤90 mm 时，长为 3～12 m；当边宽为 100～140 mm 时，长为 4～19 m；当边宽为 160～250 mm 时，长为 6～19 m。

3)适用场合。角钢用于加工制作风管法兰和管道支架等。普通碳素钢的热轧等边角钢规格见表 3.25。

4)规格表示。以边宽×边宽×边厚表示，其前加符号"∟"，单位为 mm(不写)。例如，∟50×50×6 表示角钢两边的宽均为 50 mm，边厚为 6 mm。

表 3.25　普通碳素钢热轧等边角钢

边宽 /mm	厚度 /mm	理论质量 /(kg·m^{-1})	边宽 /mm	厚度 /mm	理论质量 /(kg·m^{-1})	边宽 /mm	厚度 /mm	理论质量 /(kg·m^{-1})
20	3	0.889	50	4	3.059	75	5	5.818
20	4	1.145	50	5	3.770	75	6	6.905
25	3	1.124	50	6	4.465	75	7	7.976
25	4	1.459	56	3	2.624	75	8	9.030
30	3	1.373	56	4	3.446	75	10	11.089
30	4	1.786	56	5	4.251	80	5	6.211
36	3	1.656	56	8	6.568	80	6	7.376
36	4	2.163	63	4	3.907	80	7	8.525
36	5	2.654	63	5	4.822	80	8	9.658
40	3	1.852	63	6	5.721	80	10	11.874
40	4	2.422	63	8	7.469	90	6	8.350
40	5	2.976	63	10	9.151	90	7	9.656
45	3	2.088	70	4	4.372	90	8	10.946
45	4	2.736	70	5	5.397	90	10	13.476
45	5	3.369	70	6	6.406	90	12	15.940
45	6	3.985	70	7	7.398	100	6	9.366
50	3	2.332	70	8	8.373	100	7	10.830

(4)槽钢。

1)种类。槽钢可分为普通和轻型槽钢两种。其中，常用普通槽钢。

2)普通槽钢的规格。普通碳素钢的热轧普通槽钢有 5～40 号，共 41 种等级号，见表 3.26。每根长度：5～8 号时，长为 5～12 m；10～18 号时，长为 5～19 m；20～40 号时，长为 6～19 m。

3)适用场合。槽钢通常用于加工制作容器、设备的支座和管道的支架等。

4)规格表示。槽钢以(高度)号表示，单位为 mm(不写)，每 10 mm 为 1 号。表示时，其前加符号"["且"号"不写。例如，槽钢的高 h=200 mm，表示为：[20。

表 3.26　热轧槽钢

型号	h	b	d	理论质量	型号	h	b	d	理论质量
	/mm			/(kg · m^{-1})		/mm			/(kg · m^{-1})
5	50	37	4.5	5.438	25b	250	80	9.0	31.335
6.3	63	40	4.8	6.634	25c	250	82	11.0	35.260
6.5	65	40	4.8	6.709	27a	270	82	7.5	30.838
8	80	43	5.0	8.045	27b	270	84	9.5	35.077
10	100	48	5.3	10.007	27c	270	86	11.5	39.316
12	120	53	5.5	12.059	28a	280	82	7.5	31.427
12.6	126	53	5.5	12.318	28b	280	84	9.5	35.823
14a	140	58	6.0	14.535	28c	280	86	11.5	40.219
14b	140	60	8.0	16.733	30a	300	85	7.5	34.463
16a	160	63	6.5	17.240	30b	300	87	9.5	39.173
16	160	65	8.5	19.752	30c	300	89	11.5	43.883
18a	180	68	7.0	20.174	32a	320	88	8.0	38.083
18	180	70	9.0	23.000	32b	320	90	10.0	43.107
20a	200	73	7.0	22.637	32c	320	92	12.0	48.131
20	200	75	9.0	25.777	36a	360	96	9.0	47.814
22a	220	77	7.0	24.999	36b	360	98	11.0	53.466
22	220	79	9.0	28.453	36c	360	100	13.0	59.118
24a	240	78	7.0	26.860	40a	400	100	10.5	58.928
24b	240	80	9.0	30.628	40b	400	102	12.5	65.204
24c	240	82	11.0	34.396	40c	400	104	14.5	71.488
25a	250	78	7.0	27.410	—	—	—	—	—

3.4.5　常用阀门

1. 阀门型号的组成

阀门型号由 7 部分组成，即阀门类别、驱动方式、连接形式、结构形式、密封(圈)面材料、公称压力和阀体材料。

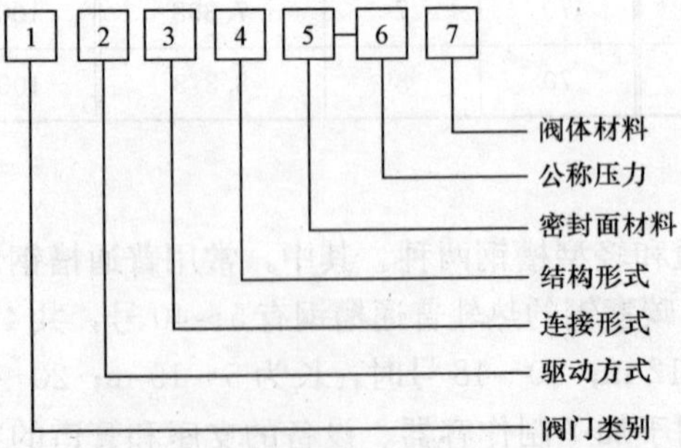

(1)阀门类别。其代号用汉语拼音字母表示，见表 3.27。

表 3.27 阀门类别及其代号

阀门类别	代号	阀门类别	代号	阀门类别	代号
闸阀	Z	止回阀	H	旋塞	X
截止阀	J	减压阀	Y	节流阀	L
安全阀	A	调节阀	T	电磁阀	ZCLF
疏水器	S	隔膜阀	G		
蝶阀	D	球阀	Q		

(2)阀门的驱动方式。其代号用1位阿拉伯数字表示(当阀门为手轮、手柄、扳手等可以直接用手驱动，或是自动阀门，此部分不写)，见表3.28。

表 3.28 阀门驱动方式及其代号

驱动方式	代号	驱动方式	代号	驱动方式	代号
蜗轮	3	气动	6	电动机	9
正齿轮	4	液动	7		
伞齿轮	5	电磁	8		

(3)阀门的连接形式。其代号用1位阿拉伯数字表示，见表3.29。

表 3.29 阀门连接方式及其代号

连接形式	代号	连接形式	代号	连接形式	代号
内螺纹	1	法兰	4	对夹	7
外螺纹	2	焊接	6	卡箍	8

(4)阀门的结构形式。其代号用1位阿拉伯数字表示，见表3.30。

表 3.30 阀门结构形式及其代号

结构形式	代号	结构形式	代号
a. 闸阀			
明杆楔式单闸板	1	暗杆楔式单闸板	5
明杆楔式双闸板	2	暗杆楔式双闸板	6
明杆平行式单板	3	暗杆平行式单板	7
明杆平行式双板	4	暗杆平行式双板	8
b. 截止阀			
直通式(铸造)	1	直角式(锻造)	4
直角式(铸造)	2	直流式	5
直通式(锻造)	3	压力计用	9

续表

结构形式	代号	结构形式	代号
c. 杠杆式安全阀			
单杠杆微启式	1	双杠杆微启式	3
单杠杆全启式	2	双杠杆全启式	4
d. 弹簧式安全阀			
封闭微启式	1	不封闭带扳手微启	7
封闭全启式	2	不封闭带扳手全启	8
封闭带扳手微启式	3	带散热片全启式	0
封闭带扳手全启式	4	脉冲式	9
e. 减压阀			
外弹簧薄膜式	1	波纹管式	4
内弹簧薄膜式	2	杠杆弹簧式	5
膜片活塞式	3	气垫薄膜式	6
f. 止回阀			
直通升降式(铸)	1	单瓣旋启式	4
立式升降式	2	多瓣旋启式	5
直通升降式(锻)	3		
g. 球阀			
直通式(铸造)	1	直通式(锻造)	3
h. 疏水阀			
浮球式	1	脉冲式	8
钟形浮子式	5	热动力式	9
i. 蝶阀			
垂直板式	1	杠杆式	0
斜板式	3		
j. 调节阀			
薄膜弹簧式		活塞弹簧式	
带散热片气开式	1	阀前	7
带散热片气关式	2	阀后	8

续表

结构形式	代号	结构形式	代号
不带散热片气开式	3		
不带散热片气关式	4		

(5)阀门的密封圈(面)材料。其代号用汉语拼音字母表示，见表 3.31。

表 3.31 阀门的密封圈(面)材料及代号

密封圈或衬里材料	代号	密封圈或衬里材料	代号
铜(黄铜或青铜)	T	聚氯乙烯	SC
耐酸钢或不锈钢	H	酚醛塑料	SD
渗氮钢	D	石墨石棉(层压)	S
巴比特合金	B	衬胶	CJ
硬质合金	Y	衬铅	CQ
橡胶	X	衬塑料	CS
硬橡胶	J	搪瓷	TC
皮革	P	尼龙	NS
四氟乙烯	SA	阀体上加工密封圈	W

(6)阀门的公称压力。阀门的公称压力直接以公称压力数值表示，并用横线与前部分隔开。

(7)阀体材料。其代号用汉语拼音字母表示，见表 3.32。

表 3.32 阀体材料及代号

阀体材料	代号	阀体材料	代号
灰铸铁	Z	碳钢	C
可锻铸铁	K	中铬钼合金钢	I
球墨铸铁	Q	铬钼钒合金钢	V
铜合金(铸铜)	T	铬镍钼钛合金钢	R
铝合金	L	铬镍钛钢	P
注：*PN*≤1.0 MPa 的灰铸铁阀体和 *PN*≥2.5 MPa 的碳素钢阀体，省略本代号。			

2. 阀门型号举例

(1)Z944 T－1，*DN*500　表示公称直径为 500 mm，电动机驱动，法兰连接，明杆平行式双闸板闸阀，密封圈材料为铜，公称压力为 1 MPa，阀体材料为灰铸铁(灰铸铁阀门 *PN*≤1.6 MPa 不写材料代号)。

(2)J11 T－1.6，*DN*32　表示公称直径为 32 mm，手轮驱动(第二部分省略)、内螺纹连接，直通式(铸造)，铜密封圈，公称压力为 1.6 MPa，阀体材料为灰铸铁的截止阀。

(3)H11 T－1.6 K，*DN*50　表示公称直径为 50 mm，自动启闭(第二部分省略)、内螺纹连接，直通式升降式(铸造)，铜密封圈，公称压力为 1.6 MPa，阀体材料为可锻铸铁的止回阀。

3. 阀门的名称、规格、型号表示

每种阀门都应包括名称、型号、规格三部分，顺序为名称、型号、规格。其中，阀门名称要简明扼要地表明其类别和连接形式。常用手动或自动启闭阀门的名称书写顺序为：先写阀门的连接形式，再写其类别(电动驱动的阀门，先写驱动方式，再写类别)。例如，内螺纹截止阀，J11 T－1.6，*DN*20；电动闸阀，Z944 T－1，*DN*500。

4. 阀门的外观标示

(1)公称直径、公称压力和介质流向标示。为了便于从外观上识别阀门的直径、压力和介质的流向，阀门在出厂前将公称直径 *DN*、公称压力 *PN* 的数值和介质流动方向(以箭头)标示在阀体的正面。

(2)阀门的涂色。为了标示阀体、密封圈材料或衬里材料(有衬里时)，通常阀门出厂前，在阀门的手轮、阀盖、杠杆和阀体等不同部位涂上各种颜色的漆，以供安装阀门时识别。例如，阀体上涂黑色，表明阀体材料为灰铸铁或可锻铸铁；手轮上涂红色，表明密封圈材料为铜。

本章小结

本章的内容包括：

(1)公称直径，公称压力、工作压力和试验压力的符号、单位及表示形式。

(2)常用管材及其管件的种类、规格及适用场合。

(3)常用法兰、螺栓与垫片的种类及规格表示。

(4)常用板材和型钢的种类、规格表示及适用场合。

(5)常用阀门的种类、规格型号表示。

(6)管道的种类。

本章的难点是：将已知管的实测内径表示为公称直径。

习　题

3.1　解释并简单命名下列阀门。

①Z15 T－1 K，*DN*32。

②Z44 W－1，*DN*200。

③J11 T－1，*DN*15。

④J41 T－1.6，*DN*100。

⑤H11 T－1，*DN*40。

⑥H42 X－0.25，*DN*150。

3.2　表示下列管材的直径(写于相应管材的后面)。

①黑铁管的实测内径为 100.80 mm。

②排水铸铁管的实测内径为 76 mm。

③无缝钢管的外径是 108 mm，壁厚是 4.5 mm。

参考答案

④PP—R 管的外径是 63 mm，壁厚是 8.6 mm。

⑤UPVC 管的平均外径是 110.2 mm，平均壁厚是 3.5 mm。

3.3　表示下列型钢及螺栓的规格(写于相应型钢、螺栓后面)。

①圆钢的直径为 12 mm。

②扁钢的宽度是 20 mm，厚度是 3 mm。

③等边角钢的边宽是 40 mm，边厚是 3 mm。

④普通槽钢的高为 100 mm。

⑤单头粗制螺栓的直径是 12 mm，螺杆长 45 mm。

第 4 章　室外给水排水工程识图与工艺

学习目标

知识目标	能力目标	权重
了解城市与建筑给水排水工程界线	能领悟城市与建筑给水排水工程界线	0.15
熟悉室外给水排水工程	能正确识读室外给水排水工程	0.35
掌握室外给水工程构造及施工工艺	能基本领悟室外给水工程构造及施工工艺	0.25
掌握室外排水工程构造及施工工艺	能基本领悟室外排水工程构造及施工工艺	0.25
合　计		1.0

教学准备

安装施工规范、室外给水排水工程施工图等。

教学建议

在安装构造实训基地采用集中讲授、课堂互动教学、分组实训等方法教学。

教学导入

管道工程中给水排水工程与人类生活、生产息息相关，那么给水排水工程是怎么一回事呢？

4.1　室外给水排水工程图

4.1.1　城市给水排水工程与建筑给水排水工程的划分

给水排水工程按其所处位置不同，可分为城市(市政)给水排水工程、建筑(室外)给水排水工程和建筑物内给水排水工程。三者之间的界线与范围如图 4.1 所示。

1. 城市(市政)给水排水工程

城市给水排水工程属于市政建设工程。其包括市政给水工程和市政排水工程两项；又根据排水性质分为污水排水工程与雨水排水工程。

(1)市政给水工程范围：从水源地起至小区的水表井止。其包括输配水管网、一二级泵房、给水处理厂、取水构筑物。

(2)市政污水排水工程范围：从建筑小区最后一个污水检查井(碰头井)起至污水出水口止。其包括污水碰头井、污水排水管网、污水处理厂及污水出水口等。

(3)市政雨水排水工程范围：从建筑小区最后一个雨水检查井(碰头井)起至雨水出水口止。

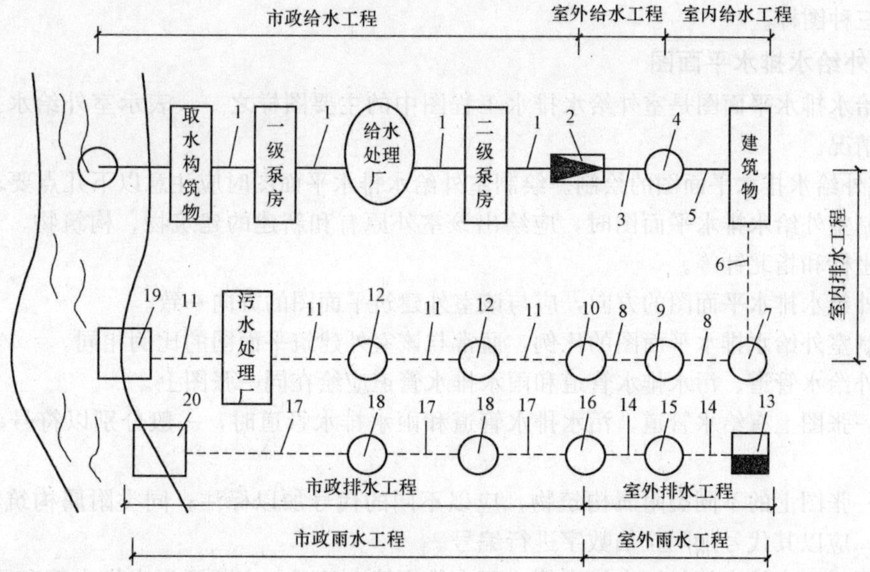

图 4.1　城市给水排水工程与建筑给水排水工程、建筑物内给水排水工程的范围

1—输水管网；2—水表井；3—室外给水管道(网)；4—建筑物阀门井；5—引入管；6—排出管；
7—建筑物外第一个污水检查井；8—室外污水排水管道(网)；9—室外污水检查井；10—碰头井；
11—城市污水排水管网；12—城市污水检查井；13—雨水口；14—室外雨水管网；15—室外雨水检查井；
16—碰头井；17—城市雨水管网；18—城市雨水检查井；19—污水出水口；20—雨水出水口

包括雨水碰头井、雨水排水管网及雨水出水口等。

2. 室外给水排水工程

室外给水排水工程是小区部分安装，包括室外给水工程、室外污水排水工程、室外雨水排水工程。即可分为小区部分和建筑内部分。

(1)室外给水工程的范围：从市政给水工程水表井起至建筑阀门井或水表井止。其包括小区输配水管网及小区阀门井(水表井)。

(2)室外污水工程的范围：从建筑物外第一个污水检查井起至最后一个碰头井止。其包括建筑物外第一个污水检查井、污水检查井及污水排水管网。

(3)室外雨水工程的范围：从建筑物外第一个雨水检查井起至最后一个碰头井止。其包括建筑物外第一个雨水检查井、雨水检查井及雨水排水管网。

3. 室内给水排水工程

室内给水排水工程是建筑物内部分安装工程，包括室内给水工程、室内污水排水工程、室内雨水排水工程。

(1)室内给水工程的范围：从建筑物阀门井或水表井起至建筑物内各用水点止。其包括建筑物阀门井或水表井、引入管，室内管网及设备和附件。

(2)室内污水排水工程的范围：从各污水收集点起至建筑物外第一个污水检查井止。其包括排出管、室内污水排水管网及设备和附件。

(3)室内雨水排水工程的范围：从各雨水收集点或雨水斗起至建筑物外第一个雨水检查井止。其包括雨水排出管、雨水排水立管及雨水斗。

4.1.2　室外给水排水工程图识图

室外给水排水工程图主要有室外给水排水平面图、室外给水排水管道断面图和室外给水排水节点图三种图样。

1. 室外给水排水平面图

室外给水排水平面图是室外给水排水工程图中的主要图样之一，表示室外给水排水管道的平面布置情况。

(1)室外给水排水平面图的绘制。绘制室外给水排水平面图时应注意以下几点要求：

1)绘制室外给水排水平面图时，应绘出该室外原有和新建的建筑物、构筑物、道路、等高线、施工坐标和指北针等。

2)室外给水排水平面图的方向，应与该室外建筑平面图的方向一致。

3)绘制室外给水排水平面图的比例，通常与该室外建筑平面图的比例相同。

4)室外给水管道、污水排水管道和雨水排水管道应绘在同一张图上。

5)同一张图上有给水管道、污水排水管道和雨水排水管道时，一般分别以符号 J、P、Y 加以标注。

6)同一张图上的不同类附属构筑物，应以不同的代号加以标注；同类附属构筑物的数量多于一个时，应以其代号加阿拉伯数字进行编号。

7)绘图时，当给水管与污水排水管、雨水排水管交叉时，应断开污水排水管和雨水排水管。当污水排水管与雨水排水管交叉时，应断开污水排水管。

8)建筑物、构筑物通常标注其 3 个角坐标。当建筑物、构筑物与施工坐标轴线平行时，可标注其对角坐标。附属构筑物(检查井、阀门井)可标注其中心坐标。管道应标注其管中心坐标。当个别管道和附属构筑物不便于标注坐标时，可标注其控制尺寸。

9)画出主要图例符号。

(2)室外给水排水平面图的识读。某室外给水排水平面图如图 4.2(a)所示，其图例如图 4.2(b)所示。图中表示了 3 种管道：一是给水管道；二是污水排水管道；三是雨水排水管道。下面分别对以上 3 种管道进行识读。

1)给水管道的识读。从图 4.2(a)中可以看出，给水管道设有 6 个节点、6 条管道。

①6 个节点是：J_1 为水表井；J_2 为消火栓井；J_3～J_6 为阀门井。

②6 条管道分别为：

第 1 条是干管：由 J_1 起向西至 J6 止，管径由 $DN100$ 变为 $DN\ 75$。

第 2 条是支管 1：由 J_2 起向北至 XH 止，管径为 $DN100$。

第 3 条是支管 2：由 J_3 起向北至$\frac{J}{4}$止，管径为 $DN50$。

第 4 条是支管 3：由 J_4 起向北至$\frac{J}{3}$止，管径为 $DN50$。

第 5 条是支管 4：由 J_5 起向北至$\frac{J}{2}$止，管径为 $DN50$。

第 6 条是支管 5：由 J_6 起向北至$\frac{J}{1}$止，管径为 $DN50$。

2)污水排水管道的识读。从图 4.2(a)中可以看出，污水排水管道设有 4 个污水检查井、1 个化粪池、4 条排出管、1 条排水干管。

①4 个污水检查井，由东向西分别是 P_1、P_2、P_3、P_4；化粪池为 HC。

②4 条排出管由东向西分别是：

第 1 条排出管：由$\frac{J}{1}$起向北至 P_1 止，管径为 $DN100$，$L=4.00$，$i=0.02$。

第 2 条排出管：由$\frac{J}{2}$起向北至 P_2 止，管径为 $DN100$，$L=4.00$，$i=0.02$。

第 3 条排出管：由$\frac{J}{3}$起向北至 P_3 止，管径为 $DN100$，$L=4.00$，$i=0.02$。

第 4 条排出管：由$\frac{J}{4}$起向北至 P_4 止，管径为 $DN100$，$L=4.00$，$i=0.02$。

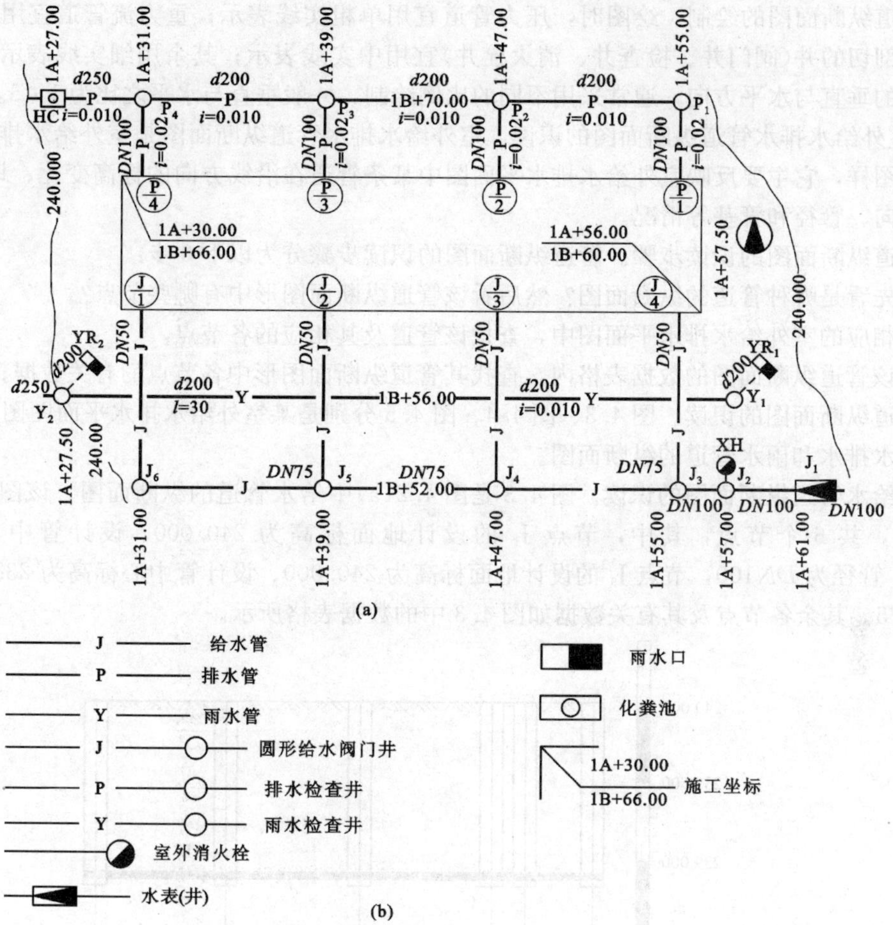

图 4.2　某室外给水排水平面图及图例

(a)平面图；(b)图例

③排水干管：由 P_1 起向西经 P_2、P_3、P_4 至 HC 止，$i=0.010$，其中，P_1 至 P_4 的管径为 $d200$，$L=24.00$；P_4 至 HC 的管径为 $d250$，$L=4.00$。

3)雨水管道的识读。从图 4.2(a)中可以看出，雨水管道设有两个雨水口、两个雨水检查井、两条雨水支管和一条雨水干管。

两个雨水口是 YR_1 和 YR_2；两个雨水检查井是 Y_1 和 Y_2。两条雨水支管是雨水支管 1：由 YR_1 起向西南 45°方向至 Y_1 止，管径为 $d200$；雨水支管 2：由 YR_2 起向西南 45°方向至 Y_2 止，管径为 $d200$。雨水干管：由 Y_1 起向西至 Y_2 止，管径为 $d200$，$L=30.00$，$i=0.010$。

2. 室外给水排水管道断面图

室外给水排水管道断面图，可分为室外给水排水管道纵断面图和室外给水排水管道横断面图两种。其中，常用给水排水管道纵断面图。

(1)室外给水排水管道纵断面图的绘制。室外给水排水管道纵断面图由管道纵断面图形、标高塔尺和有关数据表格三部分组成。

1)管道纵断面图的图面布置。管道纵断面图可分为上、下两个部分。在上部分的左侧为标高塔尺，靠近该塔尺的左侧注上相应的绝对标高；在上部分的右侧为管道断面图形；下部分为数据表格。该表格的内容是原始地面标高、设计地面标高、设计管内底(或管中心)标高、管道坡度、管径、平面距离、编号、管道基础等。

2)管道纵断面图的绘制。绘图时，压力管道宜用单粗实线表示；重力流管道宜用双粗实线表示；被剖切的井(阀门井、检查井、消火栓井)宜用中实线表示；其余用细实线表示。管道纵断面图形的垂直与水平方向，通常采用不同的比例绘制，一般垂直与水平之比为 1∶5。

(2)室外给水排水管道纵断面图的识读。室外给水排水管道纵断面图是室外给水排水工程图中的重要图样，它主要反映室外给水排水平面图中某条管道在沿线方向的标高变化、地面起伏、坡度、坡向、管径和管基等情况。

1)管道纵断面图的识读步骤。管道纵断面图的识读步骤分为以下 3 步：

①首先看是哪种管道的纵断面图？然后看该管道纵断面图形中有哪些节点？

②在相应的室外给水排水平面图中，查找该管道及其相应的各节点。

③在该管道纵断面图的数据表格内，查找其管道纵断面图形中各节点的有关数据。

2)管道纵断面图的识读。图 4.3、图 4.4、图 4.5 分别是某室外给水排水平面图图 4.2(a)的给水、污水排水和雨水管道的纵断面图。

室外给水管道纵断面图的识读。图 4.3 是图 4.2(a)中给水管道的纵断面图。该图从节点 J_1 至节点 J_6，共 6 个节点，其中，节点 J_1 的设计地面标高为 240.000、设计管中心标高为 238.890、管径为 *DN*100，节点 J_6 的设计地面标高为 240.000、设计管中心标高为 238.950、管径为 *DN*75。其余各节点及其有关数据如图 4.3 中的数据表格所示。

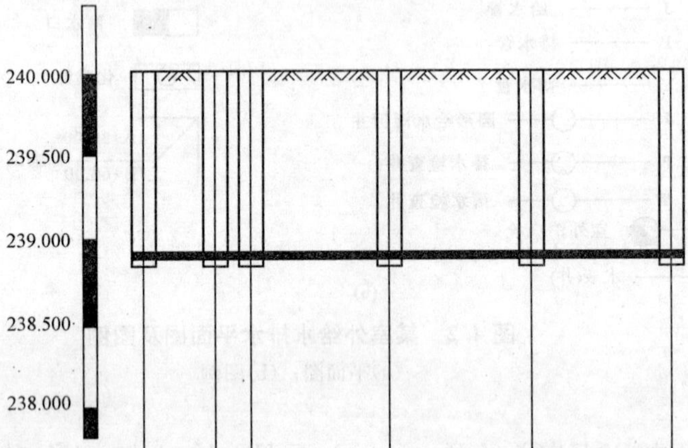

设计地面标高/m	240.000		240.000		240.000		240.000		240.000	240.000
设计管中心标高/m	239.890		238.900		238.900		238.910		238.930	238.950
管径*DN*/mm		100		100		75		75		75
平面距离/m		4		2		8		8		8
编号	J_1		J_2		J_3		J_4		J_5	J_6
管道基础	素土夯实									

图 4.3　给水管道纵断面图

室外污水排水管道纵断面图的识读。图 4.4 是图 4.2(a)中污水排水管道的纵断面图。该图从节点 P_1 至节点 HC，共 5 个节点，其中，节点 P_1 的设计地面标高为 240.000、设计管内底标高为 238.50、管径为 *d*200；节点 HC 的设计地面标高为 240.000、设计管内底标高(左侧)为 238.170、管径为 *d*250。其余各节点及其有关数据如图 4.4 中的数据表格所示。

另外，在节点 P_1、P_2、P_3、P_4 中，各有 1 个管径为 *DN*100 的排出管的管口，每个排出管管口的管内底标高，从左向右依次为 238.702、238.620、238.542、238.460。

室外雨水管道纵断面图的识读。图 4.5 是图 4.2(a)中雨水管道的纵断面图。该图从节点 YR_1 至节点 Y_2，共 3 个节点，其中，节点 YR_1 的设计地面标高为 240.000，设计管内底标高为 238.220，管径为 d200；节点 Y_1 的设计地面标高为 240.000，设计管内底标高为 238.200，管径为 d200；节点 Y_2 的设计地面标高为 240.000，设计管内底标高(左侧)为 237.900，管径为 d200(左侧)。其余有关数据如图 4.5 中的数据表格所示。

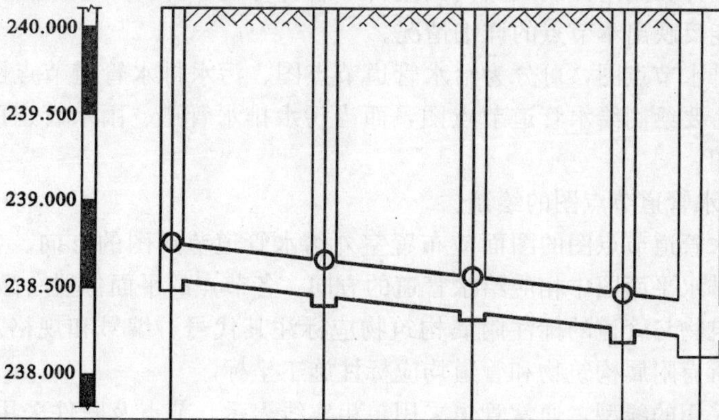

设计地面标高/m	240.000		240.000		240.000		240.000		240.000
设计管内底标高/m	238.500		238.420 238.420		238.340 238.340		238.260 238.210		238.170
坡　度		0.01		0.01		0.01		0.01	
管　径d/mm		200		200		200		250	
平面距离/m		8		8		8		8	
编　号	P_1		P_2		P_3		P_4		HC
管道基础	混凝土带形基础								

图 4.4　污水排水管道纵断面图

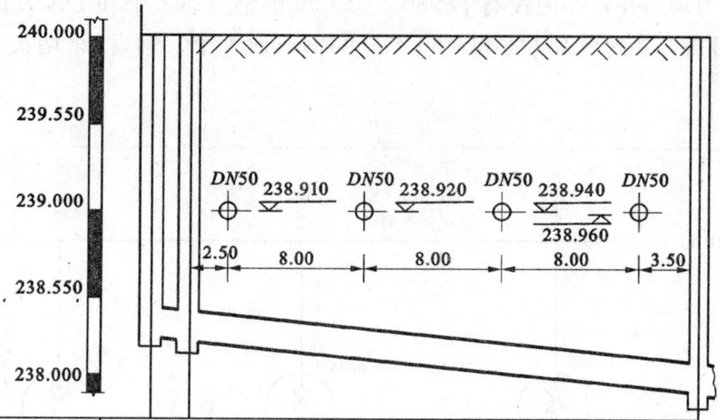

设计地面标高/m	240.000		240.000		240.000
设计管内底标高/m	238.220		238.200 238.200		237.900
坡　度		0.01		0.01	
管　径d/mm		200		200	
平面距离/m		2		30	
编　号	YR_1		Y_1		Y_2
管道基础		混凝土带形基础			

图 4.5　雨水管道纵断面图

另外，在节点 Y_1 至 Y_2 之间，雨水管道的上面有 4 个管径均为 *DN*50 的给水引入管的断口，每个给水引入管断口的管中心标高，从左至右依次为 238.912、238.920、238.942、238.960。

3. 室外给水排水节点图

室外给水排水节点图是室外给水排水工程图中的重要图样。在室外给水排水平面图中，对检查井、消火栓井和阀门井以及其内的附件、管件等均不作详细表示；为此应绘制相应的节点图。该节点图能反映出本节点的详细情况。

室外给水排水节点图，可分为给水管道节点图、污水排水管道节点图和雨水管道节点图三种图样。通常需要绘制给水管道节点图，而当污水排水管道、雨水管道的节点比较简单时，可不绘制其节点图。

(1)室外给水管道节点图的绘制。

1)室外给水管道节点图的图面应布置室外给水管道节点图的方向、各节点的平面位置，并应与室外给水排水平面图中相应给水管道的方向、各节点的平面位置一致。

2)附属构筑物与管道的标注附属构筑物应标注其代号、编号和规格。管道、附件和管件应标注其规格。所有附属构筑物和管道均应标注施工坐标。

3)绘制时采用的线型，通常管道采用单粗实线表示，节点及附件采用细实线表示。

(2)室外给水管道节点图的识读。

1)室外给水管道节点图的识读方法。识读室外给水管道节点图的方法主要有以下 2 种：

①对照法。室外给水管道节点图与室外给水排水平面图中相应的给水管道图对照看。

②顺序法。一般由第一个节点起，顺次看至最后一个节点止。

2)室外给水管道节点图的识读。图 4.6 是图 4.2(a)中给水管道的节点图。该图从节点 J_1 至节点 J_6，共 6 个节点，其中，节点 J_1 为城市给水管道的水表井，井内设有 *DN*100 的法兰式水表 1 块，*DN*100 的法兰式闸阀 2 个；节点 J_2 是室外消火栓的阀门井，井内设有 *DN*100 的法兰式闸阀 1 个和 *DN*100×100×100 的单盘给水铸铁三通 1 个；井外设有 *DN*100 的地上消火栓1 个；节点 J_3、J_4、J_5 为阀门井，井内设有 *DN*80×80×50 的钢三通 1 个和 *DN*50 的内螺纹式闸阀 1 个；节点 J_6 为阀门井，井内设有 *DN*80×80×50 的钢三通 1 个、钢盲板(堵板)1 片和 *DN*50 的内螺纹式闸阀 1 个。

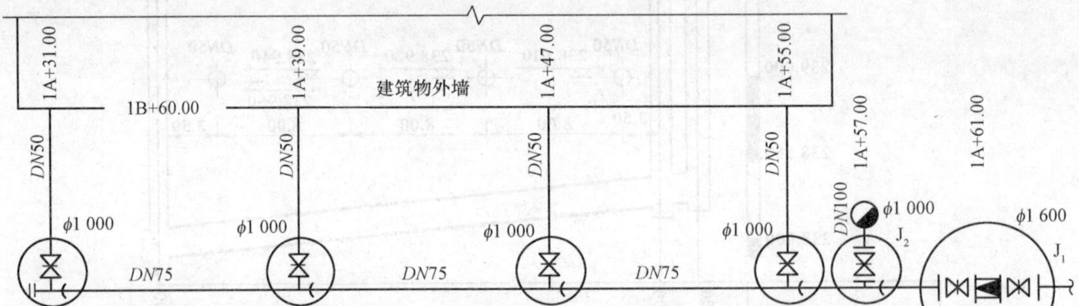

图 4.6　给水管道节点图

4.2 城市与建筑小区给水系统安装

1. 给水系统的分类

城市(市政)给水系统按取水方式不同可分为以地面为水源的给水系统和以地下水为水源的给水系统两类。

(1)以地面水为水源的给水系统。其主要由取水构筑物、一级泵房(站)、水净化构筑物、二级泵房(站)、输水管网和建筑小区(室外)给水管道组成。

(2)以地下水为水源的给水系统。其主要由深井泵房,除铁、锰装置,清水池,二级泵房(站)输水管网等组成。

地下水受污染小,水质好,水温比较稳定,不需净化或略加净化即可;地面水容易受污染,含杂质较多,水质较差,但水量充沛。

2. 室外(同城市)给水系统安装

室外给水系统是压力管道,管径较大,一般采用高压给水铸铁管直埋敷设,多采用承插和法兰连接。

(1)室外给水管网的布置形式。室外给水管网的布置形式有树枝状和环状两种。

1)树枝状管网[图 4.7(a)]。树枝状管网形状如树林一样,管线较短,投资较少,但可靠性较差。

2)环状管网[图 4.7(b)]。环状管网中给水干管布置成若干个闭合的环流管路,管线较长,投资较大,但可靠性较好。

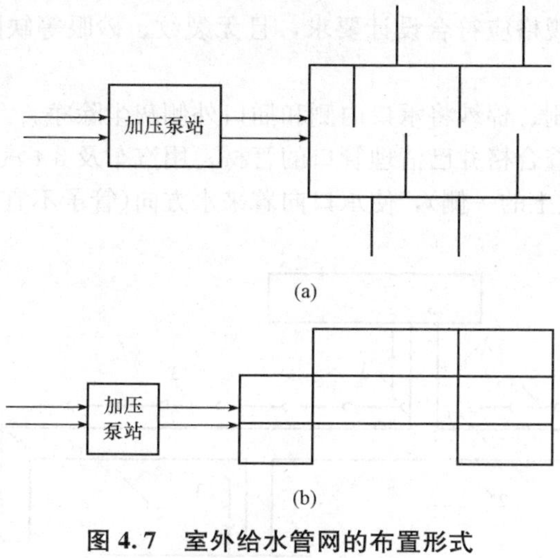

图 4.7 室外给水管网的布置形式

(a)树枝状管网;(b)环状管网

(2)室外给水系统的敷设形式。室外给水系统的敷设形式可分为埋地和架空两种。其中,多采用埋地敷设。

(3)管材、管件及填料使用。室外给水管道通常选用承插式(高压)给水铸铁管及其管件,接口常采用胶圈。

(4)室外给水管道埋地敷设。其施工程序为:

1)管沟的放线与开挖。

①设置中心桩。根据施工图纸测出管道的中心线,在其起点、终点、分支点、变坡点、转

弯点的中心钉上木桩。

②设置龙门板。在各中心桩处测出其标高并设置龙门板；龙门板以水平尺找平，且标出开挖深度以备开挖中检查；板顶面钉三颗钉，中间一颗为管沟中心线，其余两颗为边线，在两边线钉上各拉一细绳，沿绳撒上石灰即为管沟开挖的边线，如图 4.8 所示。

③沟槽的形式通常可分为直槽、梯形槽和混合槽三种，如图 4.9 所示。

④沟槽的开挖采用机械或人工开挖，挖出的土放于沟边一侧，距离沟边 0.5 m 以上。

⑤沟底的处理，一是沟底要平，坡度坡向要符合设计要求；二是沟底的土质好、坚实。松软土应挖出后换好土并夯实。

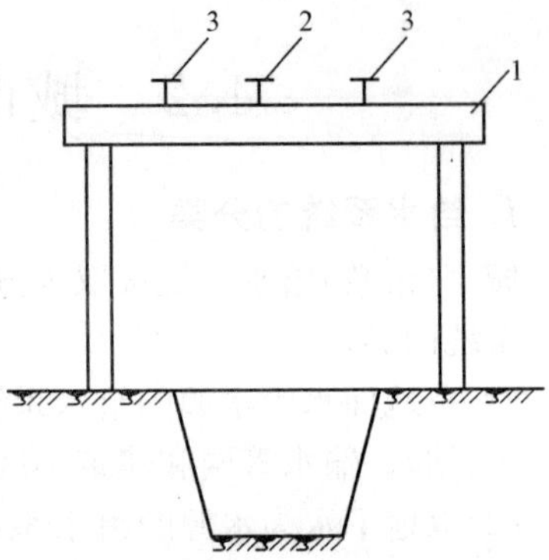

图 4.8　龙门板

1—龙门板；2—中心钉；3—边线钉

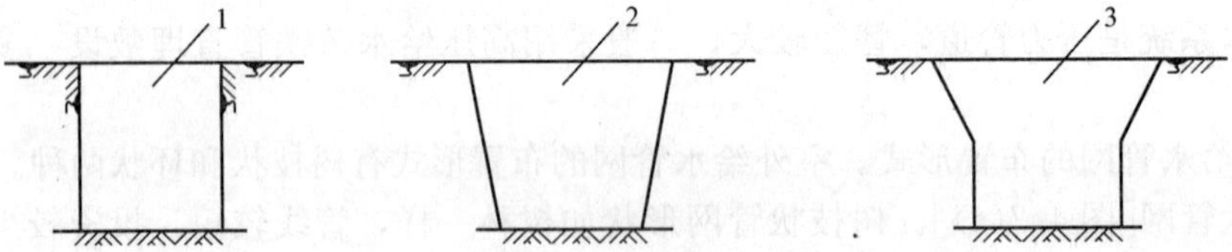

图 4.9　沟槽形式

1—直槽；2—梯形槽；3—混合槽

2)检查管材。管材的规格应符合设计要求，且无裂纹、砂眼等缺陷。检查地点宜在管材堆放场。

3)清理管口。用钢丝刷、棉纱将承口内侧和插口外侧灰尘除净。

4)运管及排放。将检查合格并已清理管口的管材，用汽车及 3 t 汽车吊运至施工现场；一根接一根排放于沟边(未堆放土的一侧)，使承口向着来水方向(管子不宜成堆放置，否则将造成二次搬运)，如图 4.10 所示。

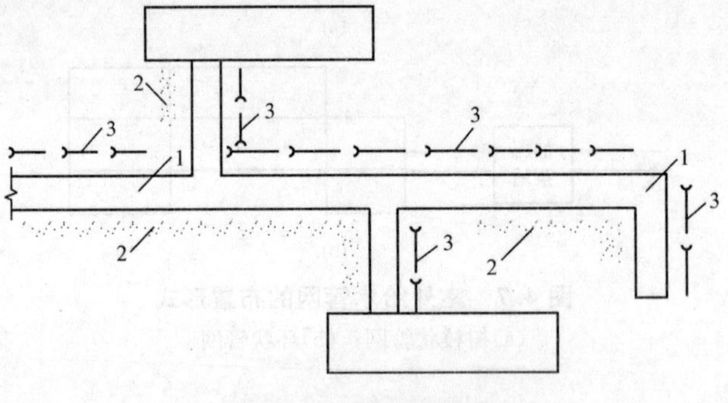

图 4.10　管材的排放

1—管沟；2—堆放土；3—承插铸铁管

5)铺管。以吊车(或人工)的方法将排放于沟边的管子逐根放入沟底，使插口插入承口内(先放胶圈再将插口插入承口内)，如图 4.11 所示。

管道铺完后应找平、找正。为防止捻口时管道移位，在其始端、分支、拐弯处用道木顶住，每节管的中部培 400 mm 左右厚的土，如图 4.12 所示。

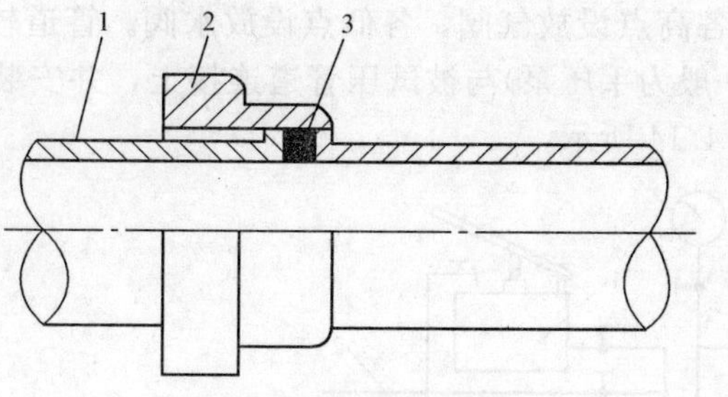

图 4.11　胶圈接口

1—插口；2—承口；3—胶圈

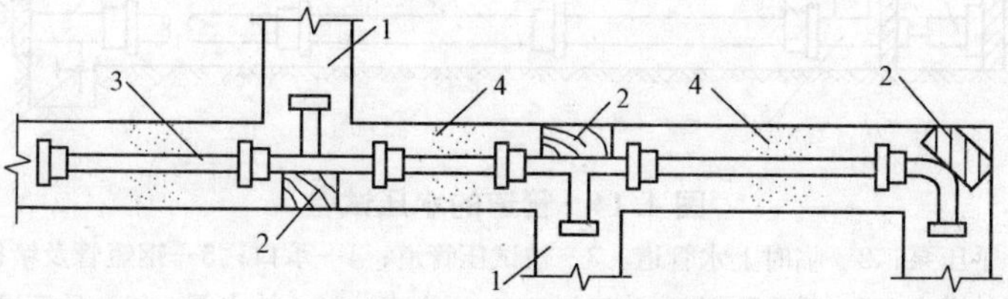

图 4.12　道木设置与培土

1—管沟；2—道木；3—铸铁管；4—培土

(5)阀门井及阀门安装。室外给水管道上的阀门均应设在阀门井内。阀门井有混凝土(预制)和砖砌两种，井盖多采用铸铁井盖。阀门井和井盖的形式分为圆形和矩形两种。其中，多采用圆形阀门井及其井盖，如图 4.13 所示。

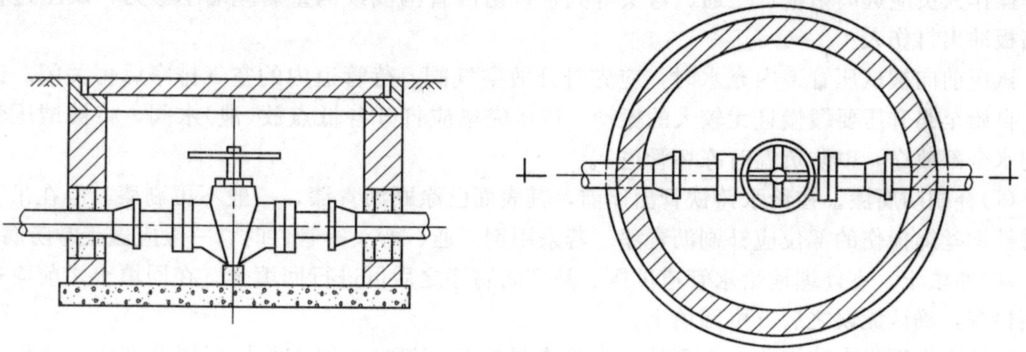

图 4.13　圆形阀门井

1)阀门井安装。通常井底为现浇混凝土，安装预制的井圈(或砌筑井壁)时要垂直，井底和井口标高以及截面尺寸应符合设计要求。

2)阀门安装。阀门通常为法兰式闸阀，阀门前后采用承盘和插盘式短管。安装时阀门手轮垂直向上，两片法兰之间加 3～4 mm 厚的胶皮垫，以“十字对称法”拧紧螺帽，螺帽外余 1～5 扣(一般为 2 扣)，且螺帽位于法兰的同一侧。

(6)管道的水压试验。管道铺设完之后即可进行水压试验。水压试验时，室外气温一般应在 3 ℃以上(冬天负温不宜进行水压试验)。试验时，管道长度＞1 000 m 时，应分段进行；管道全长＜1 000 m 时，可一次试压。试验压力标准为工作压力加 0.5 MPa，但不超过 1 MPa(通常高压给水铸铁管道为 $Ps0.8$～$Ps1.0$)。

1)试压前的准备工作。试压前在被试压管道的始、末端设置堵板，在堵板、三通、弯头等处以道木顶住。在管道的各高点设放气阀，各低点设放水阀。管道较长时，在其始、末端各设压力表一块。将试压泵(一般为手压泵)与被试压管道连接上，并安装好临时上水管道，向被试压管道内充水至满，如图 4.14 所示。

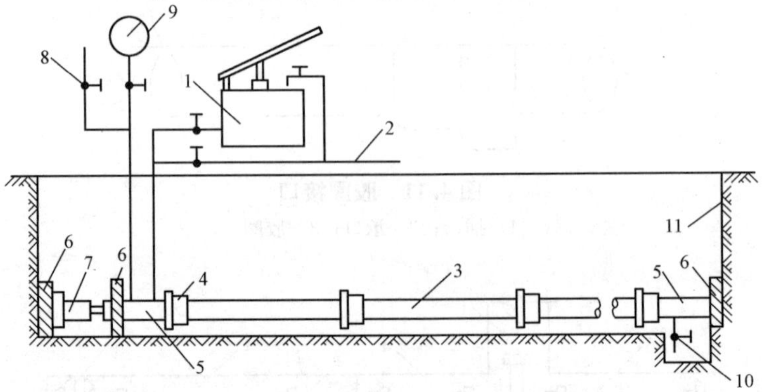

图 4.14　管道的水压试验

1—手压泵；2—临时上水管道；3—被试压管道；4—承口；5—钢短管及堵板；6—道木；7—千斤顶；8—放气阀；9—压力表；10—放水阀；11—后座墙

2)试压过程。以手压泵向被试压管道内压水，升压要缓慢。当升压至 0.5 MPa 时暂停，作初步检查，无问题时，徐徐升压至试验压力。在此压力下恒压 10 min，若压力无下降或下降＜0.05 MPa 时，即可降到工作压力。进行全面检查，以不渗、不漏为合格。

3)试压安全注意事项。管道水压试验具有危险性，因此，要划定危险区，严禁闲人进入该区。操作人员应远离堵板、三通、弯头等处，以防因管沟浅或沟壁后座墙不够力，试压过程中将堵板冲出打伤人。

试压前向被试压管道内充水时，应先打开放空气阀，待管道内的空气排净后再关闭。试压时，自始至终升压要缓慢且无较大的振动。试压完毕应打开各低点放(泄)水阀，将被试压管道内的水全部放净，以防负温时冻坏管道。

(7)补刷防腐漆。在给水铸铁管出厂前，其表面已涂刷沥青漆，一般不再刷漆。但在吊、运管时被钢丝绳损伤的部位应补刷沥青漆。若采用钢三通、弯头等管件时，一般应做正常防腐。

(8)回填土。室外埋地给水管道试压、补刷防腐漆之后可进行回填土。在回填土之前应进行全面检查，确认无误之后方可回填土。

回填土内不得有冻土块、大石块；应具有最佳含水量。一般应分层回填并夯实，最后一层应高出周围地面 50 mm。

4.3　城市与建筑小区排水系统安装

1. 室外排水系统的安装

室外排水系统是靠高差产生的重力流常压管道，具有流量大、管径较大、不使用管件、易受地形影响、易污染环境的特点。

(1)管材选用。常选用混凝土管和 HDPE 聚乙烯管。

(2)室外排水管道安装。室外污水排水管道、雨水排水管道的敷设形式，一般均为直接埋地。其安装程序有以下几项：

1)管沟的放线与开挖。参见 4.2 节中的“管沟的放线与开挖”。

2)修筑管基。铺混凝土管时需修筑管基。首先检查管沟的坐标，沟底标高，坡度、坡向及检查井的位置等，应符合设计要求。然后修筑管基，一般为现浇的带形混凝土管基，如图 4.15 所示。若为纯石沟底，可设混凝土垫，如图 4.16 所示。

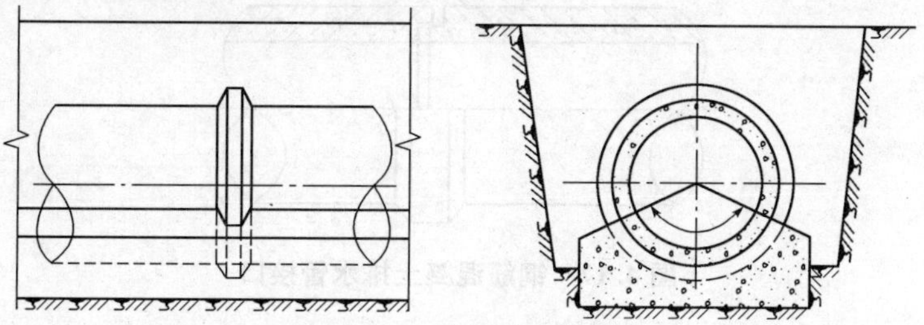

图 4.15　带形混凝土管基

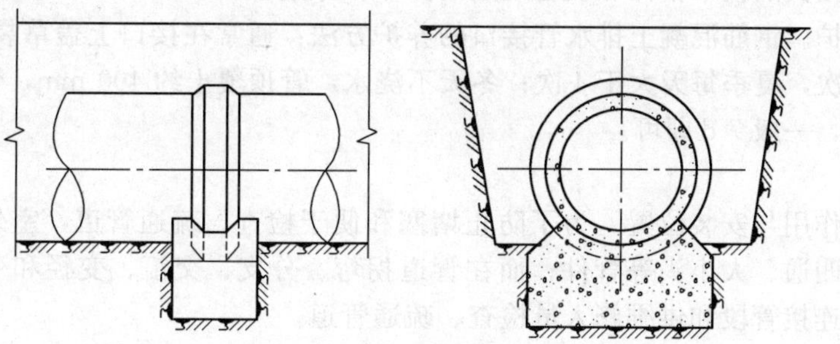

图 4.16　混凝土垫

HDPE 聚乙烯管管道基础设计采用 10 cm 厚砂垫层基础，垫层按设计要求铺设，厚度不得小于设计规定。开槽后对槽宽度、基础表面标高、基底有无扰动等作业项目，分别进行验收合格。

3)检查管材。钢筋混凝土排水管的规格要符合设计要求，不得有裂纹、破损、蜂窝、麻面、露筋等缺陷。

HDPE 聚乙烯管管材内外层各自的颜色应均匀一致，管材内外壁不允许有气泡、凹陷和不规则条纹。管材和承口的壁厚应符合国家标准的要求。承插式电熔连接采用的电热元件应由管材生产厂配套供应，电热元件表面应光滑、无裂缝、起皮及断裂。

4)清理管口。将每节管的两端口以棉纱、清水擦洗干净。

5)铺管。

①钢筋混凝土排水管：将沟边(已清理管口)的管子，以吊车(或人工)逐节(根)放入沟内的管基(或混凝土垫)上，使接口对正。然后通过直管段首、尾两检查井的中心点拉一条粉线(墨斗线)，该线即为管中心线，根据此线调整管子，使管道平直；并以水平尺检测其坡度、坡向，使之符合设计要求。

②HDPE 聚乙烯管：管道长短的调整，可用手锯切割，但断面应垂直平整，不应有损坏。采用人工安装时，由人工抬管道两端传给槽底施工人员。槽深大于 3 m 或管径大于 400 mm 的管道，可用非金属绳索溜管，使管道平稳地放在沟槽管位上；管径大于 400 mm 的管道可用柔性缆绳系住管道用手动葫芦等提力工具，严禁用金属绳索勾住两端管口或将管道自槽边翻滚抛入槽中。接口作业时，接口处涂上润滑剂，然后立即将插口端的中心对准承口的中心轴线就位。插口就位后插入承口，可在管端部设置挡板，用撬棍使被安装的管道沿着对准的轴线徐徐插入承口内，逐节依次安装，严禁用施工机械强行推顶管道插入承口。

6)接口。钢筋混凝土排水管接口也称抹带，通常采用水泥砂浆为填料，其配合比为高强度水泥：河砂＝1：2.5(质量比)。加适量的水拌匀，然后将其填满接口、抹平并凸出接口，如图4.17所示。

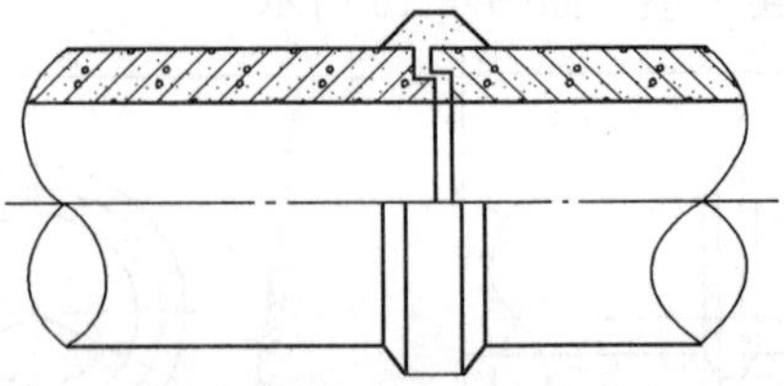

图4.17 钢筋混凝土排水管接口

HDPE聚乙烯管：电熔连接宜在环境温度较低时进行，进行连接操作时对电热设备的温控、时控等必须按照接头的技术指标和设备规定的操作程序进行。

7)接口的养护。钢筋混凝土排水管接口的养护方法：通常在接口上盖草袋，定期浇水。春、秋季每天大于2次，夏季每天大于4次；冬天不浇水，管顶覆土约400 mm，管道两端封堵。养护时间越长越好，一般7 d即可。

(3)检查井。

1)检查井的作用与安装位置。为了防止堵塞和便于检查、疏通管道，室外排水系统中不使用弯头、三通、四通、大小头等管件；而在管道拐弯、分支、交汇、变径和变坡等处设置检查井。它的作用是连接管段和供维修人员检查、疏通管道。

2)检查井的分类。

①按污水性质可分为污水检查井和雨水检查井两种。

②按形状可分为圆形检查井和矩形检查井两种。

③按材质钢筋混凝土排水管可分为砖砌检查井和钢筋混凝土预制检查井两种。HDPE聚乙烯管检查井仍采用HDPE聚乙烯材质，井盖一般为铸铁制。

④按位置和所起的作用可分为转弯检查井(图4.18)、交汇检查井(图4.19)、跌水井(图4.20)。

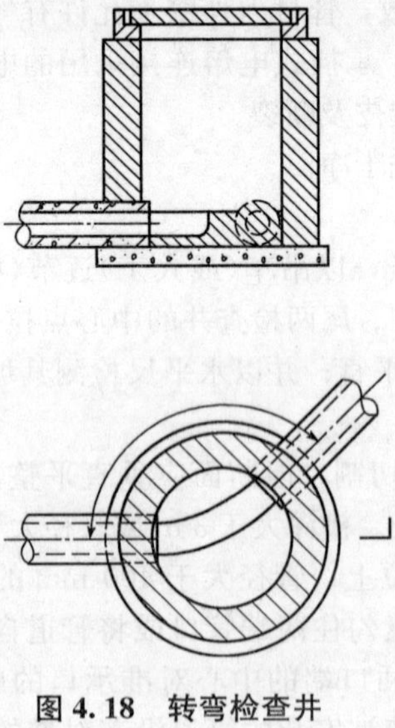

图4.18 转弯检查井

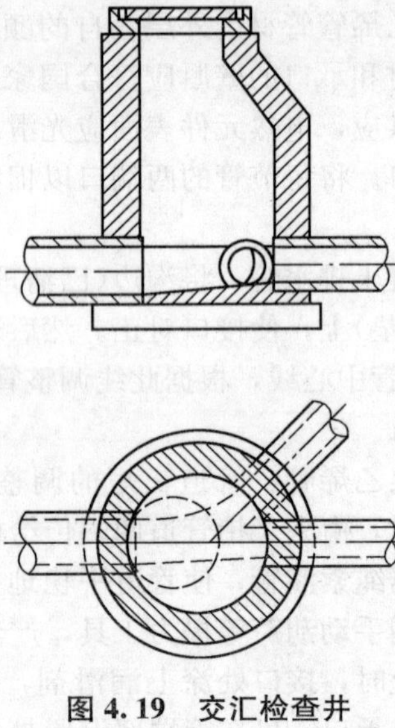

图4.19 交汇检查井

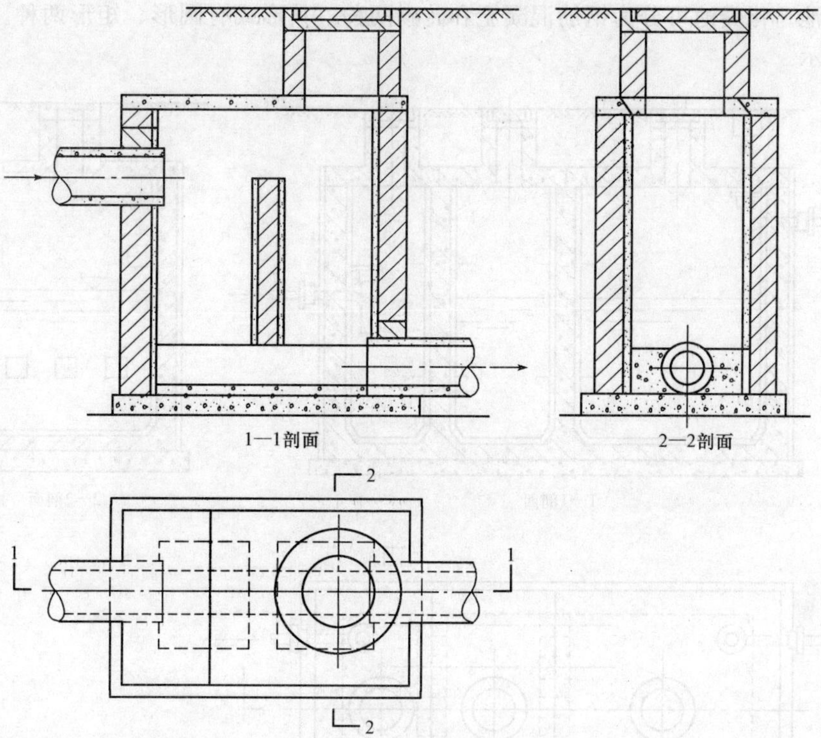

图 4.20　跌水井

3)检查井的安装。砌筑井壁(或安装预制钢筋混凝土井圈)时，要垂直；井底、上口标高以及断面尺寸应符合设计要求。

(4)雨水口。雨水口通常设在道路的边沟上，其形式多为矩形，由混凝土制成或砖砌，上口加铸铁箅子，如图 4.21 所示。

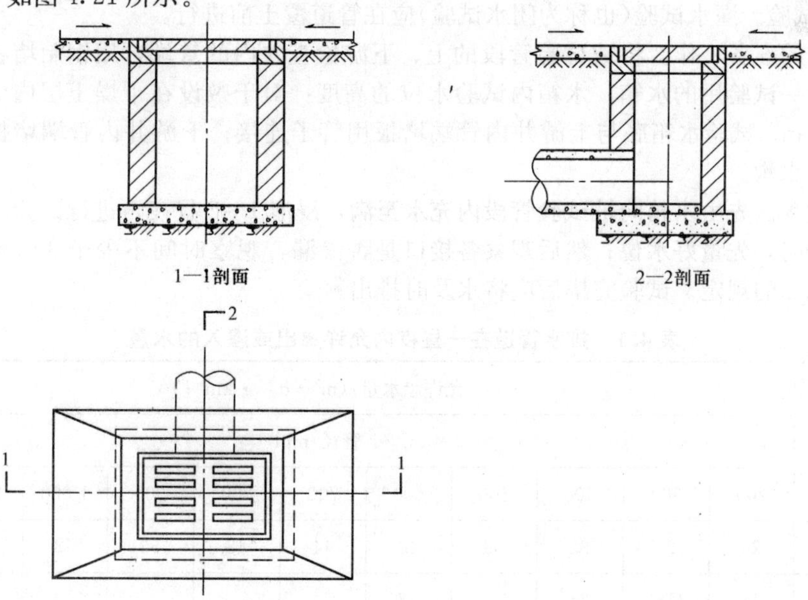

图 4.21　雨水口

(5)化粪池。化粪池可分为钢筋混凝土和砖砌两种。其形式有圆形、矩形两种。矩形化粪池如图 4.22 所示。

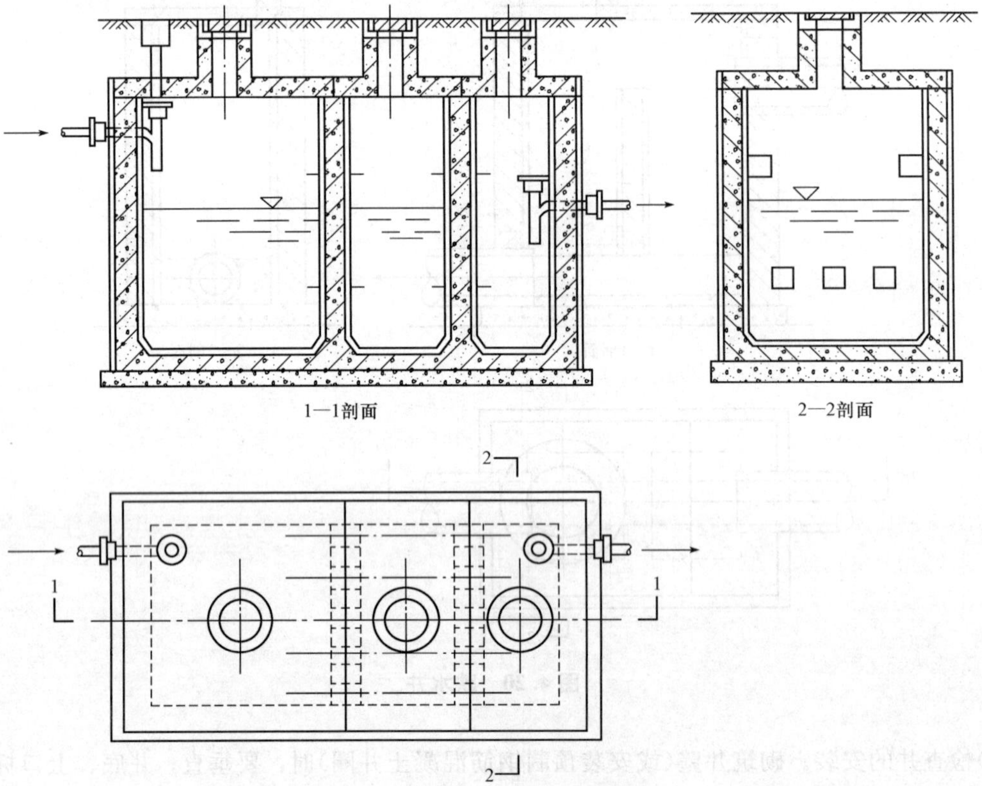

图 4.22　矩形化粪池

(6)灌水试验。灌水试验(也称为闭水试验)应在管道覆土前进行。

1)试验前的准备工作。将被试验管段的上、下游检查井内的管端，用钢制堵板封堵。在上游检查井旁设一试验用的水箱，水箱内试验水位的高度：对于敷设在干燥土层内的管道应高出上游井管顶 4 m。试验水箱底与上游井内管端堵板用管子连接；下游井内管端堵板下侧接泄水管，并挖好排水沟。

2)试验过程。先由水箱向被试验管段内充水至满，浸泡 1～2 昼夜再进行试验。

试验开始时，先量好水位；然后观察各接口是否渗漏，观察时间不少于 30 min；渗出水量不应大于表 4.1 的规定。试验完毕后应将水及时排出。

表 4.1　排水管道在一昼夜内允许渗出或渗入的水量

管道种类	允许渗水量/($m^3 \cdot d^{-1} \cdot km^{-1}$)										
	管径/mm										
	200	300	400	500	600	700	800	900	1 000	1 500	2 000
钢筋混凝土管	20	28	32	36	40	44	48	53	58	93	148
陶土管	12	18	21	23	23						

在湿土壤内敷设的管道，检查地下水渗入管道内的水量。当地下水水位超过管顶 2～4 m

时，渗入管内的水量不应大于表 4.1 的规定；当地下水水位超过管顶 4 m 以上时，每增加 1 m 水头，允许增加渗入水量的 10%；当地下水水位高出管顶 2 m 以内时，可按干燥土层做渗出水量试验。

排出带有腐蚀性污水的管道，不允许渗漏。

雨水管道以及与雨水性质近似的管道，除大孔性土壤和水源地区外，可不做闭水试验。

(7)回填土。管顶上部 500 mm 以内不得回填直径约为 100 mm 的石块和冻土块。回填土应分层回填并夯实。用机械回填时，机械不得在管沟上行驶。

2. 城市排水系统安装

(1)城市排水管道与检查井安装。城市排水管道的敷设形式通常是直接埋地，其安装程序与室外排水管道的安装程序相同。

城市污水、雨水检查井的形式和砌筑的安装要求与室外污水、雨水检查井的形式和砌筑的安装要求相同。

(2)出水口。

1)出水口的分类。出水口可分为污水系统出水口和雨水系统出水口两种。

①污水系统出水口。污水系统出水口的标高在正常水位以下。

②雨水系统出水口。雨水系统出水口应在正常水位以上，其出水口与河道连接处应做护坡，用以保护河岸。

2)出水口安装。出水口一般由砖或石砌筑而成。其形式有门字式、八字式、一字式三种。砖砌门字式出水口如图 4.23 所示。

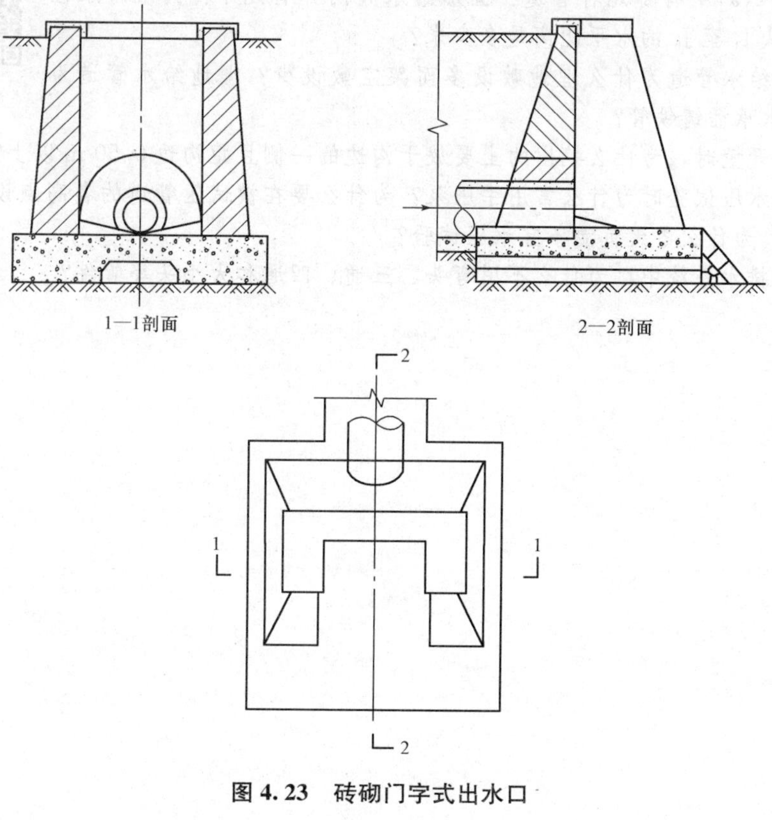

图 4.23　砖砌门字式出水口

本章小结

本章的内容包括：

(1)城市给水排水工程与建筑给水排水工程的界线，从图 4.1 中可以看出：城市给水工程与建筑给水工程以建筑小区的水表井为界。城市污水排水工程与建筑污水排水工程以建筑小区的下游最后 1 个污水检查井(碰头井)为界。城市雨水排水工程与建筑雨水排水工程以建筑小区下游最后 1 个雨水检查井(碰头井)为界。

(2)室外给水排水工程图的种类，每种图样的绘制要求和识读方法。

(3)室外给水工程的施工工艺。

(4)室外排水工程的施工工艺。

本章的重点是：室外给水排水工程图的识读与施工工艺。

习　题

4.1　图 4.1 中室外给水阀门井有几个？室外污水检查井有几个？室外雨水检查井有几个？

4.2　图 4.2(a)中有哪几种管道？圆形给水阀门井有几个？圆形污水检查井有几个？从 J_3 至 J_6 的水平距离是多少米？

4.3　室外给水管道为什么埋地敷设多而架空敷设少？埋地给水管道为什么多采用给水承插铸铁管？

参考答案

4.4　沟槽开挖时，为什么挖出的土要放于沟边的一侧且距沟边 0.50 m 以上？

4.5　管道水压试验时为什么常用手压泵？为什么要在被试压管道的各高点设放空气阀，各低点设放水阀？为什么冬天负温不宜水压试验？

4.6　室外排水系统中，为什么不用弯头、三通、四通和大小头等管件？

第5章　室内给水排水工程识图与工艺

学习目标

知识目标	能力目标	权重
了解室内给水排水工程相应图例	能识读室内给水排水工程相应图例	0.10
了解室内给水排水工程识图方法	能正确识读室内给水排水工程施工图	0.30
熟悉室内给水工程构造及施工工艺	能领悟室内给水工程构造及施工工艺	0.30
熟悉室内排水工程构造及施工工艺	能领悟室内排水工程构造及施工工艺	0.30
合　计		1.0

教学准备

安装施工规范、室内给水排水工程施工图等。

教学建议

在安装构造实训基地采用集中讲授、课堂互动教学、分组实训等方法教学。

5.1　室内给水排水工程图

室内给水排水工程图包括室内给水排水平面图及其详图(图5.1和图5.2)、给水系统图(图5.3)、排水系统图(图5.4)等。

5.1.1　室内给水排水工程图绘制

1. 图纸

(1)图纸尺寸见表5.1、图5.5所示。

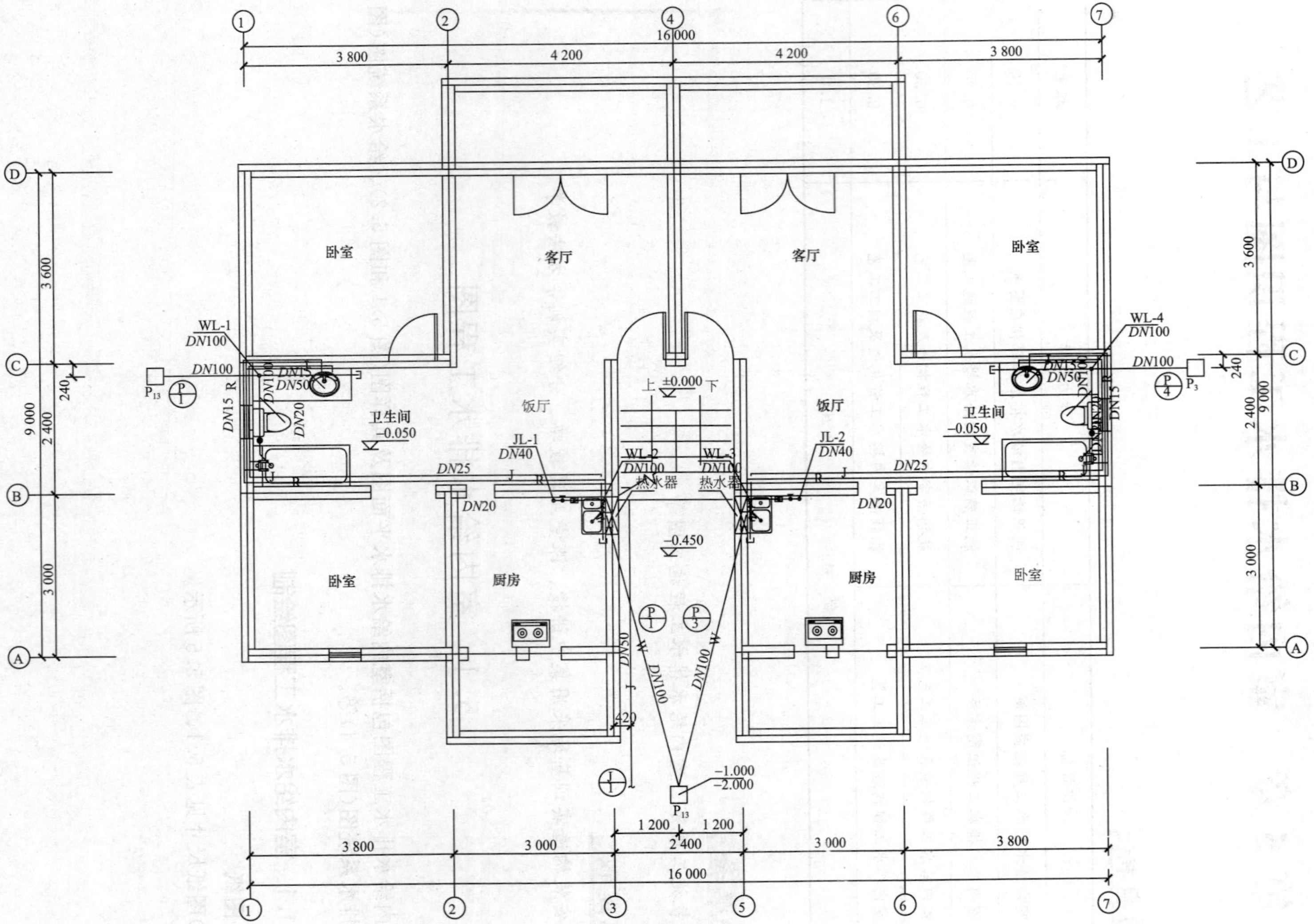

底层平面 1∶100

图 5.1　室内给水排水平面图

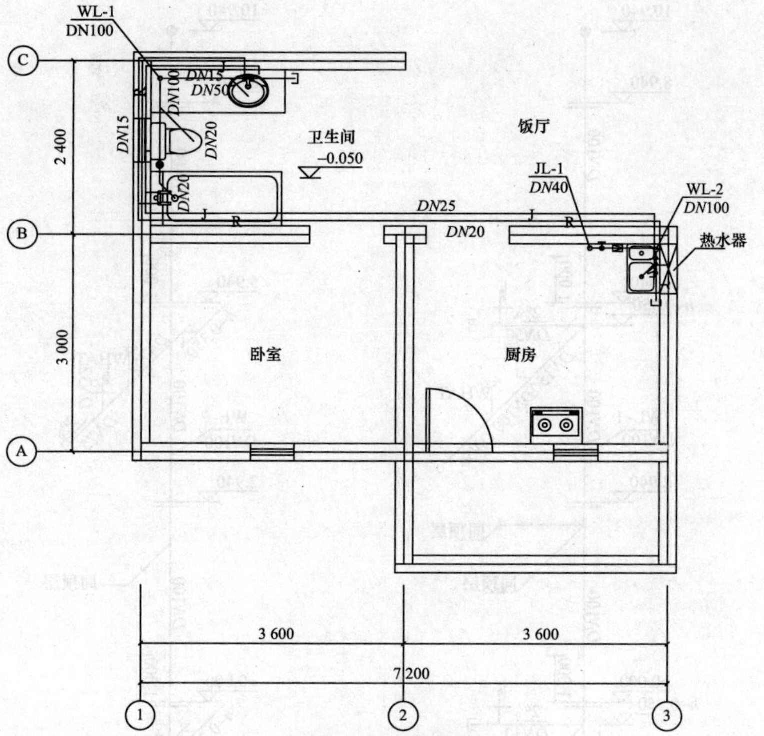

厨房卫生间给水排水详图 1∶100

图 5.2　室内给水排水详图

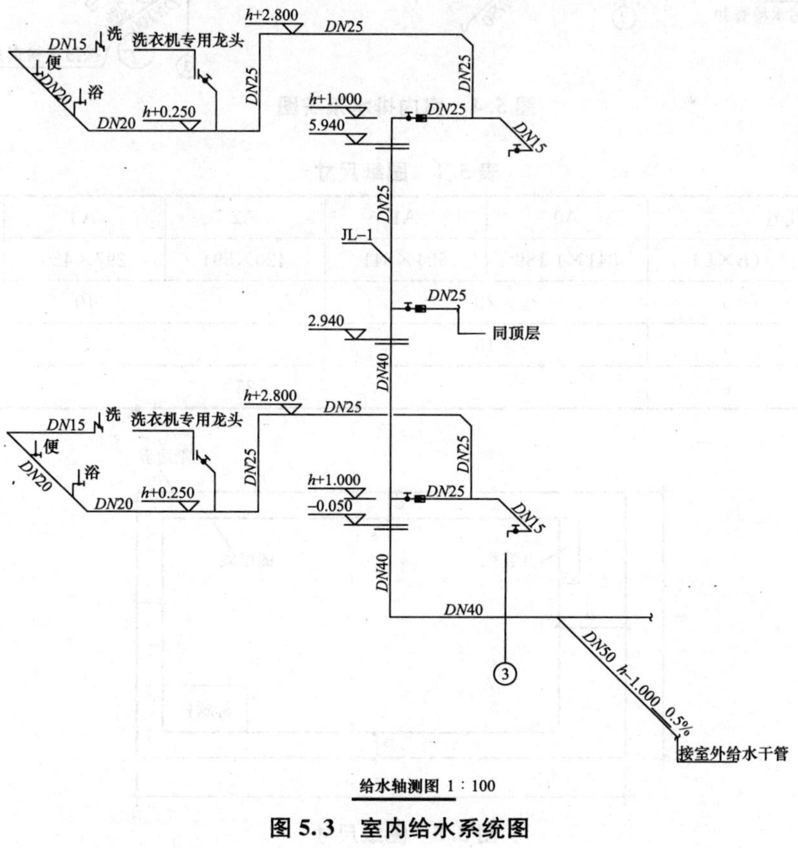

给水轴测图 1∶100

图 5.3　室内给水系统图

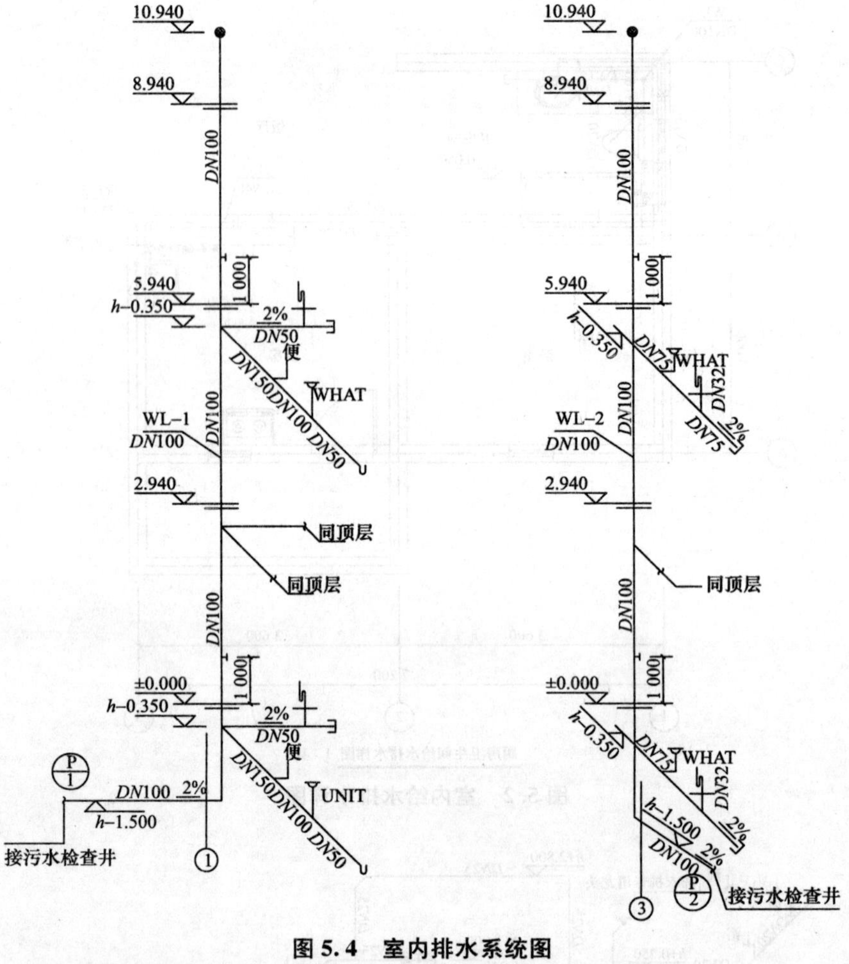

图 5.4　室内排水系统图

表 5.1　图纸尺寸

幅面代号		A0	A1	A2	A3	A4
幅面尺寸	(B×L)	841×1 189	594×841	420×594	297×420	210×297
周边尺寸	a	20		10		
	c	10		5		
	e	25				

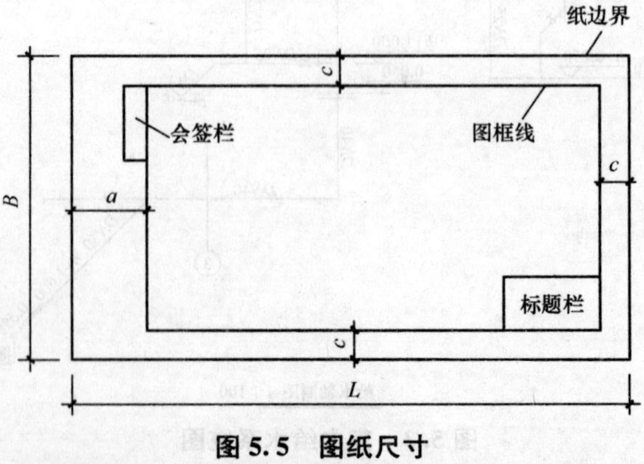

图 5.5　图纸尺寸

(2)采用的线型。建筑物的轮廓线和卫生器具用细实线表示；给水排水以粗实线表示。具体详见表 5.2。

表 5.2　图线

名称	线型	线宽	用途
粗实线	——————	b	新设计的排水和其他重力流管线
粗虚线	— — — — —	b	新设计的排水和其他重力流管线的不可见轮廓线
中粗实线	——————	$0.7b$	新设计的各种给水和其他压力流管线；原有的各种排水和其他重力流管线
中粗虚线	— — — — —	$0.7b$	新设计的各种给水和其他压力流管线及原有的各种排水和其他重力流管线的不可见轮廓线
中实线	——————	$0.5b$	给水排水设备、零(附)件的可见轮廓线；总图中新建的建筑物和构筑物的可见轮廓线；原有的各种给水和其他压力流管线
中虚线	— — — — —	$0.5b$	给水排水设备、零(附)件的不可见轮廓线；总图中新建的建筑物和构筑物的不可见轮廓线；原有的各种给水和其他压力流管线不可见轮廓线
细实线	——————	$0.25b$	建筑的可见轮廓线；总图中原有的建筑物和构筑物的可见轮廓线；制图中的各种标注线
细虚线	— — — — —	$0.25b$	建筑的不可见轮廓线；总图中原有的建筑物和构筑物的不可见轮廓线
单点长画线	—— · ——	$0.25b$	中心线、定位轴线
折断线	——∧∨——	$0.25b$	断开界线
波浪线	～～～	$0.25b$	平面图中水面线；局部构造层次范围线；保温范围示意线等

注：图线的宽度 b，应根据图纸的类别、比例和复杂程度，按《房屋建筑制图统一标准》(GB/T 50001—2010)中的规定选用。线宽 b 宜为 0.7 mm 或 1.0 mm。

(3)采用的比例。绘制室内给水排水平面图时常用的比例为 1∶100，有时为 1∶50，见表 5.3。

表 5.3　常用比例

名称	比例	备注
区域规划图 区域位置图	1∶50 000、1∶25 000、1∶10 000、1∶5 000、1∶2 000	宜与总图专业一致
总平面图	1∶1 000、1∶500、1∶300	宜与总图专业一致
管道纵剖面图	纵向：1∶200、1∶100、1∶50 横向：1∶1 000、1∶500、1∶300	
水处理厂(站)平面图	1∶500、1∶200、1∶100	
水处理构筑物、设备间、卫生间、泵房平、剖面图	1∶100、1∶50、1∶40、1∶30	

续表

名称	比例	备注
建筑给水排水平面图	1∶200、1∶150、1∶100	宜与建筑专业一致
建筑给水排水轴测图	1∶150、1∶100、1∶50	宜与相应图纸一致
详图	1∶50、1∶30、1∶20、1∶10、1∶5、1∶2、1∶1、2∶1	
注：在管道纵断面图中，可根据需要对纵向与横向采用不同的组合比例。		

(4)标高。

1)标高可分为绝对标高和相对标高两种。

①绝对标高。我国将青岛附近黄海的平均海平面定为绝对标高的零点；全国其他各地的绝对标高均以此为基准。

②相对标高。一般是将新建的某建筑物的底层室内主要地坪面，定为该建筑物的相对标高的零点。

2)标高的符号如图5.6(a)所示，由小三角形和短横线组成。选用细实线绘制，绘制时小三角线尖要与管线或标高引出线接触，小三角形尖的指向，可向上也可向下。

3)标高值。标高值以阿拉伯数字表示，单位为m。

相对标高零(点)时，以±0.000表示；低于相对标高为零(点)的标高，在其标高值前以"－"表示，如－0.900；高于相对标高为零(点)的标高，在其标高值前不写"＋"号，如1.500。

4)室内工程应标注相对标高；室外工程宜标注绝对标高，当无绝对标高资料时，可标注相对标高，但应与总图专业一致。

5)压力管道应标注管中心标高；沟渠和重力流管道宜标注沟(管)内底标高。

6)在下列部位应标注标高：

①沟渠和重力流管道：

a. 建筑物内部标注起点、变径(尺寸)点、变坡点、穿外墙及剪力墙处；

b. 需控制标高处；

c. 小区内管道按《建筑给水排水制图标准》(GB/T 50106—2010)第4.4.3条或4.4.4条、第4.4.5条的规定执行：

②压力流管道中的标高控制点；

③管道穿外墙、剪力墙和构筑物的壁及底板等处；

④不同水位线处；

⑤建构筑物中土建部分的相关标高。

7)管道标注方式可分为平面图、系统图、剖面图三种。标高的标注方法应符合下列规定：

①平面图中，管道标高应按图5.6(b)的方式标注。

②平面图中，沟渠标高应按图5.6(c)的方式标注。

③剖面图中，管道标高应按图5.7(a)的方式标注。

④系统图中，管道标高应按图5.7(b)的方式标注。

8)在建筑工程中，管道也可注相对本层建筑地面的标高，标注方法为h＋×.×××，h表示本层建筑地面标高(如h＋0.250)。

(5)管道代号。在同一管道图中，若有几种不同的管路时，为了区别，一般是在管线的中间注上汉语拼音字母的规定代号，如图5.8所示。管路常用的规定代号见表5.4。

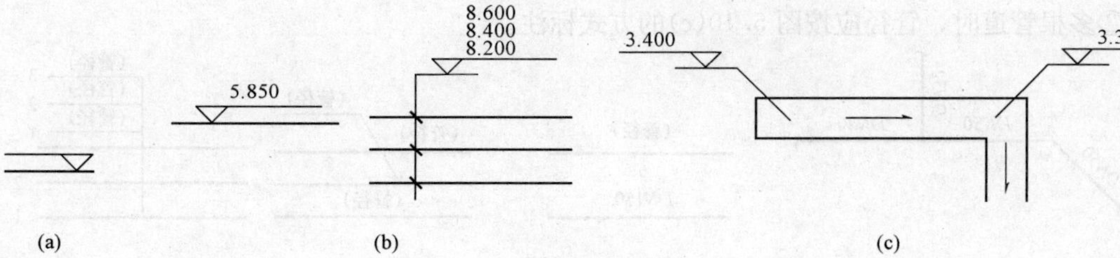

图 5.6　平面图标高标注

(a)标高符号；(b)平面图中单、多根管道标高标注；(c)平面图中沟渠标高标注

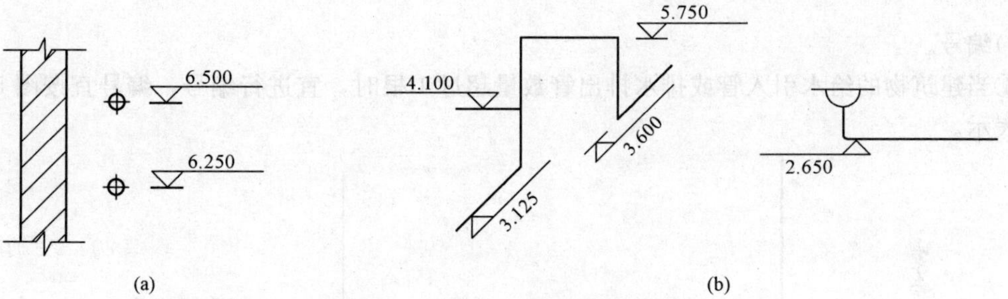

图 5.7　剖面图、系统图标高标注

(a)剖面图中管道的标高标注；(b)系统图中管道标高标注

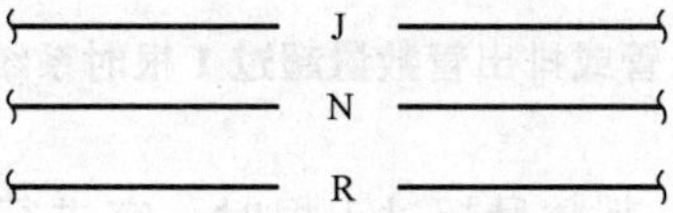

图 5.8　管道代号

表 5.4　管路常用的规定代号

序号	名称	规定代号
1	给水管路	J
2	循环水管路	XH
3	凝结水管路	N
4	冷冻水管路	L
5	热水管路	R
6	排水管路	P
7	污水管路	W

(6)管道的坡度与坡向。管道坡度与坡向的表示如图 5.9 所示。通常管道坡度以“i”表示，其后是等号和坡度值。坡向以单面箭头表示，箭头指向管道低的一端。

图 5.9　管道的坡度与坡向

(7)管径。管径一般标注在下列位置：管道变径处、水平管道上方、竖管道的左侧、斜管道的斜上方，如图 5.10(a)所示。

1)管径的标注方法应符合下列规定：

①单根管道时，管径应按图 5.10(b)的方式标注。

②多根管道时，管径应按图 5.10(c)的方式标注。

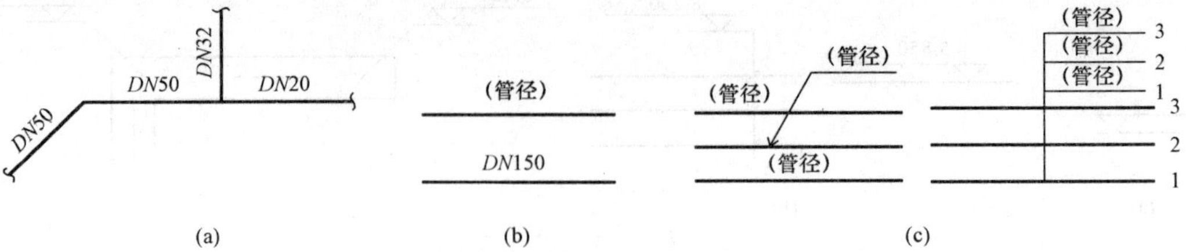

图 5.10　管径的标注方法

(a)管径标注位置；(b)单根管道管径标注；(c)多根管道管径标注

2)编号。

①当建筑物的给水引入管或排水排出管数量超过 1 根时，宜进行编号，编号宜按图 5.11 的方法表示。

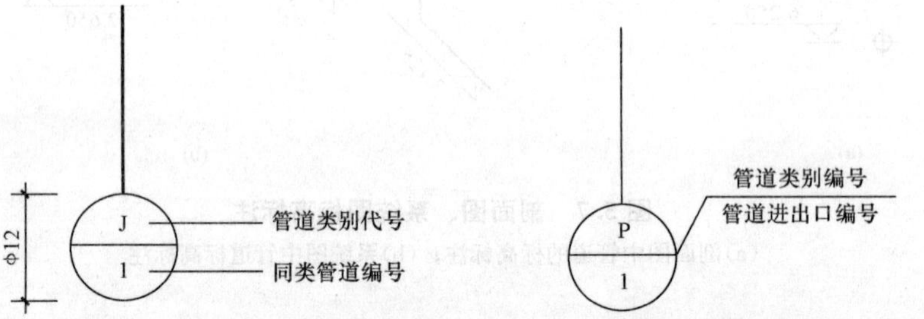

图 5.11　引入管或排出管数量超过 1 根时系统图的编号表示

②建筑物内穿越楼层的立管，其数量超过 1 根时，宜进行编号，编号宜按图 5.12(a)、(b)的方法表示。

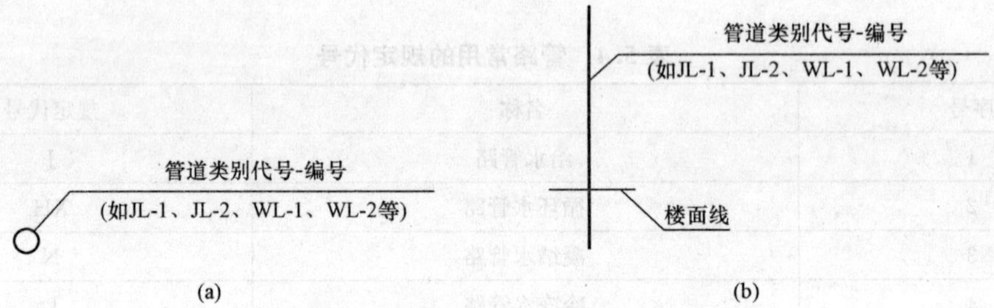

图 5.12　立管数量超过 1 根时的编号表示

(a)平面图；(b)系统图

2. 图例

建筑给水排水施工图中的管道、给水排水附件、卫生器具、升压和贮水设备以及给水排水构造物等都是用图例符号表示的，在识读施工图时，必须明白这些图例符号。常用给水排水图例符号见表 5.5。

表 5.5　常用给水排水图例

名称	图例	名称	图例
生活给水管	—— J ——	检查口	┣

续表

名称	图例	名称	图例
生活污水管	—— SW ——	清扫口	 平面 系统
通气管	—— T ——	地漏	 平面 系统
雨水管	—— Y ——	浴盆	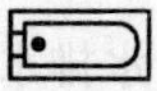
水表		洗脸盆	
截止阀		蹲式大便器	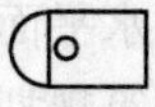
闸阀		坐式大便器	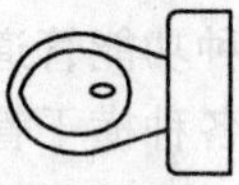
止回阀		污水池	
蝶阀	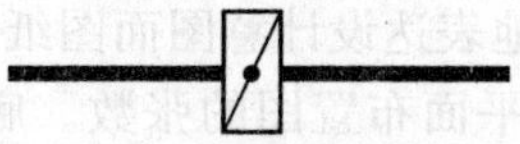	立式小便器	
自闭冲洗阀		水表井	
雨水口（单箅）		矩形化粪池	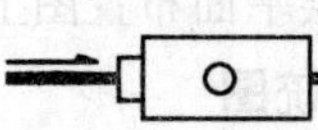
雨水口（双箅）		S形存水弯	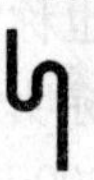
室内消火栓		P形存水弯	
室内消火栓（单口）	 平面 系统	阀门井(检查井)	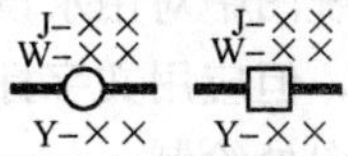
室内消火栓（双口）	 平面 系统		

3. 一般规定

(1)布图方向。室内给水排水的布图方向应与相应建筑平面图的布图方向一致；室内给水系统图和室内排水系统图的布图方向应与相应给水排水平面图的布图方向一致。

(2)管道交叉。当给水管道与排水管道交叉时，应断开排水管道。当给水管道与给水管道，排水管道与排水管道交叉时应断开低(后)管。

(3)系统图的绘制。室内给水系统图与室内排水系统图，通常为斜等轴测图。绘图时，给水系统图以每根引入管为一组进行绘制；排水系统图以每根排出管为一组进行绘制。

(4)习惯与规定画法。

1)对于某些不可见管道，如埋地管道、暗装管道和穿墙管道，不用虚线而用粗实线表示。

2)对于某些管道，如水平管、立管、多根平行管等，不按比例绘制，其与墙的距离和间距，仅示意性地表示其位置。

3)安装在下一层空间而为本层所用的管道，绘制在本层平面图上。

4)给水管道只绘制水龙头，排水管道仅绘制卫生器具出水口处的存水弯。

5)有水泵的平面图、系统图，可不绘出水泵的外形轮廓线，仅绘水泵进出口水泵基础的外形轮廓线。

5.1.2 建筑给水排水施工图的主要内容

建筑给水排水施工图一般由图纸目录、主要设备材料表、设计说明、图例、平面图、系统图(轴测图)、施工详图等组成。

1. 平面布置图

给水排水平面图应表达给水排水管线和设备的平面布置情况。

根据建筑规划，在设计图纸中，用水设备的种类、数量、位置，均要作出给水和排水平面布置；各种功能管道、管道附件、卫生器具、用水设备，如消火栓箱、喷头等，均应用各种图例表示；各种横干管、立管、支管的管径、坡度等，均应标出。平面图上管道都用单线绘出，沿墙敷设时不标注管道距墙面的距离。

一张平面图上可以绘制几种类型的管道，一般来说给水管道和排水管道可以在一起绘制。若图纸管线复杂，也可以分别绘制，以图纸能清楚地表达设计意图而图纸数量又很少为原则。

建筑内部给水排水，以选用的给水方式来确定平面布置图的张数。底层及地下室必绘；顶层若有高位水箱等设备，也必须单独绘出。建筑中间各层，如卫生设备或用水设备的种类、数量和位置都相同，绘制一张标准层平面布置图即可；否则，应逐层绘制。

在各层平面布置图上，各种管道、立管应编号标明。

2. 系统图

系统图也称“轴测图”，其绘制方法取水平、轴测、垂直方向，完全与平面布置图比例相同。系统图上应标明管道的管径、坡度，标出支管与立管的连接处，以及管道各种附件的安装标高，标高的±0.000应与建筑图一致。系统图上各种立管的编号应与平面布置图相一致。系统图均应按给水、排水、热水等各系统单独绘制，以便于施工安装和概(预)算应用。

系统图中对用水设备及卫生器具的种类、数量和位置完全相同的支管、立管，可不重复完全绘出，但应用文字标明。当系统图立管、支管在轴测方向重复交叉影响识图时，可断开移到图面空白处绘制。

建筑居住小区给水排水管道一般不绘制系统图，但应绘制管道纵断面图。

3. 施工详图

凡平面布置图、系统图中局部构造因受图面比例限制而表达不完善或无法表达的，为使施工概(预)算及施工不出现失误，必须绘出施工详图。通用施工详图系列，如卫生器具安装、排水检查井、雨水检查井、阀门井、水表井、局部污水处理构筑物等，均有各种施工标准图，施工详图宜首先采用标准图。绘制施工详图的比例以能清楚绘出构造为根据选用。施工详图应尽量详细注明尺寸，不应以比例代替尺寸。

4. 设计施工说明及主要材料设备表

用工程绘图无法表达清楚的给水、排水、热水供应、雨水系统等管材、防腐、防冻、防露的做法；或难以表达的诸如管道连接、固定、竣工验收要求、施工中特殊情况技术处理措施，或施工方法要求必须严格遵守的技术规程、规定等，可在图纸中用文字写出设计施工说明。

工程选用的主要材料及设备表，应列明材料类别、规格、数量，设备品种、规格和主要尺寸。另外，施工图还应绘出工程图所用图例。

所有以上图纸及施工说明等应编排有序，写出图纸目录。

5.1.3 室内给水排水工程图的识读

1. 室内给水排水工程图的识读方法

识读顺序为：室内给水排水平面图→室内给水排水系统图→详图。

(1)室内给水排水平面图的识读方法。其识读顺序为：底层平面图→各层平面图。

1)识读底层平面图：卫生器具→给水系统的引入管(或排水系统的排出管)→立管→干、支管，然后按顺水流(给水系统)或逆水流(排水系统)方向进行识读。

2)识读各层平面图：卫生器具→立管→干、支管，然后按顺水流(给水系统)或逆水流(排水系统)方向进行识读。

(2)室内给水系统图的识读方法。

1)识读室内给水系统图采用对照法：将室内给水系统图与室内给水排水平面图对照识读。

2)识读顺序：给水立管(与平面图相同编号)→引入管，然后以顺水流方向按引入管→立管→干、支管顺序进行识读。

(3)室内排水系统图的识读方法。

1)识读室内排水系统图也采用对照法：将室内排水系统图与室内给水排水平面图对照识读。

2)识读顺序：排水立管(与平面图相同编号)→排出管，然后以逆水流方向按排出管→立管→干、支管顺序进行识读。

2. 室内给水排水工程图的识读

(1)室内给水排水工程图的识读。某住宅楼给水排水平面图，如图 5.13(a)、(b)所示。从图中可以看出，该住宅楼共有 6 层，各层卫生器具的布置均相同；各层管道的布置，除底层设有一条引入管和一条排出管外，其余各层的管道布置也都相同。

1)卫生器具的布置。在①～②轴线间的卫生间内，沿②轴线设有叶轮式水表、洗脸盆、蹲式大便器、地漏和浴盆等。在②～③轴线间的厨房内，沿②轴线设有污水池、储水池和地漏等。

2)给水管道的布置。在底层，沿Ⓒ轴设有一条给水引入管，管径为 *DN*50，由室外引入室内至墙角处的给水立管(JL)止；然后由该立管接出给水干管，沿②轴经内螺纹截止阀、叶轮式水表，向洗脸盆、蹲式大便器、储水池和浴盆供水。管径由 *DN*25 变为 *DN*15。

3)排水管道的布置。在底层卫生间的东南角，设有一根 *DN*150 的排水立管(PL)。沿②轴设有 *DN*100 的排水干管和一条 *DN*150 的排出管。卫生间内洗脸盆、蹲式大便器、浴盆和地坪的污水，经排水干管、排水立管和排出管排至室外(检查井)。厨房内污水池和地坪的污水，经排水支管、排水干管、排水立管和排出管排到室外(检查井)。

(2)给水系统图的识读。某住宅楼给水系统图，如图 5.14 所示。从图中可以看出，*DN*50 的引入管标高为−1.200，由西向东至立管(JL)下端的 90°弯头止；然后 *DN*50 的立管(JL)垂直向上，穿出底层地坪±0.000，在标高 0.500 处安装 *DN*50 的内螺纹截止阀一个；继续垂直向上至标高为 16.000 的 90°弯头止。

在立管(JL)上共接出 6 条水平干管，每条水平干管始端的管径为 *DN*25，末端的管径为 *DN*15。

第 1 条水平干管位于底层楼，标高为 1.000；

第 2 条水平干管位于 2 层楼，标高为 4.000；

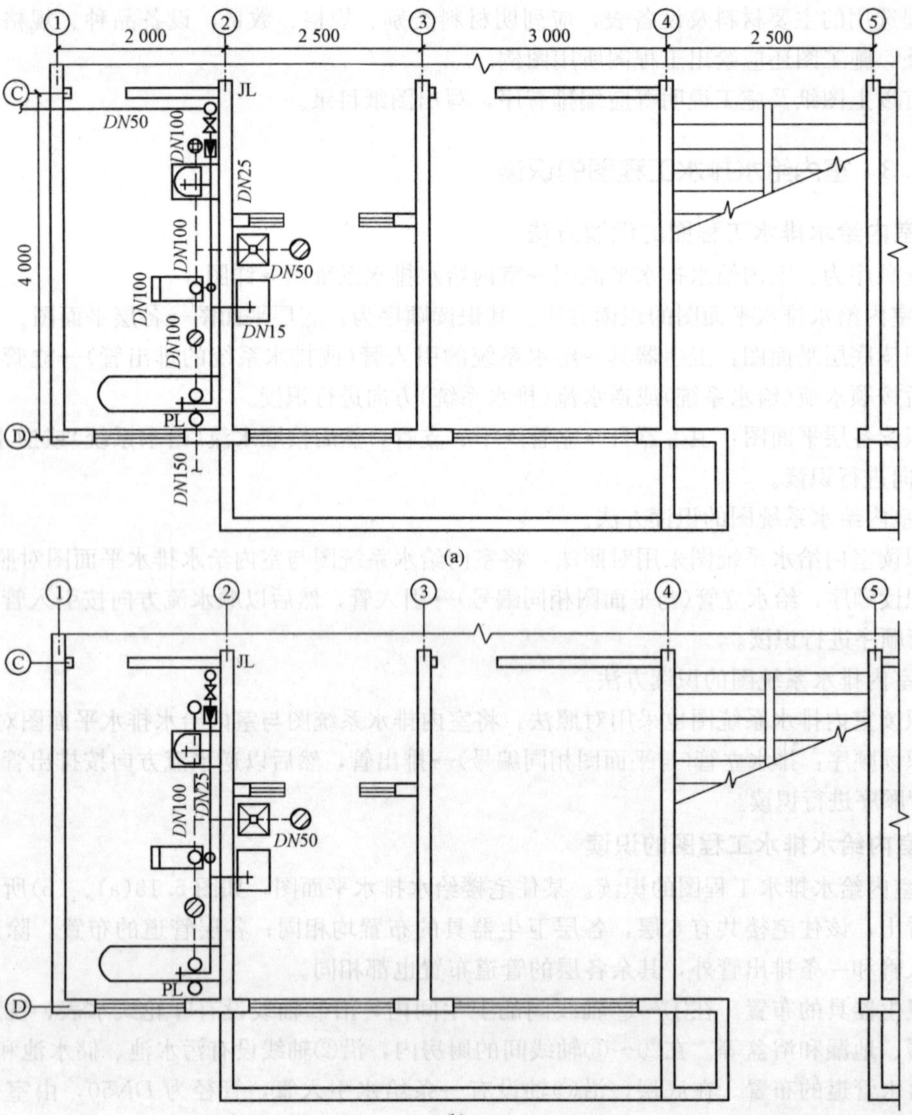

图 5.13　某住宅楼给水排水平面图

(a)底层平面图；(b)2～6 层平面图

第 3 条水平干管位于 3 层楼，标高为 7.000；

第 4 条水平干管位于 4 层楼，标高为 10.000；

第 5 条水平干管位于 5 层楼，标高为 13.000；

第 6 条水平干管位于 6 层楼，标高为 16.000。

每条水平干管上，由北向南依次有：*DN*25 的内螺纹截止阀一个；*DN*25 的叶轮式水表一组；*DN*25×25×15 异径三通一个及 *DN*15 水龙头一个；*DN*25×25×25 等径三通一个及 *DN*25 专用冲洗阀一个；*DN*25×25×15 异径三通一个及 *DN*15 水龙头一个；*DN*15 的弯头一个及 *DN*15 的水龙头一个。

(3)排水系统图的识读。某住宅楼排水系统图，如图 5.15 所示。从图中可以看出，*DN*150 的排出管标高为－1.600，坡度 i＝0.010，由室内排水立管(PL)底至室外(检查井)止；*DN*150

的排水立管(PL)，由标高－1.60 至标高 14.600 的 *DN*150×150×100 异径斜三通止；*DN*150 的透气管，由标高 14.600 至屋面以上镀锌钢丝球止。

同时还可以看出，在排水立管(PL)上设有 6 个立管检查口(每层一个)，并有 6 条排水干管与排水立管(PL)相接；每条排水干管的管径为 *DN*100，坡度 $i=0.020$。

第 1 条排水干管位于底层楼地坪以下，标高为－0.400；

第 2 条排水干管位于 2 层楼楼板以下，标高为 2.600；

第 3 条排水干管位于 3 层楼楼板以下，标高为 5.600；

第 4 条排水干管位于 4 层楼楼板以下，标高为 8.600；

第 5 条排水干管位于 5 层楼楼板以下，标高为 11.600；

第 6 条排水干管位于 6 层楼楼板以下，标高为 14.600。

每条排水干管上，由北向南依次接有：*DN*100 清扫口一个；*DN*100 的 45°弯头两个(2～6 层无)；*DN*100×100×50 异径斜三通一个及 *DN*50 的 S 形存水弯一个；*DN*100×100×50 异径斜三通一个及排水支管上 *DN*50×50×50 等径斜三通一个，*DN*50 的 S 形、P 形存水弯各一个；*DN*100×100×100 等径斜三通一个及 *DN*100 的 P 形存水弯一个；*DN*100×100×50 异径斜三通一个及 *DN*50 的 P 形存水弯一个；*DN*100×100×50 异径斜三通一个及 *DN*50 的 S 形存水弯一个；*DN*150×150×100 异径斜三通一个。

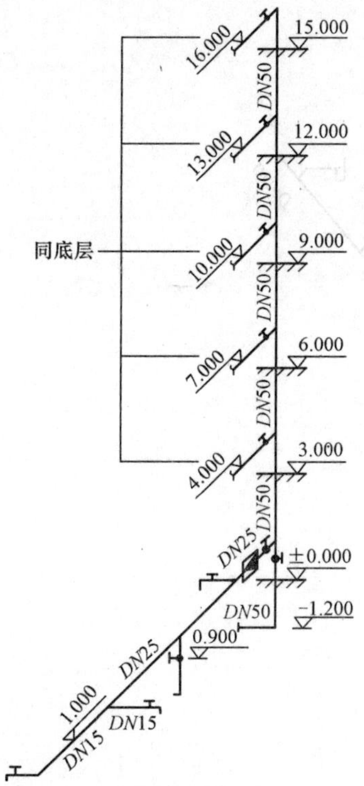

图 5.14　某住宅楼给水系统图

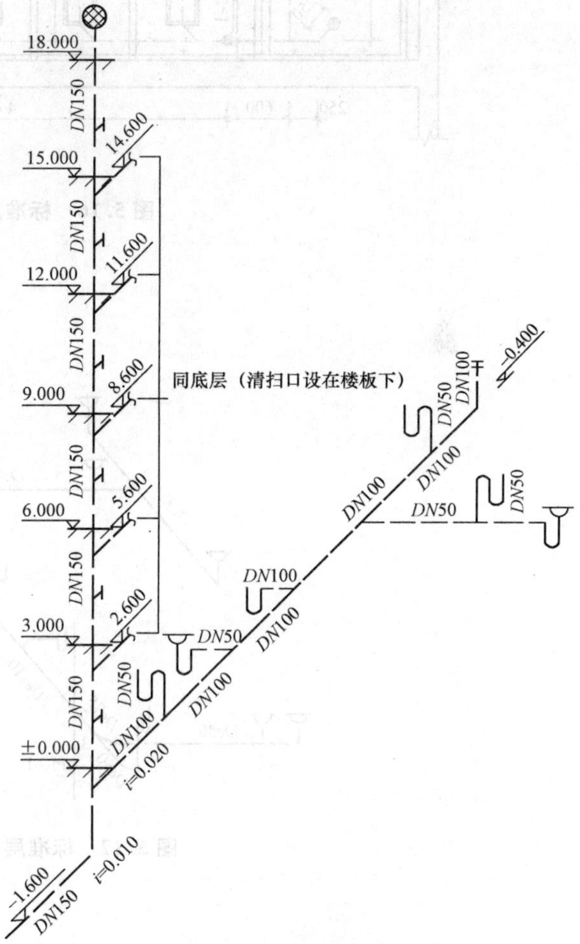

图 5.15　某住宅楼排水系统图

思考：

1. 按识读方法识读图 5.1～图 5.4。
2. 试识读图 5.16～图 5.18。

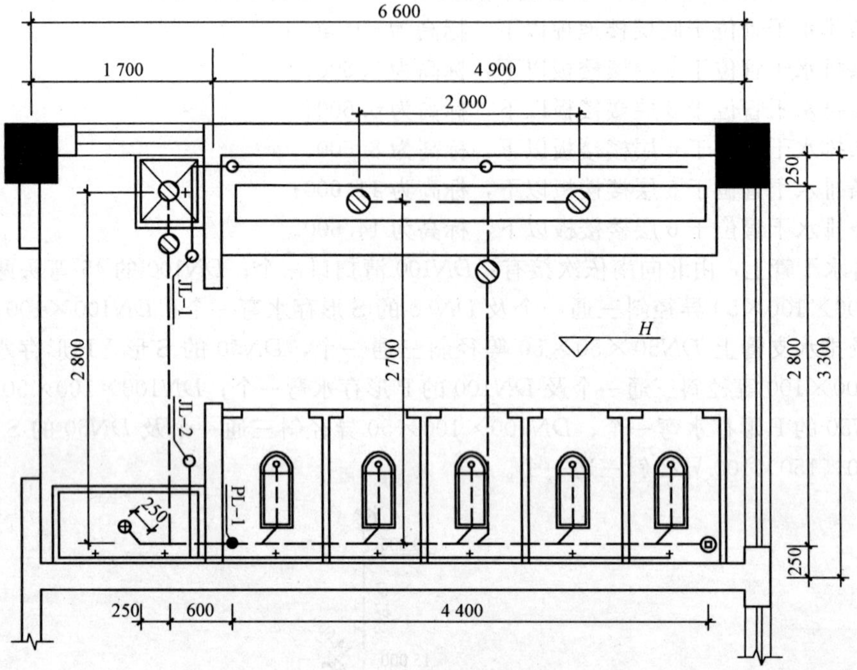

图 5.16　标准层平面图

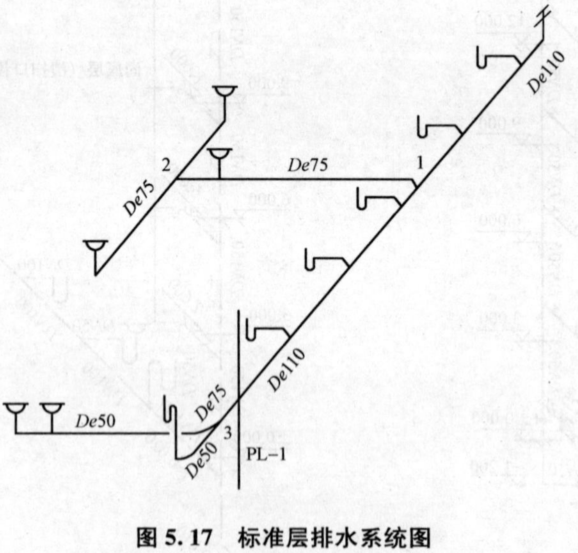

图 5.17　标准层排水系统图

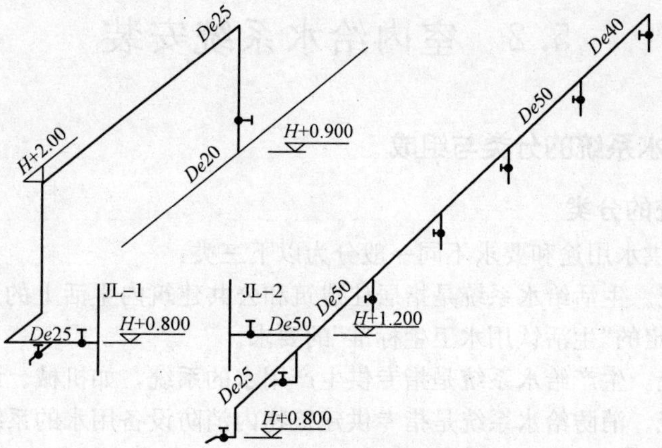

图 5.18 标准层给水系统图

5.1.4 屋面雨水排水工程图

屋面雨水排水工程图，一般有屋面雨水排水平面图、雨水排水正立面图和雨水排水左侧立面图。

图 5.19(a)、(b)、(c)所示分别为某办公楼屋面雨水排水正立面图、雨水排水左侧立面图和雨水排水平面图。

从图中可以看出，该办公楼设有 YL－1、YL－2 和 YL－3 三根雨水立管。在每根雨水立管的高点，均设有矩形雨水斗与矩形箅子一个。安装时，矩形箅子安装在女儿墙的内侧，且底边与屋面平齐，通过弯管(90°弯头)将矩形雨水斗联系起来。落雨时，屋面上的雨水通过箅子、弯管流入雨水斗，再经雨水立管排至室外的雨水明沟或雨水口。

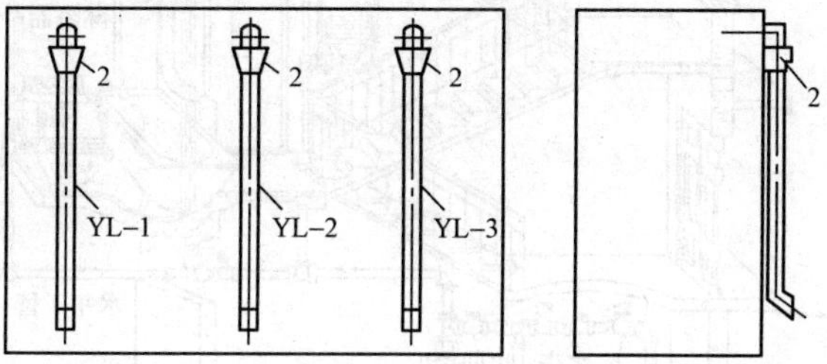

图 5.19 某办公楼屋面雨水排水平、立、侧面图

(a)正立面图；(b)左侧立面图；(c)平面图

1—箅子；2—雨水斗

5.2 室内给水系统安装

5.2.1 室内给水系统的分类与组成

1. 室内给水系统的分类

室内给水系统按供水用途和要求不同一般分为以下三类：

(1)生活给水系统。生活给水系统是指居住建筑和公共建筑内生活上的用水系统。该系统的水质必须符合国家规定的“生活饮用水卫生标准”的要求。

(2)生产给水系统。生产给水系统是指专供生产用水的系统，如机械、设备的冷却用水。

(3)消防给水系统。消防给水系统是指专供建筑物内消防设备用水的系统。

2. 室内给水系统的组成

室内给水系统主要由引入管、水表节点、室内管道、附件、升压和储水设备等组成，如图 5.20 所示。

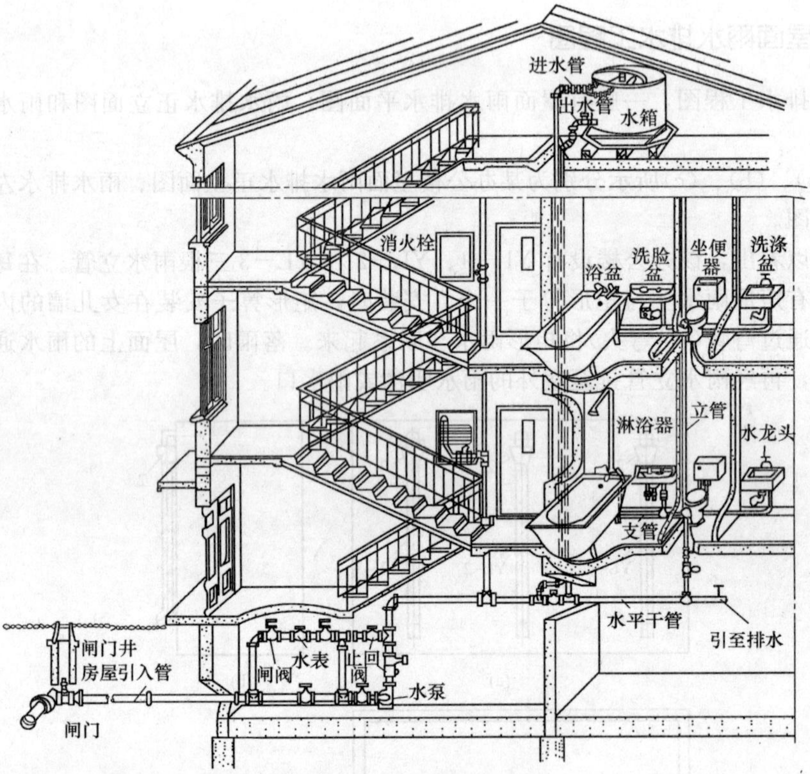

图 5.20 室内给水系统

(1)引入管。引入管也称进户管，是将室内管道与室外给水管网连接起来的管段。该管段通常为一条(也可多条)，与室外给水管网相接处一般要设阀门井。

(2)水表节点。为了计量室内给水系统总的用水量，需在引入管上装设水表。水表包括水表及其前后的阀门、旁通管、泄水装置等。

(3)室内管道。室内管道包括水平干管、立管、支管(水平支管、立支管)等。

(4)附件。室内给水系统的附件包括阀门(如截止阀、止回阀、水龙头)、过滤器等。

(5)升压和储水设备。升压和储水设备包括水泵、水箱和水塔等。

5.2.2 室内给水系统的供水方式

1. 直接供水方式

当室外给水管网提供的水压、水量和水质都能满足建筑要求时，可直接把室外管网的水引向建筑内各用水点，这样，可充分利用外网提供的条件进行供水，称为直接供水方式，如图 5.21 所示。

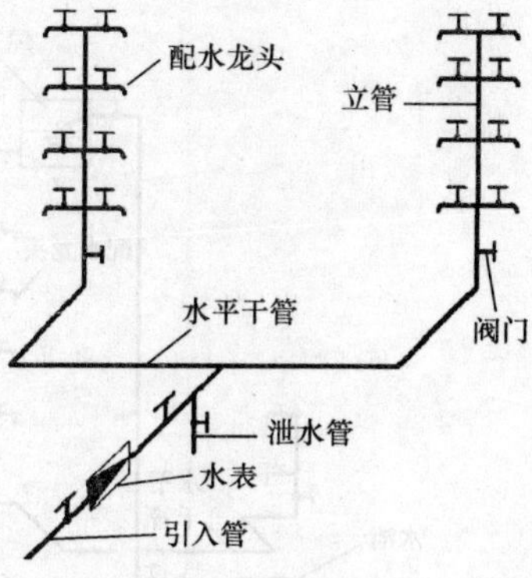

图 5.21 直接供水方式(下行上给式)

这种供水方式简单，投资省，可充分利用外网压力。但一旦外网停水，室内立即断水。其适用于水量、水压在一天内都能满足用水要求的场所。

2. 设水箱的供水方式

当市政管网提供的水压在大部分时间内能满足要求，仅在用水高峰时间出现水压不足，以及建筑内要求水压稳定的情况下，并且建筑物具备设置高位水箱的条件下，可设置高位水箱。当室外管网提供的水压有剩余时向水箱进水(一般在夜间)，当室外管网提供的水压不足时(一般白天)水箱出水，以达到调节水压和水量的目的，如图 5.22 所示。

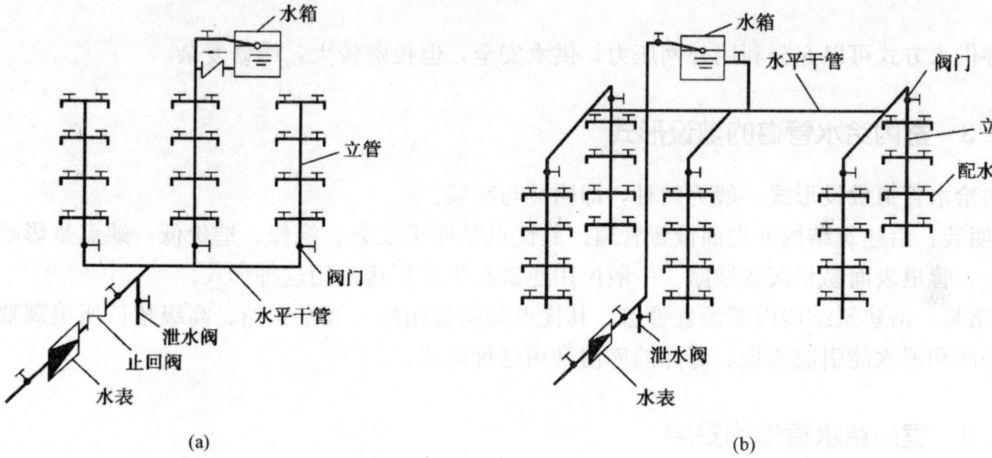

图 5.22 设水箱的供水方式

(a)设水箱给水方式 A(下行上给式)；(b)设水箱给水方式 B(上行下给式)

这种供水方式可靠、简单、投资省，可充分利用外网水压。其缺点是增加了建筑物的荷载，容易产生二次污染。在供水水压、水量周期性不足时可采用此种供水方式。

3. 水箱和水泵联合供水方式

当室外管网的水压经常不足，且不允许抽水时或外网不能保证高峰用水，同时，用水量较大时或要求储备一定容积的水量时，可用水泵、储水池和水箱的供水方式，水泵自外网直接抽水加压，利用高位水箱稳压和调节流量，外网水压高时也可直接供水，如图 5.23 所示。

采用水箱和水泵的供水方式，水泵能及时向水箱供水，可缩小水箱容积。其供水可靠、投资较大，安装和维修都比较复杂，适用于室外给水管网水压低于或经常达不到建筑内部给水管网所需水压，且室内用水不均匀时采用。

4. 分区给水方式

多层建筑或高层建筑，室外给水管网水压往往只能满足建筑下部几层的需要，为了充分、有效地利用室外网的水压，常将建筑物分成上、下两个供水区，如图 5.24 所示。下区直接在城市管网压力下工作，上区则由水泵水箱联合给水。

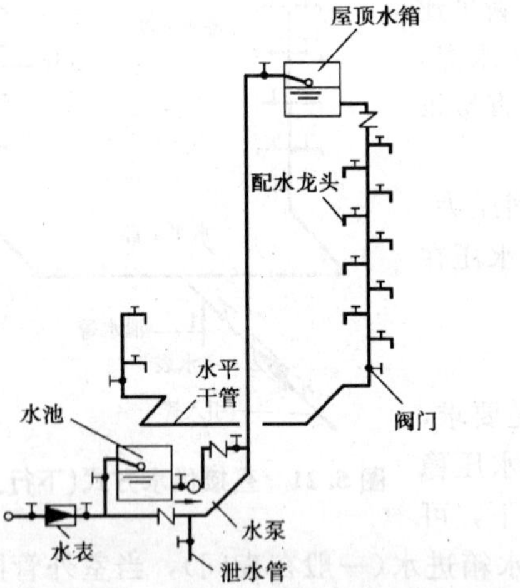

图 5.23　设水泵、储水池和水箱的给水方式

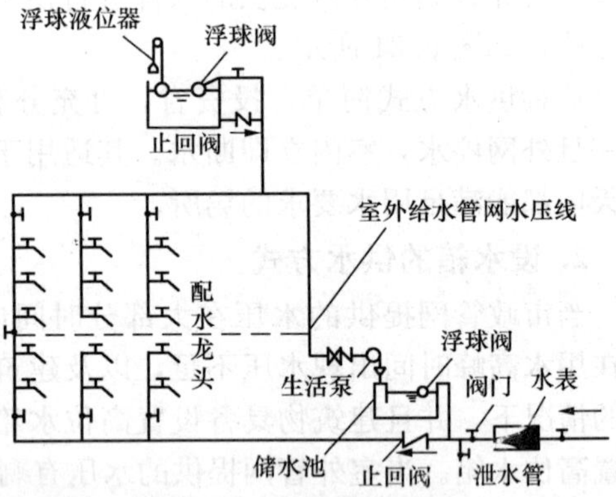

图 5.24　分区给水方式

这种供水方式可以充分利用外网压力，供水安全，但投资较大，维修复杂。

5.2.3　室内给水管道的敷设形式

室内给水管道敷设形式一般为两种，即明装与暗装。

(1)明装：沿建筑结构外表面设置管道。其优点是便于安装、维修、造价低；缺点是影响美观、卫生、管道表面易积灰或结露。一般民用建筑和生产厂房常用这种形式。

(2)暗装：沿建筑结构内部设置管道。其优点与明装相反。通常宾馆、高级招待所美观要求较高的场所和遇水能引起燃烧、爆炸的库房常用这种形式。

5.2.4　室内给水管道的安装

1. 管道

(1)管材选用及连接方法。室内给水管道现通常采用无规共聚聚丙烯管(PP－R 管)及其相应管件。其主要是热熔和丝扣连接。

(2)安装顺序及原则。

1)顺序：安装前的准备→管道的预制加工→干管安装→立管安装→支管安装→管道的防腐和保温→管道试压→管道冲洗。

2)原则：遵循先地下后地上，先大管后小管，先主管后支管的原则。若管道交叉发生矛盾时，应小管让大管，给水管让排水管，支管让主管。

(3)管道安装。一般安装程序为先安装引入管，再安装水平干管、立管和支管。

1)引入管安装。引入管安装可分为埋地敷设和地沟敷设两种形式。

①埋地敷设。通常埋深在当地冰冻线以下。

②地沟敷设。如图 5.25 所示，大孔性土地区(如我国西北兰州等地)应地沟敷设。

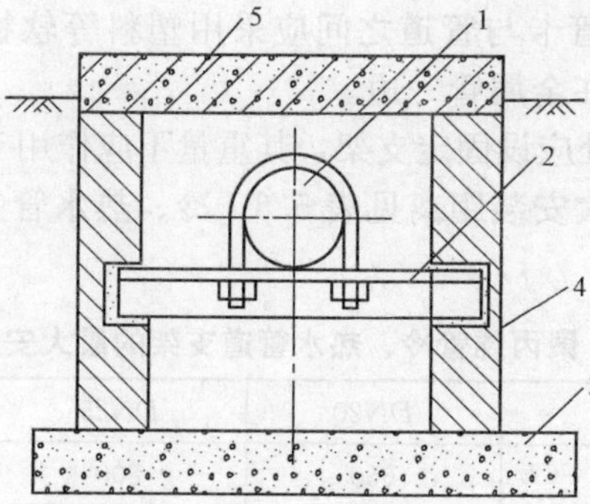

图 5.25　地沟敷设

1—管道；2—支架；3—沟底；4—沟壁；5—沟盖

③建筑物埋地引入管和室内埋地管敷设要求。

a. 室内地坪±0.000 以下管道铺设宜分两阶段进行：先进行地坪±0.000 以下至基础墙外壁段的铺设，待土建施工结束后，再进行户外连接管的铺设。

b. 室内地坪以下管道铺设应在土建工程回填土夯实以后，重新开挖进行。严禁在回填土之前或未经夯实的土层中铺设。

c. 铺设管道的沟底应平整，不得有凸出的尖硬物体。土壤的颗粒粒径不宜大于 12 mm，必要时应铺 100 mm 厚的砂垫层。

d. 埋地管道回填时，管周围回填土不得夹杂尖硬物与管壁接触。室内埋地管道的埋置深度不宜小于 300 mm。

e. 管道出地坪处应设置保护管，其高度应高出地坪 100 mm。

f. 引入管在穿基础墙时，应设置金属套管。套管与基础墙预留孔上方的净空高度，设计不应小于 100 mm。穿过砖基础的做法如图 5.26(a)所示；穿过混凝土基础的做法如图 5.26(b)所示。

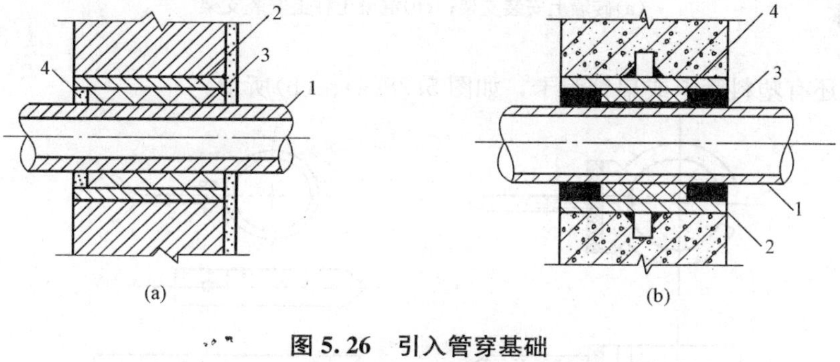

图 5.26　引入管穿基础

(a)引入管穿过砖墙基础；

1—引入管；2—套管；3—石棉绳、塑料带或橡胶等软物；4—水泥砂浆

(b)引入管穿过混凝土基础

1—引入管；2—套管；3—石棉水泥捻口；4—石棉绳、塑料带或橡胶等软物

2)水平干管安装。水平干管铺设在支架上，安装时先装支架，然后铺管。

①支架安装。

a. 管道支架应在管道安装前埋设，应根据不同管径和要求设置管卡和吊架。位置应准确，埋设要平整，管卡与管道接触应紧密，不得损伤管道表面。

b. 采用金属管卡时，金属管卡与管道之间应采用塑料等软物隔离。在金属管配件与给水PP－R管连接部位，管卡应设在金属管一边。

c. 阀门、水表等给水设备处应设固定支架，其重量不应作用于管道上。

d. 冷、热水管道支架的最大安装距离见表5.6。冷、热水管共用支架时，应根据热水管支架的间距确定。

表5.6 聚丙烯管冷、热水管道支架的最大安装距离 mm

管径		*DN*20	*DN*25	*DN*32	*DN*40
冷水	水平管	650	800	950	1 100
	立管	1 000	1 200	1 500	1 700
热水	水平管	500	600	700	800
	立管	900	1 000	1 200	1 400

e. 角钢悬臂式支架，安装时将支架栽入砖墙内，如图5.27(a)所示；或焊在混凝土柱的预埋钢板上，如图5.27(b)所示。

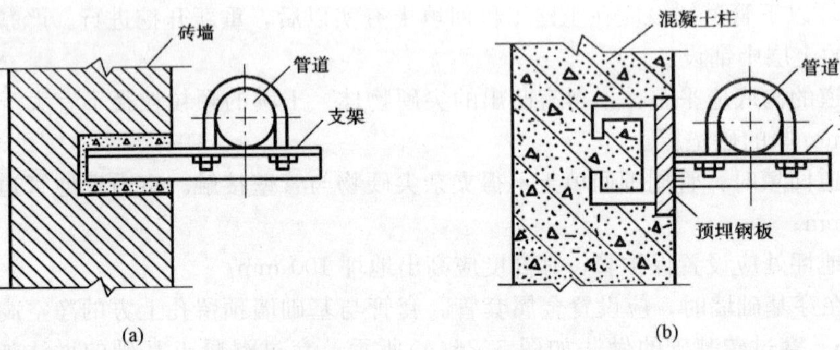

图5.27 角钢悬臂式支架

(a)砖墙上安装支架；(b)混凝土柱上安装支架

支架形式还有塑料管卡或扁钢管卡，如图5.28(a)、(b)所示。

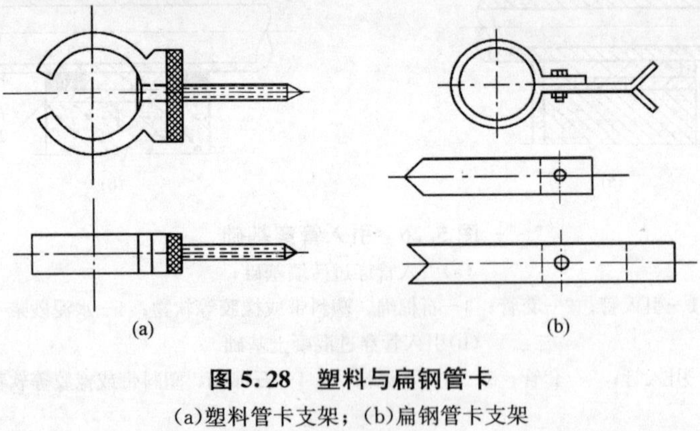

图5.28 塑料与扁钢管卡

(a)塑料管卡支架；(b)扁钢管卡支架

②铺管安装。铺管时，标高按设计要求，要求平直，坡度为0.005坡向立管。

a. 施工安装时，应复核冷、热水管压力等级和使用场合。管道标记应面向外侧，处于显眼位置。不得有轴向扭曲，两对应的连接件，应处于同一轴线上，穿墙或楼板时，不宜强制校正。

b. 给水聚丙烯管与其他金属管道平行敷设时应有一定的保护距离，净距离下宜小于 100 mm，且聚丙烯管宜在金属管道的内侧。

水平管道纵、横方向弯曲，立管垂直度，成排管道安装偏差须满足表 5.7 的要求。

表 5.7 聚丙烯管安装允许偏差

项 目		允许偏差/mm
水平管道纵、横方向弯曲	每 m 管道	1.5
	全长 25 m	≤25
立管垂直度	每 m 管道	3
	全长 25 m	≤10
成排管道	在同一直线上间距	3

c. 管道嵌墙暗敷时，宜配合土建预留凹槽，其尺寸设计无规定时，嵌墙暗管墙槽尺寸的深度为 $De+20$ mm，宽度为 $De+40\sim60$ mm。凹槽表面必须平整，不得有尖角等凸出物，管道试压合格后，墙槽用 M7.5 级水泥砂浆填补密实。

③套管安装。室内明装管道，宜在土建粉饰完毕后进行，安装前应配合土建正确预留孔洞或预埋套管。管道穿墙壁时，应配合土建设置钢套管，如图 5.29 所示。

3)立管安装。立管靠墙垂直安装，每根立管上应设阀门一个。管道穿越楼板时，应设置钢套管，套管高出地面 20 mm，厨房、卫生间需高出 50 mm，并有防水措施，如图 5.30 所示。管道穿越屋面时，应采取严格的防水措施。穿越前端应设固定支架。楼层高度小于等于 5 m 时，每层必须安装 1 个管卡；大于 5 m 时，每层不得少于 2 个。管卡安装高度距地面为 1.5～1.8 m，2 个以上管卡应匀称安装，同一房间管卡应安装在同一高度上。

4)支管安装。支管分为水平支管和立支管两种。直径都比较小，通常沿墙安装。水平支管要求平直，坡度为 0.005 坡向立管或用水点，其支架形式为塑料管卡或扁钢管卡。立支管要求垂直，支架形式也采用塑料管卡。

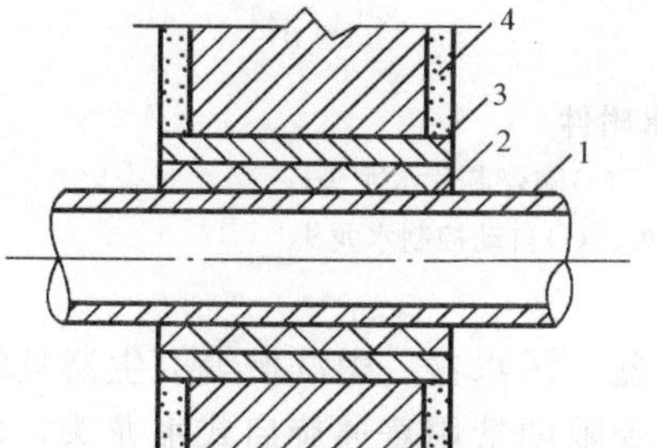

图 5.29 穿墙套管的设置

1—立管；2—石棉绳、塑料带或橡胶等软物；
3—套管；4—楼板

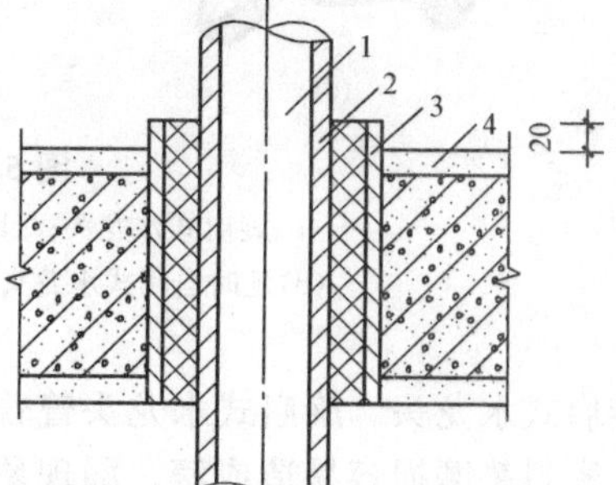

图 5.30 立管套管的设置

1—水平管；2—石棉绳、塑料带或橡胶等软物；
3—套管；4—内墙

(4)室内给水管道的压力试验。室内给水管道安装完毕之后应进行水压试验，室内给水管道的水压试验必须符合设计要求。当设计未注明时，各种材质的给水管道系统试验压力均为工作压力的 1.5 倍，但不得小于 0.6 MPa。

检验方法：金属及复合管给水管道系统在试验压力下观测 10 min，压力降不应大于 0.02 MPa，然后降到工作压力进行检查，应不渗不漏；塑料管给水系统应在试验压力下稳压 1 h，压力降不得超过 0.05 MPa，然后在工作压力的 1.15 倍状态下稳压 2 h，压力降不得超过 0.03 MPa，同时检查各连接处不得渗漏。

(5)室内给水管道的清洗、消毒。

1)给水管道系统在验收前，应进行通水冲洗，冲洗时，不应留死角，每个配水点龙头应打开，系统最低点应设放水口，清洗时间控制在冲洗出口处排水的水质与进水相当为止。

2)生活饮用水系统经冲洗后，还应用 20～30 mg/L 的游离氯的水灌满管道进行消毒。含氯水在管中应滞留 24 h 以上。

3)管道消毒后，再用饮用水冲洗，并经卫生管理部门取样检验，水质符合现行的国家标准《生活饮用水卫生标准》(GB 5749—2006)后，方可交付使用。

2. 管道附件

管道附件可分为配水附件、控制附件和其他附件三类。在给水系统中起调节水量、水压，控制水流方向和通断水流等作用。

(1)配水附件。配水附件是指为各类卫生洁具或受水器分配或调节水流的各式水龙头(或阀件)，是使用最为频繁的管道附件，其公称直径常用的有 *DN*15、*DN*20、*DN*25 三个等级。常见配水附件如图 5.31 所示。

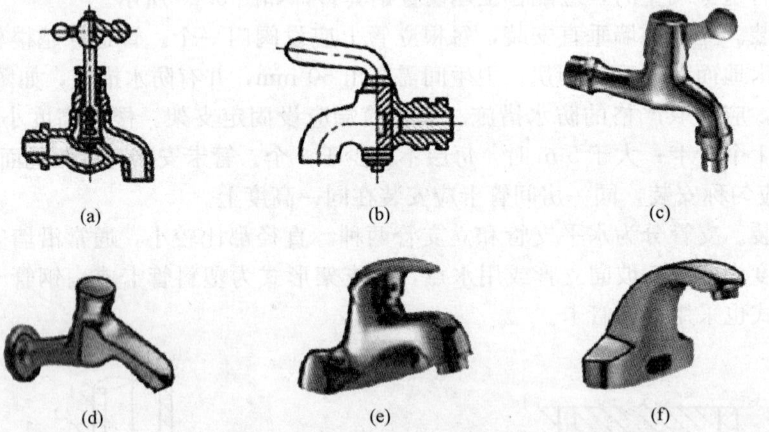

图 5.31 常见配水附件

(a)旋启式水龙头；(b)旋塞式水龙头；(c)陶瓷芯片水龙头；
(d)延时自闭式水龙头；(e)混合水龙头；(f)自动控制水龙头

1)旋启式水龙头。旋启式水龙头曾普遍用于洗涤盆、污水盆、盥洗槽等卫生器具的配水附件，由于密封垫磨损容易造成滴、漏现象，我国已明令限期禁用普通旋启式水龙头，以陶瓷芯片水龙头代之。

2)陶瓷芯片水龙头。陶瓷芯片水龙头采用精密的陶瓷片作为密封材料，由动片和定片组成，通过手柄的水平旋转或上、下提压造成动片与定片的相对位移启闭水源，使用方便，但水流阻力较大。

3)旋塞式水龙头。手柄旋转 90°即完全开启，可在短时间内获得较大流量。由于启闭迅速容易产生水击，一般设在开水间、浴池、洗衣房等压力不大的给水设备上。

4)延时自闭水龙头。延时自闭水龙头主要用于酒店及商场等公共场所的洗手间，使用时将按钮下压，每次开启持续一定时间后，靠水压力及弹簧的增压而自动关闭水流。

5)混合水龙头。混合水龙头安装在洗脸盆、浴盆等卫生器具上，通过控制冷、热水流量调节水温，作用相当于两个水龙头，使用时将手柄上、下移动控制流量，左、右偏转调节水温。

6)自动控制水龙头。自动控制水龙头根据光电效应、电容效应、电磁感应等原理自动控制水龙头的启闭，常用于建筑装饰标准较高的盥洗、淋浴、饮水等水流控制。

(2)控制附件。控制附件是用于调节水量、水压、关断水流、控制水流方向和水位的各式阀门。常见的控制附件有闸阀、截止阀、球阀、止回阀、安全阀等。

1)闸阀。闸阀的阀体内有一平板与介质流动方向垂直，故也称为闸板阀。其靠平板的升降来启闭介质流。按闸板(平板)的结构的不同，可分为楔式、平行式和弹性闸板三种。其中，楔式与平行式闸板应用普遍。按阀杆的结构不同，可分为明杆式(闸板升降时可看到阀杆同时升降)与暗杆式(闸板升降时看不到阀杆升降)两种；按连接形式不同，可分为螺纹式与法兰式两种。

闸阀具有流体阻力小、开闭所需力较小、介质的流向不受限制等优点；但外形尺寸和开启高度较大，安装所需空间较大，水中有杂质落入阀座后闸阀不能关闭严密，关闭过程中密封面间的相对摩擦容易引起擦伤现象。

闸阀广泛用于口径≥$DN70$，水流阻力要求较小，安装所需空间不受限的室内外的给水工程中。其常用规格、型号见表5.8。内螺纹闸阀和法兰式闸阀如图5.32(a)、(b)所示。

表5.8　常用闸阀

阀门名称	型号	阀体材料	公称直径
内螺纹闸阀	Z15T-1	灰铸铁	$DN15$～$DN40$
	Z15T-1K	可锻铸铁	$DN25$～$DN50$
法兰式闸阀	Z44W-1	灰铸铁	$DN125$～$DN250$
	Z41T-1	灰铸铁	$DN50$～$DN100$

2)截止阀。利用阀杆下端的阀盘(或阀针)与阀孔的配合来启、闭介质流。按结构形式不同，分为直通式、直角式和直流式三种。其中，直通式应用普遍，直角式次之，直流式很少应用；按连接形式不同，可分为螺纹式与法兰式两种。

截止阀具有开启高度小、关闭严密、在开闭过程中密封面的摩擦力比闸阀小、耐磨等优点，但其流体阻力较闸阀大些，体形较同直径的闸阀长些，水头损失较大，故广泛用于$DN \leqslant 200$的水暖管道和工业管道工程中。其常用规格、型号见表5.9。内螺纹直通式、法兰直通式和内螺纹直角式截止阀如图5.33所示。

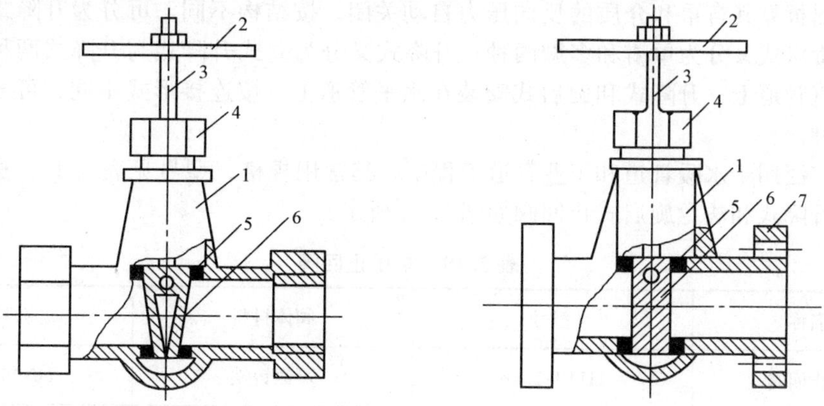

图5.32　闸阀

(a)内螺纹式闸阀；(b)法兰式闸阀

1—阀体；2—手轮；3—阀杆；4—压盖；5—密封圈；6—闸板；7—法兰

表 5.9　常用截止阀

阀门名称	型号	阀体材料	公称直径
内螺纹截止阀	J11T-1.6	灰铸铁	*DN*15～*DN*65
内螺纹截止阀	J11P-1K	可锻铸铁	*DN*15～*DN*65
法兰式截止阀	J41T-1.6	灰铸铁	*DN*80～*DN*200

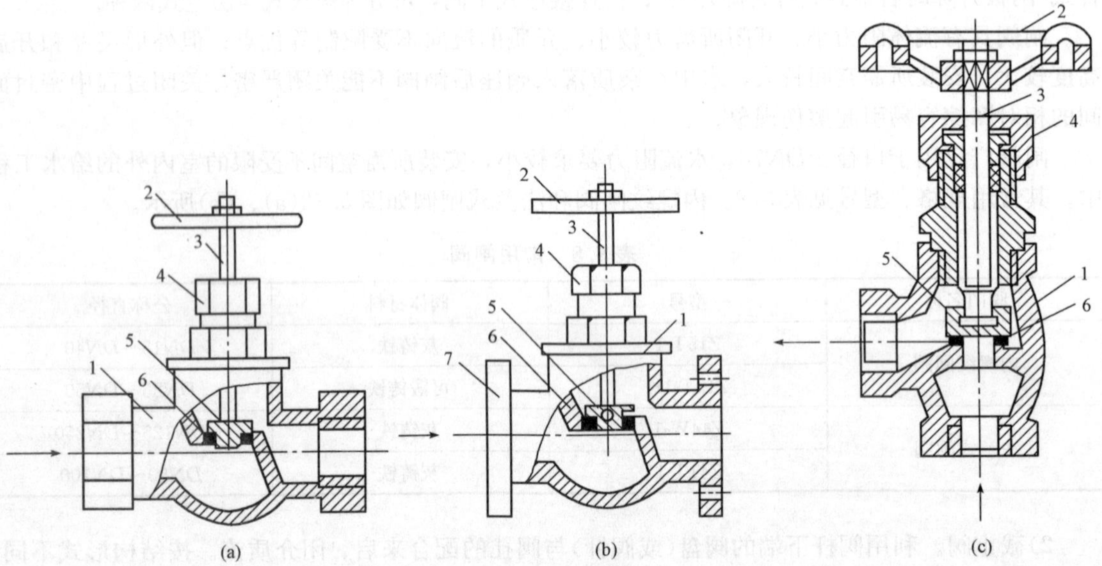

图 5.33　截止阀

(a)内螺纹直通式；(b)法兰直通式；(c)内螺纹直角式

1—阀体；2—手轮；3—阀杆；4—压盖；5—闸盘(或阀针)；6—密封圈；7—法兰

3)止回阀。止回阀也称逆止阀、单向阀、单流阀，是一种自动启闭的阀门。在阀体内有一阀盘(或摇板)，当介质顺流时，靠其推力将阀盘升起(或将摇板旋开)，介质流过；当介质倒流时，阀盘或摇板靠其自重和介质的反向压力自动关闭。按结构不同，可分为升降式和旋启式两种。其中，旋启式又分为单瓣和多瓣两种；升降式又分为立式升降式与升降式两种。立式升降式安装在垂直管道上；升降式和旋启式安装在水平管道上。按连接形式不同，可分为内螺纹式和法兰式两种。

止回阀广泛用于水暖管道和工业管道工程中，其常用规格、型号见表 5.10。法兰立式升降式、内螺纹升降式和法兰旋启式止回阀如图 5.34 所示。

表 5.10　常用止回阀

阀门名称	型号	阀体材料	公称直径
升降式止回阀	H11T-1.6K	可锻铸铁	*DN*15～*DN*65
升降式底阀	H42X-0.25	灰铸铁	*DN*100～*DN*200
旋启式止回阀	H14T-1	灰铸铁	*DN*15～*DN*50

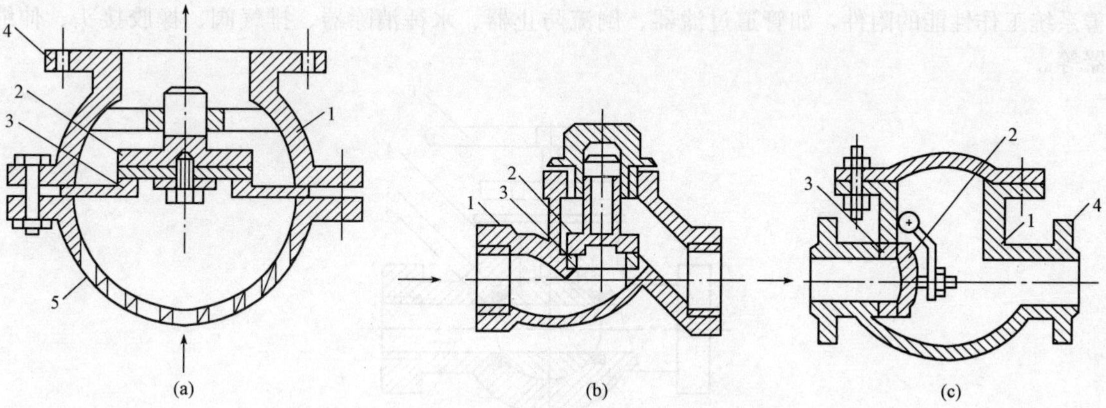

图 5.34　止回阀

(a)法兰立式升降式；(b)内螺纹升降式；(c)法兰旋启式

1—阀体；2—闸盘；3—密封圈；4—法兰；5—笼头

4)安全阀。安全阀是自动保险(保护)装置。当设备、容器或管道系统内的压力超过工作压力(或调定压力值)时，安全阀自动开启，排放出部分介质(气或液)；当设备、容器或管道系统内的压力低于工作压力(或调定压力值)时，安全阀便自动关闭。安全阀按结构不同，可分为弹簧式和杠杆式两种；按连接形式不同，可分为法兰式和内螺纹式两种。通常，固定容器、设备(如锅炉)应安装弹簧式和杠杆式安全阀各一个。管道系统一般安装弹簧式安全阀。内螺纹弹簧式和法兰杠杆式安全阀如图 5.35 所示。

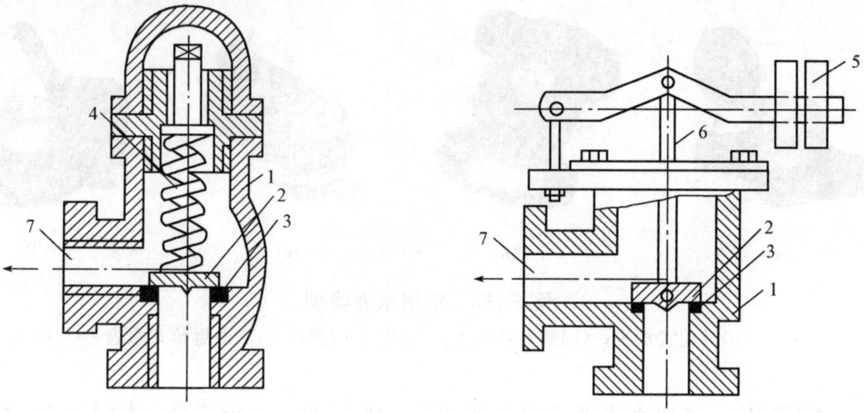

图 5.35　安全阀

(a)内螺纹弹簧式；(b)法兰杠杆式

1—阀体；2—闸盘(针)；3—密封圈；4—弹簧；

5—重锤(配重)；6—杠杆；7—介质排出口

5)球阀。在阀体内，位于阀杆的下端有一球体，在球体上有一水平圆孔，利用阀杆的转动来启闭介质流(当阀杆转动 90°时全开，再转动 90°时为全闭)。常用的为小直径内螺纹球阀，其公称直径一般在 $DN$50 以内。

球阀的主要优点是比闸阀和截止阀开、闭迅速，适用于工作压力、温度不高的水、气等管道工程中。利用手柄驱动的内螺纹式球阀，如图 5.36 所示。

(3)其他附件。在给水系统中经常需要安装一些保障系统正常运行、延长设备使用寿命和改善系统工作性能的附件，如管道过滤器、倒流防止器、水锤消除器、排气阀、橡胶接头、伸缩器等。

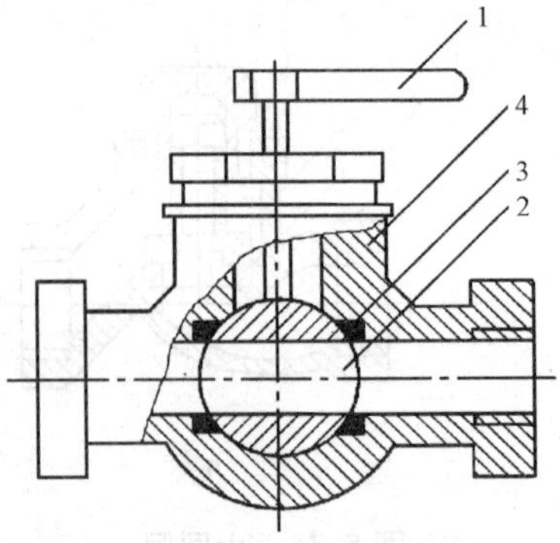

图 5.36　球阀

1—手柄；2—球体；3—密封圈；4—阀体

3. 水表安装

室内给水系统的水表通常设在两个位置：一是安装在引入管上，称为进户水表，用以计量整个建筑物的用水量；二是安装在居住建筑的各户厨房间，称为用户水表，以便收用户水费。

(1)常用水表。常用水表类型如图 5.37 所示。目前常用叶轮式(或旋翼式)和螺翼式两种。叶轮式水表适用于测量小流量；螺翼式水表适用于测量大管径、大流量。在民用建筑中，叶轮式水表使用比较普遍。

(a)　(b)　(c)　(d)

图 5.37　常用水表类型

(a)叶轮式水表；(b)螺翼式水表；(c)IC 卡智能水表；(d)远传式水表

(2)进户水表安装。进户水表通常安装在防冻、无污染，便于检修、抄表、安全、无振动的地方(或专用水表井内)。安装形式有设旁通管和不设旁通管两种。安装时，表盘应水平，水流方向依照表体正面箭头标示，如图 5.38 所示。

(3)水表设置。

1)传统方式。在厨房或卫生间用水比较集中处设置给水立管，每户设置水平支管，安装阀门、分户水表，再将水送到各用水点。这种方式的管道系统简单，管道短，耗材少，沿程阻力小，但必须入户抄表。

2)分层方式。将给水立管设于楼梯平台处，墙体预留分户水表箱安装孔洞。这种方式节省管材，水头损失小，适用于高层住宅。

3)首层集中方式。将分户水表集中设置在首层管道井或室外水表井，每户有独立的进户管、立管。这种方式适用于多层建筑，便于抄表，维修方便，但管材耗材量大。

4)远传方式。远传水表为一次水表，发出传感信号，通过电缆线被采集到数据采集箱(又称

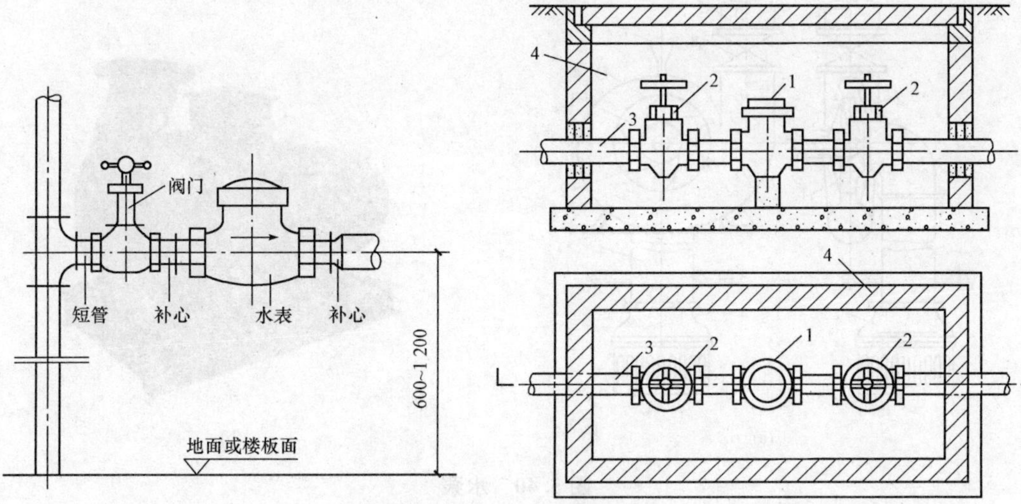

图 5.38　进户水表安装

1—水表；2—闸阀；3—引入管；4—水表井

二次表)，采集箱上的数码管显示水表运行状态，记录相关信息。采用这种方式，给水管道布置灵活，节省管材，管理方便。

5)IC 卡计量方式。用户将已充值的 IC 卡插入水表存储器，通过电磁阀来控制水的通断，用水时 IC 卡上的金额会自动被扣除。

4. 水箱安装

水箱外形有圆形和矩形两种，通常用钢板或钢筋混凝土制作。为保护水质不被污染，水箱应设箱盖，上面预留通气孔。安装时，水箱与水箱以及水箱与墙面之间的净距≥0. 700 m，水箱顶至建筑结构的最低点净距≥0. 600 m，以便于检修。矩形钢板水箱构造如图 5. 39 所示。

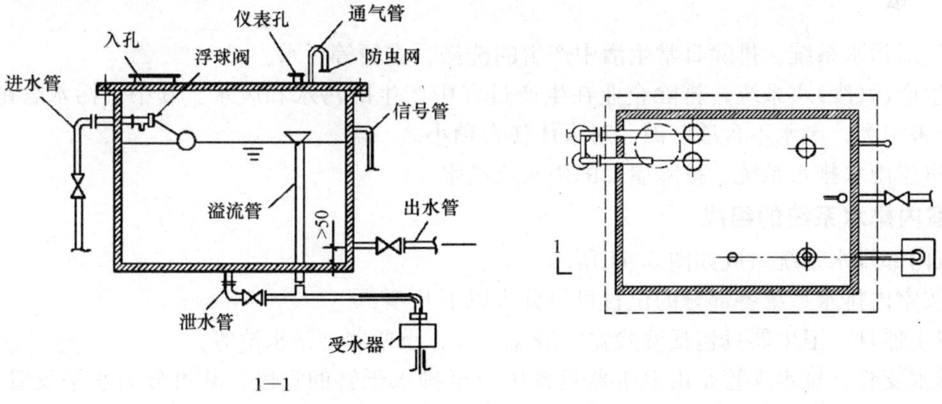

图 5. 39　矩形钢板水箱构造

5. 水泵

水泵是给水系统中的主要增压设备。离心式水泵具有结构简单、体积小、效率高、运转平稳等优点，在建筑给水中得到了广泛应用。离心式水泵装置如图 5. 40(a)所示，离心式水泵如图 5. 40(b)所示。

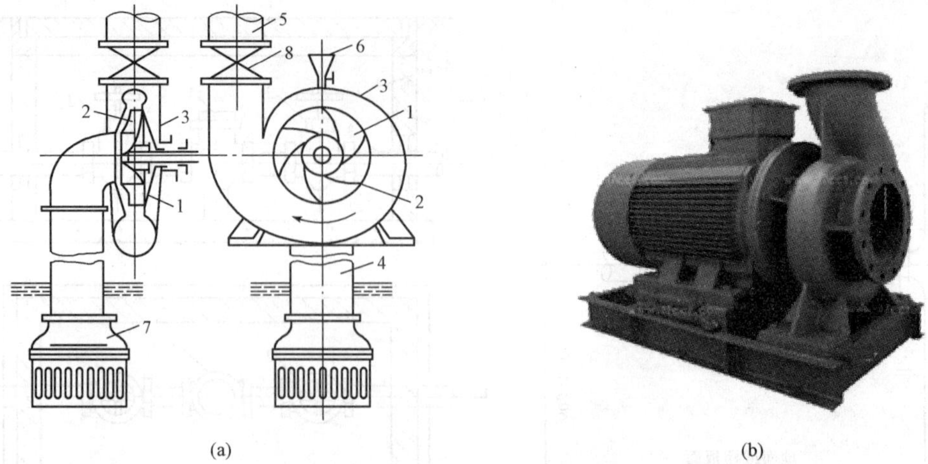

图 5.40　水泵

(a)离心式水泵装置；(b)离心式水泵

1—叶轮；2—叶片；3—泵壳；4—吸入管；

5—压出管；6—引水漏斗；7—底阀；8—阀门

5.3　室内排水系统安装

5.3.1　室内排水系统的分类与组成

1. 室内排水系统的分类

室内排水系统按排除污水的性质不同，分为生活污水、生产污(废)水和房屋雨水排水系统三类。

(1)生活污水系统。排除日常生活中产生的洗涤、粪便等污水。

(2)生产污(废)水系统。排除企业在生产过程中产生的污水和废水。其中，污水含酸、碱，对人体伤害很大；废水不含酸、碱，对人体伤害稍小。

(3)房屋雨水排水系统。排除屋面的雨水或雪水。

2. 室内排水系统的组成

建筑内部排水系统组成如图 5.41 所示。

(1)按室内排水系统各部分的位置可以分为以下几项：

1)卫生器具。卫生器具包括洗脸盆、浴盆，大、小便器，污水池等。

2)排水支管。排水支管是由卫生器具排出口至排水干管的管段，其可分为水平支管与立支管(也称为楼层器具排水立支管)。在卫生器具的排出口设存水弯，存水弯起水封的作用。防止害虫及浊气进入室内。存水弯有 S 形、P 形、盅形。

3)排水干管。排水干管也称为排水横管，是由与第一个卫生器具排水支管相接的三通起至排水立管三通(或四通)止的管段。该管段的作用是将各排水支管的污水汇流后排至立管，在其始端装设清扫口，以检查疏通该管段。

4)排水立管。排水立管是指由建筑物的顶层排水干管与其相接的三通(或四通)中心点起至底层出户大弯中心点的垂直管段。在排水立管上每层设置检查口，用以检查疏通立管段。

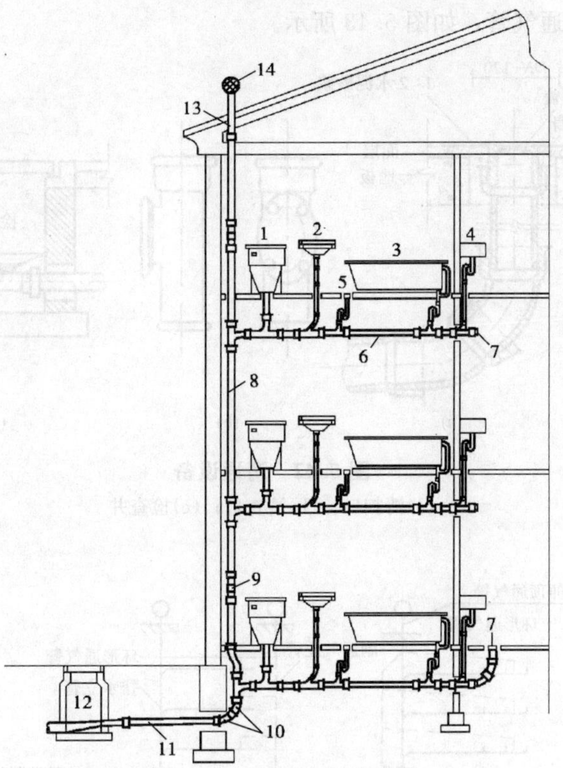

图 5.41　建筑内部排水系统

1—大便器；2—洗脸盆；3—浴盆；4—洗涤盆；5—地漏；
6—横支管；7—清扫口；8—立管；9—检查口；10—45°弯头；
11—排出管；12—检查井；13—通气管；14—通气帽

5)透气管。透气管也称通气管，是排水立管的延伸，是由排水立管最高点的三通(或四通)起至屋顶外通气帽(或镀锌钢丝球)止的垂直管段。设置透气管的目的是防止排水管道系统内、外大气压不平衡，管内产生真空(负压)而破坏存水弯的水封，并向室外放浊气。所以，透气管应伸出屋顶与大气相通，为防止杂物落入管内，该管顶装一通气帽。

6)排出管。排出管是由排水立管底的出户大弯中心点起至室外第一个下水井止的管段。排出管与排水立管相接的弯头，采用出户大弯，不能用90°弯头代替，目的主要是污水自流，防止堵塞。

(2)按室内排水系统各部分的功能可以分为以下几项：

1)卫生器具和生产设备的受水器。

2)排水管道。排水管道包括排水立管、干管、支管、透气管、排出管等。

3)清通设备(图 5.42)。清通设备主要包括检查口、清扫口和检查井。

①检查口：是一个带盖板的开口短管。其安装在排水立管上，安装高度从地面至检查口中心为 1.0 m。

②清扫口：一般设在排水横管上，清扫口顶与地面相平。横管始端的清扫口与管道垂直的墙面距离不得小于 0.20 m。当采用管堵代替清扫口时，为了便于清通和拆装，与墙面的净距不得小于 0.4 m。

③检查井：埋地管道上的检查口应设在检查井内，检查井直径不得小于 0.7 m。

4)通气管道。通气管道包括伸顶通气管、专用通气管、主通气管、副通气立管、环形通气管、器具通气管、结合通气管，如图 5.43 所示。

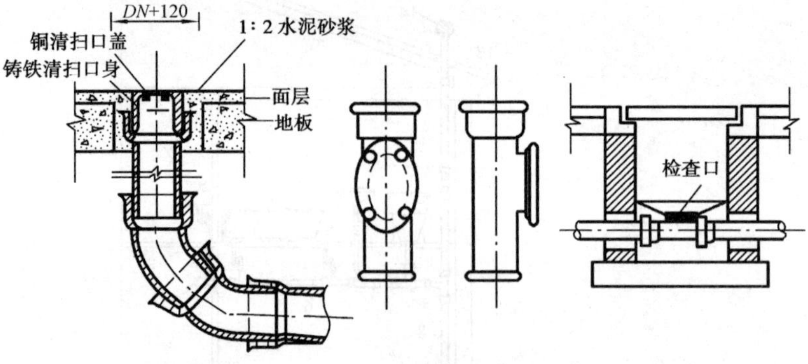

图 5.42　清通设备

(a)清扫口；(b)清查口；(c)检查井

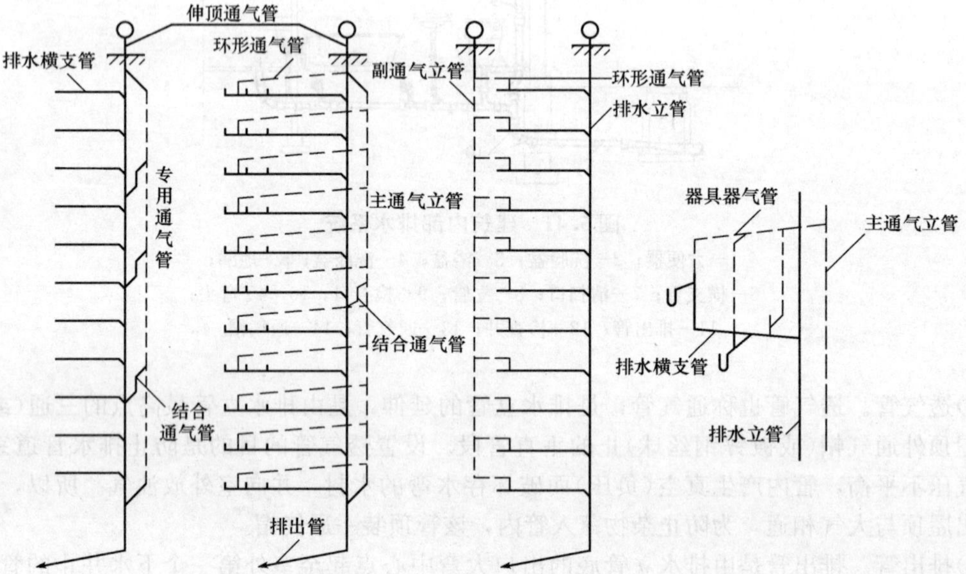

图 5.43　几种典型的通气管道

5)污水、废水的提升设备。民用和公共建筑的地下室，人防建筑、消防电梯底部集水坑内以及工业建筑内部标高低于室外地坪的车间和其他用水设备房间排放的污水、废水，若不能自流至室外检查井时，必须提升排出，以保持室内良好的环境卫生。建筑内部污水、废水提升包括污水泵、排水泵房、污水集水池等。

5.3.2　室内排水系统的安装

1. 管道

(1)管材选用及连接方法。目前，室内排水管道的管材有两种，一种是现在通常采用的塑料排水管(PVC－U 管)及其相应管件，承插式，胶粘连接，如图 5.44(a)所示；另一种是排水铸铁管(承插式)，油麻、水泥(或石棉水泥)为填料，捻口连接，如图 5.44(b)所示。

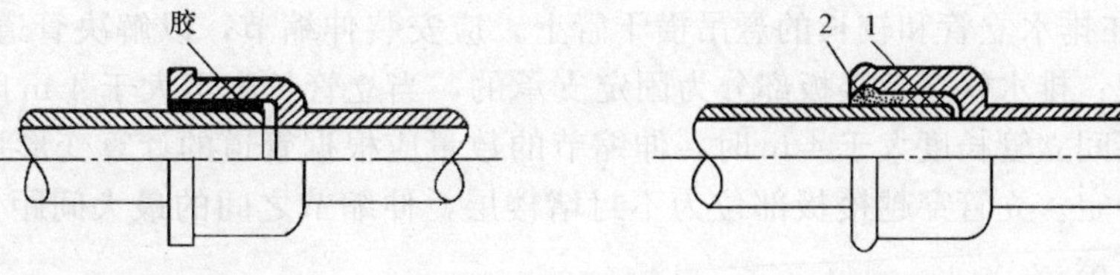

图 5.44　排水管道管材

(a)承插式塑料排水管；(b)承插式排水铸铁管

1—油麻；2—水泥

1)管件选用：排水管道三、四通采用斜(立体)式，并且一般无 90°弯头，需要拐弯时，一般由两个 45°弯头代替。建筑物高度在 6 层之内且卫生器具(大便器)较少时，可用两个 45°弯头代替出户大弯。

2)存水弯的安装位置：一是用于大便器、地漏等大口径的存水弯，一般安装在地面(或楼板面)以下；二是用于洗脸盆、洗菜盆等小口径的存水弯，因其容易堵塞，为便于检查、清通，小口径存水弯应安装在本层地面(或楼板面)以上。

(2)安装顺序。安装前的准备→排出管安装→立管安装→排水横管安装→支管安装→楼层器具排水支管安装→卫生器具安装→通水试验。

(3)管道安装。一般安装程序为先安装排出管，再安装立管、干管、支管及透气管。

1)排出管安装。通常为埋地敷设，埋深在当地冷冻线下；而大孔性土地区(如我国西北兰州等地)应地沟铺设。排出管安装完之后，应进行灌水试验，经检查合格后方可回填土(或盖沟盖板)。

2)排水立管安装。排水立管一般位于厕所或厨房的一角，垂直安装。

①通气管。出屋面安装的通气管，当设计无要求时应符合以下规定：

a. 排气通气管不得与风道或烟道连接，通气管高出屋面 300 mm，但必须大于最大积雪厚度。

b. 通气管出口 4 m 以内有门窗时，通气管应高出门窗顶 600 mm 或引向无门窗一侧。

c. 经常有人停留的平屋面顶上，通气管应高出屋面 2 m，出屋面的金属管道应与防雷装置相通(防止雷击)。

②支架。

a. 对于铸铁排水管，每层楼设角钢支架一个，以控制管道的膨胀伸缩方向和分担立管的自重，但该管卡只起定位作用，不能将管身箍得太紧，与管身之间留有缝隙，便于管道在使用中伸缩。

b. 对于 UPVC 塑料排水管，一般用塑料管卡，也有用金属管卡的。立管管卡间距不超过 3 m，当楼层高度不超过 4 m 时，立管上可设一个管卡，管卡距离楼(地)面 1.5～1.8 m，管卡应设在承口上面，同一房间的支架应设置在同一高度。其最大间距见表 5.11。

表 5.11　塑料排水管道最大间距　　m

公称外径/mm	50	75	110	125	160
立管	1.2	1.2	2.0	2.0	2.0
横管	0.5	0.75	1.10	1.30	1.60

③伸缩节又叫作伸缩接头。UPVC 排水管材的机械强度比铸铁管低，膨胀系数为铸铁管的

6～8倍。因此，在排水立管和较长的悬吊横干管上，应安装伸缩节，以解决管道的伸缩问题。立管伸缩节的设置：排水管穿越楼板部分为固定支承的，当立管长度不大于4 m时，应每层设一个伸缩节；当层间立管长度大于4 m时，伸缩节的数量应根据管道的计算变形量与伸缩节的允许伸缩量计算确定。立管穿越楼板部位为不封堵楼层，伸缩节之间的最大间距为4 m，且伸缩节处应设固定支承。

楼层内无横管接入的，可在地面上1.0～1.2 m处设伸缩节。立管伸缩节如图5.45所示。

图5.45　立管伸缩节

a. 立管穿越楼层处为固定支承且排水支管在楼板之下接入时，伸缩节应设置在水流汇合管件之下，如图5.46(a)、(c)所示。

b. 立管穿越楼层处为固定支承且排水支管在楼板之上接入时，伸缩节应设置于水流汇合管件之上，如图5.46(b)所示。

c. 立管穿越楼层处为水固定支承时，伸缩节应设置于水流汇合管件之上或之下，如图5.46(e)、(f)所示。

d. 立管上无排水支管接入时，伸缩可按伸缩节设计间距置于楼层任何部位，一般在地面上1.0～1.2 m处，如图5.46(d)、(g)所示。

e. 横管上设置伸缩节应设于水流汇合管件上游端。

f. 立管穿越楼层处为固定支承时，伸缩节不得固定；伸缩节固定支承时，立管穿越楼层处不得固定。

g. 伸缩节插口应顺水流方向。

h. 埋地或埋设于墙体、混凝土柱体内的管道不得设伸缩节。

④套管。穿楼板处要求设钢套管(或带翼钢套管)，内填塑料等软填物，套管顶部应设置高出地面20 mm，厨房、卫生间需高出50 mm的阻水圈。

排水管道穿楼板除安装套管外，还常使用混凝土二次浇捣，加设止水环的方式，如图5.47所示。现住宅常采用下沉式卫生间，安装套管为防止其漏水，也常采用混凝土二次浇捣，楼面加设塑料止水环，楼底设阻水圈这种方式。止水环如图5.48所示。

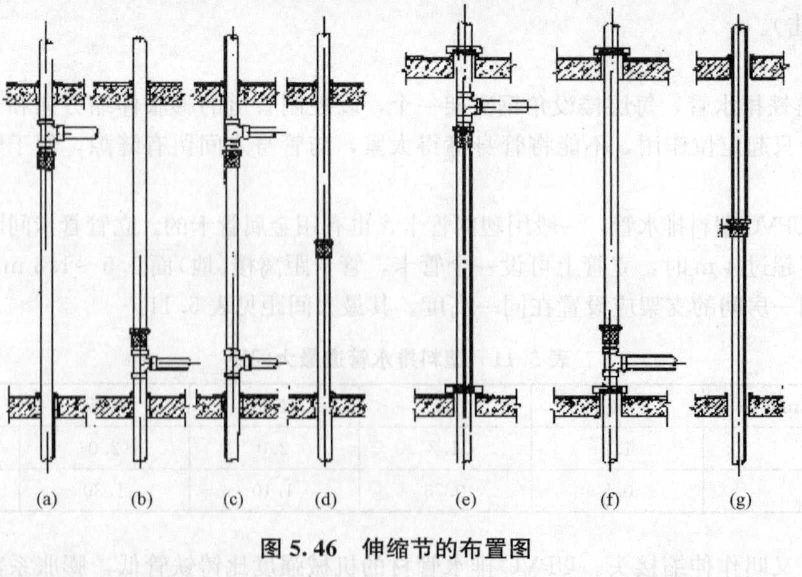

图5.46　伸缩节的布置图

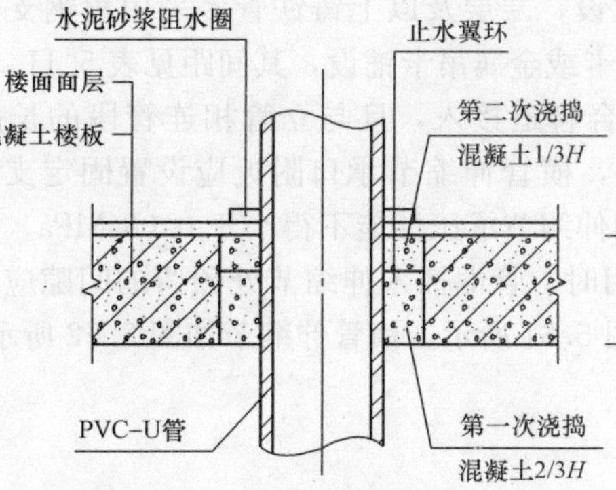

图 5.47　排水管道穿楼板设止水环构造

图 5.48　塑料止水环

为防止火灾发生时，通过明设塑料排水管道漫延到其他房间，高层建筑在管径大于 110 mm 的立管穿越楼板时及横管穿越防火墙时，应设置阻火圈或防火套管。阻火圈如图 5.49 所示，具体安装方式如图 5.50 所示。

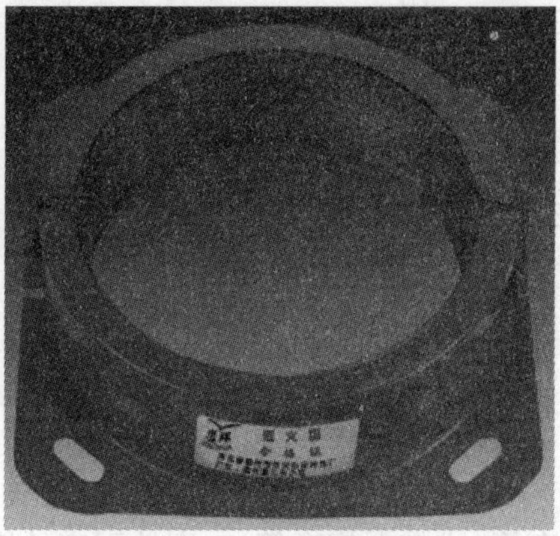

图 5.49　阻火圈

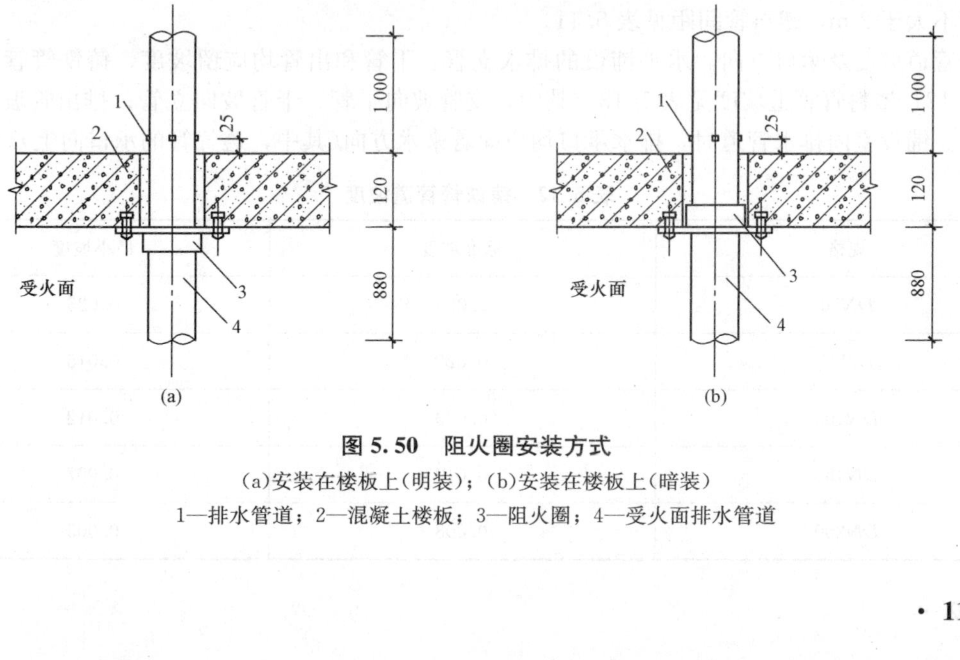

图 5.50　阻火圈安装方式

(a)安装在楼板上(明装)；(b)安装在楼板上(暗装)

1—排水管道；2—混凝土楼板；3—阻火圈；4—受火面排水管道

3)排水干(横)管安装。通常底层埋地或地沟敷设，二层及以上铸铁管多采用角钢支架沿墙架空铺设，间距不大于 2 m；塑料管一般为塑料吊卡或金属吊卡铺设，其间距见表 5.11。

①横管伸缩节的设置。横支管、横干管无汇合管道接入，且与立管相连管段的长度大于 2.2 m时，在靠近汇合管件的横管侧设置伸缩节，横管伸缩节承口附近应设置固定支架。另外，横管伸缩节不得使用立管用伸缩节，横管专用伸缩节承压性能不得小于 0.08 MPa。伸缩节的承口方向应迎水流方向。当设计对伸缩量未说明时，管端插入伸缩节处预留的间隙应为：夏季，5～10 mm；冬季，15～20 mm。具体设置如图 5.51 所示，横管伸缩节如图 5.52 所示。

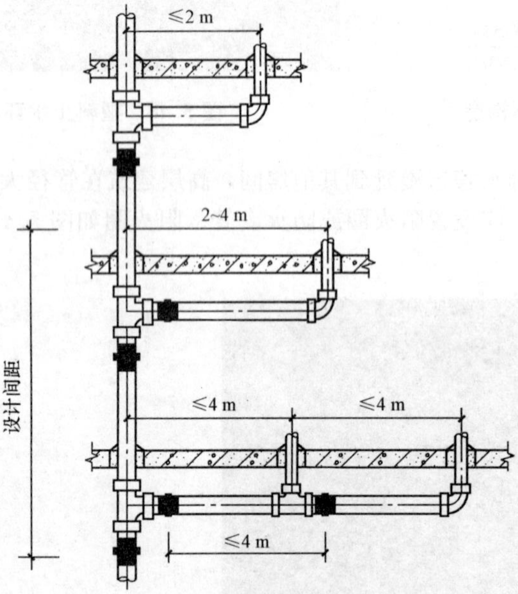

图 5.51　横管伸缩节设置

图 5.52　横管伸缩节

②套管。穿墙处要求设钢套管(或带翼钢套管)，穿地下室外墙及地下构筑物外壁时，应采取防水措施。

4)排水支管安装。通常底层埋地或地沟敷设，二层及以上多采用吊卡架空铺设，吊卡间距铸铁管不大于 2 m，塑料管间距见表 5.11。

5)管道坡度及承口方向。水平铺设的排水支管、干管和出管均应留坡度，铸铁管管道坡度见表 5.12，塑料管管道坡度见表 5.13。其中，支管坡向干管、干管坡向立管；排出管坡向室外检查井。铺设室内排水管道时，排水承口均应向着来水方向(其中，透气管的承口向上)。

表 5.12　铸铁管管道坡度

规格	标准坡度	最小坡度
*DN*50	0.035	0.025
*DN*75	0.025	0.015
*DN*100	0.020	0.012
*DN*150	0.010	0.007
*DN*200	0.008	0.005

表 5.13 塑料管管道坡度

项次	管径/mm	标准坡度/‰	最小坡度/‰
1	50	25	12
2	75	15	8
3	110	12	6
4	125	10	5
5	160	7	4

2. 卫生器具安装

土建单位施工卫生间时，安装人员应密切配合进行预留(孔洞)和预埋(钢板、螺钉)等工作，待装修基本完工后安装卫生器具。

(1)洗脸盆安装(图 5.53)。

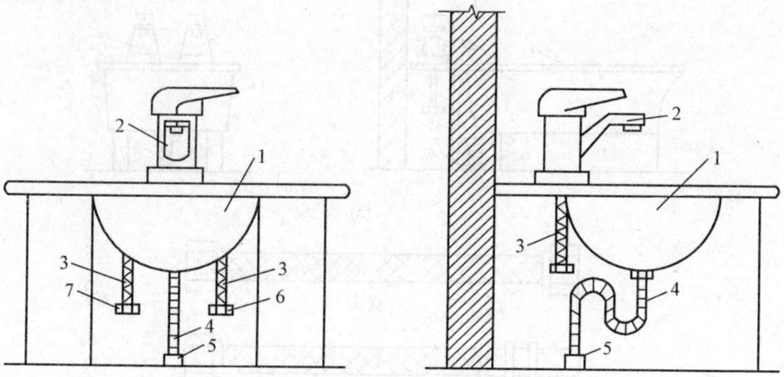

图 5.53 洗脸盆安装

1—洗脸盆；2—单把单孔面盆龙头；3—不锈钢钢丝编织软管；
4—塑料软管 S 形存水弯；5—石棉绳、腻子；6—冷水进口；7—热水进口

1)安装脸盆。先砌筑盆架并贴瓷砖，然后将脸盆放于其上找平、找正。脸盆上缘距离地面 800 mm(幼儿园为 500 mm)；成排安装时，中心间距 700 mm 以上。

2)安装脸盆龙头。先将两根不锈钢钢丝编织软管，分别插入龙头的冷、热水孔内，以手拧紧；然后，加胶垫(上、下各一片)以锁母紧固在脸盆的边缘上。

3)安装排水栓及存水弯。目前，小口径存水弯多以塑料软管代替。安装时，先将排水栓加胶垫，以锁母紧固在脸盆底部的排水口处；然后，将塑料软管以手煨成 S 形，其上端接排水栓，下端插入排水立支管的承口内，环形间隙以石棉绳、腻子填平。

(2)洗菜盆安装(图 5.54)。

1)安装洗菜盆。先砌筑盆架并贴瓷砖，然后将洗菜盆放于其上找平、找正。

2)安装单把厨房立式龙头。安装方法与脸盆龙头的安装相同。

3)安装排水栓及存水弯。安装方法与脸盆排水栓及存水弯的安装相同。

(3)浴盆安装(图 5.55)。

1)安装浴盆。将浴盆就位找平、找正，留 0.020 坡度，坡向排水口。

2)安装立式龙头。将立式龙头加胶垫(上、下各一片)，以锁母紧固在浴盆的边缘上；然后，将两根不锈钢钢丝编织软管与立式龙头的进水口连接。

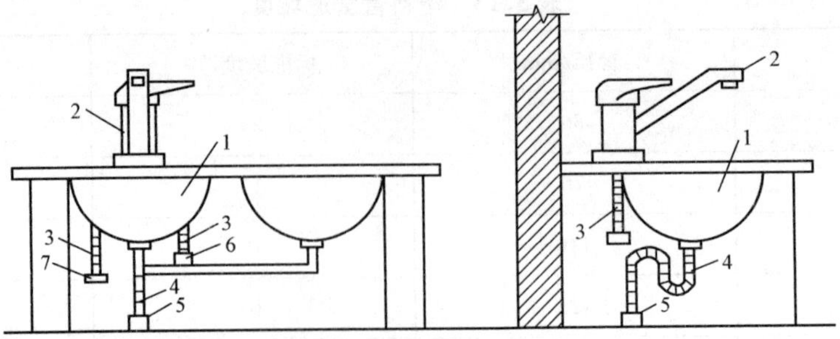

图 5.54　洗菜盆安装

1—洗菜盆；2—单把厨房立式龙头；3—不锈钢钢丝编织软管；

4—塑料软管 S 形存水弯；5—石棉绳、腻子；6—冷水进口；7—热水进口

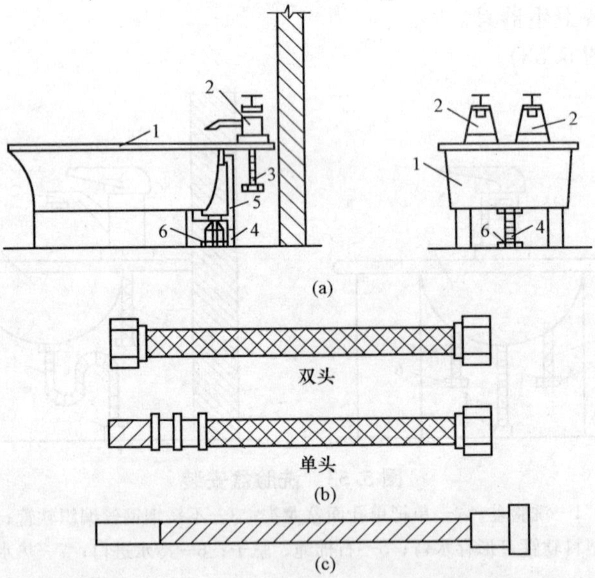

图 5.55　浴盆安装

(a)浴盆安装；(b)不锈钢钢丝编织软管；(c)塑料软管

1—浴盆；2—立式龙头；3—不锈钢钢丝编织软管；

4—塑料软管 S 形存水弯；5—组合件；6—石棉绳、腻子

3)安装排水栓及存水弯。先将排水栓加胶垫，以锁母紧固在浴盆底部的排水口处；再将组合件分别与浴盆的溢水口和排水栓下端连接；最后，将塑料软管以手煨成 S 形，其上端接组合件的三通排水口中，下端插入排水立支管的承口内，环形间隙以石棉绳、腻子填平。

(4)盥洗台安装(图 5.56)。

1)盥洗台安装。盥洗台通常为钢筋混凝土制，其上缘距离地面为 800 mm。

2)水龙头安装。水龙头出水口距离其上缘为 220 mm，与墙面净距为 180 mm。

3)安装排水栓及存水弯。通常采用玻璃钢存水弯和玻璃钢排水栓，安装方法与面盆排水栓及存水弯的安装相同。

(5)蹲式大便器安装。目前，蹲式大便器所用的冲洗阀有两种：一种是普通阀门(常用球阀)；另一种是专用冲洗阀。专用冲洗阀又分为直通式和直角式两种，如图 5.57 所示。

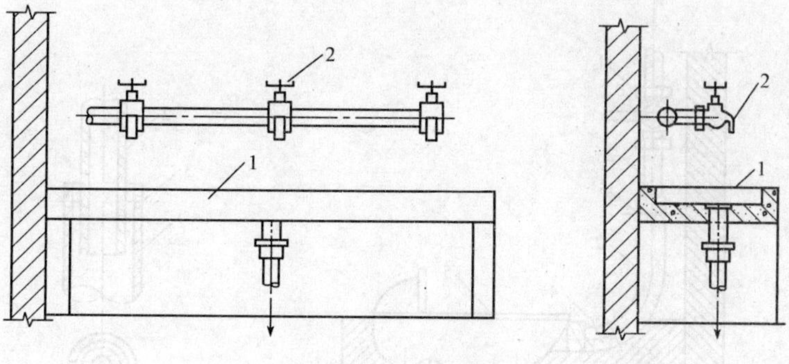

图 5.56　盥洗台安装

1—盥洗台；2—水龙头

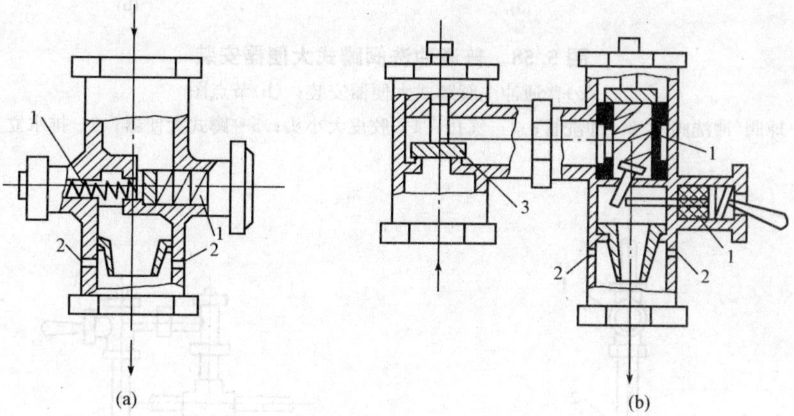

图 5.57　专用冲洗阀

(a)直通式；(b)直角式

1—弹簧；2—气孔；3—活塞

1)普通冲洗阀蹲式大便器安装。普通冲洗阀蹲式大便器安装如图 5.58 所示。

①蹲式大便器安装：先将大便器临时就位，检查纵、横尺寸，无误后移开；将排水立支管的承口内抹上油灰，大便器下水口外缠油麻后挤压在承口内；找平、找正(一般以水平尺找平)。为防止施工过程中移位，在其两侧各砌两块砖固定。

②冲洗阀和冲洗管安装：冲洗阀的阀杆应该垂直墙面。冲洗管靠墙垂直安装，其下端以胶皮大小头与大便器进水口相接，外扎直径 1.20 mm 铜丝 3 圈或 4 圈。为防止使用过程中，冲洗阀前的给水管道内可能产生负压，进而抽吸大便器内污物，污染给水，特在普通冲洗阀后(下)的较大直径的冲洗管上端设三个小孔(吸气孔)，如图 5.58 所示。

2)专用冲洗阀蹲式大便器安装。

①蹲式大便器安装：安装方法和要求与普通冲洗阀蹲式大便器相同。

②专用冲洗阀和冲洗管安装：专用冲洗阀的冲洗管只有一种直径。其下端也以胶皮大小头与大便器进水口相接，外扎直径 1.20 mm 铜丝 3 圈或 4 圈；其上端(专用冲洗阀下)不设小孔。直通式专用冲洗阀蹲式大便器安装，如图 5.59(a)所示。直角式专用冲洗阀蹲式大便器安装，如图 5.59(b)所示。

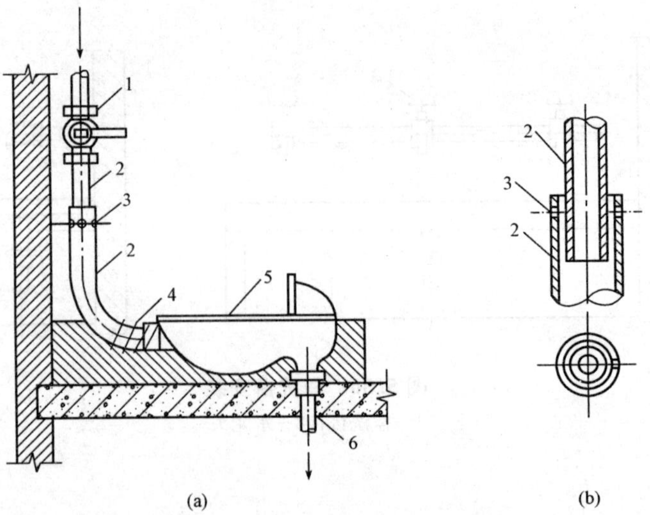

图 5.58　普通冲洗阀蹲式大便器安装

(a)普通冲洗阀蹲式大便器安装；(b)节点图

1—球阀(冲洗阀)；2—冲洗管；3—气孔；4—胶皮大小头；5—蹲式大便器；6—排水立支管

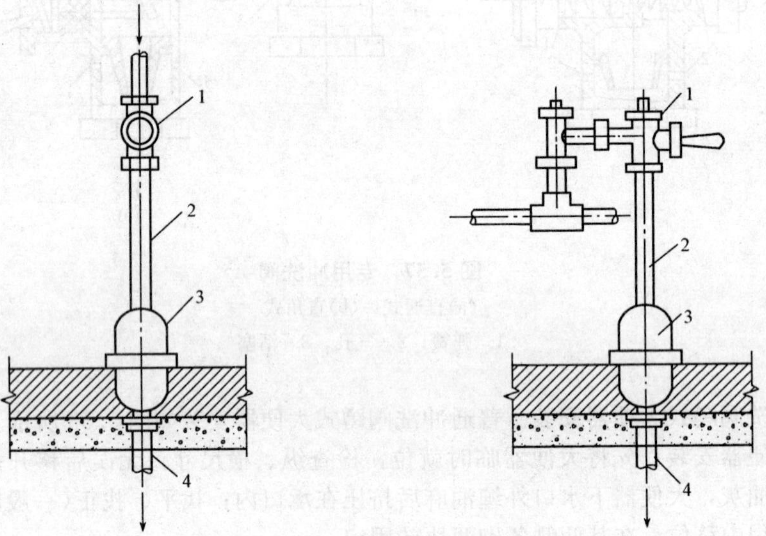

图 5.59　专用冲洗阀蹲式大便器安装

(a)直通式专用冲洗阀蹲式大便器安装；

1—直通式专用冲洗阀；2—冲洗管；3—蹲式大便器；4—排水立支管；

(b)直角式专用冲洗阀蹲式大便器安装

1—直角式专用冲洗阀；2—冲洗管；3—蹲式大便器；4—排水立支管

(6)坐式大便器安装。坐式大便器安装如图 5.60 所示。安装时先将大便器临时就位，检查纵、横尺寸，无误后移开；将排水立支管的承口内抹上油灰，大便器下水口外缠油麻后挤压在承口内；水平尺找平、找正。

(7)小便器安装。小便器可分为立式和挂式两种。目前，采用立式小便器较多。立式小便器安装，如图 5.61 所示。立式小便器通常靠墙安装。安装时，先将小便器临时就位，检查纵、横尺寸，无误后移开；将排水立支管的承口内抹上油灰，小便器下水口挤压在承口内，找正、找垂直(吊线坠)。在立式小便器进水口的上方，通常安装直角式截止阀。

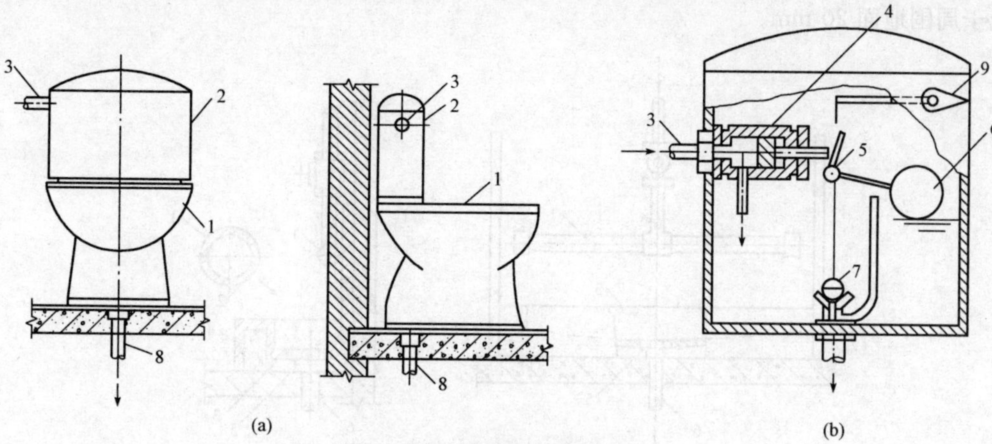

图 5.60　坐式大便器安装

(a)坐式大便器安装；(b)水箱大样图

1—坐式大便器；2—水箱；3—进水口；4——浮球阀；

5—杠杆；6—浮球；7—堵头；8—排水立支管；9—手柄

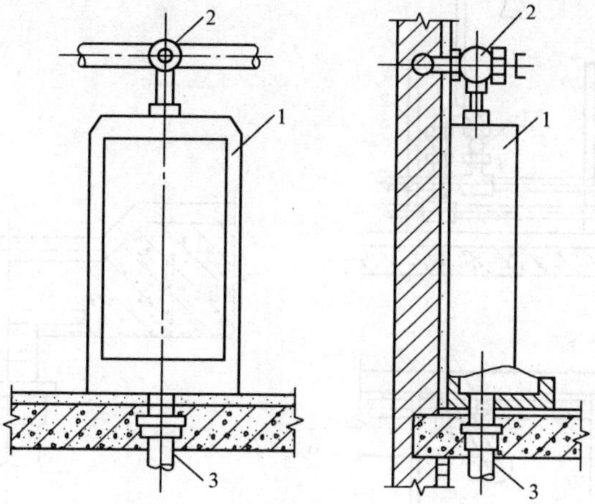

图 5.61　立式小便器安装

1—立式小便器；2—直角式截止阀；3—排水立支管

(8)小便槽安装(图 5.62)。

1)小便槽安装。通常小便槽为砖砌，外贴瓷砖，上缘高出地面 200 mm。

2)多孔管安装。多孔管水平中心线距离小便槽上缘为 900 mm；出水孔与墙面成 45°方向。

3)地漏安装。地漏设在小便槽底的排出口处。

(9)淋浴器安装(图 5.63)。淋浴器通常是由冷、热水干管、立管和莲蓬头等组成。安装形式可分为明装和暗装两种。其中，多采用明装。一般单个淋浴器较少，多为成排安装。每间淋浴室净宽≥900 mm。安装时，水平时，水平冷、热水干管的位置为冷水在下，热水在上；立管及冷、热水阀门的位置为左热右冷；混合水立管位置一般靠单间右侧安装。

(10)地漏安装(图 5.64)。地漏可分为铸铁和铝合金(材质)两种。目前多采用铝合金地漏，它由一节短管、外壳和箅子组成。常用的直径有 *DN*50、*DN*75 和 *DN*100 三种。通常安装在厨房、卫生间、洗脸间等地面上，以排除其地面积水。安装时，地漏应位于房间最低处，且箅子面要低于周围地面 20 mm。

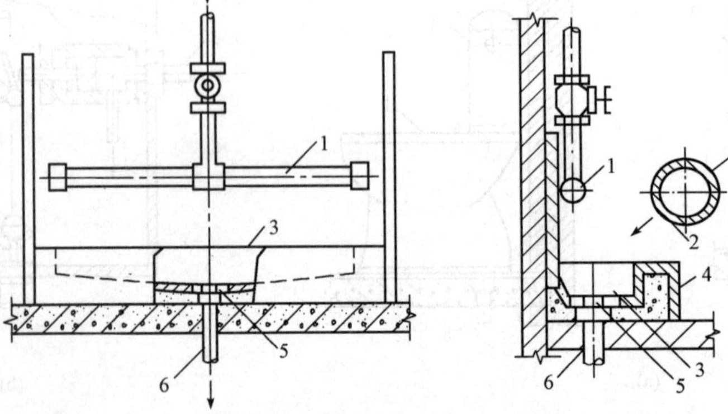

图 5.62　小便槽安装

1—多孔管；2—出水孔；3—小便槽；4—瓷砖；5—地漏；6—排水立支管

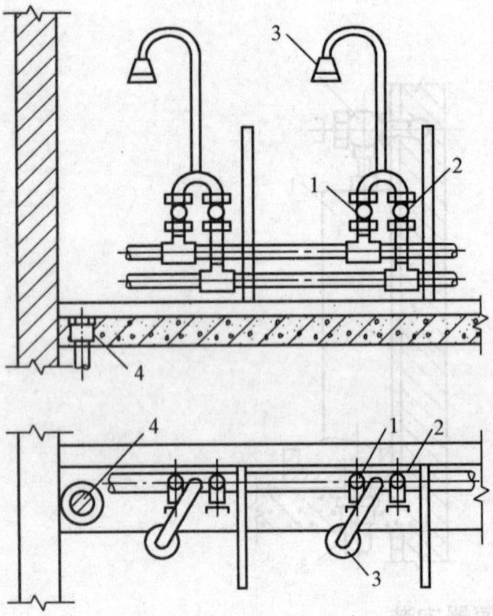

图 5.63　淋浴器安装

1—热水阀；2—冷水阀；3—莲蓬头；4—地漏

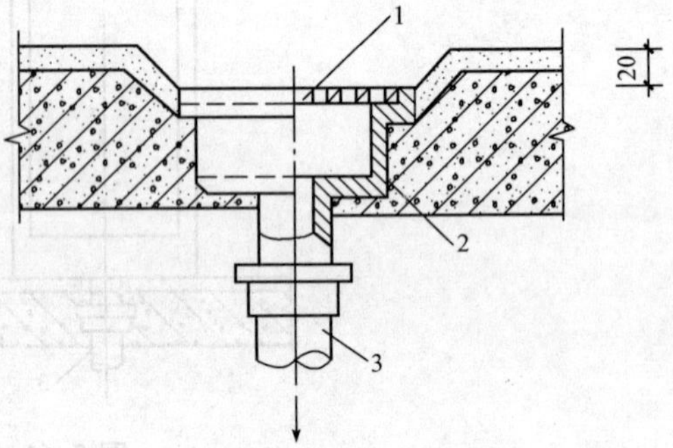

图 5.64　地漏安装

1—箅子；2—外壳；3—排水立支管

5.3.3　屋面雨水排水系统

设置屋面雨水排水系统的目的是排除屋面的雨水(或雪)水。

1. 屋面雨水排水系统的分类

屋面雨水排水系统通常可分为内排水系统和外排水系统两大类。

(1)内排水系统。内排水系统适用于厂房和平屋顶的高层建筑。

(2)外排水系统。外排水系统可分为天沟外排水系统和水落管外排水系统两种。

1)天沟外排水系统。天沟外排水系统适用于多跨厂房。

2)水落管外排水系统。水落管外排水系统如图 5.65 所示。其适用于居住建筑和屋面面积较小的公共建筑等。

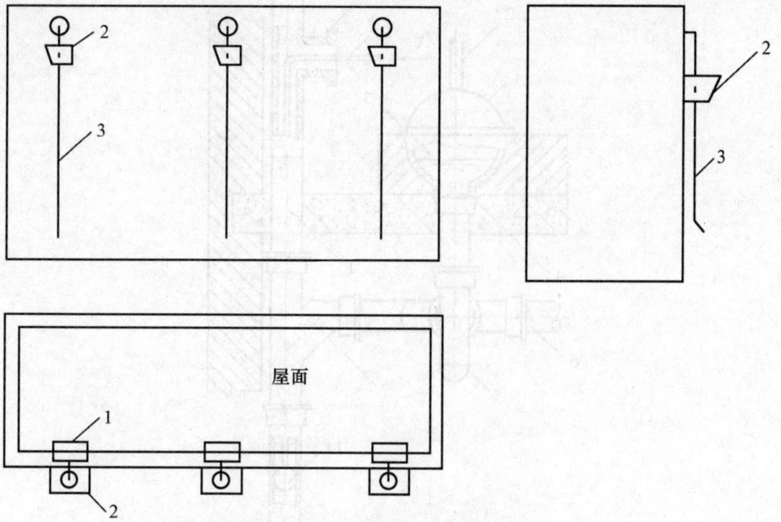

图 5.65　水落管外排水系统

1—箅子；2—雨水斗；3—雨水立管

2. 水落管外排水系统安装

水落管外排水系统通常采用承插式塑料排水管及其管件(胶粘)或排水铸铁管及其管件(接口填料为石棉水泥)。水落管的管径一般有 *DN*75 和 *DN*100 两种。安装时，箅子立放于女儿墙的内侧，其底边应低于该处屋面(以利于排除屋面雨水)。箅子至雨水斗设 90°弯头一个。雨水立管靠墙垂直安装，采用塑料排水管时，用塑料管卡或钢管卡；采用铸铁管时，一般用角钢悬臂式支架。

5.3.4　室内排水系统的灌水试验与防腐

室内排水系统安装完毕后，应分系统进行灌水(也称为闭水)试验。试验时，灌水至规定高度后停 20～30 min 进行检查、观察，以液(水)面不下降、不渗漏为合格。试验完毕后，及时将水放净(以防冬季负温时冻裂管道)。

1. 生活污水系统

生活污水系统应分层进行试验，灌水高度以一层的高度为准。

(1)底层灌水试验。先将室外检查井内排出管的管端封堵，然后向管道内灌水至底层大便器下水口灌水。

(2)楼层灌水试验。楼层灌水试验需逐层进行。试验时，先打开本层的立管检查口，将球胆由此放入到排水立管的适当位置(使水柱高度与底层试验时的水柱高度相等)，再向球胆内充气至 0.10～0.20 MPa(此时球胆形成塞子)；然后，向本层管道内灌水至大便器下水口满水，如图 5.66 所示。

2. 屋面雨水系统

屋面雨水系统试验时先将其立管下端封堵，然后向管道内灌水至最高点雨水斗满水。

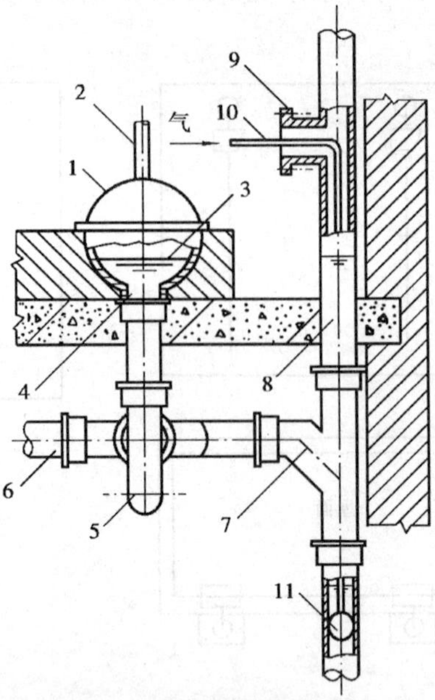

图 5.66　楼层灌水试验

1—蹲式大便器；2—冲洗管；3—液面；4—大便器下水口；
5—P 形存水弯；6—排水干(横)管；7—斜三通；8—排水立管；
9—立管检查口；10—胶管；11—球胆

5.4　室内给水排水系统施工用料计算实例

【例 5.1】 某住宅楼给水排水平面图、给水系统图和排水系统图，如图 5.67 所示。

5.4.1　设计施工说明

(1)卫生设备与附件。采用挂式 13102 型陶瓷洗脸盆；普通陶瓷浴盆，l=1 500 mm；踏式 6203 型陶瓷蹲式大便器；铝合金地漏；叶轮式水表；内螺纹截止阀(其中，蹲式大便器采用直通式专用冲洗阀)。

(2)洗脸盆和浴盆的水龙头。洗脸盆、浴盆的热水管道和热水龙头安装时，均采用单个普通水龙头。

(3)管材、管件及其连接。给水系统采用 PP－R 塑料给水管及其管件，热熔连接。排水系统采用 UPVC 塑料排水管，承插口粘结。

(4)给水、排水立管穿过楼(地)板时均设套管。其中，给水立管的套管采用黑铁管；套管直径比立管直径大 2 或 3 个直径等级(这里选用 *DN*65)。排水立管的套管采用黑铁管；套管直径比立管的直径大两个直径等级(这里选用 *DN*150 的黑铁管作为排水立管的套管)。每个套管均比楼(地)板的厚度高 20 mm(楼地板为 160 mm)。给水、排水立管与其套管之间的环形间隙填石棉绳。

(5)支、吊架的设置。给水系统及排水系统均采用塑料管卡。

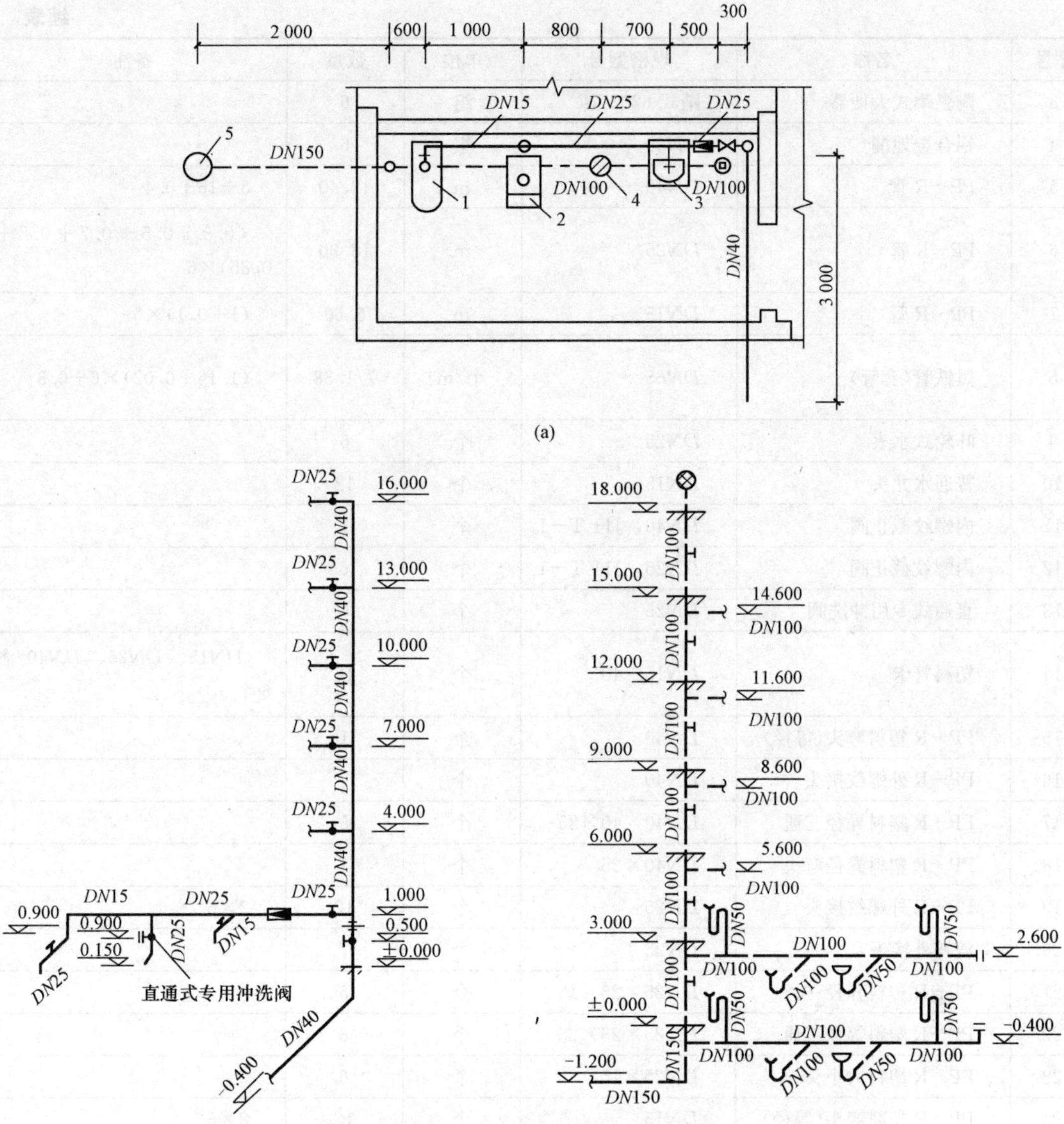

图 5.67　某住宅楼给水排水平面图、给水系统图和排水系统图

(a)1～6 层给水排水平面图；(b)1～6 层给水系统图(注：2～6 层与 1 层相同)；

(c)1～6 层排水系统图(注：3～6 层与 2 层相同)

1—浴盆；2—蹲式大便器；3—洗脸盆；4—地漏；5—检查井

5.4.2　室内给水排水系统施工用料计算

(1)室内给水系统施工用料计算，见表 5.14。

(2)室内排水系统施工用料计算，见表 5.15。

表 5.14　某住宅楼给水系统设备、材料施工需要量

序号	名称	规格型号	单位	数量	备注
1	陶瓷洗脸盆	挂式 13102 型	组	6	带存水弯
2	陶瓷浴盆	普通 l=1 500	组	6	带存水弯

续表

序号	名称	规格型号	单位	数量	备注
3	陶瓷蹲式大便器	踏式 6203 型	组	6	
4	铝合金地漏	*DN*50	组	6	
5	PP—R 管	*DN*40	m	19.40	3＋16＋0.4
6	PP—R 管	*DN*25	m	18.90	(0.3＋0.5＋0.7＋0.8＋0.85)×6
7	PP—R 管	*DN*15	m	6.60	(1＋0.1)×6
8	黑铁管(套管)	*DN*65	个/m	7/1.38	(1.16＋0.02)×6＋0.3
9	叶轮式水表	*DN*25	个	6	
10	普通水龙头	*DN*15	个	12	
11	内螺纹截止阀	*DN*40，J11 T—1	个	1	
12	内螺纹截止阀	*DN*25，J11 T—1	个	6	
13	直通式专用冲洗阀	*DN*25	个	6	
14	塑料管卡	*DN*15～40	个	18	*DN*15、*DN*25、*DN*40 各 6 个
15	PP—R 塑料弯头(等径)	*DN*40	个	1	
16	PP—R 外螺纹接头	*DN*40	个	2	
17	PP—R 塑料异径三通	*DN*40×40×25	个	5	
18	PP—R 塑料异径弯头	*DN*40×25	个	1	
19	PP—R 外螺纹接头	*DN*25	个	12	2×6
20	镀锌外接头	*DN*25	个	7	
21	PP—R 塑料异径三通	*DN*25×25×15	个	6	
22	PP—R 塑料等径三通	*DN*25×25×25	个	6	
23	PP—R 塑料大小头	*DN*25×15	个	6	
24	PP—R 塑料弯头(等径)	*DN*15	个	12	2×6

注：1. 表中管材数量包括管件、附件所占长度。
2. 表中管材、管件和附件未计损耗量。
3. 套管内石棉绳未统计。

表 5.15　某住宅楼排水系统施工材料需要量

序号	名称	规格型号	单位	数量	备注
1	UPVC 塑料排水管	*DN*150	m	2.80	2＋0.80
2	UPVC 塑料排水管	*DN*100	m	43.50	(0.4＋18＋0.7)＋(0.5＋0.7＋0.8＋1＋0.6＋0.4)×6＋0.4
3	UPVC 塑料排水管	*DN*50	m	7.20	(0.4＋0.4＋0.4)×6
4	塑料清扫口	*DN*100	个	6	
5	塑料立管检查口	*DN*100	个	6	

续表

序号	名称	规格型号	单位	数量	备注
6	塑料存水弯	*DN*100 P形	个	6	
7	塑料存水弯	*DN*50 P形	个	6	
8	塑料异径斜三通	*DN*150×150×100	个	1	
9	塑料异径斜三通	*DN*100×100×50	个	18	
10	塑料等径斜三通	*DN*100×100×100	个	11	
11	塑料大小头	*DN*150×100	个	1	
12	塑料弯头	*DN*100，45°	个	2	
13	塑料出户大弯	*DN*150	个	1	
14	透气帽	*DN*100	个	1	
15	黑铁管(套管)	*DN*150	个/m	8/1.56	(0.16+0.02)×7+0.3
16	塑料管卡		个	31	(3+2)×5+6

注：1. 表中管材数量包括管件、附件所占长度。
2. 表中管材、管件和附件未计损耗量。
3. 填料石棉绳、胶水及水泥、油麻、油灰、铜丝等未统计。

本章小结

本章的内容包括：

(1)室内给水排水工程图的种类、绘图要求和识读方法。

(2)室内给水系统安装构造及施工工艺。

(3)室内排水系统安装构造及施工工艺。

(4)卫生器具安装土建单位施工卫生间时，安装人员要做好预留、预埋工作，待卫生间装修基本完时再安装卫生器具。重点是安装工序。

(5)室内给水排水系统管件选用及其施工用料计算。

本章的重点是：室内、外给水排水工程图的识读；室内、外给水排水、卫生器具构造及施工工艺。

习　题

5.1　识读室内给水排水工程图的主要方法有哪些？

5.2　室内生活污水排水系统中为什么不采用正三通和正四通？

5.3　室内生活污水排水系统中为什么要设透气管，且伸出屋面？为什么要在卫生器具的排出口设存水弯？清扫口和立管检查口有什么作用？

5.4　室内生活给水系统常采用什么管材？采用什么连接方法？用什么填料？

5.5　室内生活污水排水系统的排水干管可否设在本层？为什么？

参考答案

综合实训

完成任务单中的室内给水排水工程施工下料编制，结果填入表格中。

试计算其安装所需的卫生设备、附件、管材、管件数量，并将计算结果填入相应的表内(给水和排水系统的填料在此暂不计算)。

设计施工说明：

①卫生设备及附件选用挂式13102型陶瓷洗脸盆，踏式6203型陶瓷蹲式大便器，10 L/min燃气热水器，铝合金地漏，叶轮式水表，普通水龙头，内螺纹截止阀，铜球阀(燃气热水器用)直通式专用冲洗阀。

②管材、管件给水系统选用PP—R管及其管件；排水系统选用UPVC管及其管件。

任 务 单

学院：　　　　　　　　　　　　　　班级：　　　　　　　　　　　　　　年　月　日

<table>
<tr><td colspan="2">任务名称</td><td colspan="3">室内给水排水工程施工下料计算</td></tr>
<tr><td colspan="2">实训名称</td><td colspan="3">计算××室内给水排水工程施工下料</td></tr>
<tr><td colspan="2">目　的</td><td colspan="3">在限定的时间内，编制所给图纸的室内给水排水工程施工下料。学生应在识图的基础上，利用所学知识、工具、参考资料，计算工程量</td></tr>
<tr><td colspan="2">完成时间</td><td colspan="3">90分钟</td></tr>
<tr><td rowspan="6">工作步骤</td><td>资讯</td><td>识图、查阅资料</td><td>小组讨论</td><td>5分钟</td></tr>
<tr><td>决策</td><td>确定计算方法</td><td>小组讨论</td><td>2分钟</td></tr>
<tr><td>计划</td><td>制定具体实施步骤</td><td>小组讨论</td><td>3分钟</td></tr>
<tr><td>实施</td><td>计算工程量</td><td>独立完成</td><td>60分钟</td></tr>
<tr><td>检查</td><td></td><td>分组完成</td><td>10分钟</td></tr>
<tr><td>评价</td><td></td><td>分组完成</td><td>10分钟</td></tr>
<tr><td colspan="2">工　具
参考资料</td><td colspan="3">1. 教材；
2. 计算器；
3. 标准图集。</td></tr>
<tr><td colspan="2">图　纸</td><td colspan="3">××室内给水排水工程</td></tr>
<tr><td colspan="5">某住宅楼给水排水平面图、给水系统图和排水系统图如图5.68所示</td></tr>
</table>

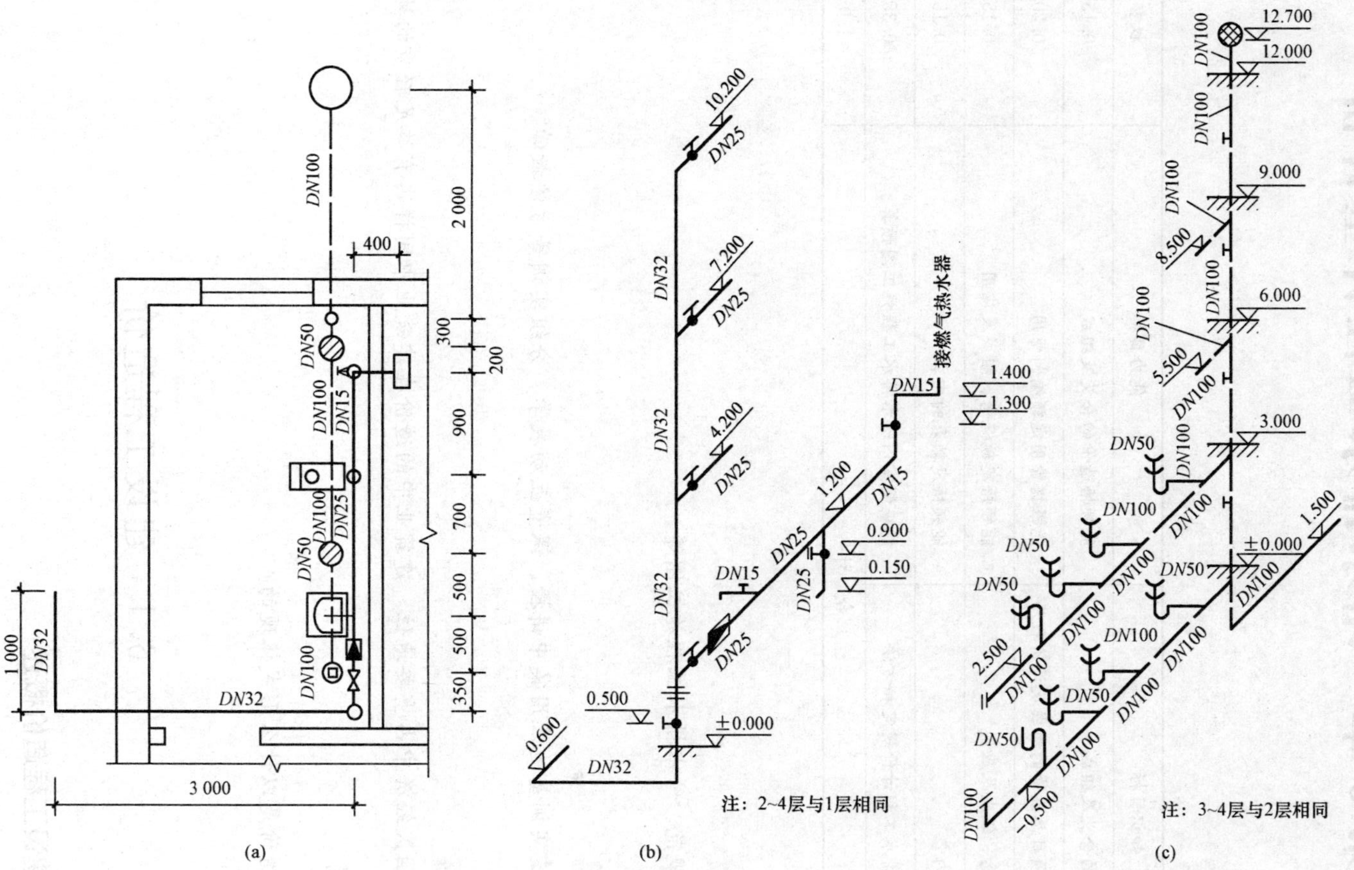

图 5.68　某住宅楼给水排水平面图、给水系统图和排水系统图

（a）给水排水平面图；（b）给水系统图；（c）排水系统图

第6章　给水排水工程计量计价

学习目标

知识目标	能力目标	权重
了解工程造价的含义及组成	能领悟造价的含义及组成	0.15
熟悉建设工程项目总投资的组成及计价程序	能根据费用定额编制费用	0.20
了解定额的概念、组成及应用	能领悟定额概念、组成及应用	0.15
了解定额表的内容	能领悟定额表的内容	0.15
熟悉室内给水排水工程计价规定和方法	能编制室内给水排水工程施工图预算	0.35
合　计		1.0

教学准备

安装施工规范、给水排水工程施工图等。

教学建议

在安装构造实训基地采用集中讲授、课堂互动教学、分组实训等方法教学。

教学导入

建筑业在国民经济中占重要地位，建筑业中的造价在建筑业中同样占有举足轻重的地位。

课堂活动

想想工程造价是以什么形式体现的？

6.1　建设工程造价

6.1.1　建设工程造价概述

1. 建设工程造价的含义

工程造价(Project Cost)，其直接含义就是指工程的建造价格。工程是泛指一切建设工程，它的范围和内涵有很大的不确定性。所以，对有关建设工程造价的含义在我国有多种解释，现在业界内比较流行的是全国造价工程师执业资格考试培训教材的解释。

工程造价有两种含义：其一，工程造价是指建设一项工程预期开支或实际开支的全部固定资产投资费用；其二，工程造价是指工程价格，即为建成一项工程，预计或实际在土地市场、设备市场、技术劳务市场，以及承包市场等交易活动中所形成的建筑安装工程价格和建设工程总价格。

2. 建设工程项目总投资的组成

我国现行建设工程项目总投资费用可划分成固定资产投资与流动资产投资两大部分，见表 6.1。

表 6.1 我国现行投资和工程造价组成

	投资性质	投资组成	费用
建设工程项目总投资	固定资产投资	建筑安装工程费	(1)直接费
			(2)间接费
			(3)利润
			(4)税金
		设备、工器具、生产家具用具购置费	(1)设备原价及设备运杂费
			(2)工器具购置费
		工程建设其他费用	(1)土地使用费
			(2)生产准备费
			(3)建设相关费用
		预备费	(1)基本预备费
			(2)调价预备费
		建设期贷款利息	
		固定资产投资方向调节税	
	流动资产投资	经营性项目铺底流动资金	

(1)单项费用。单项费用也称单项工程费，由建筑安装工程费，设备购置费，工器具、生产用家具用具购置费用等组成。这项费用是建设工程项目总投资中占比重较大的一项费用，它可占项目总投资的70%甚至80%，这部分费用主要用于建筑工程的建造、设备的安装及设备、工器具的购置。所以，人们习惯称为“工程造价”或“工程费用”，有时称“工程总造价”，这容易与“建设工程项目总投资(造价)”称谓相混。因单项费用占投资的比重较大，我国制定了相关的定额、标准、法律法规来管理这项费用。

(2)工程建设的其他费用。工程建设的其他费用是除单项工程费用外，为了开展工程建设而开支的其他费用。随着经济体制的改革，此费用有所调整，虽然各地征收费用的名称和计算的方法差异较大，但按其不同性质和用途，可归纳为以下 5 项：

1)建设用地费用，包括土地征购费、建设场地各种障碍物拆迁和拆迁安置费、建设场地“五通一平”费。

2)技术咨询费用，包括项目论证费、研究试验费、工程勘察设计费、施工图审查费、环境影响评价费、招标代理费、工程造价咨询服务费、工程建设监理费、专利或专有技术使用费、引进技术和引进设备其他费、其他技术咨询费。

3)工程相关费用，包括城市建设配套工程费、供电配套工程费、城区内自来水管道施工费、城区内电话通信施工费、城区内燃气管道施工费、防雷工程设计审核费、有线电视安装费、人防工程易地建设费、人防工程拆除补偿费、城市占道费、绿化补偿费、人行树及绿地变更损失补偿费、绿地保证金、地上天然气供气设施拆除费、上水管网补偿费等。

4)工程建设管理费，包括建设工程筹建费、行政事业性收费。

5)其他费用，包括场地准备及临时设施费、工程保险费、生产准备及开办费、联合试车运转费、其他相关费。

(3)预备费。世界银行和国际咨询工程师联合会称预备费为“应急费”。我国现行规定预备费有基本预备费和调价预备费两种。

1)基本预备费。基本预备费是指在项目建设中，为了应付难以预料潜在的工程子目以及事先无法预见的事件发生，因而预先准备的一项费用。基本预备费常用于如下情况发生时的费用：

①在批准的初步设计范围内，技术设计、施工图设计及施工中所增加的费用，如设计变更、地基局部处理等增加的费用。

②一般自然灾害造成的损失和预防自然灾害的措施费用。

③工程质量验收时为了鉴定质量，对隐蔽工程进行必要的挖掘和修复时的费用。

2)调价预备费。调价预备费是指由于资源、社会和经济的变化，导致建设工程项目概算的增加，经过预测计算而预留的一项费用。主要考虑人工、设备、材料、施工机械台班单价的价差，建筑安装工程费及工程建设的其他费用的调整，以及利率、汇率等增加而产生的费用。

调价预备费一般根据国家规定的“投资综合价格指数”，以估算年份价格水平的投资额为基数，采用复利方法进行计算。

(4)专项费用。

1)固定资产投资方向调节税。国家为了引导投资方向，调节投资结构，加强重点建设，对在我国境内进行固定资产投资的单位和个人征收固定资产投资方向调节税。根据[1999]299号文规定已暂停征收。

2)建设期贷款利息。建设期贷款利息是指建设工程项目建设期间借贷工程建设资金所产生的全部利息，如向国内银行、其他金融机构贷款，出口信贷，向外国政府贷款，向国际商业银行贷款，以及发行债券等所产生的利息。工程建设贷款一般分年度贷款和储备贷款两种，分别按规定的利率计算其利息。

3)铺底流动资金。铺底流动资金是指项目建成后，在试运行阶段用于购买原材料、燃料、支付工资及其他费用等所需的周围资金。铺底流动资金一般为流动资金的30%。

3. 建筑安装工程造价

建筑安装工程造价有两种计价模式：一是定额计价模式；二是清单计价模式。本书讲解定额计价模式。

(1)工程造价的构成。建筑安装工程费由直接费、间接费、利润和税金组成，见表6.2。按费用构成要素划分的费用，其组成有人工费、材料费、施工机具使用费、企业管理费、利润、规费和税金等费用。

表6.2 建筑安装工程费用项目组成

建筑安装工程费	直接费	直接工程费	人工费
			材料费
			施工机械使用费

续表

建筑安装工程费	直接费	技术措施费	大型机械设备进出场及安拆费	
			混凝土、钢筋混凝土模板及支架费	
			脚手架费	
			施工排水及降水费	
			专业工程专用措施费	
		组织措施费	环境保护费	
			临时设施费	
			夜间施工费	
			冬雨期施工增加费	
			二次搬运费	
			包干费	
			已完工程及设备保护费	
			工程定位复测、点交及场地清理费	
			材料检验试验费	
	间接费	企业管理费	管理人员工资	
			办公费	
			差旅交通费	
			固定资产使用费	
			工具用具使用费	
			劳动保险费	
			工会经费	
			职工教育经费	
			财产保险费	
			财务费	
			税金	
			其他	
		规费	社会保险费	职工养老保险
				职工失业保险
				职工医疗保险
			住房公积金	
			危险作业意外伤害保险	
			工程排污费	
	利润			
	税金	增值税		
		城市建设维护税		
		教育费附加		

注：1. 技术措施费是指能够套用2008年重庆市建设工程计价定额计算的措施项目费；组织措施费是指以费率形式计算的措施项目费。

2. 本表措施费项目只列出各专业工程通用措施项目，各专业工程专用措施项目应根据各专业工程实际情况确定。

1)人工费。人工费是指按工资总额构成规定，支付给从事建筑安装工程施工的生产工人和附属生产单位工人的各项费用的总额。其内容包括计时工资或计价工资、奖金、津贴补贴、加班加点工资、特殊情况下支付的工资。

2)材料费及工程设备。

①材料费：指施工过程中耗费的构成工程实体的原材料、辅助材料、构配件、零件、半成品的费用。内容包括：材料原价、运杂费、运输损耗费、采购及保管费。

②工程设备：指构成或计划构成永久工程一部分的机电设备、金属结构设备、仪器装置及其他类似的设备和装置。

3)施工机具及仪器仪表使用费。

①施工机械使用费：指施工作业所发生的施工机械使用费或其租赁费。由7项费用组成，即折旧费、大修理费、经常修理费、安拆费及场外运费、人工费、燃料动力费、税费。

②仪器仪表使用费：指工程施工所需使用的仪器仪表的摊销及维修费用。

4)企业管理费。企业管理费是指建筑安装企业组织施工生产和经营管理所需的费用。主要包括以下内容：

①管理人员工资：指按规定支付给管理人员的计时工资、奖金、津贴补贴、加班加点工资、特殊情况下支付的工资。

②办公费：指企业管理办公用的文具、纸张、账表、印刷、邮电、书报、办公软件、现场监控、会议、水电、烧水和集体取暖(包括现场临时宿舍取暖)用煤等费用。

③差旅交通费：指职工因公出差、调动工作的差旅费、住勤补助费，市内交通费和误餐补助费，职工探亲路费，劳动力招募费，职工离退休、退职一次性路费，工伤人员就医路费，工地转移费以及管理部门使用的交通工具的油料、燃料等费用。

④固定资产使用费：指管理和试验部门及附属生产单位使用的属于固定资产的房屋、设备仪器等的折旧、大修、维修或租赁费。

⑤工具用具使用费：指管理使用的不属于固定资产的生产工具、器具、家具、交通工具和检验、试验、测绘、消防用具等的购置、维修和摊销费。

⑥劳动保险和职工福利费：指由企业支付的职工退职金、按规定支付给离休干部的经费、集体福利费、夏季防暑降温、冬季取暖补贴、上下班交通补贴等。

⑦劳动保护费：指企业按规定发放的劳动保护用品的支出，如工作服、手套、防暑降温饮料以及在有碍身体健康的环境中施工的保健费用等。

⑧检验试验费：指施工企业按照有关标准规定，对建筑以及材料、构件和建筑安装物进行一般鉴定、检查所发生的费用，包括自设试验室进行试验所耗用的材料等费用。不包括新结构、新材料的试验费，对构件做破坏性试验及其他特殊要求检验试验的费用和建设单位委托检测机构进行检测的费用，对此类检测发生的费用，由建设单位在工程建设其他费用中列支。但对施工企业提供的具有合格证明的材料进行检测不合格的，该检测费用由施工企业支付。

⑨工会经费：指企业按《工会法》规定的全部职工工资总额比例计提的工会经费。

⑩职工教育经费：指按职工工资总额的规定比例计提，企业为职工进行专业技术和职业技能培训，专业技术人员继续教育、职工职业技能鉴定、职业资格认定以及根据需要职工进行各类文化教育所发生的费用。

⑪财产保险费：指施工管理用的财产、车辆等的保险费用。

⑫财务费：指企业为施工生产筹集资金或提供预付款、履约担保、职工工资支付担保等发生的各种费用。

⑬税金：指企业按规定缴纳的房产税、车船使用税、土地使用税、印花税等。

⑭其他：包括技术转让费、技术开发费、业务招待费、绿化费、广告费、公证费、法律顾问费、审计费、咨询费、保险费等。

5)利润。利润是指施工企业完成所承包工程获得的盈利。

6)规费。规费是指按国家法律、法规规定，由省级政府和省级有关权力部门规定必须缴纳或计取的费用。主要内容包括以下几项。

①社会保险费：

养老保险费：指企业按照规定标准为职工缴纳的基本养老保险费。

失业保险费：指企业按照规定标准为职工缴纳的失业保险费。

医疗保险费：指企业按照规定标准为职工缴纳的医疗保险费。

生育保险费：指企业按照规定标准为职工缴纳的生育保险费。

工伤保险费：指企业按照规定标准为职工缴纳的工伤保险费。

②住房公积金：指企业按照规定标准为职工缴纳的住房公积金。

③工程排污费：指按规定缴纳的施工现场工程排污费。

其他应列而未列入的规费，按实际发生计取。

7)税金。税金是指国家税法规定，建筑、修缮、安装及其他工程作业的单位和个人所得的收入均应缴纳的增值税、城市维护建设税、教育费附加以及地方教育附加。

课堂活动

建筑安装工程费理论上是由直接费、间接费、利润和税金组成，可要如何具体操作才能体现出来呢？

4. 工程造价编制原理

根据施工工艺，可以把直接工程分解成若干的小单元，例如，室外混凝土排水管道工程可分解成管沟开挖→管基修筑→管道铺装→水泥砂浆抹带→灌水试验→管沟回填这六个单元。每个单元都有人工费、材料费、施工机械使用费，我们把每一个小单元按照完成单位合格产品统计出来需花费的人工费、材料费、施工机械使用费，其和即为该小单元完成单位合格产品的基价。我们把社会上所有涉及的安装工程的小单元按照完成合格产品所需要的基价全部统计并编制成册，把这个册子叫作定额。因此，直接工程费就转化成：第一步，列出该工程所有的项目；第二步，计算该项目的数量(即工程量)；第三步，查找该项目在定额中的基价。

由表 6.2 可知，建筑安装工程费除直接工程费外，还有组织措施费、企业管理费、规费、利润、税金，我们把它们称为费用，为了方便计算，按照一定的计算方式进行，一般是取费基础乘以相应费率，相应的计算方式和费率可查找建设工程费用定额。

5. 工程造价计算方法

根据工程造价编制原理，我们可以得到建筑安装费的计算公式：

$$\text{建筑安装工程费} = \sum \text{各子目工程量} \times \text{基价} + \text{费用}$$

在该公式中可知，编制安装工程造价需要对该工程各个子目进行列项、计算工程量、套价、计算费用四个部分，为便于操作，费用定额制定了相应的计价表格。

(1)列项。根据安装工程的构造及其施工工艺，再结合定额中各个子目及其工作内容，通过识图、相关文件、施工组织设计等资料进行列项。

(2)计算工程量。列项后，根据定额中规定的工程量计算规则，按照工程图纸进行算量，计算过程列于表 6.17 中。

(3)套价。根据列项的子目，选用定额中相应的子目，列在表 6.18 中，通过该表列出该子目的安装基价及人、材、机基价，与工程量相乘后得到该子目的安装合价及人、材、机合价，各个子目的安装合价及人、材、机合价的和即为该工程的直接工程费和人工费、材料费、施工机械使用费。

另外，当基价中的人工单价和材料单价与市场价不一致时，可通过人工费、材料费价差调整表(表 6.20)进行调整，调整结果计入工程取费表的直接费中。安装工程的未计价材料可罗列在表 6.21 中。

(4)计算费用。构成工程实体的直接费，造价中还有组织措施费、企业管理费、规费、利润、税金等费用，根据费用定额中的规定，采用工程取费表的计价程序，得出安装工程造价，见表 6.3。

表 6.3　工程取费表计价程序

序号	费用名称	计算公式	备注
一	直接费	1＋2＋3	
1	直接工程费	1.1＋1.2＋1.3＋1.4	
1.1	人工费	1.1.1＋1.1.2	1. 含按计价定额基价计算的实体项目和技术措施项目费。 2. 定额人工单价(基价)调整按渝建〔2013〕51 号规定计算
1.1.1	定额基价人工费	定额基价人工费	
1.1.2	定额人工单价(基价)调整	1.1.1×[定额人工单价(基价)调整系数－1]	
1.2	材料费	定额基价材料费	
1.3	机械费	1.3.1＋1.3.2	
1.3.1	定额基价机械费	定额基价机械费	
1.3.1.1	其中：定额基价机上人工费		
1.3.2	定额机上人工单价(基价)调整	1.3.1.1×[定额人工单价(基价)调整系数－1]	
1.4	未计价材料费		
2	组织措施费	2.1＋…… ＋2.7	渝建发〔2014〕27号
2.1	夜间施工费	(1.1.1)×费率	
2.2	冬雨期施工增加费	(1.1.1)×费率	
2.3	二次搬运费	按实签证计算	
2.4	包干费	(1.1.1)×费率	
2.5	已完工程及设备保护费	(1.1.1)×费率	
2.6	工程定位复测、点交及场地清理费	(1.1.1)×费率	
2.7	材料检验试验费	(1.1.1)×费率	
3	允许按实计算费用及价差	3.1＋3.2＋3.3＋3.4	
3.1	人工费价差		
3.2	材料费价差		
3.3	按实计算费用		

续表

序号	费用名称	计算公式	备注
3.4	其他		
二	间接费	4＋5	
4	企业管理费	(1.1.1)×费率	渝建发〔2014〕27 号
5	规费	(1.1.1)×费率	
三	利润	(1.1.1)×费率	
四	建设工程竣工档案编制费	(1.1.1)×费率	渝建发〔2014〕26 号
五	住宅工程质量分户验收费	按文件规定计算	渝建发〔2013〕19 号
六	安全文明施工费	按文件规定计算	渝建发〔2014〕25 号
七	税金	(一＋二＋三＋四＋五＋六)×费率	渝建〔2011〕440 号
八	工程造价	一＋二＋三＋四＋五＋六＋七	

【例 6.1】 重庆市某建筑室内给水排水工程，其人工费为 1 000.00 元，材料费为 2 000.00 元，机械费为 100.00 元(其中，机上人工费为 20.00 元)，未计价材料费为 15 000.00 元，无价差，按实计算费用为 200.00 元，试求该工程总造价。

(1)直接费的计算。

根据表 6.3

直接费＝直接工程费＋组织措施费＋允许按实计算费用及价差

1)直接工程费的计算：

根据表 6.3，1 直接工程费＝1.1 人工费＋1.2 材料费＋1.3 机械费＋1.4 未计价材料费

①1.1 人工费计算：

根据表 6.3，1.1 人工费＝1.1.1 定额基价人工费＋1.1.2 定额人工单价(基价)调整

根据题意，1.1.1 定额基价人工费为 1 000.00 元。

根据渝建发〔2013〕51 号文：定额人工单价(基价)调整，按定额人工单价(基价)乘以定额人工单价(基价)调整系数进行计算。定额人工单价(基价)调整系数见表 6.4。

渝建发〔2013〕51 号文

表 6.4 定额人工单价(基价)调整系数表

工种 \ 定额	2006 概算定额	2008 计价定额	2011 轨道定额
土石方人工	2.44	2.00	1.26
建筑、市政、维修人工	2.27	2.00	1.25
装饰人工	—	2.21	—
安装、机械人工	2.04	1.89	1.18
仿古、园林绿化人工	—	1.89	—

因此，1.1.2 定额人工单价(基价)调整＝1.1.1×[定额人工单价(基价)调整系数－1]

＝1 000×[1.89－1]

＝890.00(元)

1.1 人工费＝ 1.1.1＋1.1.2＝1 000.00＋890.00＝1 890.00(元)

②1.2 材料费计算：

根据表 6.3，1.2 材料费＝定额基价材料费

＝2 000.00 元

③1.3 机械费计算：

根据表 6.3，1.3 机械费＝1.3.1 定额基价机械费＋1.3.2 定额机上人工单价(基价)调整

根据题意，1.3.1 定额基价机械费＝100.00 元(其中，1.3.1.1 机上人工费为 20.00 元)

1.3.2 定额机上人工单价(基价)调整＝1.3.1.1×[定额人工单价(基价)调整系数－1]

＝20×[1.89－1]

＝17.80(元)

1.3 机械费＝1.3.1＋1.3.2＝100.00＋17.80＝117.80(元)

④未计价材料费计算：

根据题意，未计价材料费＝15 000.00 元

⑤1 直接工程费＝1.1＋1.2＋1.3＋1.4

＝1 890.00＋2 000.00＋117.80＋15 000.00

＝19 007.80(元)

2)组织措施费的计算：

根据表 6.3，2 组织措施费＝2.1＋2.1＋2.3＋2.4＋2.5＋2.6＋2.7

＝1.1.1×组织措施费费率

渝建发〔2014〕27 号文

根据渝建发〔2014〕27 号文，组织措施费及企业管理费进行了调整，见表 6.5。

表 6.5　2008 年《重庆市建设工程费用定额》企业管理费和组织措施费标准

序号	专业名称	工程类别	组织措施费/%	企业管理费/%
1	建筑工程	一类	5.51	15.36
		二类	4.46	14.31
		三类	3.91	11.90
		四类	3.61	8.82
2	市政工程	一类	4.79	15.63
		二类	4.33	14.34
		三类	3.91	11.92
		四类	3.31	9.02
3	机械土石方工程		4.53	15.00
4	仿古建筑工程		4.00	11.35
5	建筑修缮工程		1.73	11.89

续表

序号	专业名称	工程类别	组织措施费/%	企业管理费/%
6	炉窑砌筑工程	一类	6.10	13.63
		二类	5.33	11.90
		三类	4.33	10.32
7	装饰工程	一类	26.10	35.43
		二类	23.12	33.45
		三类	20.49	29.99
8	安装工程	一类	32.32	66.39
		二类	28.35	61.64
		三类	25.52	51.57
9	市政安装工程	一类	19.84	65.18
		二类	17.02	60.19
		三类	14.80	48.70
		四类	12.20	34.96
10	人工土石方工程		8.00	35.39
11	园林工程		8.30	10.20
12	绿化工程		5.40	8.21
13	单拆除工程		1.00	8.25
14	安装修缮工程		15.80	50.84

工程类别见表 6.6。

表 6.6　安装工程类别划分标准(摘自 2008 年《重庆市建设工程费用定额》，表格部分)

册号	一类	二类	三类
八	1. 燃气管道工程； 2. 采暖管道工程	1. 室内给水排水管道工程； 2. 空调循环水管道工程	室外给水排水管道工程

通过表 6.6，先判断出室内给水排水管道为二类工程，再通过表 6.5 得出其组织措施费费率为 28.35%。

2 组织措施费＝1.1.1 定额基价人工费×组织措施费费率

＝1 000×28.35%

＝283.50(元)

3)允许按实计算费用及价差的计算。

根据表 6.3 得

3 允许按实计算费用及价差的计算＝3.1 人工费价差＋3.2 材料费价差＋3.3 允许按实计算

费用＋3.4 其他费用

人工费价差及材料费价差见表 6.20，通过表 6.20 计算出的人工费价差及材料费价差列在 3.1、3.2 中。

允许按实计算费用指建筑垃圾场外运输费；土石方运输、构件运输及特大型机械进出场等实际发生的过路费、过桥费、弃渣费、土石方外运密闭费；机械台班中允许按实计算的养路费、车船使用税；总承包服务费；高温补贴等。

根据题意，无价差，按实计算费用有 200.00 元。

故允许按实计算费用及价差的计算＝200.00 元

4)直接费：

综合 1)、2)、3)，直接费＝直接工程费＋组织措施费＋允许按实计算费用及价差

＝19 007.80＋283.50＋200.00

＝19 491.50(元)

(2)间接费的计算：

根据表 6.3 得

间接费＝4 企业管理费＋5 规费

1)4 企业管理费：

根据表 6.3、表 6.5、表 6.6 得

4 企业管理费＝1.1.1×企业管理费费率

＝1 000.00×61.64％＝616.40(元)

2)5 规费：根据 2008 年《重庆市建设工程费用定额》，规费费率见表 6.7。

表 6.7　安装工程费用标准(摘自 2008 年《重庆市建设工程费用定额》)

工程分类 费用名称	一类	二类	三类
规费/％	25.83		
利润/％	60.40	48.50	30.00

根据表 6.3、表 6.6、表 6.7 得

5 规费＝1.1.1×规费费率

＝1 000.00×25.83％

＝258.30(元)

3)间接费＝4 企业管理费＋5 规费

＝616.40＋258.30

＝874.70(元)

(3)利润的计算：

根据表 6.3、表 6.6、表 6.7 得

利润＝1.1.1×利润费率

＝1 000.00×48.50％

＝485.00(元)

渝建发〔2014〕26 号文

(4)建设工程竣工档案编制费的计算。根据渝建发〔2014〕26 号文，建设工程竣工档案编制费标准见表 6.8。

表 6.8　建设工程竣工档案编制费标准

房屋建筑与市政基础设施/%												
建筑工程	市政工程	机械土石方工程	仿古建筑工程	建筑修缮工程	炉窑砌筑工程	装饰工程	安装工程	市政安装工程	人工土石方工程	园林工程	绿化工程	安装修缮工程
0.28	0.23	0.10	0.31	0.23	0.23	1.49	2.53	2.49	0.23	0.06	0.05	1.97

轨道交通工程/%									
机械土石方工程	地上工程	地下工程	盾构工程	轨道工程	人工土石方工程	通信信号工程	智能与控制工程	供电工程	机电设备工程
0.10	0.19	0.19	0.10	0.19	0.23	2.45	2.61	1.91	2.13

根据表 6.3、表 6.8 得

建设工程竣工档案编制费＝1.1.1×建设工程竣工档案编制费费率

＝1 000.00×2.53％

＝25.30(元)

(5)住宅工程质量分户验收费的计算(略)。

(6)安全文明施工费的计算。根据渝建发〔2014〕25 号文，安全文明施工费是指按照国家及我市现行的施工安全、施工现场环境与卫生标准和有关规定，购置和更新施工安全防护用具及设施、改善安全生产条件和作业环境所需要的费用。安全文明施工费标准见表 6.9。

渝建发〔2014〕25 号文

表 6.9　安全文明施工费标准(部分)

项目名称	计费基础	计费标准
安装工程	人工费	19.11%

根据表 6.3、表 6.9 得

安全文明施工费＝1.1.1×安全文明施工费费率＝1 000.00×19.11％

＝191.10(元)

(7)税金的计算。根据渝建发〔2014〕440 号文，税金标准如下：

1)纳税地点在市区的企业为 3.48％；

2)纳税地点在县城、镇的企业为 3.41％；

3)纳税地点不在市区、县城、镇的企业为 3.28％。

根据题意，本工程在重庆市内，应选择 3.48％。

根据表 6.3 得

税金＝(直接费＋间接费＋利润＋建设工程竣工档案编制费＋住宅工程质量分户验收费＋安全文明施工费)×费率

＝(19 491.50＋874.70＋485.00＋25.30＋191.10)×3.48％

＝733.15(元)

渝建发〔2014〕440 号文

(8)建安工程总造价。根据表 6.3 得

建安工程总造价＝直接费＋间接费＋利润＋建设工程竣工档案编制费＋住宅工程质量分户验收费＋安全文明施工费＋税金

＝19 491.50＋874.70＋485.00＋25.30＋191.10＋733.15

＝21 800.75(元)

课堂活动

某室内给水排水工程，其中，人工费为800元，材料费为3 500元，机械费为200元，未计价材料费为10 000元，无机上人工。人工、材料价差均为100元，涉及的过路费为200元，计入允许按实计算费用中，试求该工程总造价。

6.1.2　建设工程造价管理

1. 工程造价管理及其含义

(1)工程造价管理。工程造价管理是指遵循造价运动的客观规律和特点，运用科学技术原理以及经济、法律等手段，解决工程建设活动中工程造价的确定与控制、技术与经济、经营与管理等实际问题，力求合理使用人力、物力和财力，达到提高投资效益和经济效益的全部业务行为和组织活动。工程造价管理不仅仅是经济问题，它是集经济、技术与管理于一体的综合性学科。它包括投资管理体制、项目融资、工程经济、工程财务、建设项目管理、经济法律法规、工程合同管理在内的对项目工程全方位、多角度的全过程管理。

(2)工程造价管理含义。工程造价管理有两种含义：一是建设工程投资管理；二是工程价格管理。

第一种含义，工程造价管理是投资者为了实现投资预期目标的管理，侧重于投资费用的管理；第二种含义，工程造价管理属于价格管理范畴。价格管理可分为微观层次和宏观层次。在微观层次上，企业在掌握市场价格信息的基础上，为了实现管理目标而进行成本控制、计价、定价和竞价的系统活动；在宏观层次，政府根据社会经济发展的要求，利用法律、经济和行政手段对价格进行管理和调控，以及规范市场主体价格行为的系统活动。政府为了国计民生，投资公共及公益性项目时，政府还承担着微观主体的管理职能。

工程造价计价依据的管理和工程造价专业队伍建设的管理，是为这两种管理服务的。

2. 工程造价管理模式及管理体系

(1)工程造价管理模式。在国际上，工程造价管理有英联邦、美国、日本三种模式。如果加上我国的定额计价管理模式，应该有四种管理模式。

计价管理模式是在一定的经济体制下产生的，在经济发展情况下，计价模式也随着经济的发展而发生转换和改进。2003年计价规范的颁布，标志着我国清单计价模式的开始。模式的开始与结束，不是简单的阶段划分，它是历史发展的必然。在新旧模式的转换时期，为了保持新模式的发展，政府要改变职能以适应新模式，也必然出台与其相适应的法律法规和实施办法；在新模式下，管理人员和造价工作人员应该掌握造价新理论、新技术，企业必须提高管理水平、制定生产定额、建立成本库等，以适应新模式下市场竞争的需要。

(2)我国工程造价的管理体系。我国自1953年颁布建设工程定额以来，经过有关管理部门几十年的管理实践，以及无数定额工作者和专家们的努力，建成了具有种类多样、多层次、多专业、多方面性的一个完整的建设工程定额体系；“一数五算”(投资估算控制数、设计概算、施工图预算、施工预算、完工结算、竣工决算)的建设工程计价体系；上下层层对应的建设工程管理体系。它在几十年的社会主义建设中起到了巨大的作用，在新形势下，我国将加大对这“三大体系”的改革力度，使其更适应国内建设和国际竞争的需要。

3. 工程造价技术及工程造价管理新理论

(1)工程造价技术。技术是指根据生产实践经验和自然科学原理而发展成的各种工艺操作程序、方法与技能。随着生产实践和认识的不断提高，技术水平也在不断发展。各行各业都有自己的技术，如机械工程技术、建筑工程技术以及教育技术等。工程造价行业有造价工程技术，造价工作者必须掌握工程造价技术，特别是造价新技术。工程造价技术是利用有限的投资和有限的资源，在工程项目整个生命过程中遵循相应规律，以信息来传递相互的作用，以达到工程项目预期管理目标的一门新技术。它含义非常广泛，涉及的内容相当宽，如涉及工程技术、生产管理、项目管理、价值管理、采购管理、管理咨询、招标合同、经济政策、法律法规、IT 技术、国际惯例等学科和技术内容。

计量与计价是工程造价人员必须掌握的最基本的造价技术。认为造价人员只要会计量，会编制预算书，就认为没有可学的了，这种不再前进的观念是远远跟不上时代步伐的。

(2)工程造价管理新理论。20 世纪 80 年代至今，对工程造价管理理论的研究和实践，造价工作者在不断地探索，由传统时期经过现代时期，已进入了“综合与集成时期”。世界各国纷纷借助于其他领域的最新管理理论和方法，对工程造价管理进行深入而全面的研究，使工程造价管理走上了一个崭新的台阶。以英国为主，提出“全生命周期造价管理”；以美国为主，提出“全面造价管理”。工程造价管理已进入建设工程项目的全过程、全要素、全风险、全团队、全面的监督、全面的控制及全面管理的理论和方法的研究与实施阶段。所以，工程造价管理已进入运用新理论、新规则及新技术的一个崭新时期。

6.1.3 建设工程产品的分类及计价特点

1. 建设工程产品分类的目的及方法

(1)建设工程产品分类的目的。建设工程是一种特殊的商品，它具有一般商品的性质。但是，建设工程的“论价”是按其类别、级别的特点进行的。对建设工程产品进行分类，不仅仅是为了“论价”的需要，主要是便于控制投资、决策策划、设计规划、招标投标、任务分工、质量验收、计算价值、成本核算以及维护运行等目的的需要，而进行分类的。

(2)建设工程产品分类的方法。建设工程一般按性质，可分为土木工程、市政工程、建筑安装工程、工业安装工程等；按产品产生的过程，可分为勘察、设计、建造、安装、建筑制品等。一般将建设工程项目划分成单项工程、单位工程、分部工程、分项工程。

1)建设工程项目。建设工程项目也称建设项目(Construction Project)，一般是指在一个或几个场地上，按照一个总体设计或初步设计建设的全部工程，如一个工厂、一个学校、一所医院、一个住宅小区等，均视为一个建设工程项目。一个建设工程项目可以是一个独立的工程，也可以包括几个或更多个单项工程。建设工程项目在经济上实行统一核算，行政上具有独立的组织形式。

2)单项工程。单项工程也称工程项目，是指具有独立的设计文件，竣工后可以独立发挥使用功能和效益的建设工程，它是建设工程项目的组成部分。单项工程是一个综合体，按其构成可划分为建筑工程、设备及安装工程、工具器具生产用具购置等。

3)单位工程。单位工程是单项工程的组成部分，其具有单独的设计文件和独立的施工图，并有独立的施工条件，是工程投资、设计、施工管理、工程验收和工程造价计算的基本对象。

①建筑安装工程的单位工程。建筑安装工程，即建筑工程和安装工程。建筑工程有建筑物、

构筑物、各种结构工程、装饰工程、节能工程及环境等工程；安装工程有线路管道和设备等安装工程。

②工业机电安装的单位工程。它们应具备独立的施工条件，形成独立的使用功能，能形成生产产品的车间、生产线和组合工艺装置以及各类动力站等工程，可划分为单位工程。

4)分部工程。分部工程是单位工程的组成要素，一般参照各专业预算定额即可划分清楚。

①建筑安装工程的分部工程。根据《建筑工程施工质量验收统一标准》(GB 50300—2013)将较大的建筑工程划分为：地基与基础，主体结构，建筑装饰装修，建筑屋面，建筑给水、排水及采暖，建筑电气，智能建筑，通风与空调，电梯及建筑节能 10 个分部工程。

其中，建筑机电安装的分部工程有建筑给水、排水及采暖，建筑电气，智能建筑，通风与空调，电梯 5 个分部工程。

②工业机电安装工程的分部工程。可按专业性质设备所属的工艺系统、专业种类、机组或区域，划分为若干个分部工程。一般划分为设备安装、管道安装、电气装置安装、自动化仪表安装、设备与管道防腐及绝热安装、工业炉窑砌筑、非标准钢结构组焊 7 个分部工程。

5)分项工程。分项工程是单位工程和分部工程的组成部分，它是将安装工程按 WBS 工作结构分解后，得到最基本的构成要素。它通过较为单纯的施工过程就能生产出来，并且能用适当的计算单位进行工程量和价格计算。这些基本构成要素一般即称为“分项工程”。所以，分项工程是计算人工、材料、机械台班消耗量，计算建安产品价格的基本单元。

2. 建设工程产品的计价特点

建设工程产品具有商品属性，因其自身的特点除带来价格的组成特殊外，其造价计算与其他商品价格计算也具有各自的特点。

(1)计价的单件性。建设工程产品差异性大，不能批量生产，又固定在不同地区的大地上，在市场中不能作物理运动。计算工程造价时，只能根据具体条件单独计算，一个工程项目一个价格。

(2)计价的多次性(多次交易性)。建设工程项目建设周期长，分为多个工作阶段(或交易)，参与工作(或交易)的单位和工作内容及深化程度又各不相同，所以，形成多次计算工程造价的情况。从市场角度看，其实质是多次交易的结果，如图 6.1 所示。

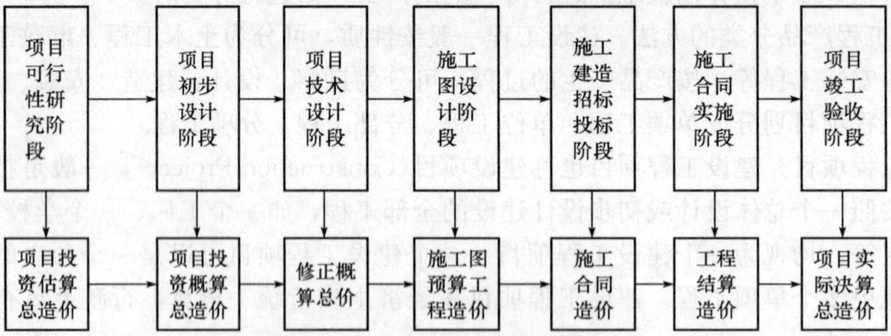

图 6.1 建设工程项目多次计价示意

(3)计价的组合性。建设工程是一个整体性很强的综合实体，用 WBS 工作结构分解后，形成多个阶段、多个层次，计价时由工程的基本构成要素开始计价，逐阶段逐层次依序将造价组合成建设工程项目总造价。其组合计算顺序是：基本构成要素造价(分项工程造价)→分部工程造价→单位工程造价→单项工程造价→建设工程项目总造价。

(4)计价方法的多样性。建设工程项目分多个阶段实施，对工程项目各个阶段的工作内容和深度要求不同，以及参与各方的利益不同，其计价依据与方法也不同，这就决定了计价的多样性。如投资估算可用设备系数法、生产能力指数法、万元指标法等计价；又如概算总造价、预算造价、工程合同造价等，可用单价(纯单价、综合单价)法、工料实物法等方法计价。

(5)造价计算依据的复杂性。建设工程项目是社会最终产品，参与方多，各方为了维护自身利益，涉及面广，影响造价的因素多，所以依据也很多。主要的依据有：工程量的计算依据，消耗量的计算依据，单价计算的依据，各种费用计算的依据，政府有关税费的法律法规依据，物价指数和造价指数，投资者、发包人、承包人对项目利益的不同期望等。

6.2 定额及定额计价

定额及用定额计价是我国工程造价工作者最熟悉的，经历了半个多世纪的发展，现今还在应用定额计价。

定额是一种消耗量标准，是管理科学化的产物，也是科学管理的基础。无论管理科学怎样飞速发展，加强科学管理控制资源消耗，仍然离不开定额。

建设工程定额是工程造价的基础。无论是国家宏观的经济调控，或是小到企业生产的投入产出，都必须严肃地、科学地研究定额、制定定额、执行定额、改进定额，否则管理与生产停滞不前。无论是在定额计价模式下，还是在工程量清单计价模式下，都必须先弄清楚定额原理，然后才是工程造价原理。

6.2.1 安装工程消耗量定额的概念

1. 建设工程定额及其体系

(1)定额。定额是一个额度，是一个人为的标准。它是在正常的生产技术条件下进行生产经营活动时，在人力、物力、财力的消耗和利用方面应遵循的数量额度标准，这个数量额度标准，就称为定额。

(2)建设工程定额。建设工程定额是指工程建设中，在正常工作条件下，合理地进行劳动组织，合理地使用材料、机械、资金等而完成单位合格工程产品时，所必须消耗的资源数量的标准。其又称建设工程消耗量定额。

建设工程产品构成很复杂，产品规模宏大，种类繁多，它的建造必须是多层次、多专业、多方面的协作大生产。它的生产周期长，又固定在大地上，施工生产管理就必须随工程产品而流动。这些技术经济特点，使得建设工程产品外延有很大的不确定性，要控制建设工程产品的资源消耗，必须具有种类多样性、多层次性、多专业性、多方面性的一个完整的庞大的定额体系，才能适应全国的工程建设。从这一点看，建设工程定额是工程建设中各类定额的总称。建设工程定额是建设工程产品生产时劳动力、材料和机械台班消耗数量规定标准的综合体现，所以，建设工程定额也是一个综合的概念。

无论是从建设工程产品构成复杂程度还是从经济建设需要角度来看，建设工程定额都属于生产消费性定额。建设工程定额虽然是在一定时期下的主观产物，但是工程产品和它消耗的生产要素的关系是客观存在的、特定的关系，这种关系是不能被随意替代的。所以，消耗量定额必须正确地反映工程建设和各种资源消耗之间投入与产出、质量与数量的客观规律。

我国建设工程定额，是国家在一定时期的管理体制和管理制度下，根据不同工程建设需要授权有关部门按照一定程序编制的。我国建设工程定额体系及分类，见表 6.10。

表 6.10 建设工程定额体系及分类

<table>
<tr><th>定额分类</th><th>定额名称</th><th>资源消耗量</th><th>表示方式</th></tr>
<tr><td rowspan="3">生产要素类</td><td>人工消耗量定额</td><td></td><td>产量及时间定额</td></tr>
<tr><td>材料消耗量定额</td><td></td><td></td></tr>
<tr><td>机械台班消耗量定额</td><td></td><td>产量及时间定额</td></tr>
<tr><td rowspan="4">适用范围类</td><td>全国统一定额</td><td rowspan="12">人工消耗量定额
材料消耗量定额
机械台班消耗量定额</td><td rowspan="13"></td></tr>
<tr><td>行业定额(部颁定额)</td></tr>
<tr><td>地区(方)定额</td></tr>
<tr><td>企业定额</td></tr>
<tr><td rowspan="3">专业类</td><td>建筑工程定额(建筑、装饰、园林等)</td></tr>
<tr><td>安装工程定额(电、水、暖、通等)</td></tr>
<tr><td>其他专业定额</td></tr>
<tr><td rowspan="5">建筑造价类</td><td>施工定额</td></tr>
<tr><td>预算定额</td></tr>
<tr><td>概算定额</td></tr>
<tr><td>万元指标</td></tr>
<tr><td>估算指标</td></tr>
<tr><td rowspan="2">费用类</td><td>措施项目费</td><td></td></tr>
<tr><td>规费及其他费用定额</td><td></td><td></td></tr>
<tr><td>其他类</td><td>工期定额</td><td></td><td></td></tr>
</table>

2. 安装工程消耗量定额

(1)安装工程消耗量定额的概念。安装工程消耗量定额是指消耗在组成安装工程基本构成要素上的人工、材料、施工机械台班的合理数量标准。

(2)安装工程基本构成要素。按工作结构分解法(Work Breakdown Structure, WBS),将安装工程进行分解后最小的安装工程(工作)单位,称为安装工程基本构成要素的细目或子目,它是组成安装工程最基本的单位实体,具有独特的基本性质:有名称、有编码、有工作内容、有计量单位,可以独立计算资源消耗量,可以计算其净产值,是工作任务的分配依据,是工程造价的计算单元,是工程成本计划和核算的基本对象。这也是对工程进行分部分项和定额子目建立的基本要求。

若将这些"安装工程基本构成要素"测定出其合理需要的劳动力、材料和施工机械使用台班等的消耗数量后,并将其按工程结构或生产顺序的规律,有机地依序排列起来,编上编码,再加上文字说明,印制成册,就成为"安装工程消耗量定额手册",简称"定额"。

(3)我国现行《通用安装工程消耗量定额》(编号为 TY02—31—2015)的组成,由 12 个专业定额组成:

第一册 《机械设备安装工程》

第二册《热力设备安装工程》

第三册《静置设备与工艺金属结构制作与安装工程》

第四册《电气设备安装工程》

第五册《建筑智能化工程》

第六册《自动化控制仪表安装工程》

第七册《通风空调工程》

第八册《工业管道工程》

第九册《消防工程》

第十册《给排水、采暖、燃气工程》

第十一册《通信设备及线路安装工程》

第十二册《刷油、防腐蚀、绝热工程》

(4)各专业安装工程定额的主要组成内容。各专业安装工程定额的主要组成内容包括以下几项：

1)定额总说明。定额总说明是定额编制的依据，包括对工程施工条件的要求，定额人工、材料、机械台班消耗的说明及范围，施工中所用仪器、仪表台班消耗量的取定，对垂直和水平运输要求的说明等。

2)各专业工程定额篇说明。各专业工程定额篇说明该专业工程定额的内容和适应范围，定额依据的专业标准和规范，与其他安装专业工程定额的关系，超高、超层脚手架搭拆及摊销等的规定。

3)目录。目录是为查找、检索安装工程子目定额提供方便。更主要的是，经 WBS 分解后，各专业的基本构成要素有机构成的顺序完全体现在“定额目录”中。所以，定额目录为工程造价人员在计量时提供对该专业工程连贯性的参考，在计算过程中不至于漏项或错算。

4)分章说明。分章说明主要说明本章定额的适用范围、工作内容、工程量的计算规则、本定额不包括的工作内容，以及用定额系数计算消耗量的一些规定。

5)定额册表。定额册表是各专业工程定额的重要内容之一。它是安装工程按 WBS 分解后的工程基本构成要素的有机组列，并按章→节→项→分项→子项→目→子目(工程基本构成要素)等次序排列起来，然后按排列的顺序编上分类码和顺序码以体现有机的系统性。定额表组成的内容包括：章节名称，分节工作内容，各组成子目及其编码，各子目人工、材料、机械台班消耗数量等。

6)附录。附录放在每篇定额之后，为使用定额提供参考资料和数据，一般包括以下内容：

①工程量计算方法及有关规定。

②材料、构件、零件、组件等质(重)量及数量表。

③半成品材料配合比表，材料损耗率表等。

(5)定额编制的原则。定额既是工程建设中人工、材料、施工机械台班的消耗量标准，也是确定工程造价的重要依据。因而，定额的编制是一项严肃的、科学的技术经济工作，必须遵循一定的原则。国家编制定额时，要兼顾全国各省、市、自治区的不同情况，还要考虑全国各建筑业企业的劳动生产率水平差异，所以，充分体现按社会平均必要劳动量来确定物化劳动与活劳动消耗数量的原则。定额是为国家经济建设工作服务的，是建设市场各主体进行建筑产品交易的主要依据，对定额的划项粗细度(WBS 分解细度)、计量单位的选择、计算规则的确定、定额内容的扩大和综合等，均应科学合理。为了方便使用，少留定额“活口”，减少定额的换算，要符合“简明适用、细算粗编”的编制原则。除考虑上述原则外，还应考虑当前设计、施工的技术水平，建设市场情况，以及工程建设工业化、机械化发展方向等原则。

建筑业企业在编制“企业定额”时，除参照国家定额编制原则外，主要考虑企业的施工生产技术和工艺水平、生产和经营管理水平、施工成本管理水平以及建设市场竞争等情况进行编制。

(6)定额的性质。国家编制的消耗量定额，除作为政府投资管理的依据和建设行政主管部门作管理建设市场的依据外，还可作为民间工程项目投资和工程施工发包招标的依据或指导，也可作为施工承包企业编制企业生产消耗量定额，或作为投标报价的依据或指导，具有明显的指导性。定额是根据客观存在的工程，用科学技术的方法编制的，所以具有科学性；生产是发展的，科学技术在不断地进步，定额标准应随生产力的发展而进行调整，但为了便于应用，它必须具有相对的稳定性；国家的统一定额为了适应全国和复杂众多的建设工程，它还必须具有必要的灵活性，即对那些种类繁多的建设工程或那些影响工程造价较大的因素，它必须具有可以进行调整与换算的可能，使其符合客观实际。

企业编制的消耗量定额，除具备科学性、相对稳定性与必要的灵活性外，还应具备适用性、企业个性。

(7)定额编制的方法。定额编制的方法有调查研究法、统计分析法、技术测定法、计算分析法等。

在市场条件下，企业编制消耗量定额有两种方法：一种是以国家现行安装工程预算定额为基础，结合自身情况加以调整取定，这种方法较为便捷；另一种是当企业要想使定额更符合自己管理情况、所属专业情况、成本库建立等情况，可在 WBS 分解方法基础上，用上列的 4 种技术方法，编制具有自身特点的“企业定额”。

(8)定额的作用。定额是政府为了对政府投资的工程编制工程预算，政府主管部门管理建设市场，以及国家编制工程概算定额与编制预算定额的依据；是民间投资方编制投资计划、进行工程决算、考核投资效果的依据和基础；是工程招标中编制工程量清单的依据；是工程拨款、贷款、办理工程结算的依据；是设计单位进行工程设计方案比较、进行技术经济分析的依据；是建筑业企业编制工程成本库、进行投标报价、签订工程施工合同、编制施工财务计划、进行技术经济分析和考核施项目工程成本的依据。

6.2.2 定额册表的解读

我们先来看一个定额册表。室外塑料给水管(热熔连接)定额表，见表 6.11。

表 6.11 室外塑料给水管(热熔连接)

工作内容：切管、调直、热熔接、试水压　　　　计量单位：10 m

定额编号					CH0109	CH0110	CH0111	CH0112	CH0113
项目名称					公称直径(mm 以内)				
					50	80	100	150	200
基价/元					162.66	272.02	429.54	878.58	1 796.64
其中	人工费/元				10.98	16.91	22.57	35.31	42.45
	材料费/元				149.68	250.88	400.37	833.40	1 742.43
	机械费/元				2.00	4.23	6.60	9.87	11.76
	编号	名称	单位	单价	消耗量				
人工	00010301	安装综合工日	工日	28.00	0.392	0.604	0.806	1.261	1.516

续表

编号		名称	单位	单价	消耗量				
材料	24100101	塑料给水管	m		(10.000)	(10.000)	(10.000)	(10.000)	(10.000)
	25014901	室外塑料给水管管件 *DN*50 热熔	个	40.46	3.600				
	25014902	室外塑料给水管管件 *DN*80 热熔	个	74.60		3.300			
	25014903	室外塑料给水管管件 *DN*100 热熔	个	119.50			3.300		
	25014904	室外塑料给水管管件 *DN*150 热熔	个	250.32				3.300	
	25014905	室外塑料给水管管件 *DN*200 热熔	个	525.07					3.300
	36290101	水	m^3	2.00	0.160	0.200	0.310	0.470	0.600
	75010101	其他材料费	元		3.700	4.300	5.400	6.400	8.500
机械	85040105	载重汽车 5 t	台班	237.21	0.001	0.001	0.005	0.006	0.006
	85070602	木工圆锯机 ϕ	台班	29.91	0.005	0.005	0.005	0.008	0.008
	85124701	热熔焊接机 SH－63	台班	15.70	0.103	0.245	0.335	0.523	0.643

由表 6.11 可知室外塑料给水管(热熔连接)定额表上有五个定额子目项，工作内容和计量单位表示这五个子目的工作内容和单位。CH0109、*DN*50 的塑料给水管(热熔连接)属于其中的一个子目。

以 CH0109、*DN*50 的塑料给水管(热熔连接)子目为例进行说明。这一项里基价对应 162.66 元，表示每 10 m 热熔连接的塑料给水管安装需要安装费 162.66 元，安装费中需人工费 10.98 元，材料费 149.68 元，机械费 2.00 元，即

基价＝人工费＋材料费＋机械费

课堂活动

想想人工费、材料费、机械费又是如何计算的呢？

人工费＝人工单价×人工消耗量

因此，可以得到人工费＝28.00×0.392＝10.98(元)

同理

$$计价材料费 = \sum 每一个计价材料单价 \times 材料消耗量$$

$$机械费 = \sum 机械台班单价 \times 机械消耗量$$

即

计价材料费＝40.46×3.600＋2.00×0.160＋3.700＝149.68(元)

机械费＝237.21×0.001＋29.91×0.005＋15.70×0.103＝2.00(元)

课堂活动

想想人工消耗量、材料消耗量、机械台班消耗量、人工单价、材料单价、机械台班单价又是如何计算的呢？

定额表中材料细目里，塑料给水管为什么没有单价，其材料消耗量为什么打括号？

1. 安装工程消耗量定额消耗量标准的确定

(1)人工消耗量标准的确定。

1)人工消耗量标准(定额)。人工消耗量标准(定额)、《通用安装工程消耗量定额》(编号为 TY02—31—2015)中的人工消耗量，是在《建筑安装工程全国统一劳动定额》(也称人工定额)基

础之上编制的。

2)人工消耗量标准(定额)的确定方法。人工消耗量标准(定额)的确定，必须根据国家的经济政策、劳动制度和有关技术和经济文件及资料进行确定。确定人工工日数量的方法有以下两种：

一种是直接使用国家施工定额中的劳动定额的人工工日数，或企业根据实际情况，以国家劳动定额为基础进行适当调整来取定；另一种是劳动定额缺项，或因企业水平与国家劳动定额有差距时，可用技术测定法、统计分析法、比较类推法、经验估计法等方法确定。

①技术测定法。技术测定法是根据生产技术和施工组织的条件，对施工过程中各工序采用测时法、写实记录法、工作日写实法等，测出各工序的工时消耗量等资料，再对所获得的资料进行科学的分析、归纳、整理，然后制定出人工消耗量标准(定额)的方法。

②统计分析法。统计分析法是将过去施工生产中的同类工程或同类产品的工时消耗量统计资料，与当前生产技术和施工组织条件的变化因素结合起来，进行统计分析，制定出人工消耗量标准的方法。这种方法简单易行，其适用于施工条件正常、产品稳定、工序重复量大和统计制度健全的施工过程。然而，过去的记录，只是实际消耗的工时量，不反映生产组织和技术的状况，所以，在此条件下求出的人工消耗量水平，只是已达到的劳动生产率水平，而不是平均水平。在实际工作中，必须分析研究各种变化因素，使人工消耗量标准(定额)真实地反映施工生产的平均水平。

③比较类推法。比较类推法对于同类型产品规格多、工序重复、工作量小的施工过程，常用比较类推法。采用此法制定人工消耗量标准，是以同类型工序和同类型产品的实耗工时量为标准，类推出相似项目人工消耗量定额水平的方法。此法必须掌握类似的程度和各种影响因素的异同程度，才能类推出较为合理的人工消耗量标准(定额)。

④经验估计法。经验估计法是根据定额专业人员、经验丰富的工人和施工技术人员的实际工作经验，参照有关定额资料，对施工管理组织和施工现场技术条件进行调查、讨论和分析后，制定出人工消耗量定额的方法。此法通常用于一次性定额。

3)定额子目(基本构成要素)的人工消耗量计算。当前国家预算定额人工消耗量的确定，表达式如下：

子目工程人工消耗量＝基本用工＋其他用工

＝(基本用工＋辅助用工＋超运距用工)×(1＋人工幅度差率)

式中 基本用工——完成该子目工程的主要用工；

辅助用工——辅助基本用工所需要的用工，如现场基本用工的配合用工、现场材料加工等用工；

超运距用工——材料、半成品、零部件等运至操作地点的水平运输距离，预算定额是按整个施工现场运输距离考虑的，超运距用工即是在劳动定额规定的水平运输距离之上增加运距的运输用工量；

人工幅度差率——即预算定额与劳动定额的差额。劳动定额的人工消耗量只考虑了就地操作用工，没有考虑工作场地的转移，以及工程质量检查、隐蔽验收、工序交叉、机械转移、零星工程等用工，预算定额(消耗量定额)考虑了这些用工因素而增加的用工幅度差，称为人工幅度差，国家定额规定在10%～15%内。

(2)材料消耗量标准的确定。

1)材料消耗量定额。材料消耗量标准(定额)是在合理和节约使用材料的条件下，生产出单位合格产品(或工程基本构成要素)所必须消耗的一定规格的原材料、成品、半成品、构配件，以及水、电、动力等资源的数量标准。它包括直接用于安装工程上的材料、不可避免的施工废料、场内运输和操作损耗等。

材料消耗量标准(指标)的组成，按其性质、用途和用量大小划分成4类，即

①主要材料。主要材料是指直接构成工程实体的材料，原安装工程预算定额称为“未计价材料”。

②辅助材料。辅助材料是指也构成工程实体，但比重比较小的材料。

③零星材料。零星材料是指用量小，价值也不大，不便计算的次要材料，它可用估算法计算。

④周转材料。周转性材料属于施工手段用材料。其施工采用一次投入，多次使用，分次摊销的方法。

2)材料消耗量标准的确定。完成子目工程必须消耗的材料数量表达式如下：

子目材料消耗量＝材料净用量＋材料损耗量

＝材料净用量×(1＋材料损耗率)

＝材料净用量×材料损耗率系数

①材料净用量的确定。材料净用量是构成工程实体必须占有的材料数量，它的确定方法有以下几种：

a. 理论计算法。理论计算法是根据设计、施工验收规范和材料规格等，从理论上用计算公式计算的材料净用量。

b. 测定法。测定法是根据试验情况和现场测定的资料数据而确定的材料净用量。

c. 图纸计算法。图纸计算法是根据选定的图纸，计算各种材料的体积、面积、重量或延长米等的数量。

d. 经验法。经验法是根据历史上同类项目的经验(统计数据、生产及技术条件等)进行估算的材料数量。

②材料损耗量的确定。材料损耗是在现场施工中产生的一些必要的材料损耗，如施工操作、场内运输、场内堆放及贮存等材料的损耗。

材料的损耗量一般用材料损耗率表示。材料损耗率可以通过观察法或统计法计算确定。

材料损耗率 ＝(材料损耗量÷ 材料净用量)× 100%

材料损耗系数 ＝ 1÷(1－材料损耗率)

③周转性材料消耗量的确定。周转性材料是多次使用，逐渐消耗，不断补充，反复周转使用的工具性材料，故称为周转性材料。如安装用的枕木、垫木、滚杠、架料、模板等。周转性材料消耗量指标，分别用一次使用量和摊销量两个指标来表示。其计算式如下：

一次使用量＝材料净用量×(1－材料损耗量)

材料摊销量＝一次使用量×摊销系数

④定额中材料与设备的划分。设备费在生产性建设项目投资中占的比重增大，意味着该建设项目生产技术的进步，是一种积极性的投资，为了考核投资效果，一定要将设备和材料划分清楚。安装工程中设备与材料的划分原则如下：

a. 凡是经过加工制造，由多种材料和部件按各自用途组成独特结构，具有功能、容量及能量传递或转换性能的机器、容器，以及其他机械、成套装置等，均为设备。

b. 为完成建筑、安装工程所需的，经过工业加工的原料和在工艺生产过程中不起单元工艺生产作用的，设备本体以外的零配件、附件、成品、半成品等，均为材料。

设备和材料的划分可以从《通用安装工程消费量定额》(TY02—31—2015)各册所列的主要材料项目中去理解。

(3)施工机械台班消耗量标准的确定。

1)施工机械台班消耗量定额。施工机械台班消耗量定额是指施工机械在正常施工条件下，完成单位合格产品所必需消耗的工作时间(台班数量)。它反映了合理地、均衡地组织作业和使用机械时，该种型号施工机械在单位时间内的生产效率。

建筑业企业在编制施工机械台班消耗量定额时，可参照《建设工程施工机械台班费用编制规则》进行编制，或直接应用，或在其基础上调整后取用。

2)施工机械台班消耗量定额标准的确定。

①确定机械工作的正常施工条件，包括工作地点的合理组织，施工机械作业方法的拟定；确定配合机械作业的施工小组的组织；机械工作班制度等。

②确定机械净工作率，即确定出机械纯工作一小时的正常生产率。

③确定施工机械的正常利用系数是指机械在施工作业班内作业时间的利用率。

机械利用率＝工作班净工作时间÷机械工作班时间

④计算施工机械台班产量定额：

施工机械台班产量定额＝机械生产率×工作班延续时间×机械利用系数

施工机械时间定额＝1/施工机械台班产量定额

⑤拟定工人小组的定额时间是指配合施工机械作业的工人小组的工作时间的总和。

工人小组定额时间＝施工机械时间定额×工人小组的人数

2. 安装工程施工资源价格的确定

(1)人工工日单价标准的确定。

1)人工工日单价。人工工日单价是指一个建筑安装生产工人，工作一个工作日，在工程造价中应该计入的全部费用。它基本上反映了建筑安装生产工人，在一个工作日内可以得到工资报酬的水平。

人工工日单价若按施工工人的技术等级、工种专业、技工辅工等分别计算时，工作量大，很不方便工程造价的编制，一般将技术等级、工种、技工和辅工等综合后，用综合人工单价进行计算。

2)人工工日单价的组成。人工工日单价一直沿用基本工资加相关费用而成。2013年，住房和城乡建设部与财政部印发建标[2013]44号文，将人工工资规定为：

人工工资＝计时工资或计件工资＋奖金＋津贴和补贴＋加班加点工资＋特殊情况下支付的工资

①计时工资或计件工资：指按计时工资标准和工作时间或对已做工作按计件单价支付给个人的劳动报酬。

②奖金：指对超额劳动和增收节支支付给个人的劳动报酬，如节约奖、劳动竞赛奖等。

③津贴补贴：指为了补偿职工特殊或额外的劳动消耗和因其他特殊原因支付给个人的津贴，以及为了保证职工工资水平不受物价影响支付给个人的物价补贴，如流动施工津贴、特殊地区施工津贴、高温(寒)作业临时津贴、高空津贴等。

④加班加点工资：指按规定支付的在法定节假日工作的加班工资和在法定节假日工作时间外延时工作的加点工资。

⑤特殊情况下支付的工资：指根据国家法律、法规和政策规定，因病、工伤、产假、计划生育假、婚丧假、事假、探亲假、定期休假、停工学习、执行国家或社会义务等原因按计时工资标准或计时工资标准的一定比例支付的工资。

(2)材料预算单价的确定。在建筑工程中，材料费占总造价的60%～70%，在金属结构制作工程中材料费占80%以上，所以，材料价格的取定是否合理，对正确计算工程造价影响很大。

1)材料预算单价。材料预算单价是指通过施工承包企业的市场采购活动，材料从来源地到达施工现场仓库后的出库综合平均价格。从这一过程可知，材料预算单价应包括材料原价、运杂费、包装费、采购及保管费等。

材料预算单价，从市场角度看，有地区性的、有企业性的、有专为某工程项目编制的。在编制材料单价时，一种材料只有一个厂、一个地点供应时，其材料单价是唯一的。当一种材料其来源地、交货地、供货商、生产厂家、运输距离均不同时，根据几个交货点、几种价格、各供货数量比例等，采用加权平均法计算其“综合平均原价”，或“综合平均单价”。其方法如下：

$$加权平均原价 = (Q_1C_1 + Q_2C_2 + \cdots + Q_nC_n) \div (Q_1 + Q_2 + \cdots + Q_n)$$

式中 Q_1，Q_2，…，Q_n——各个供货点供应的材料数量；

C_1，C_2，…，C_n——各个供货点供应的材料原价。

2)材料预算单价的组成。在我国现行体制下，材料预算单价由 4 大要素构成，用下式表达：

材料预算单价=[(材料原价+运杂费)×(1+运输途中损耗费)]×(1+采购保管费率)

3)材料预算单价的组成要素的计算。

①材料原价。材料原价是指材料、工程设备的出厂价格，或销售部门的批发牌价和零售价，或进口材料抵岸价。

a. 国内材料原价：为厂商出厂价、供应商批发价或市场零售价。

b. 进口材料原价：以抵岸(边境港口、边境车站)价视为出厂价，在境内部分按国内的方法进行计算。其抵岸价计算公式如下：

进口材料抵岸价=货价+国外运输费+国外运输保险费+银行财务费+外贸手续费+进口关税+增值税+消费税+海关监管手续费

当一种材料是几个供应点供货时，用各供应点原价及供货数量求其加权平均后，作为材料原价。

②运杂费。材料、工程设备由产地或交货地点运至工地仓库所发生的车、船运输等的一切费用。

a. 运杂费按下式计算：

运杂费=运输费+调车(船)费+装卸费+保险费+附加工作费+囤存费+材料场外运输损耗费

附加工作费：如材料的搬运、堆码、分类、整理等工作费用。

b. 运输费计算的依据及标准：铁道运输按铁道部的货运规定计取；水路运输按港务、海运局的货运规定计取；公路运输按省、市运输公司的货运规定计取。

c. 运杂费一般用两种方式计取：直接计算方式：“三材”、主材按材料的质(重)量计算运杂费；间接计算方式：一般材料根据主材运输费测定一个系数进行运杂费计取。

d. 材料综合运输费的确定：当一种材料有几个货源点时，按各货源点供应材料数量的多少(比重)及各自运距，用加权平均方法计算其运输费。

③运输途中损耗费。材料在运输途内装卸和搬运过程中所产生不可避免的损耗费用。

④采购及保管费。采购及保管费是指为组织材料、工程设备的采购、供应与保管过程中所需的各项费用。其包括采购费、仓储费、工地保管费、仓储损耗。用下式计算：

采购保管费 =(材料原价+运输途中损耗费+运杂费)× 采购保管费费率

国家规定，材料采购保管费费率为 2.5%，其中，采购费费率为 1%，保管费费率为 1.5%。设备采购保管费费率为 1.5%，其中，采购费费率为 1.05%，保管费费率为 0.45% 。

4)周转性材料单价的确定。周转性材料可分为自有的周转性材料和租赁的周转性材料两种，两者的预算单价的确定也有所不同。自有的周转材料的单价确定方法与上述材料预算单价确定方法一样；租赁的周转性材料单价按市场平均租赁单价计算，或者按下式计算其租赁单价：

周转性材料租赁单价＝周转性材料购置成本＋使用成本＋执照和保险费＋管理费＋期望利润

租赁的周转性材料还要加上运输等费用。

(3)施工机械台班单价的确定。

1)施工机械台班单价。施工机械台班单价是指一台施工机械在正常条件下，工作一个台班所必须消耗的人工、物料和应该分摊的其他相应的费用。

施工机械的获取方式不同，台班单价计算也有差异。施工机械获取方式有3种，即自有、采购(现金采购、贷款采购、租购)、租赁(内部租赁、外部租赁)。

2)施工机械台班单价的确定。现行机械台班单价由7项费用组成，即折旧费、大修理费、经常修理费、安拆费及场外运输费、燃料动力费、机上人工费、车船使用税、保险费及年检费等。施工机械台班单价按下式计算：

施工机械台班单价＝台班折旧费＋台班大修理费＋台班经常修理费＋台班安拆及场外运输费＋台班人工费＋台班燃料和动力费＋车船使用税＋台班保险费及年检费

3)外部租赁施工机械单价的确定。外部租赁施工机械单价一般按同类施工机械的市场租赁平均单价计算。

无论是机械的出租者计算的单价，或者是机械的租赁者计算的单价，均必须充分考虑单价的组成因素。对于机械出租者而言，除计算确定可以保本的边际单价外，还必须加上一个根据市场竞争策略而确定的期望利润。机械租赁单价一般与上述机械台班单价的计算方式一样：

机械租赁单价＝台班折旧费＋台班大修理费＋台班经常修理费＋台班安拆费及场外运输费＋台班燃料和动力费＋台班机上人工费＋车船使用税＋台班管理费＋台班利润＋台班保险费

租赁单价内应包括：购置成本、折旧、使用成本、执照和保险费、管理费、利润等部分。

3. 定额特点及定额计价

(1)定额特点。

1)各专业工程是由专用的设备及专用的组件组成的，如给水排水工程、通风空调工程等，都具备各自的特点，这些特点都体现在各自的设备及组件的组成(设备、材料、配件、部件和元件)、施工工艺、检验标准、调整调试要求等的不同上。这些特点带来各专业定额的章节划分、工程量计算规则、子目工作内容、人材机的消耗、相关系数(子目系数、综合系数)计算等的不同。

2)每个专业定额都有一个册说明或篇说明，说明本专业定额的适用范围和编制该专业定额依据的标准和规范，若实际工程(工作)超过或不属于这个专业范围，或不符合规定的标准和规范及依据的条件时，就不能使用这个定额。各专业定额的章说明，说明本章定额适用的范围、编制依据、工程量计算方法、子目调整的方法，以及包括或不包括的工作内容、与其他专业定额的关系等。

3)安装工程定额中会把个别工作用百分率或用一个系数来进行计算。例如，脚手架搭拆工作，在建筑工程中脚手架是主导施工过程，所以，在建筑工程预算定额中，专门编制一个脚手架分部来计算其搭拆。在安装工程中，脚手架不是主导施工过程，有的专业甚至不需要搭架，因此，在定额中不列项制目，需要搭架时，一般用一个百分率或一个系数来进行计算，这类系数称为子目系数或综合系数，列在定额册说明或章说明中。由于各专业工程各具特点，对施工工艺和施工过程的要求和条件不同，系数的取舍和数值的计算方法也不尽相同，所以，系数不能跨册混用。

4)在具体划分项目及确定计量规则时，采取尽量与定额衔接的原则进行编制。计量规范项目划分简洁，其工作内容基本上是定额相关的子目。

5)编制一个专业工程的造价，可能涉及多个专业定额，甚至还要涉及建筑工程及其他工程定额。

(2)定额计价。我国从20世纪50年代起就开始推行“定额计价模式”。在计划经济体制下，国家为了控制投资，将消耗量定额和相应单价合并起来，编制“量价合一”的单价表(基价表)，以此作为工程项目造价计算的标准。用单价表计算的工程直接费作为计费基础。以此基础用规定的间接费等费率计算工程造价。在定额计价管理模式下，政府便于控制国家工程项目投资和投资核算，并以此对工程建设活动进行控制和管理。所以，定额计价模式具有“量价合一、基价取费、固定费率”的特点，在定额模式下建设工程造价实质是一个统一的计划价格。

1)定额计价程序及方法。

①用定额计算工程造价的步骤。用定额计算工程造价的步骤：收集并熟悉图纸及相关资料→熟悉施工现场及施工组织设计→列项并按定额计算规则计算工程量→汇总相同工程量→套用定额并填写工程造价计价表→分析子目人、材、机数量及其费用→汇总消耗量及费用→计算价差并填定价差调整表→按计费程序以确定的费率计算相应费用等→计算利润、税金→汇总为工程造价。

②工程预算书编制步骤。工程预算书编制步骤：整理工程量计算表→编制工程计价表→编制三材、材料及工程设备汇总表→编制价差表→编制工程费用计算表→编制预算书说明→填写造价书封面→编制单位负责人审核签章→编制单位签章→建设单位或相关单位审查签章、生效。

2)用定额系数进行消耗量及费用的计算方法。在编制定额时，将不便于列目编码的工程内容作为公用子目，它们的消耗量或费用是测算一个系数来进行计算，这种系数一般称为子目系数或综合系数，列在定额册或章说明中。

①子目系数和综合系数。

a. 子目系数：子目系数是最基本的系数，具有定额子目的性质，故称为子目系数。用它计算的结果构成分部分项工程费，它是综合系数和工程费用计算的基础之一。用子目系数计算的有高层建筑增加费、施工作业操作超高增加费等。

b. 综合系数：综合系数的计算基础是定额人工费和子目系数中的人工费，故称为综合系数。用这类系数计算的有脚手架搭拆费、安装工程系统调试费，其计算结果构成直接费。

②子目系数和综合系数计算公式。

a. 子目系数：

高层建筑增加费＝$\sum$分部分项全部人工费×高层建筑增加费率

超作超高增加费＝超作超高部分全部人工费或各定额册规定的基数×高层超作超高费率

b. 综合系数：

脚手架搭拆费＝$\sum$(分部分项全部人工费＋全部子目系数费中的人工费)×脚手架搭拆费系数

系统调整费＝$\sum$(分部分项全部人工费＋全部子目系数费中的人工费)×系统调整费系数

③子目系数和综合系数费用在定额计价表中的编制方法。子目系数和综合系数是定额规定的计算系数，定额计价时，按定额规定进行计算，一般列在工程预算计价分析表中进行编制。

6.3 室内给水排水工程量计算及定额应用

室内给水排水工程可分为室内给水系统和室内排水系统。为了便于学习，我们将其分为室内给水管道、室内排水管道、阀门法兰及水表组成、卫生设备四个部分。

6.3.1 室内给水管道工程量计算及定额应用

1. 室内给水工程施工顺序

管沟土挖→管道除锈刷油(钢管)→管道安装(引入管→干管→立管→支管)→阀门类→水压试验→管道冲洗消毒→管沟土填。

2. 管道安装

(1)管道安装工程量计算。

1)计算规则。以施工图所示管道中心线长度,以“m”计量。不扣除阀门及管件所占长度。

2)计算界限。

①室内外界线以建筑物外墙皮1.5 m为界,入口处设阀门者以阀门为界;

②卫生设备止。

温馨提醒: ①准确计算管道长度的关键是找准管道变径点的位置,对于螺纹连接的管道来说,变径点发生在三通处。

②管道的弯头、阀门、穿楼板、穿墙等处一般不会是管道变径点的位置。

3)计算方法。水平敷设管道,以施工平面图所示管道中心线尺寸计算;垂直安装管道,按立面图、剖面图、系统轴测图与标高尺寸配合计算。

温馨提醒: ①水平管计算:应根据平面图上标注的尺寸计算,因为图纸设计原因安装工程施工图中很少有尺寸标注,或因计算太烦琐,实际工作中利用比例尺进行计量。将不同规格的管道分别计算,然后汇总。

②垂直管计算:根据系统图标注的标高,进行计算。系统图上切忌用比例尺量计。

4)计算顺序。按系统图沿水流方向进行计算,当是水平管道时,在平面图上查找尺寸,当是垂直管道时,在系统图上查找相应标高。

(2)管道安装定额应用。

1)按管道材质、接口方式分类别,以管径大小规格分档次。

2)包括内容。

①接头零件制安;

温馨提醒: 塑料管接头零件不包括金属塑料过渡转换管件,如发生按实计算。

思考:

接头零件制安在计价表中如何体现?

②水压试验;

③管卡制安(塑料、铸铁管)。

温馨提醒: 若是钢管则只包括 *DN*32 以内的管道的管卡及托钩,*DN*32 以上的钢管需计算其管卡。

课堂活动

若要计算管道的管卡及托钩,该如何计算呢?

3)套管。学习给水系统构造时,除支架,穿墙和穿楼板时还需设钢(塑料)套管。

钢套管以“个”计量,套用相应套管定额。

3. 管道消毒冲洗

(1)计算规则。按管道长度(不扣除阀门、管件所占长度)以“m”计量。

(2)定额分为 *DN*50、*DN*100、*DN*200、*DN*300、*DN*400、*DN*500 以内,应将 *DN*15~*DN*50

归为一个定额子目即 $DN50$；$DN65$～$DN100$ 归为一个定额子目即 $DN100$，其他依此类推。

4. 管道的防腐、保温

不同的管材防腐的要求不同，焊接钢管：管道除锈后要刷防锈漆和银粉；镀锌钢管：丝扣处补刷防锈漆后刷银粉；塑料管：不用防腐。

(1)计算规则。按不同管径分别计算管道的外表面积，再求和。注：$DN32$ 以上管道，内外壁除锈时分别计算；$DN32$ 以下定额包括内外壁除锈工程量。

1)公式法：$S=\pi\times D\times L$(钢管)

$S=1.2\times\pi\times D\times L$(铸铁管)

或按 $S=\pi DL$＋承口展开面积来计算。

式中，D 为管道外径；L 为管道的长度。

2)查附录计算法：例查“焊接钢管绝热、刷油工程量计算表”中的保温厚度 δ 为 0 的一列刷油面积的数值(其数值是按公式法计算出来供大家使用的)。

(2)定额选用第十二册相应定额。

5. 埋地管道土方工程

室内外管道土石方、安装定额中不列此项，套用土建定额。

6.3.2 室内排水管道工程量计算及定额应用

1. 室内排水工程施工顺序

排出管→立管→横管→支管→卫生器具→通水试验。

2. 管道安装

(1)管道安装工程量计算。

1)计算规则。同给水管道。以施工图所示管道中心线长度，以“m”计量。不扣除阀门及管件所占长度。

2)计算界限。

①室内外以出户第一个检查井为界；

②卫生设备止。

3)计算方法。同给水管道。水平敷设管道，以施工平面图所示管道中心线尺寸计算；垂直安装管道，按立面图、剖面图、系统轴测图与标高尺寸配合计算。

4)计算顺序。同给水管道。按系统图沿水流方向进行计算，当是水平管道时，在平面图上查找尺寸，当是垂直管道时，在系统图上查找相应标高。

(2)管道安装定额应用。

1)按管道材质、接口方式分类别，以管径大小规格分档次；

2)包括内容。

①接头零件制安；

温馨提醒：在排水管道安装定额子目中，铸铁管项目中铸铁管子为未计价材料，在塑料管项目中塑料管子及管件均为未计价材，编制预算时应注意区分。

课堂活动

管件有许多类型和规格，管件单价如何计算呢？

②通水(灌水)试验；

③管卡制安(塑料、铸铁管)。

温馨提醒：除管卡外，还包括检查口、透气帽、雨水斗、伸缩节、H形管、消能装置、止水环的安装，但透气帽、H形管、消能装置、止水环的价格应另行计算。

3)套管。穿墙和穿楼板时还需设钢(塑料)套管。钢套管以“个”计量，套用相应套管定额。

温馨提醒：防火套管按管外径计量。

3. 管道的防腐、保温

同给水管道。

4. 埋地管道土方工程

同给水管道。室内外管道土石方、安装定额中不列此项，套用土建定额。

5. 其他

(1)地面扫除口按不同管径以“个”计量，套用相应定额。

温馨提醒：扫除口与清通口是两个不同的概念，其内部构造是不一样的。一般二楼及以上的楼层设置的是清通口。

思考：

清通口如何计算呢?

(2)排水栓。排水栓是阻止杂物进入排水管的设施，功能同地漏箅子。

按不同管径以“个”计量，套用相应定额。

温馨提醒：卫生器具本身所带排水栓不计，如洗脸盆、洗涤盆、浴盆等的排水栓。需要计算的，如盥洗槽、非瓷的拖布池等的排水栓。

(3)阻火圈。按不同管径以“个”计量，套用相应定额。

6.3.3 阀门、法兰及水表组成工程量计算及定额应用

1. 阀门

按不同管径以“个”计量，套用相应定额。

2. 法兰

按不同管径以“副”计量，套用相应定额。

3. 水表

按不同管径以“组”计量，套用相应定额。

温馨提醒：水表组成所包括的主材里，除水表外，还有表前阀门。

思考：

“个”“副”“组”有何区别?

6.3.4 卫生设备工程量计算及定额应用

卫生设备可分成盆类[浴盆、洗脸(手)盆、洗涤盆、妇女净身盆、化验盆]、器类(大便器、淋浴器、小便器、小便槽冲洗管)、其他(水龙头、地漏、排水栓)三类。

卫生器具的定额含量是指每组卫生器具定额所含给水排水管道的数量，卫生器具安装已按标准图计算了给水、排水管道连接的人工和材料，各种卫生器具安装项目中所包括的给水、排水管道与管道延长米计算的界限划分在哪里，这是做准预算的关键，否则会重复计算或漏算，造成误差。

1. 洗脸(手)盆

洗脸(手)盆的类型繁多，安装可分为钢管组成型、铜(不锈钢)管组成型；又可分为立式、台式、挂式；供水可分为冷水、热水、冷热水式；用途可分为理发用、医院用(肘式开关)、公共场所用(脚踏开关)。

(1)按“组”计量，套用相应定额。

(2)洗脸(手)盆组成包括：盆本体、配水龙头(全铜磨光冷、热水嘴 DN15)、各类开关(肘式开关、脚踏开关、铜截止阀 DN15 等)、排水配件(铜下水口即排水栓 DN32、存水弯 DN32、压盖等)、洗脸盆托架、相应长度 DN15 的管道等。冷水嘴洗脸盆安装主要用料表见表 6.12。

表 6.12　冷水嘴洗脸盆安装主要用料表

编号	名称	规格	材料	单位	数量	定额含量
1	洗脸盆托架		钢	副	(1)	(10.100)
2	洗脸盆		陶瓷	个	(1)	(10.100)
3	水嘴		铜	个	(1)	(10.100)
4	镀锌钢管(支管)	DN15	镀锌	M	1	1.000
5	存水弯	DN32	塑料	个	1	10.050
6	洗脸盆下水口(排水栓)	DN32	铜	个	1	10.100
7	截止阀	DN15	铜	个	1	10.100
8	镀锌弯头	DN15	镀锌	个	1	10.100
9	镀锌活接头	DN15	镀锌	个	1	10.100

(3)洗脸(手)盆的安装范围如图 6.2 所示。

1)同给水管道连接界限：水平管与支管交接处。

①上给水形式：水嘴与水平管的连接的三通处，标高一般为 1.0 m，如图 6.3(a)所示。

②下给水形式：算至角阀，其标高一般为 0.45 m，角阀以上部分的管包含在洗脸盆、洗涤盆内，如图 6.3(b)所示。

2)同排水管道相接界限：存水弯处。

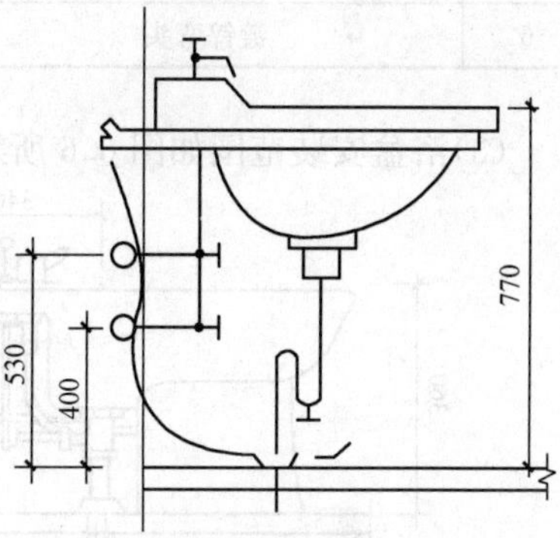

图 6.2　洗脸(手)盆安装范围

2. 洗涤盆

洗涤盆有陶瓷、不锈钢等盆体，用于医院、餐饮、厨房以及需洗涤的场所。安装范围如图 6.4 所示。用开关龙头来分类，如单水嘴、双水嘴；肘式开关(单把、双把)；脚踏开关；回转龙头；混合回转龙头等。按“组”计量，套用相应定额。

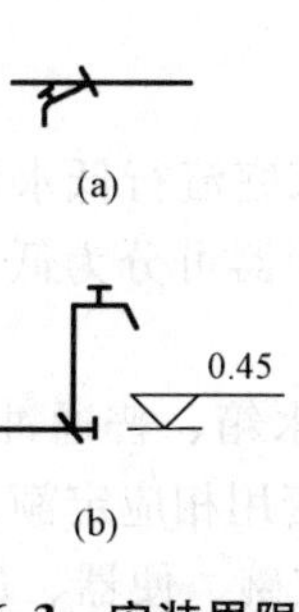

图 6.3　安装界限

(a)上给水形式安装界限；

(b)下给水形式安装界限

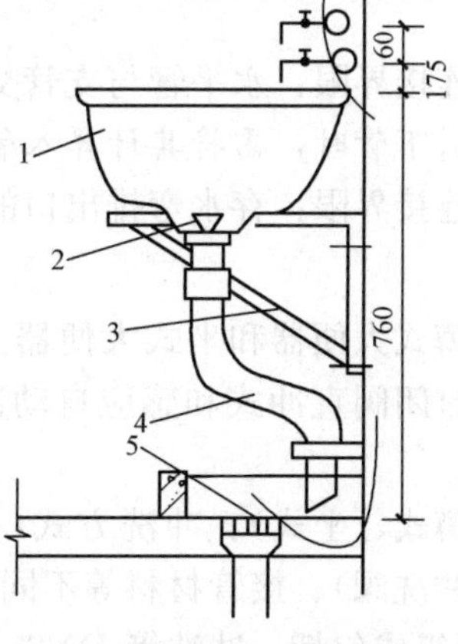

图 6.4　洗涤盆安装范围

1—洗涤盆；2—排水栓；3—托架；

4—排水弯管；5—地漏

洗涤盆组成包括：盆、开关、水嘴、铜或铝合金排水栓带堵 *DN*50、存水弯 *DN*50、托架、相应长度 *DN*15 管道等。不包括地漏安装，需另立项计算。

思考：

化验盆、妇女净身盆(可参阅图 6.5)的组成有哪些，应如何计算呢？

3. 浴盆

(1)根据浴盆材质及供水种类(冷水、冷热水、冷热水带喷头)等情况以“组”为单位计算，套用相应定额。

(2)冷热水浴盆安装主要用料表见表 6.13。

表 6.13　冷热水浴盆安装主要用料表

编号	名称	规格	材料	单位	数量	定额含量
1	浴盆排水配件		铜	套	(1)	(10.100)
2	浴盆		陶瓷	个	(1)	(10.100)
3	浴盆混合水嘴带喷头		铜	套	(2)	(20.200)
4	镀锌钢管(支管)	*DN*15	镀锌	M	1	3.000
5	存水弯	*DN*50	塑料	个	1	10.050
6	镀锌弯头	*DN*15	镀锌	个	2	20.200

(3)浴盆安装范围如图 6.6 所示。

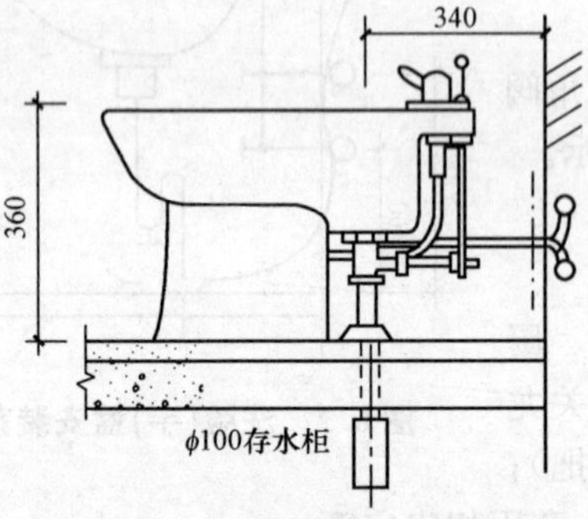

图 6.5　妇女净身盆安装范围

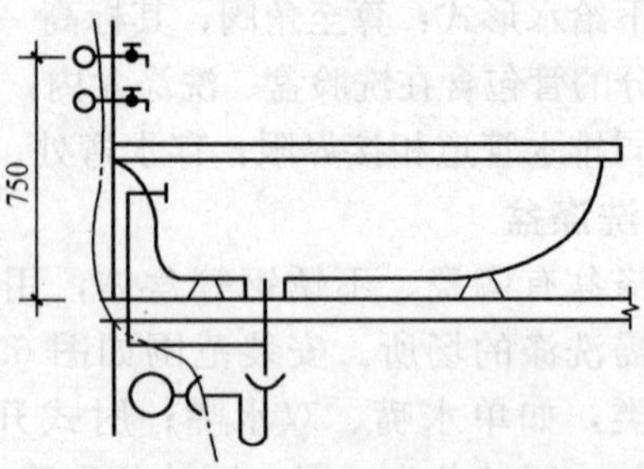

图 6.6　浴盆安装范围

1)同给水管道连接界限：水平管与支管交接处。

温馨提醒：有引下管时，需将其计算入管道安装中。

2)同排水管道连接界限：存水弯排出口的三通为界。

4. 大便器

大便器可分为蹲式大便器和坐式大便器。蹲式大便器有家庭流行低水箱直冲式、公共场所用手压及脚踏延时自闭阀直冲式和感应自动冲洗式；坐式大便器可分为低水箱、带水箱、连体箱等形式。

(1)按其形式(蹲式、坐式)、冲洗方式(瓷高水箱、瓷低水箱、普通冲洗阀、手压阀冲洗、脚踏阀冲洗、自闭冲洗阀)、接管材料等不同，按“套”计量，套用相应定额。

(2)蹲式大便器组成包括：冲洗管 *DN*25、冲洗阀、冲水皮碗、便器、*DN*100 存水弯。手压阀蹲式大便器安装主要材料表见表 6.14，自闭式冲洗阀蹲式大便器安装主要材料表见表 6.15。

坐式大便器组成包括：水箱、坐便器、角型阀 *DN*15 及自闭式冲洗阀、配件、便器盖及便器存水弯等。低水箱坐式大便器安装主要用料表见表 6.16。

表 6.14　手压阀蹲式大便器安装主要用料表

编号	名称	规格	材料	单位	数量	定额含量
1	蹲式大便器		陶瓷	个	(1)	(10.100)
2	大便器手压阀	DN25	铜	个	(1)	(10.100)
3	大便器胶皮碗		橡胶	个	1	11.000
4	镀锌钢管(支管)	DN25	镀锌	M	1	15.000
5	大便器存水弯	DN100	塑料	个	1	10.050
6	镀锌弯头	DN25	镀锌	个	1	10.100
7	镀锌活接头	DN25	镀锌	个	1	10.100

表 6.15　自闭式冲洗阀蹲式大便器安装主要用料表

编号	名称	规格	材料	单位	数量	定额含量
1	蹲式大便器		陶瓷	个	(1)	(10.100)
2	自闭式冲洗阀	DN25	铜	个	(1)	(10.100)
3	大便器胶皮碗		橡胶	个	1	11.000
4	镀锌钢管(支管)	DN25	镀锌	M	1	10.000
5	大便器存水弯	DN100	塑料	个	1	10.050
6	镀锌管箍	DN25	镀锌	个	1	10.100
7	镀锌管卡子(单立管)	DN25	镀锌	个	1	10.500

表 6.16　低水箱坐式大便器安装主要用料表

编号	名称	规格	材料	单位	数量	定额含量
1	低水箱坐便器		陶瓷	个	(1)	(10.100)
2	座式低水箱		陶瓷	个	(1)	(10.100)
3	低水箱配件		塑料	套	1	(10.100)
4	大便器存水弯	DN100	塑料	个	1	(10.100)
5	角型阀(带铜括)	DN15	铜	个	1	(10.100)
6	坐便器桶盖		陶瓷	套	1	(10.100)
7	镀锌弯头	DN15	镀锌	个	1	10.100
8	镀锌活接头	DN15	镀锌	个	1	10.100

(3)蹲式大便器安装范围如图 6.7 所示，坐式大便器安装范围如图 6.8 所示。

1)同给水管道连接界限：水平管与支管交接处。

①高瓷水箱：水平管与水箱支管的交叉处，如图 6.9(a)所示。

②阀冲洗：一般情况按标准图安装时是水平管与立支管交叉处，定额包含1.0～1.5 m的立支管，特殊时按整个高度减去定额含量，如图6.9(b)所示。

③坐便器：算至水箱进水管的角阀0.25 m高处，如图6.9(c)所示。

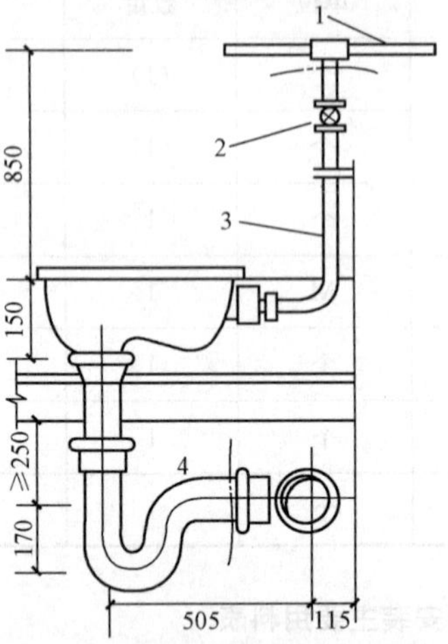

图6.7　蹲式大便器安装范围

1—水平管；2—冲洗阀；3—冲洗管；4—存水弯

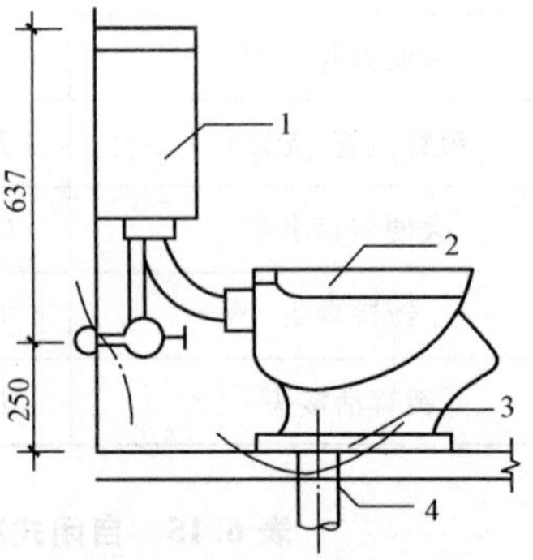

图6.8　坐式大便器安装范围

1—水箱；2—坐式大便器；3—皮塞；4—塑料管

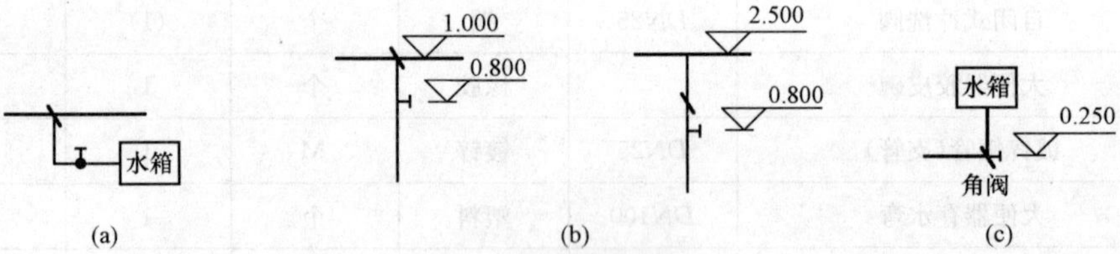

图6.9　安装界限

(a)高瓷水箱给水安装界限；(b)阀冲洗给水安装界限；(c)坐便器给水安装界限

2)同排水管道连接界限：存水弯排出口的三通为界。

温馨提醒：大便器安装定额中不包括排水管竖直管段工程量。

5. 小便器

(1)根据其形式(挂斗式、立式)、冲洗方式(普通冲洗、自动冲洗)、联数(一联、二联、三联)不同，分别以"套"为单位计算，套用相应定额。

(2)小便器安装范围如图6.10(a)、(b)所示。

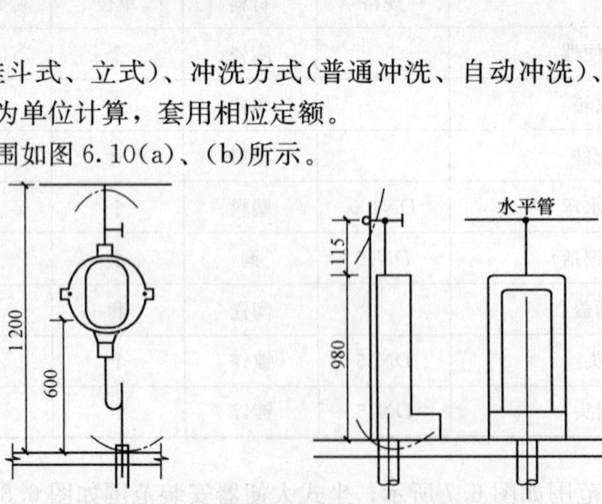

图6.10　小便器安装范围

(a)挂式小便器安装范围；(b)立式小便器安装范围

1)同给水管道连接界限：水平管与支管交接处。

2)同排水管道连接界限：存水弯排出口的三通为界。

6. 小便槽冲洗管安装

冲洗管用 *DN*15、*DN*20、*DN*25 镀锌钢管或塑料管钻 ϕ2 孔制作，再连接给水管、冲洗阀，由地漏排出，分别立项计量，套用相应定额，如图 6.11 所示。

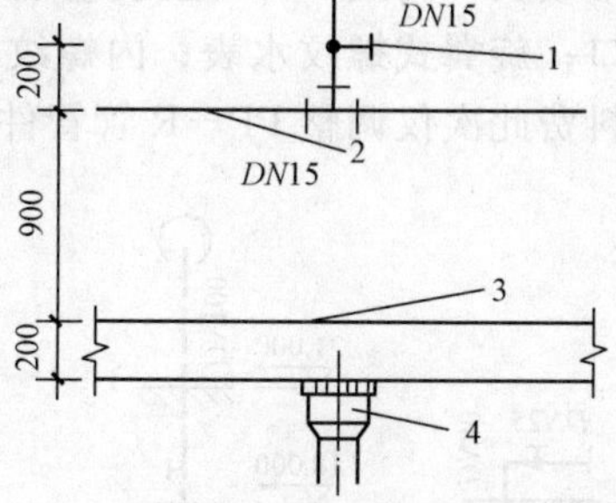

图 6.11 小便槽冲洗管

1—冲洗阀；2—冲洗管；3—小便槽；4—地漏

7. 淋浴器

(1)按材质(钢管、铜管)、供水种类(冷水、冷热水)不同，分别以“组”为单位计算，套用相应定额。

(2)淋浴器安装范围如图 6.12 所示。

1)同给水管道连接界限：水平管与支管交接处。

2)同排水管道连接界限：地漏另计。

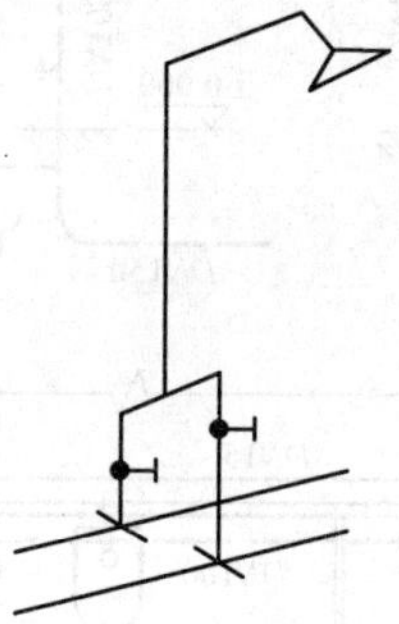

图 6.12 淋浴器安装范围

8. 地漏

地漏用铸铁、不锈钢、铝合金、塑料等制作，规格为 *DN*50～*DN*150。有钟罩式、筒式及浮球式，均设置漏水箅子。地漏用于厕所、盥洗间、浴室及需要排出地面污水的房间。以“个”计量，套用相应定额。

9. 水龙头

水龙头也称水嘴，用铜、铝合金、不锈钢或塑料制作，规格为 *DN*15、*DN*20、*DN*25。以“个”计量，套用相应定额。

6.3.5 室内给水排水工程案例

【例 6.2】 如图 6.13 所示，本工程为位于某市近郊某机器制造厂职工住宅楼给水排水工程。该建筑为现浇钢筋混凝土框剪结构，共 7 层，层高为 3 m，屋顶为可上人屋面。给水管道用 PP－R 管热熔连接，排水用承插塑料管道粘接。挂式 13102 型陶瓷洗脸盆，配备冷热水龙头；1500 型陶瓷浴盆，配备冷热水混合龙头带喷头；蹲式 6203 型陶瓷大便器，配备按压式延时自动关闭冲洗阀；不锈钢地漏及地面扫除口；旋翼式螺纹水表；内螺纹直通式截止阀和闸阀(人工单价按 55 元/工日进行调整，计价材料费此次仅调整 PP－R 管管件价格)。

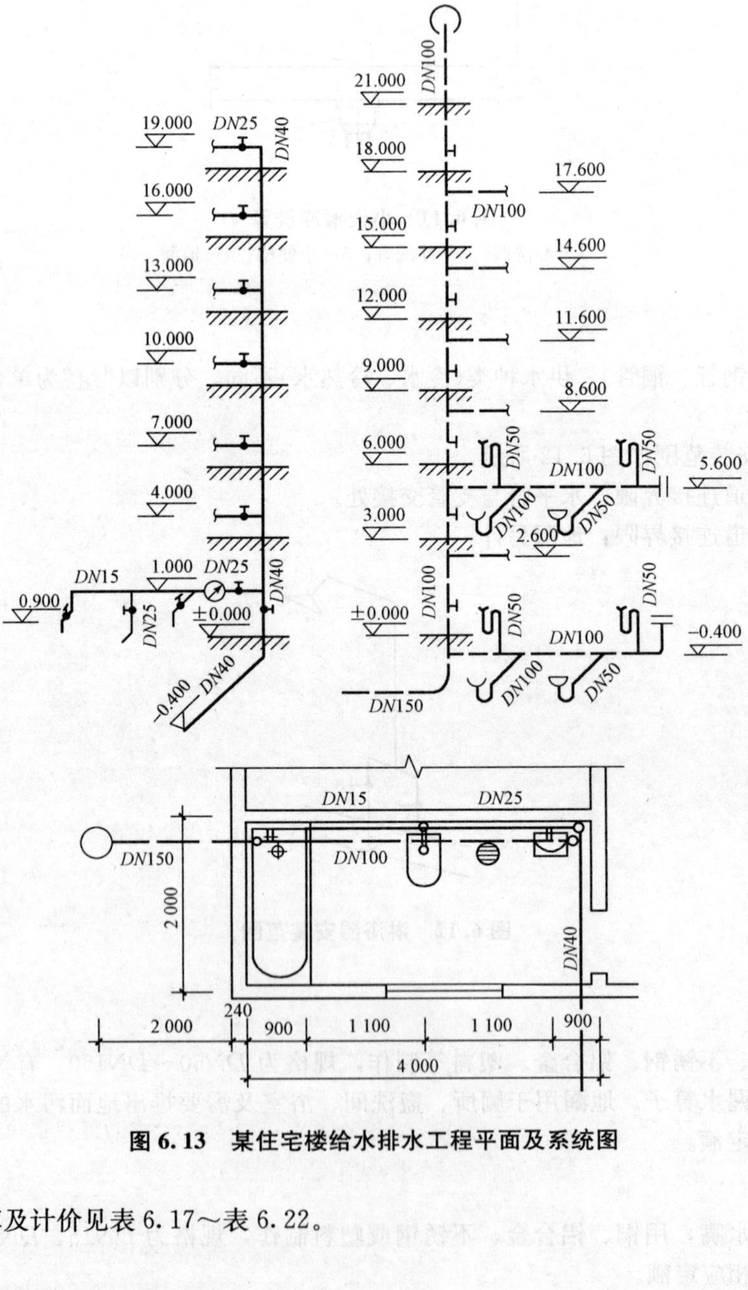

图 6.13 某住宅楼给水排水工程平面及系统图

工程量计算及计价见表 6.17～表 6.22。

表 6.17　工程量计算表

工程名称：某厂住宅楼　　　　　　　　给水排水工程　　　　　　　　第 1 页　共 1 页

序号	工程项目名称	计算式及说明	单位	数量
1	给水管道			
	PP－R 管热熔连接 *DN*40	1.5＋2＋0.4＋19	m	22.90
	PP－R 管热熔连接 *DN*25	(0.9－0.12＋1.1)×7	m	13.16
	PP－R 管热熔连接 *DN*15	[1.1＋0.9÷2＋(1－0.9)]×7	m	11.55
	穿墙、穿楼板套管 *DN*65	1＋7	个	8.00
2	排水管道			
	承插塑料排水管 *DN*150	2＋0.24＋(1.2－0.4)	m	3.03
	承插塑料排水管 *DN*100	0.4＋21＋1.8＋(4－0.12－0.3)×7＋清扫口出地面 0.4＋大便器立支管 0.3×7	m	50.76
	承插塑料排水管 *DN*50	浴盆处 0.3×7＋ 地漏处 0.3×7＋ 面盆处 0.4×7	m	7.00
	穿墙套管 *DN*200	1	个	1.00
	穿楼板套管 *DN*150	8	个	8.00
3	阀门水表			
	内螺纹截止阀 *DN*40	1	个	1.00
	螺纹水表(带表前阀门)	1×7	组	7.00
4	卫生设备			
	陶瓷面盆(带单孔冷热水面盆龙头)	1×7	组	7.00
	瓷蹲式便器(带入墙式延时大便冲洗阀)	1×7	套	7.00
	陶瓷浴缸 1 500(带单柄冷热水浴缸淋浴龙头带软管花洒)	1×7	组	7.00
	不锈钢地漏 *DN*50	1×7	个	7.00
	地面清扫口	1×1	个	1.00

表 6.18 安装工程预算计价分析表

工程名称:某厂住宅楼　　　　给水排水工程

序号	定额编号	工程或费用名称	工程量		安装费/元		其中						未计价材料					
			单位	数量	基价	合价	人工费/元		材料费/元		机械费/元		材料名称	单位	定额量	计算量	单价/元	合价/元
							基价	合价	基价	合价	基价	合价						
1	CH0197	室内给水 PP—R 塑料管热熔连接 *DN*40	10 m	2.290	131.33	300.746	44.97	102.981	86.05	197.055	0.31	0.710	PP—R 塑料管 *DN*40(雄塑)	m	10.200	23.358	15.87	370.691
													*DN*40 外螺纹接头	个		2	12.00	24.00
2	CH0195	室内给水 PP—R 塑料管热熔连接 *DN*25	10 m	1.316	80.48	105.912	36.68	48.271	43.64	57.430	0.16	0.211	PP—R 塑料管 *DN*25	m	10.200	13.423	6.4	85.908
													*DN*25 外螺纹接头	个		14	5.00	70.00
													*DN*25 镀锌外接头	个		7	1.00	7.00
3	CH0193	室内给水 PP—R 塑料管热熔连接 *DN*15	10 m	1.155	65.57	75.733	32.20	37.191	33.21	38.358	0.16	0.185	PP—R 塑料管 *DN*15	m	10.200	11.781	2.62	30.866
4	CH0350	*DN*50 穿墙钢套管制安	个	8.000	8.86	70.88	3.78	30.24	4.26	34.08	0.82	6.56	钢管 *DN*50	m	0.310	2.48	26.80	66.464
5	CH0444	*DN*50 以内管道消毒冲洗	10 m	4.761	23.98	114.169	13.83	65.844	10.15	48.324								
6	CH0308	室内排水 UPVC 塑料管承插连接 *DN*150	10 m	0.303	119.76	36.287	87.00	26.361	32.26	9.775	0.50	0.152	UPVC 管 ϕ160×4.0(雄塑)	m	9.470	2.869	23.65	67.862
													UPVC 管件 ϕ160	个	6.980	2.115	15.663	33.127
7	CH0307	室内排水 UPVC 塑料管承插连接 *DN*100	10 m	5.076	97.19	493.336	61.71	313.240	34.98	177.558	0.50	2.538	UPVC 管 ϕ110×3.2	m	8.520	43.248	11.08	479.183
													UPVC 管件 ϕ110	个	11.380	57.765	6.384	368.771
													透气帽 ϕ110	个		1	15.00	15.00
8	CH0305	室内排水 UPVC 塑料管承插连接 *DN*50	10 m	0.700	58.43	40.901	40.71	28.497	17.22	12.054	0.50	0.35	UPVC 管 ϕ50×2.0	m	9.670	6.769	3.7	25.045
													UPVC 管件 ϕ50	个	9.020	6.314	0.811	5.121
9	CH0353	*DN*200 穿墙钢套管制安	个	1.000	40.38	40.38	19.26	19.26	20.30	20.30	0.82	0.82	钢管 *DN*200	m	0.310	0.31	67.8	21.018

续表

序号	定额编号	工程或费用名称	工程量		安装费/元		其中						未计价材料					
			单位	数量	基价	合价	人工费/元		材料费/元		机械费/元		材料名称	单位	定额量	计算量	单价/元	合价/元
							基价	合价	基价	合价	基价	合价						
10	CH0352	DN150 穿楼板钢套管制安	个	8.000	29.42	235.36	14.34	114.72	14.26	114.08	0.82	6.56	钢管 DN150	m	0.310	2.48	52.65	130.572
11	CH0737	DN100 地面扫除口	10 个	0.100	27.15	2.715	25.40	2.540	1.75	0.175			DN100 地面扫除口	个	10.000	1.000	27.00	27.00
12	CH0455	DN40 内螺纹截止阀	个	1.000	6.14	6.14	3.14	3.14	3.00	3.00			DN40 内螺纹截止阀	个	1.010	1.010	35.00	35.35
13	CH0610	DN25 螺纹水表(带表前阀门)	组	7.000	11.95	83.65	11.42	79.94	0.53	3.71			DN25 螺纹水表	个	1.000	1.000	35.00	35.00
													DN25 阀门	个	1.010	1.010	20.00	20.00
14	CH0666 换	陶瓷面盆(带单孔冷热水面盆龙头)	10 组	0.7	1 042.60	729.82	528.84	370.188	513.76	359.632			陶瓷面盆	个	10.100	7.07	148.00	1 046.36
													单孔冷热水面盆龙头	个	10.100	7.07	120.00	848.40
15	CH0695	瓷蹲式便器(带入墙式延时大便冲洗阀)	10 套	0.7	472.15	330.505	188.75	132.125	283.40	198.38			瓷蹲式便器	个	10.100	7.07	188.00	1 329.16
													延时大便冲洗阀)	个	10.100	7.07	105.00	742.35
16	CH0655	陶瓷浴缸 1 500(带单柄冷 热水浴缸淋浴龙头带软管花洒)	10 组	0.7	446.40	312.48	291.90	204.33	154.50	108.15			陶瓷浴缸	个	10.100	7.07	1 488.00	10 520.16
													单柄冷 热水浴缸淋浴龙头带软管花洒	个	10.100	7.07	128.00	904.96
17	CH0733	DN100 铝合金地漏	10 个	0.7	135.14	94.598	97.66	68.362	37.48	26.236			DN100 不锈钢地漏	个	10.000	7.00	65.00	455.00
		合计				3 073.62		1 647.23		1 408.30		18.09						17 764.37
18	册说明	高层建筑增加费 1 647.23×2%	项			32.94		32.94										
19	册说明	脚手架搭拆费(1 647.23+32.94)×5%	项			84.01	25%	21.00	75%	63.01								
		合计				3 190.56		1 701.18		1 471.31		18.09						

表 6.19　工程取费表

工程名称：某厂住宅楼　　　　　　　　给水排水工程

序号	费用名称	计算公式	费率/%	金额/元
一	直接费	1+2+3		22 471.17
1	直接工程费	1.1+1.2+1.3+1.4		4 706.80
1.1	人工费	1.1.1+1.1.2		3 215.23
1.1.1	定额基价人工费	定额基价人工费		1 701.18
1.1.2	定额人工单价(基价)调整	1.1.1×[定额人工单价(基价)调整系数-1]	189	1 512.05
1.2	材料费	定额基价材料费		1 471.31
1.3	机械费	1.3.1+1.3.2		20.26
1.3.1	定额基价机械费	定额基价机械费		18.09
1.3.1.1	其中：定额基价机上人工费			2.43
1.3.2	定额机上人工单价(基价)调整	1.3.1.1×[定额人工单价(基价)调整系数-1]	189	2.17
1.4	未计价材料费			17 764.37
2	组织措施费	2.1+…… +2.7	28.35	482.28
2.1	夜间施工费	(1.1.1)×费率		
2.2	冬雨期施工增加费	(1.1.1)×费率		
2.3	二次搬运费	按实签证计算		
2.4	包干费	(1.1.1)×费率		
2.5	已完工程及设备保护费	(1.1.1)×费率		
2.6	工程定位复测、点交及场地清理费	(1.1.1)×费率		
2.7	材料检验试验费	(1.1.1)×费率		
3	允许按实计算费用及价差	3.1+3.2+3.3+3.4		29.59
3.1	人工费价差			126.37
3.2	材料费价差			-96.78
3.3	按实计算费用			0.00
3.4	其他			0.00
二	间接费	4+5		1 488.01
4	企业管理费	(1.1.1)×费率	61.64	1 048.60
5	规费	(1.1.1)×费率	25.83	439.41
三	利润	(1.1.1)×费率	48.50	825.07
四	建设工程竣工档案编制费	(1.1.1)×费率	2.53	43.04
五	住宅工程质量分户验收费	按文件规定计算		0.00
六	安全文明施工费	按文件规定计算(1.1.1)×费率	19.11	325.09
七	税金	(一+二+三+四+五+六)×费率	3.48	875.30
八	工程造价	一+二+三+四+五+六+七		26 027.68

表 6.20　人工费、材料费价差调整表

工程名称：某厂住宅楼　　　　　　　　给水排水工程　　　　　　　　第 1 页　共 1 页

序号	材料名称及规格	单位	数量	基价/元	基价合价/元	调整价/元	单价差/元	价差合价/元	备注
一、	人工费价差调整								
1	人工费	元	60.756	52.92	3 215.23	55	2.08	126.37	
	小计							126.37	
二、	材料费价差调整								
2	*DN*40 PPR 塑料给水管管件	个	18.893	9.57	86.827	6.72	−2.85	−53.85	
3	*DN*25 PPR 塑料给水管管件	个	14.384	3.5	31.37	1.85	−1.65	−23.73	
4	*DN*15 PPR 塑料给水管管件	个	22.592	1.51	11.814	0.66	−0.85	−19.20	
	小计							−96.78	

表 6.21　未计价材料表

工程名称：某厂住宅楼　　　　　　　　给水排水工程　　　　　　　　第 1 页　共 1 页

序号	材料名称	单位	数量	单价/元	合价/元	备注
1	PP—R 塑料管 *DN*40(雄塑)	m	23.358	15.87	370.691	
2	*DN*40 外螺纹接头	个	2	12.00	24.00	
3	PP—R 塑料管 *DN*25	m	13.423	6.4	85.908	
4	*DN*25 外螺纹接头	个	14	5.00	70.00	
5	*DN*25 镀锌外接头	个	7	1.00	7.00	
6	PP—R 塑料管 *DN*15	m	11.781	2.62	30.866	
7	钢管 *DN*50	m	2.48	26.80	66.464	
8	UPVC 管 ϕ160×4.0(雄塑)	m	2.869	23.65	67.862	
9	UPVC 管件 ϕ160	个	2.115	15.663	33.127	
10	UPVC 管 ϕ110×3.2	m	43.248	11.08	479.183	
11	UPVC 管件 ϕ110	个	57.765	6.384	368.771	
12	透气帽 ϕ110	个	1	15.00	15.00	
13	UPVC 管 ϕ50×2.0	m	6.769	3.7	25.045	
14	UPVC 管件 ϕ50	个	6.314	0.811	5.121	

续表

序号	材料名称	单位	数量	单价/元	合价/元	备注
15	钢管 *DN*200	m	0.31	67.8	21.018	
16	钢管 *DN*150	m	2.48	52.65	130.572	
17	*DN*100 地面扫除口	个	1.000	27.00	27.00	
18	*DN*40 内螺纹截止阀	个	1.010	35.00	35.35	
19	*DN*25 螺纹水表	个	1.000	35.00	35.00	
20	*DN*25 阀门	个	1.010	20.00	20.00	
21	陶瓷面盆	个	7.07	148.00	1 046.36	
22	单孔冷热水面盆龙头	个	7.07	120.00	848.40	
23	瓷蹲式便器	个	7.07	188.00	1 329.16	
24	延时大便冲洗阀	个	7.07	105.00	742.35	
25	陶瓷浴缸	个	7.07	1 488.00	10 520.16	
26	单柄冷热水浴缸淋浴龙头带软管花洒	个	7.07	128.00	904.96	
27	*DN*100 不锈钢地漏	个	7.00	65.00	455.00	

表 6.22 预算书封面

重庆市建筑安装工程造价预(结)算书

建设单位：×××	工程名称：某厂住宅楼　给水排水工程	建设地点：重庆市内
施工单位：×××	工程类别：二类	建设日期：2016.4
工程规模：×××	工程造价：26 027.68 元	单位造价：×××
建设(监理)单位：×××	施工(编制)单位：×××	审核单位：×××
审核人 资格证章：×××	编制人 资格证章：×××	审核人 资格证章：×××
××年×月×日	××年×月×日	××年×月

本章小结

本章的内容包括：

(1)建设工程造价的含义、组成及其管理。

(2)定额的概念及定额表中各个数据的含义、消耗量标准及价格标准的确定以及定额的应用和计价。

(3)室内给水排水的计量、计价。

习　题

6.1　请从广义和狭义的角度分析建设工程造价的含义。

6.2　简述工程造价的计价程序。

6.3　简述材料是如何分类的，在定额表中是如何体现的？

6.4　简述设备和材料的区别，在定额表和预算计价表中是如何表现的？

6.5　市场采购的阀件、设备与定额规定的型号规格不同时，该怎样处理？

6.6　在《给水排水、采暖、燃气工程》定额中，室内承插铸铁给水管与承插铸铁排水管道，同样是石棉水泥接口，为什么前者管道主材消耗量如*DN*750 为 10 m，而后者为 9.3 m？室外承插铸铁排水管道为 10.3 m，为什么？

参考答案

综合实训

完成任务单中的室内给水排水工程施工图预算编制，结果填入表格中(人工单价按 60 元/工日计算，未计价材料按市场价，计价材料仅调整 PP—R 给水管件价格)。

设计施工说明：

①卫生设备及附件选用挂式 13102 型陶瓷洗脸盆，踏式 6203 型陶瓷蹲式大便器，10 L/min 燃气热水器，铝合金地漏，叶轮式水表，普通水龙头，内螺纹截止阀，铜球阀(燃气热水器用)直通式专用冲洗阀。

②管材、管件给水系统选用 PP—R 管及其管件；排水系统选用 UPVC 管及其管件。

任　务　单

学院：　　　　　　　　　　　　　　　　　班级：　　　　　　　　　　　年　月　日

任务名称		室内给水排水工程施工图预算编制		
实训名称		编制××室内给水排水工程施工图预算		
目　的		在限定的时间内，编制所给图纸的室内给水排水工程施工图预编制。学生应在识图的基础上，利用所学知识、工具、参考资料，计算工程量，填写预算书相应表格。 注：可做必要的假定。		
完成时间		90分钟		
工作步骤	资讯	识图、查阅资料	小组讨论	5分钟
	决策	确定编制方法	小组讨论	2分钟
	计划	制定具体实施步骤	小组讨论	3分钟
	实施	计算工程量、描述项目特征、填写预算书相应表格	独立完成	60分钟
	检查		分组完成	10分钟
	评价		分组完成	10分钟
工具 参考资料		1. 预算表格； 2.《重庆市安装工程计价定额》第八册； 3. 教材； 4. 计算器； 5. 标准图集		
图　纸		××室内给水排水工程		

某住宅楼给水排水平面图、给水系统图和排水系统图如图5.68所示。

第7章 采暖工程

学习目标

知识目标	能力目标	权重
了解采暖工程相应图例	能基本识读采暖工程相应图例	0.15
熟悉采暖工程识图方法	能正确识读采暖工程施工图	0.25
熟悉采暖工程构造及施工工艺	能基本领悟采暖工程构造及施工工艺	0.25
掌握采暖工程计价规定和方法	能基本编制采暖工程施工图预算	0.35
合 计		1.0

教学准备

安装施工规范、采暖工程施工图等。

教学建议

在安装构造实训基地采用集中讲授、课堂互动教学、分组实训等方法教学。

教学导入

我国北方地区的冬天极其寒冷，没有采暖工程将无法保证人们正常的工作和生活，而随着人们物质生活水平的逐渐提高，我国南方地区也出现了许多采暖设备。

课堂活动

想想重庆采用了哪些采暖形式，尽可能多地列出来。思考一下我国北方地区如何采暖？

7.1 采暖工程识图

7.1.1 采暖工程图例

采暖工程图例详情见表7.1。

表7.1 采暖工程图例

序号	名称	图例	说明
1	供汽(水)管	———	
2	回凝结水(水)管	-----------	

续表

序号	名称	图例	说明
3	管道固定支架		
4	手动放气阀	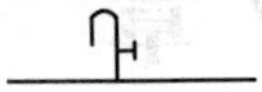	
5	散热器放空气阀	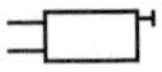	
6	集气罐	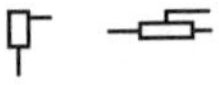	
7	散热器	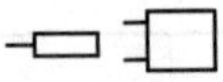	
8	方形伸缩器	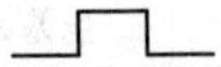	
9	温度计		
10	压力表		
11	疏水器		

7.1.2 采暖工程图

1. 采暖工程图的组成

采暖工程图由采暖平面图、采暖系统图和详图组成。其中，最主要的是平面图及系统图。除前述三种图样外，还包括图纸目录、主要设备材料表及设计施工说明。

(1)采暖平面图。采暖平面图，主要表示建筑物各层的采暖设备和管道的平面布置。

(2)采暖系统图。采暖系统图，表明整个采暖系统的设备，附件和干管、立管、支管在空间的布置及其相互关系。

(3)采暖详图。采暖详图包括标准图和非标准图；设计、施工时，通常采用标准图。

2. 采暖工程图的识读

(1)采暖平面图的识读方法。识读顺序：先识读采暖平面图，再对照采暖平面图识读采暖系统图，然后识读详图。

1)采暖平面图的识读方法。识读顺序：先识读底层、中间层、顶层的采暖设备，再由热力入口(热媒入口)起，按顺序识读供汽(水)干、立、支管及凝(回)水支、立、干管。

2)采暖系统图的识读方法。从热力入口(热媒入口)起，沿汽(水)流的方向识读。其顺序为：供汽(水)管、各供汽(水)立管、各组散热器的供汽(水)支管、各组散热器的凝(回)水支管、各凝(回)水立管、凝(回)水干管、凝(回)水总管。

(2)采暖平面图的识读。

【例 7.1】 某综合楼采暖工程图，如图 7.1、图 7.2 所示。

1)采暖平面图的识读。某办公楼采暖工程图，如图 7.1 所示。该图为上供下回式热水采暖系统，选四柱型散热器，每组散热器的片数均标注在靠近散热器图例符号的外窗外侧。从图上可以看出，该综合楼共有两层。各层散热器组的布置位置和组数均相同，各层供、回水立管的设置位置和根数也相同。

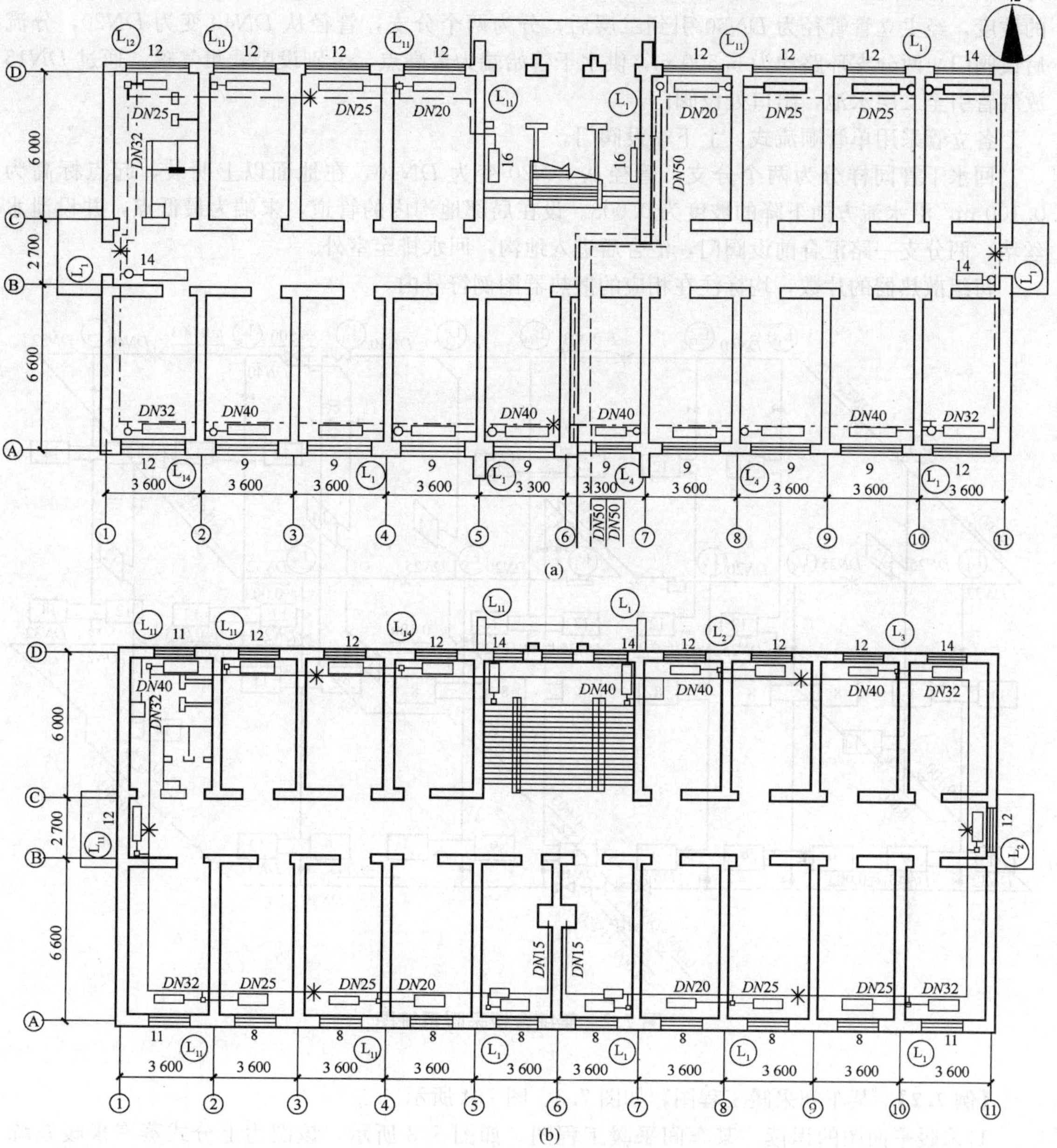

图 7.1　某综合楼采暖平面图

(a)一层采暖平面图；(b)二层采暖平面图

从一层平面图上可以看出，供回水总管管径均为 *DN*50，供水总管从⑥轴右侧引入室内后，在地沟内敷设，主立管设在⑦轴处。回水干管分成两个分支环路，管径从 *DN*20 变为 *DN*40，右侧分支连接共 7 根立管，左侧分支连接共 8 根立管。回水干管在过门和厕所内局部做地沟。

从二层平面图中可以看出，从供水主立管Ⓓ轴和⑦轴交界处分为左、右两个分支环路，管径从 *DN*40 变为 *DN*20，分别向各立管供水，末端干管分别设置卧式集气罐，放气管引至二层水池。

2)采暖系统图的识读。某综合楼采暖系统图，如图 7.2 所示。从图上可以看出，供水总管为一条，管径为 DN50，标高为−0.900，引入室内后，供水总管标高为−0.300，有 0.003 上升的坡度，经主立管管径为 DN50 引到二层后，分为两个分支，管径从 DN40 变为 DN20，分流后设阀门。两分支环路均为 6.500 m，供水干管始端为最高点，分别设卧式集气罐，通过 DN15 放气管引至二层水池，出口处设阀门。

各立管采用单管顺流式，上下端设阀门。

回水干管同样分为两个分支，管径从 DN20 变为 DN40，在地面以上明装，起点标高为 0.100 m，沿水流方向下降的坡度为 0.003。设在局部地沟内的管道，末端为最低点，并设泄水丝堵。两分支一路汇合前设阀门，汇合后进入地沟，回水排至室外。

每组散热器的片数，均标注在相应的散热器图例符号内。

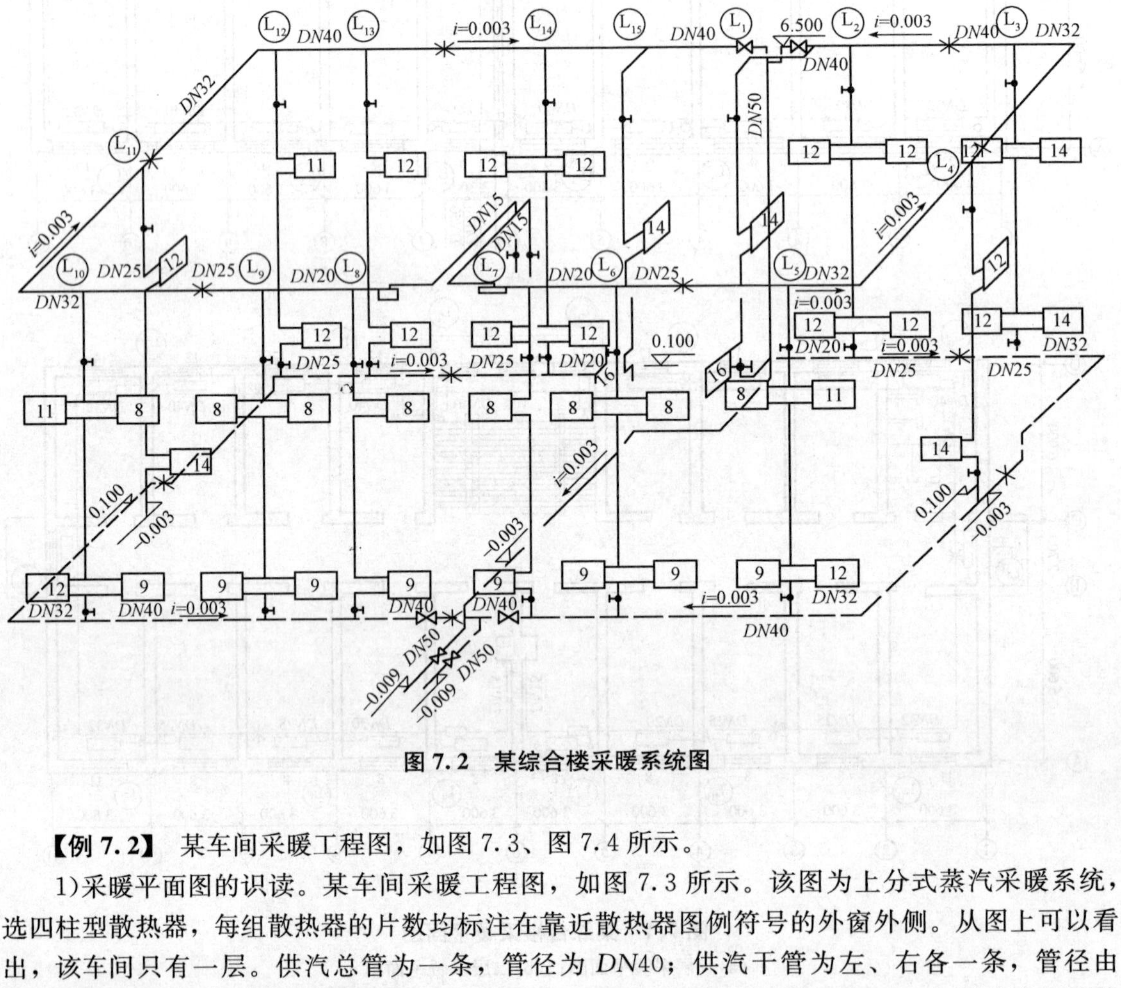

图 7.2 某综合楼采暖系统图

【**例 7.2**】 某车间采暖工程图，如图 7.3、图 7.4 所示。

1)采暖平面图的识读。某车间采暖工程图，如图 7.3 所示。该图为上分式蒸汽采暖系统，选四柱型散热器，每组散热器的片数均标注在靠近散热器图例符号的外窗外侧。从图上可以看出，该车间只有一层。供汽总管为一条，管径为 DN40；供汽干管为左、右各一条，管径由 DN32 变为 DN20；各供汽支管管径均为 DN15。各凝结水支管管径均为 DN15，凝结水干管管径由 DN20 变为 DN32，凝结水总管为一条，管径为 DN40。

2)采暖系统图的识读。某车间采暖系统图，如图 7.4 所示。从图中可以看出，供汽总管为一条，管径为 DN40，标高为−1.000；主立管管径为 DN40；供汽干管左、右各一条，标高为 2.500。管径由 DN32 变为 DN20，坡度为 0.003，坡向主立管。凝结水干管为一条，其始端标高为−0.400，管径由 DN20 变为 DN32，坡度为 0.003，坡向凝结水总管。凝结水总管管径为 DN40，标高为−1.100。供汽立管 17 根，每根供汽立管通过供汽支管与相应的散热器组相接。供汽立、支管管径均为 DN15。散热器组 17 组(每组散热器片数均标在相应的散热器图例符号内)；疏水器 17 个，通过 17 根凝结水支管，与相应的散热器组连接；凝结水支管的管径均为 *DN*15。

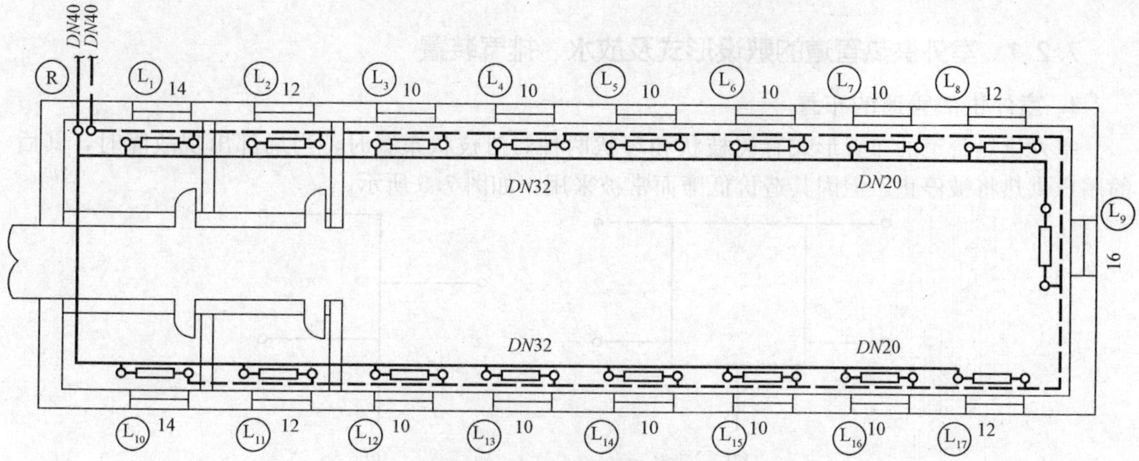

图 7.3　某车间采暖平面图

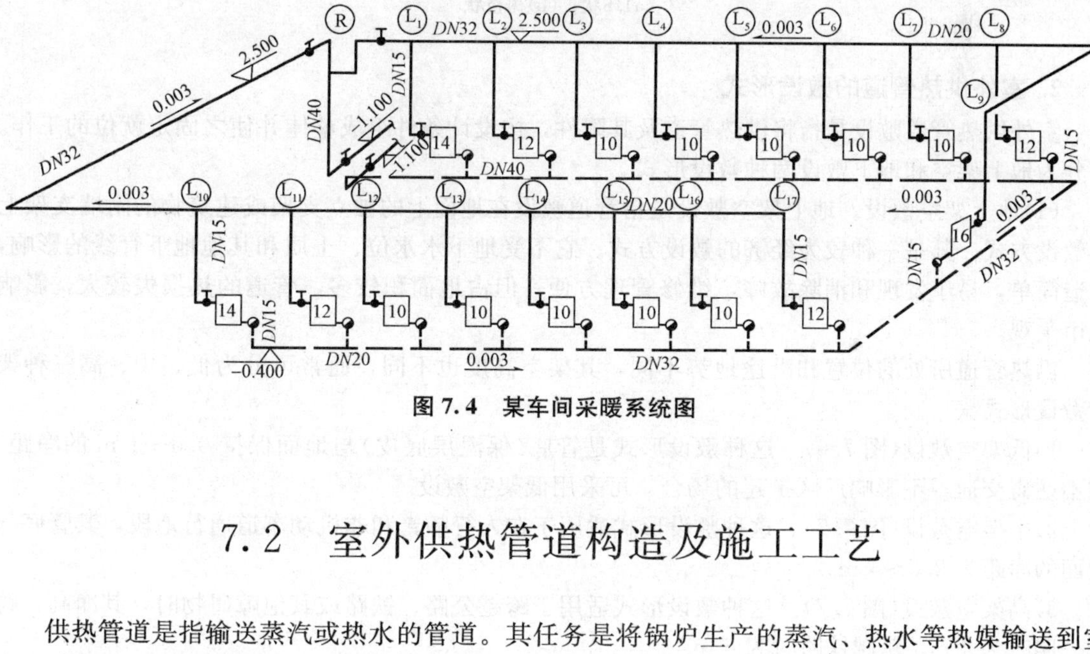

图 7.4　某车间采暖系统图

7.2　室外供热管道构造及施工工艺

供热管道是指输送蒸汽或热水的管道。其任务是将锅炉生产的蒸汽、热水等热媒输送到室内用热设备，以满足生产、生活的需要。

供热管道有很多种分类。按其管内流动的介质不同可分为蒸汽管道和热水管道两种；按其工作压力不同可分为低压管道、中压管道和高压管道三种；按其敷设位置不同可分为室外供热管道和室内供热管道两种。

课堂活动

想想采暖有哪些特点，尽可能多地列出来。

热水和蒸汽管道最突出的特点是由于温度变化所引起的管道热胀和冷缩。对于蒸汽管道而言，除热胀、冷缩之外还有另一特点：蒸汽在输送过程中，由于散热等原因将产生凝结水。蒸汽管道内的凝结水对于系统的正常运行极为不利，它不仅使蒸汽的品质变坏，而且会阻碍蒸汽的正常流通，产生水击和噪声等。因此，安装蒸汽管道时应采取措施(设置疏水和排除凝结水的装置)，及时将产生的凝结水排除。

7.2.1 室外供热管道的敷设形式及放水、排气装置

1. 室外供热管道的布置

室外供热管道的布置形式有树枝状和环状两种。树枝状布置时，当局部出现故障时，其后的用户供热将被停止，但因其造价低廉而常被采用，如图 7.5 所示。

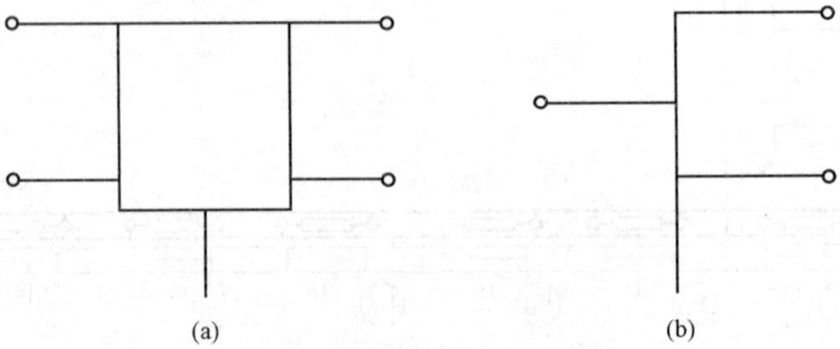

图 7.5 室外供暖管道的布置

(a)环状；(b)树枝状

2. 室外供热管道的敷设形式

室外供热管道敷设是指将供热管道及其附件，按设计条件组成整体并使之固定就位的工作。其分为地上架空和地下敷设两种敷设形式。

(1)地上架空敷设。地上架空敷设是指管道敷设在地面上的独立支架或建筑物的附墙支架上的敷设方式。其是一种较为经济的敷设方式。它不受地下水水位、土质和其他地下管线的影响，构造简单，易于发现和消除故障，维修管理方便；但占地面积较多，管道的热损失较大，影响城市美观。

供热管道所处的位置和沿途地势不同，其架空高度也不同，通常可分为低、中、高三种架空敷设形式。

1)低架空敷设(图 7.6)。这种敷设形式是管底(保温层底皮)与地面保持 0.5～1 m 的净距。在不妨碍交通，不影响厂区扩建的场合，可采用低架空敷设。

2)中架空敷设(图 7.7)。这种敷设形式适用于在人行频繁和非机动车道通行地段，其管底与地面的净距为 2.5～4 m。

3)高架空敷设(图 7.7)。这种敷设形式适用于跨越公路、铁路或其他障碍物时，其净高：跨越公路时为 4 m，跨越铁路时为 6 m。

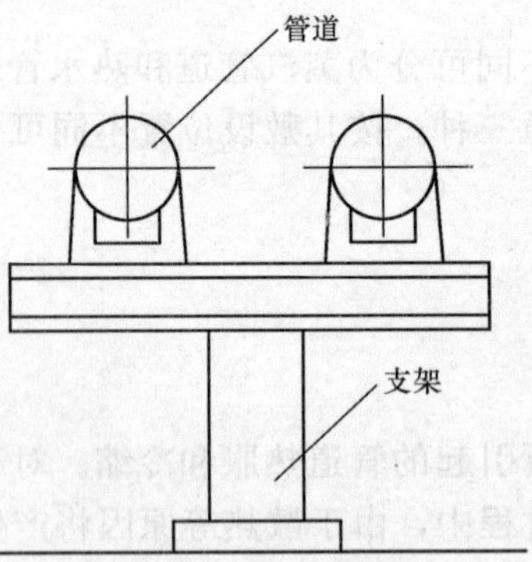

图 7.6 低架空敷设

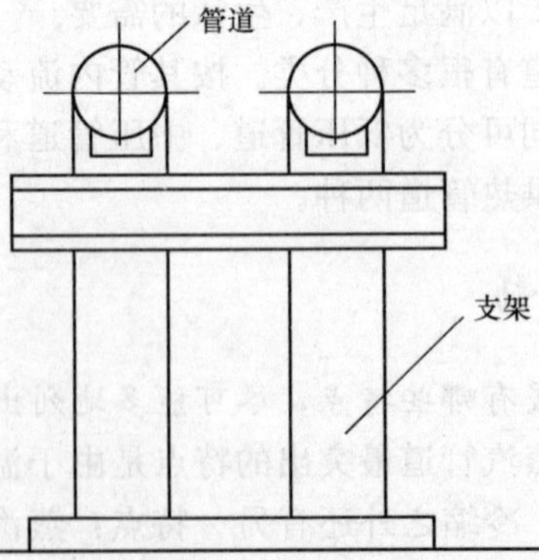

图 7.7 中、高架空敷设

(2)地下敷设。地下敷设可分为通行地沟、半通行地沟、不通行地沟和直接埋地四种。

1)通行地沟敷设(图 7.8)。这种敷设形式适用于管道根数多(一般超过 6 根)和经常需要到沟内检查和维修的情况。

2)半通行地沟敷设(图 7.9)。这种敷设形式适用于根数在 3 根以内及不需要经常到地沟检查和维修的情况。

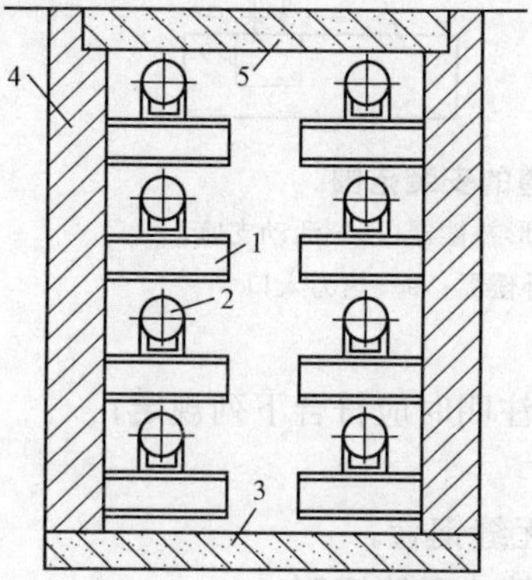

图 7.8　通行地沟敷设

1—支架；2—管道；3—沟底；4—沟壁；5—沟盖

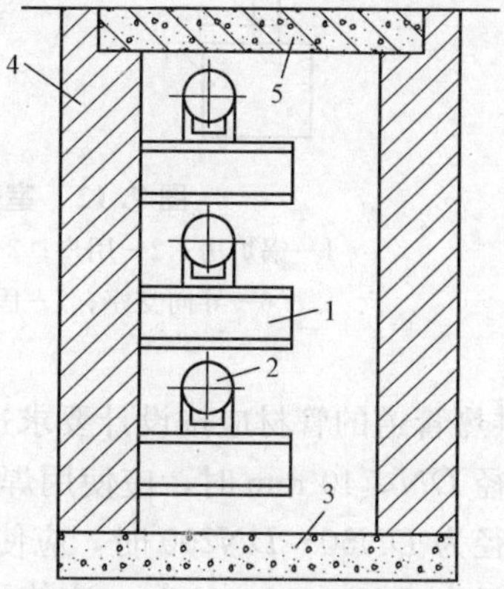

图 7.9　半通行地沟敷设

1—支架；2—管道；3—沟底；4—沟壁；5—沟盖

3)不通行地沟敷设(图 7.10)。这种敷设形式适用于管道根数在 2 根以内且不需要到地沟检查和维修的情况。

通行、半通行和不通行地沟的断面尺寸、管间距离，以及保温层外皮与沟壁、底、盖的间距，见相应的施工及验收规范和设计要求。

4)直接埋地敷设(图 7.11)。直接埋地敷设是将管道埋在地下土层中。过去，除原油输送管道的蒸汽伴热气采用此种敷设方式外，均不采用无地沟敷设。随着室外直埋保温技术的发展，直埋敷设在我国得到迅速发展，是当前及今后供热管的主要敷设方式。

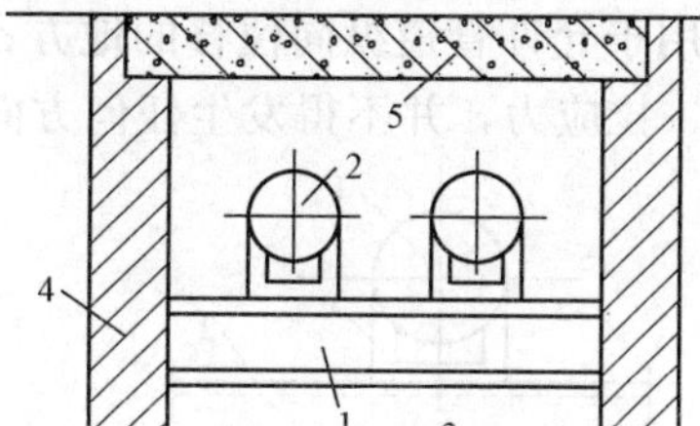

图 7.10　不通行地沟敷设

1—支架；2—管道；3—沟底；4—沟壁；5—沟盖

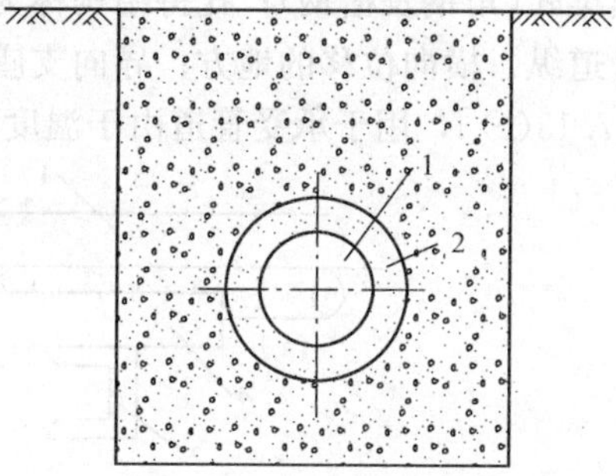

图 7.11　直接埋地敷设

1—管道；2—保温层

7.2.2　室外供暖管道安装与构造

室外供暖管道，一般是由锅炉房外墙(或分汽缸)至用户外墙(热力入口)，如图 7.12 所示。

1. 安装时管材的选用

室外采暖和热力管道的管材应具有耐高温、耐高压、切割焊接易于操作、内壁光滑等性能。高压蒸汽管道应采用无缝钢管；高温高压热水采暖管道多采用无缝钢管，一般热水采暖管道可采用焊接钢管。

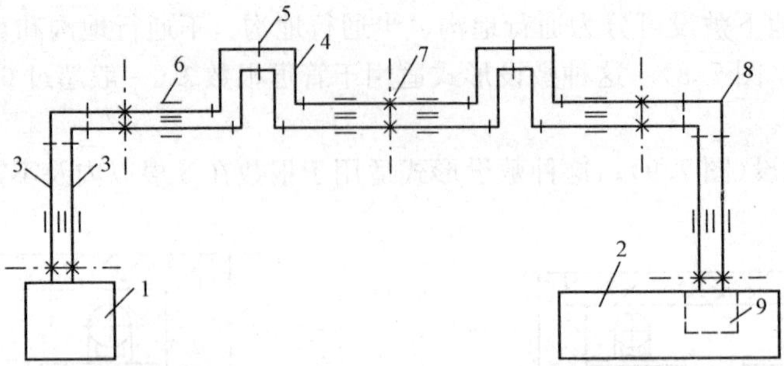

图 7.12　室外地沟内供暖管道的安装范围

1—锅炉房；2—用户；3—供暖管道；4—方形补偿器；5—活动支座；
6—导向支座；7—固定支座；8—自然补偿器；9—热力入口

室外供热管道的管材应按设计要求选用，当设计未注明时应符合下列规定；

(1)管径 $DN \leqslant 40$ mm 时，应使用焊接钢管。

(2)管径为 $DN50 \sim DN200$ 时，应使用焊接钢管或无缝钢管。

(3)管径为 $DN \geqslant 200$ mm 时，应使用螺旋缝焊接钢管或无缝钢管。

(4)供热管道的连接均采用焊接。管道与阀门、装置连接时采用法兰连接。

通常由锅炉房分汽缸至用户室内热力入口的主蒸汽管道上，采用普通无缝钢管；凝结水及供、回热水管道，一般采用焊接钢管，支管采用螺纹钢管。

2. 管道安装

对于直埋管道，铺管前需开挖沟槽，详见建筑工程预算定额。对于地沟或架空管道，需安装支架。

(1)支架安装。

1)支架的种类(图 7.13)。支架可分为支承结构及托持结构两部分。支承结构一般为悬臂式或横梁式(角钢及槽钢)；托持结构称为支座(托座)，分为三种：活动支座[图 7.13(a)]，用于允许管道纵、横向位移的地方；导向支座[图 7.13(b)]，用于允许管道纵向位移的地方；固定支座[图 7.13(c)]，用于承受管道由于温度变化所发生的推、拉应力，并不得发生任何方向的位移。

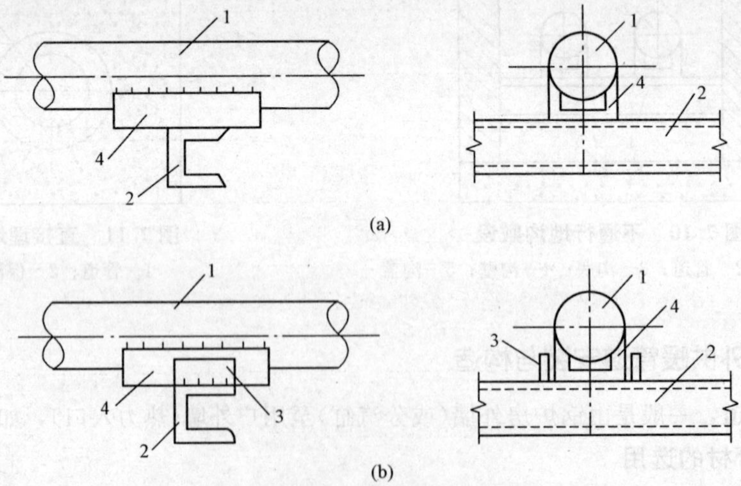

图 7.13　供暖管道的支架

(a)活动支座；(b)导向支座

1—供暖管道；2—槽钢支座；3—导向板；4—槽形托座；5—加强板；6—U 形卡

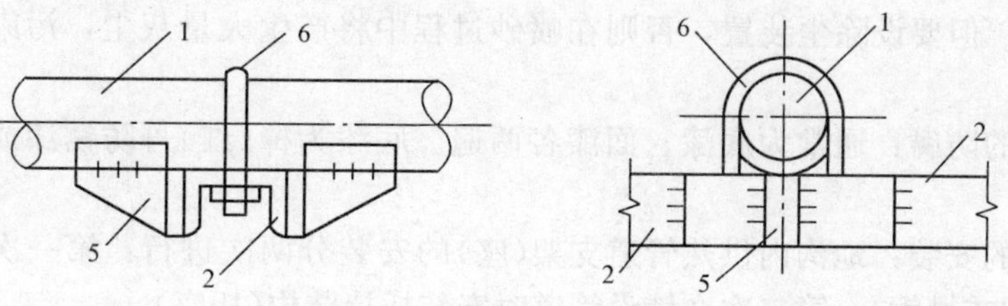

(c)

图 7.13 供暖管道的支架(续)

(c)固定支座

1—供暖管道；2—槽钢支座；3—导向板；4—槽形托座；5—加强板；6—U 形卡

2)支架(支座)的安装位置(图 7.13)。

①活动支架。其安装在方形补偿器两侧的第一个支架及其水平臂的中点位置，管道转弯处(弯头)两侧的第一个支架位置。

②导向支架。其安装在补偿器与固定支架之间直管段上。

③固定支架。其安装在两补偿器之间、热源出口(靠近外墙)、用户入口(靠近外墙)等处。

3)支架(支座)的安装间距(表 7.2)。

表 7.2 供热管道支架的最大间距

DN/mm	固定支架(支座)最大间距/m	活动及导向支座最大间距/m			
		保温		不保温	
		架空	地沟	架空	地沟
DN15	—	1.5	1.5	3.5	3.5
DN20	—	2.0	1.5	4.0	4.0
DN25	30	2.5	2.0	4.5	4.5
DN32	35	3.0	2.5	5.5	5.0
DN40	45	3.5	2.5	6.0	5.5
DN50	50	4.0	3.0	6.5	6.0
DN65	55	5.0	3.5	8.5	6.5
DN80	60	5.0	4.0	8.5	7.0
DN100	65	6.5	4.5	11	7.5
DN125	70	7.5	5.5	12	8.0
DN150	80	7.5	5.5	12	8.0
DN200	90	10	7.0	14	10
DN250	100	12	8.0	16	11
DN300	115	12	8.5	16	11
DN350	130	12	8.5	16	11
DN400	145	13	9.0	17	11.5

4)支架(支座)的安装。须经过制作、除锈、防腐后安装。

①支架(座)的制作：采用角钢或槽钢制作支承结构，利用钢板加工焊制托座。

②支架(座)的除锈：除锈方法有手工法、机械法、酸洗法和喷砂法等，其中，喷砂法除锈

效率高、质量好，但要设除尘装置，否则在喷砂过程中将产生大量灰尘，污染环境，有害人体健康。

③支架(座)的防腐：通常为底漆、面漆各两遍。底漆为樟(红)丹防锈漆或铁红防锈漆，面漆为调和漆。

④支架(座)的安装：地沟内供热管道支架(座)的安装分两次进行：第一次在修筑沟壁时预埋支承结构(角钢或槽钢)；第二次在铺设管道时安装托持结构(托座)。

(2)铺设管道。

1)管子的检查：管子的名称、规格、材质应符合设计要求，不得有重皮、裂纹、严重锈蚀、凹陷等缺陷。

2)管子的除锈：通常采用喷砂除锈，将管子外表面的锈污除掉，要求露出金属泽面。

3)管子的防腐：通常在铺管之前，将管子外表面喷涂防锈底漆两遍。为了不影响焊口质量，每节管的两端各留 50 mm 不涂漆。

4)管段组队及焊接：在管沟边的平地上将管子组对、焊接成适当长度的管段。

①管子的坡口：当管壁厚＜4 mm 时不坡口；当管壁厚≥4 mm 时应坡口，坡口形式为 V 形，角度为 60°～70°，如图 7.14 所示。坡口的加工可采用坡口机、气割等方法。

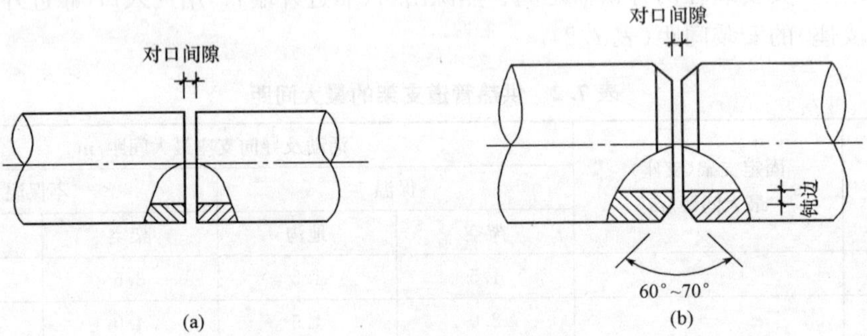

图 7.14　管子的坡口与对口

(a)坡口；(b)坡口

②管子的对口：对口时管口端面垂直管中心线，不得错口，对口间隙见表 7.3。

表 7.3　一般管道对口尺寸

管壁厚度/mm	坡口角度/(°)	钝边/mm	对口间隙/mm
＜4	—	—	1.0～2.0
4～6	—	—	2.0～2.5
7～8	60～70	1～2	2.5～3.0
9～10	—	—	2.5～4.0
11～12	—	—	2.5～4.0

③点焊：管口对好之后，为防止焊接过程管口松动需进行点焊。通常沿管口圆周等距离点焊 1～3 处，每处长为管壁厚的 2～3 倍，高约为管壁厚的 2/3。焊条材料与正式焊接所用的焊条材料一致。

④焊接：通常小口径管子，壁厚＜4 mm 时宜用气焊；大口径管子，壁厚≥4 mm 时宜用电焊。

⑤焊缝：整条焊缝应平直美观，其加强高度、遮盖宽度应符合焊接要求，不得有夹渣、气孔、焊瘤、未焊透等缺陷。

5)铺管及安装支座。

①铺管：将组对焊接好的管段，以机械(或人工)由管沟边放入沟内的支架上，把管段连接成整条管道，然后将管道就位并调整间距、坡度及坡向。

②安装支座：安装、固定支座时，其支座与管道和支架应焊接牢固。

安装活动、导向支座时，应考虑管道热伸后支架中心线与支座中心线不致有较大的偏离。因此，补偿器两侧的活动支座及直管段上的导向支座安装时应偏心安装。其偏心方向以方形补偿器的中心点为基准，即补偿器左侧的支座向其支架中心线的左侧偏离；补偿器右侧的支座向其支架中心线右侧偏离，如图 7.15 所示。偏心距离为该支座至固定支架之间管段热伸长量的 1/2 (一般粗取 50 mm)。

活动、导向支座与管道焊接；导向支座的导向板与支架焊接。

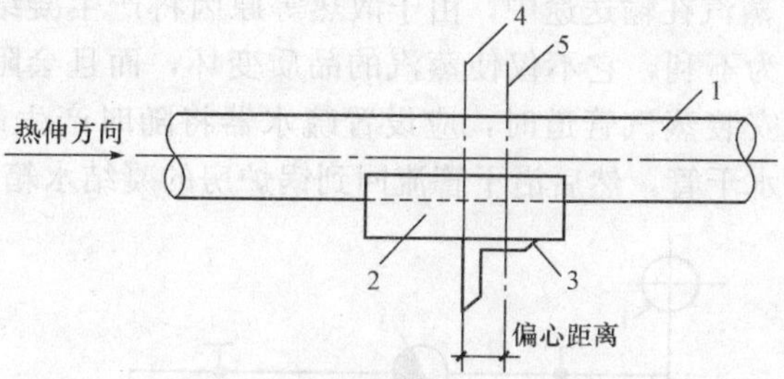

图 7.15　活动与导向支座安装

1—供暖管道；2—活动支座；3—支架；4—支座中心线；5—支架中心线

(3)补偿器。补偿器也称为伸缩器。当供热管道内热介质的温度发生变化，管道就会发生热胀冷缩的变形，致使接口松动漏水，在工程中常设补偿器来解决这个问题。常见补偿器有以下几种：

1)自然补偿器。自然补偿器是供热管道中的自然拐弯，有 L 形[图 7.16(a)]和 Z 形[图 7.16(b)]两种；其优点是管道系统运行时，这种补偿器安全、可靠；其缺点是占地面积较大。

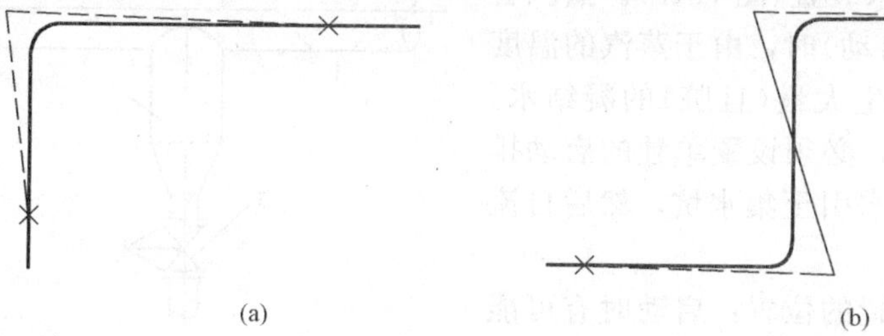

图 7.16　自然补偿器

(a)L 形伸缩器；(b)Z 形伸缩器

2)人工补偿器。人工补偿器有方形补偿器、套筒补偿器和波形补偿器等。套筒补偿器是用直径不同的两段管子套在一起制成的，填料圈可使两管之间接触严密，但不能很好地保证不漏水、不漏气，并且造价较高。波形补偿器是用金属片焊接成的像波浪形的装置，利用这些波片的金属弹性来补偿管道热胀冷缩的变形，但其补偿能力较小。供热管道多采用方形补偿器，如图 7.17 所示。其是在直管道上专门增加的弯曲管道，它具有构造简单，制作方便，补偿能力大，严密性好，不需要经常维修等优点，但其占地面积大，大管径不易弯制。

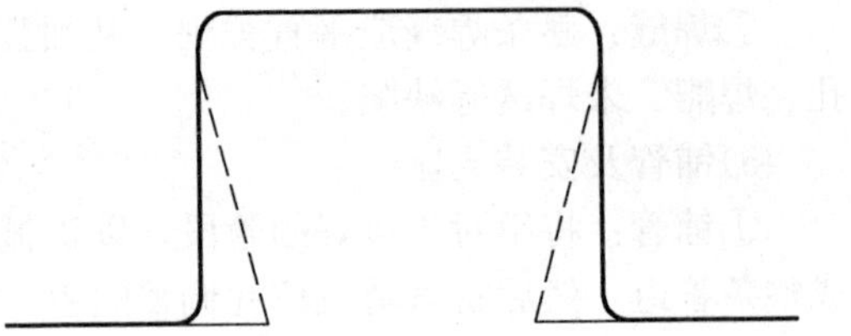

图 7.17　方形补偿器

3)方形补偿器的安装。一般情况下，供热管道自始至终并非所有管段都需要安装方形补偿器。在实际工作中，有的管段需要安装方形补偿器，有的可不必安装。

当供热管道中有自然拐弯(即 Z 形、L 形自然补偿器)时，其弯头前、后的直管段又较短，可不设方形补偿器。

当供热管道中无自然拐弯时，应设方形补偿器；或者有自然拐弯，但其弯头前、后的直管段较长，也应在直管段上装设方形补偿器。

方形补偿器应设在两固定支架之间中点，其间距见表 7.2。安装时水平放置，其坡度、坡向与相应管道相同。

4)疏水器(图 7.18)。蒸汽在输送途中，由于散热等原因将产生凝结水。蒸汽管道内的凝结水对于系统的正常运行极为不利，它不仅使蒸汽的品质变坏，而且会阻碍蒸汽的正常流通，产生水击和噪声等。因此，安装蒸汽管道时，应设置疏水器将随时产生的少量凝水和蒸汽分离，分离后的凝结水流至凝结水干管，然后沿干管流回到锅炉房的凝结水箱。

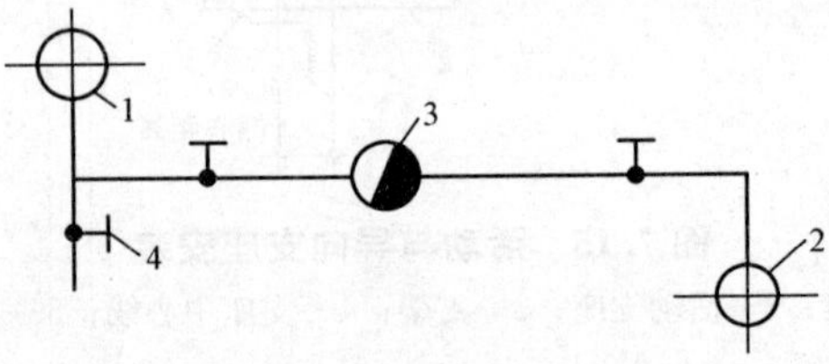

图 7.18　蒸汽管道疏水装置

1—蒸汽干管；2—凝结水干管；3—疏水器；4—泄水阀

蒸汽管道疏水装置设置的位置：蒸汽上升管道的各低点；垂直升高的管段 30 m 加一个；水平管道每隔 50 m 设一个。

5)蒸汽管道的启动排水装置(图 7.19)。蒸汽管道系统在初次输送蒸汽(启动)时，由于蒸汽的温度高、管道的温度低，将产生大量(且脏)的凝结水。光靠疏水器排除是不够的，必须设置单独的启动排水装置，将启动时排出的水引至集水坑，然后自流或泵送至下水道。

蒸汽管道启动排水装置的位置：启动时有可能积水的最低点；管道拐弯和垂直升高的管段之前；水平管道上，每隔 100～150 m 设一个；水平管道上，流量测量装置的前面。

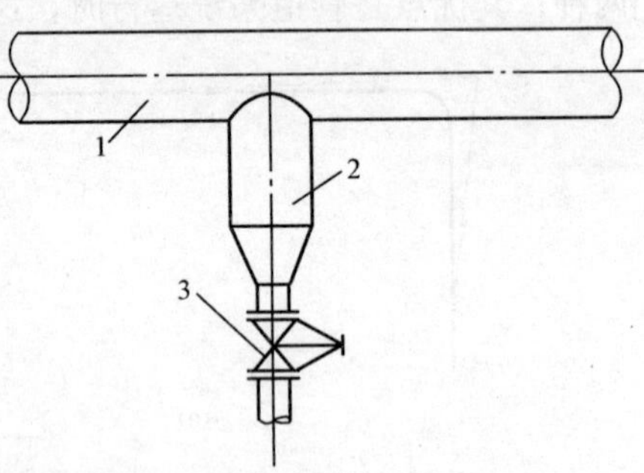

图 7.19　蒸汽管道启动排水装置

1—蒸汽干管；2—集水袋；3—泄水阀

6)蒸汽和凝结水管道的排空气装置。蒸汽管道安装完毕，管道内充满着空气，在管道进行水压试验和启动运行时，需将空气全部排尽。凝结水管道内也存在着空气(空气属于不凝性气体)，它在管道内容易形成气塞而阻碍凝结水的流通，因此，必须及时将空气排除。

①蒸汽管道的排空气装置[图 7.20(a)]。在蒸汽管道的高点设置手动放气阀(平时不用)，当管道系统进行水压试验(向管道内充水)或初次通蒸汽运行时，利用此阀排除管道系统内的空气。

②凝结水管道的排气装置[图 7.20(b)]。通常在凝结水干管的始端(高点)设置自动放气阀。若采用不带排气阀的疏水器，前方也应装设放空气阀，以便在系统运行过程中能及时排除凝结水管道内的空气。自动排气阀构造如图 7.21 所示。

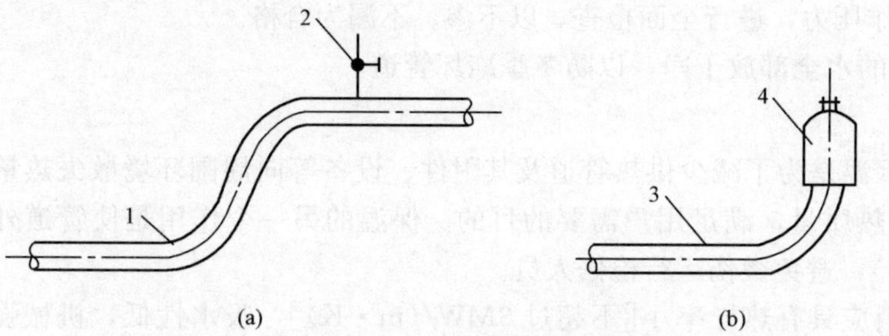

图 7.20　蒸汽和凝结水管道的排气装置

(a)蒸汽管道的排气装置；(b)凝结水管道的排气装置

1—蒸汽干管；2—手动放气阀；3—凝结水干管；4—自动放气阀

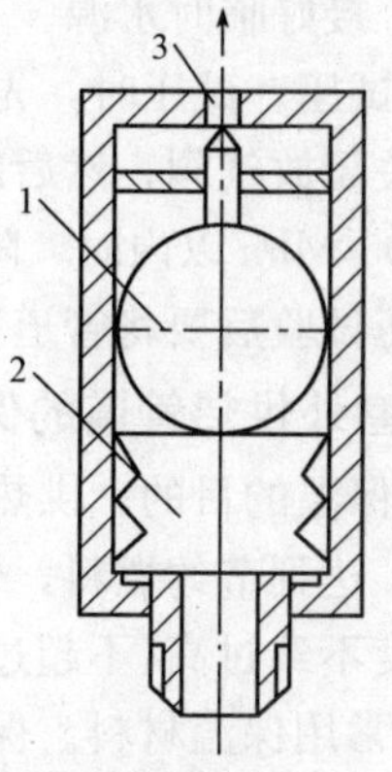

图 7.21　自动排气阀

1—浮子；2—恒温包；3—排气孔

7)热水供热管道的放水和排气装置。热水供应管道包括供水和回水两种管道。在供水及回水管道上均应设置放水和排气装置。

①供、回水管道的放水装置。在供、回水管道上设置放水装置的目的：一是管道水压试验后，为防止冬季冻坏管道，利用此装置将管道内的试压用水全部排尽；二是系统停运检修时，需用该装置将检修段内的水排放掉。

放水装置包括放水阀及其前后的短管。放水阀及其短管的直径一般为 *DN*25。其位置通常设置在供、回水干管的各低点，如图 7.22 所示。

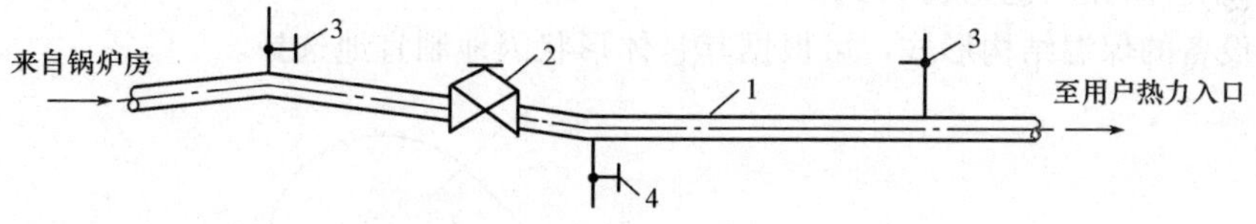

图 7.22　供、回水管道的放水和排气装置

1—供(回)水管道；2—开闭阀；3—放气阀；4—放水阀

为管道检修时，减少放水时间和少浪费热水，通常是在锅炉房出口至用户入口的供、回水干管上安装适当数量的开闭阀(截止阀)，其间距<1 000 m，如图 7.22 所示。

②供、回水管道的排空气装置。在供、回水管道上设置排空气装置的目的：一是防止系统运行时由于空气的聚集而形成气塞，阻碍热水的流通并产生噪声；二是管道水压试验前朝管道内充水时，需用此装置排除管道内空气。

排空气装置包括排气阀(一般直径为 *DN*250)及其前后短管，其位置通常设置在供、回水干管的各高点，如图 7.22 所示。

3. 室外供热管道的压力试验

室外供热管道安装完之后应进行压力试验，以检查其强度和严密性。

(1)试压介质和试验压力标准。通常采用水压试验，其试验压力标准为：强度试验，压力值是工作压力的1.5倍；严密性试验，压力值等于工作压力。

(2)试压前的准备工作。在被试压管道的高点设放气阀，低点设放水阀；始、终端设堵板及压力表；接好临时水源。

(3)试压。试压时，先关闭低点放水阀。打开高点放气阀，向被试压管道内充水至满，排尽空气后关闭放气阀；然后以手压泵缓慢升压至强度试验压力，观测10 min，若无压力下降或压降在0.05 MPa以内时，降至工作压力，进行全面检查，以不渗、不漏为合格。

水压试验后要将管道系统内的水全部放干净，以防冬季冻坏管道。

4. 室外供热管道的保温

(1)保温的目的。供热管道保温是为了减少供热管道及其附件、设备等向周围环境散失热量的措施，达到节约燃料，保证供热质量，满足用户需要的目的。保温的另一个作用是使管道外表面温度不致过高(不超过60 ℃)，避免烫伤运行检修人员。

(2)常用保温材料。保温材料应具有热导率小[不超过3MW/(m·K)]，吸水性低，机械强度较高，在使用温度范围内不变形、不变质、可燃性小、不腐蚀金属，易于施工成型和成本低廉等特点。保温材料可分为无机和有机两类。

1)无机保温材料。常用的有泡沫混凝土、矿棉、石棉、玻璃棉、蛭石、硅藻土、膨胀珍珠岩以及岩棉等。

2)有机保温材料。随着化学工业的发展，如聚氨酯硬质泡沫塑料等已在供热管道上使用。这种保温材料热导率小，耐腐蚀性好，吸水率低，质轻，强度大，加工成型简单，但耐温程度有待进一步提高。

(3)供热管道的保温结构。供热管道的保温一般由保温层和保护层两部分构成。为防止腐蚀，先要在管子表面涂上防锈材料。保温层的厚度由技术经济比较确定。保护层一般用石棉水泥涂抹或用沥青玻璃布、金属皮包覆。必要时，在保护层外还应采取防水措施。保护层的外表面应当整洁、光滑、美观并与周围环境相协调，有时还刷上一层色漆，以区别不同用途的管道，如图7.23所示。涂漆颜色见表7.4。

附件和设备的保温结构形式，可根据其具体形状因地制宜地选择。

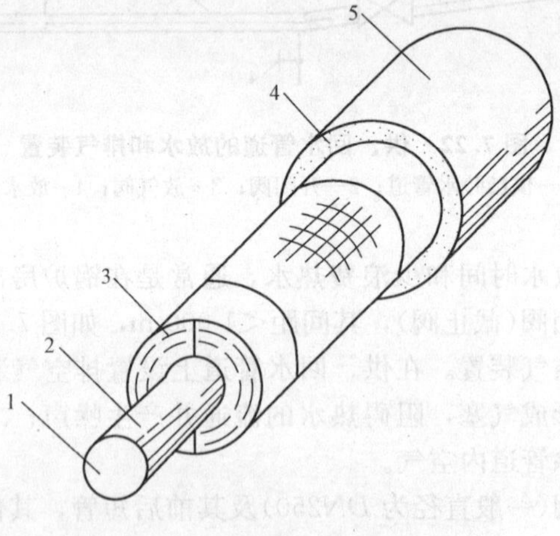

图7.23　供热管道的保温结构

1—供热管道；2—防腐层；3—保温层；
4—保护层；5—色漆(或冷底子油)

表 7.4 管道涂刷色漆及色环颜色

管道名称	颜色		管道名称	颜色	
	底色	色环		底色	色环
过热蒸汽管	红	黄	凝结水管	绿	红
饱和蒸汽管	红	—	疏水管	绿	黑
热网输出	绿	黄	废气管	红	绿
热网返回水	绿	褐	排水管	绿	蓝

(4)供热管道的保温。地沟内供热管道的保温施工程序为：防腐层、保温层、保护层和涂刷冷底子油。其施工方法有涂抹式、灌注式、填充式、绑扎式和预制式。其中绑扎式和预制式结构使用广泛。

7.3 室内采暖工程构造及施工工艺

按介质不同，室内采暖系统可分为热水和蒸汽两大类。

热水采暖系统按供水温度不同可分为一般热水采暖(供水温度 95 ℃、回水温度 70 ℃)和高温热水采暖(供水温度为－130 ℃、回水温度为 70 ℃)两种；按水在系统内循环的动力可分为自然循环系统(靠水的重度差进行循环)和机械循环系统(靠水泵进行循环)两种。

蒸汽采暖系统按压力不同可分为低压蒸汽采暖(蒸汽工作压力≤0.07 MPa)和高压蒸汽采暖(蒸汽工作压力＞0.07 MPa)两种；按凝结水回水方式不同可分为重力回水式蒸汽采暖系统(凝结水靠重力直接回到锅炉)和机械回水式蒸汽采暖系统(凝结水靠重力先流到锅炉房的凝结水箱，然后再用泵抽送到锅炉内)两种。

7.3.1 室内采暖系统的敷设形式

1. 室内热水采暖系统的敷设形式

室内热水采暖系统的敷设形式较多，通常有以下几种形式：

(1)自然循环热水采暖系统。自然循环热水采暖系统主要可分为双管和单管两种形式，如图 7.24、图 7.25 所示。单管系统中连接散热器的供、回热水支管均分开设置，每组散热器都能组成一个循环环路。双管系统中连接散热器的供、回热水支管共用一根管，立管上的散热器串联起来构成一个循环环路。

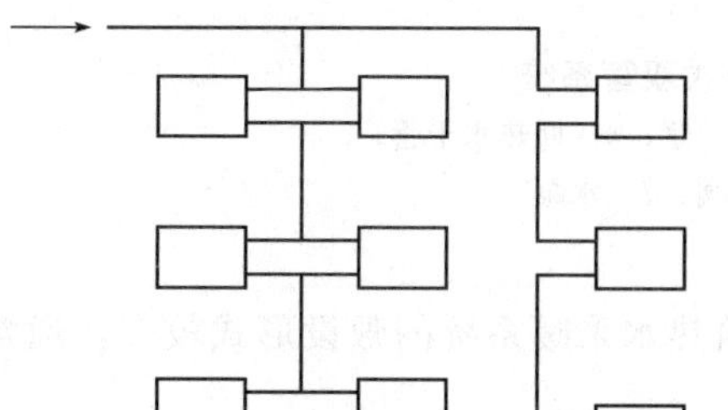

图 7.24 自然循环上供下回单管系统

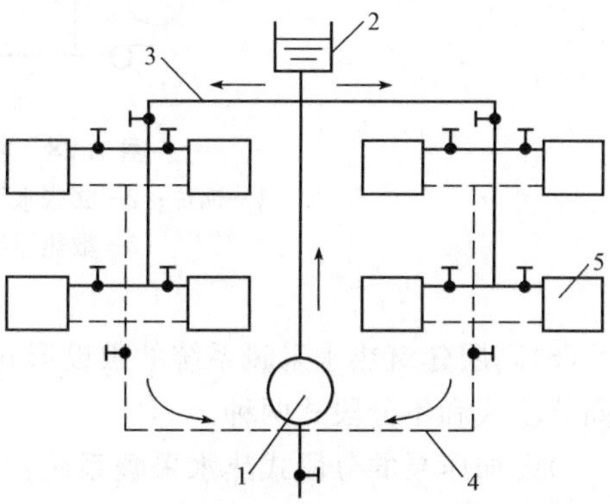

图 7.25 自然循环上分式双管系统

1—锅炉；2—膨胀水箱；3—供热水干管；

4—回热水干管；5—散热器组

(2)机械循环上分式双管系统。机械循环上分式双管系统如图 7.26 所示。这种系统的供热水干管敷设在顶层散热器之上，其高点设集气罐一个；回热水干管敷设在底层散热器下面。在水泵吸入口前设立管一根，立管顶端设膨胀水箱一个。供、回热水立管和连接散热器的供、回热水支管均分开设置。

(3)机械循环中分式双管系统。机械循环中分式双管系统如图 7.27 所示。这种系统的供热水干管敷设在建筑物中间某一层的地面上或天棚下。回热水干管敷设在底层散热器下面。在水泵吸入口前设立管一根，立管顶端设膨胀水箱一个。在顶层每组散热器的高点设放空气阀一个。供、回热水立管和连接散热器的供、回热水支管均分开设置。

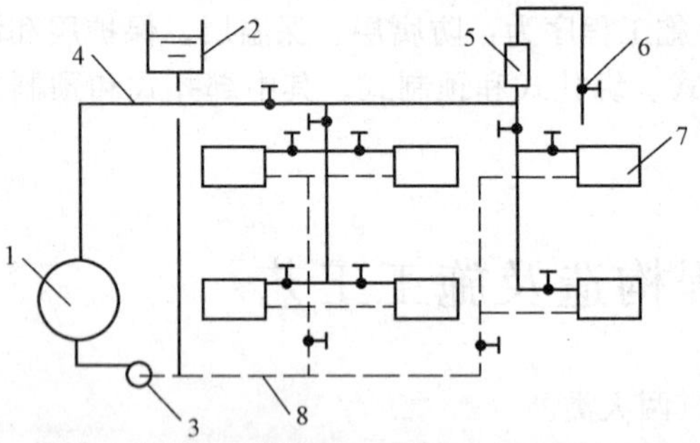

图 7.26　机械循环上分式双管系统

1—锅炉；2—膨胀水箱；3—水泵；4—供热水干管；
5—集气罐；6—放空气阀；7—散热器组；8—回热水干管

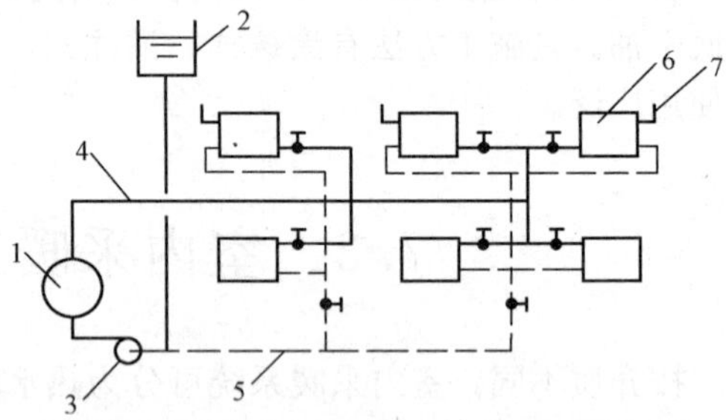

图 7.27　机械循环中分式双管系统

1—锅炉；2—膨胀水箱；3—水泵；4—供热水干管；
5—回热水干管；6—散热器组；7—放空气阀

(4)机械循环下分式双管系统。机械循环下分式双管系统如图 7.28 所示。这种系统的供、回热水干管均设在底层散热器下面。在回热水干管的水泵吸入口前设立管一根，立管顶设膨胀水箱一个。在顶层每组散热器的高点设放空气阀一个(或设一连通管，放气阀一个)。供、回热水立管和连接散热器的供、回热水支管均分开设置。

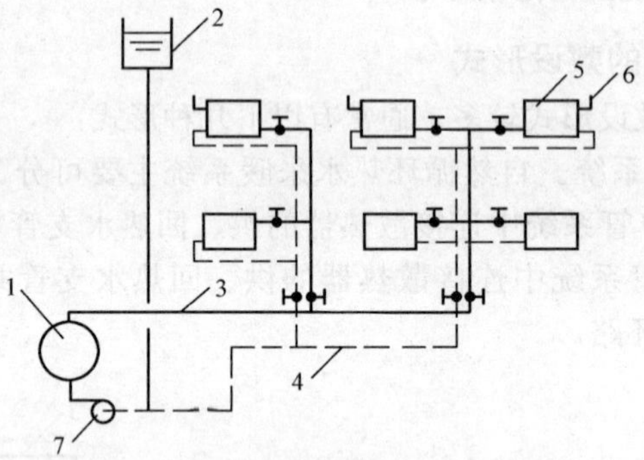

图 7.28　机械循环下分式双管系统

1—锅炉；2—膨胀水箱；3—供热水干管；4—回热水干管；
5—散热器组；6—放空气阀；7—水泵

(5)高层建筑热水采暖系统的敷设形式。高层建筑热水采暖系统的敷设形式较多，通常采用竖向分段式和不分段式两种。

1)设加压泵的分段式热水采暖系统：当室外供热管网的压力较低，且上层段系统选用的散热器承压能力较强(如钢串片式散热器)时采用这种形式，如图 7.29 所示。

2)设加压泵和热交换器的分段式热水采暖系统：这种敷设形式如图 7.30 所示。其上层段系统与室外供热管网采用热交换器连接(间接连接)；下层段与室外供热管网直接连接。

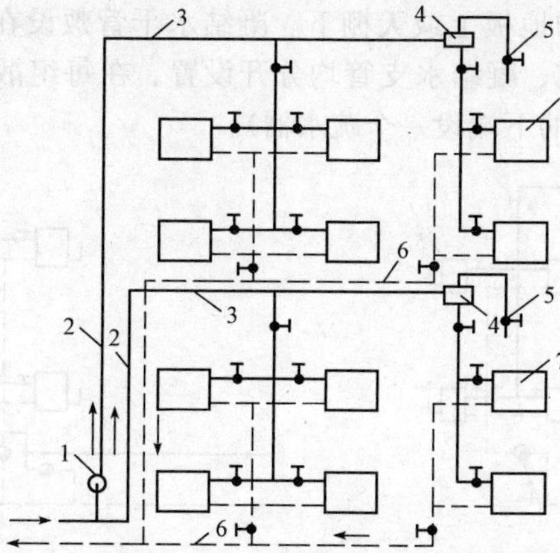

图 7.29　设加压泵的分段式热水采暖系统图

1—水泵；2—供热水主立管；3—供热水干管；4—集气罐；
5—放空气阀；6—回热水干管；7—散热器组

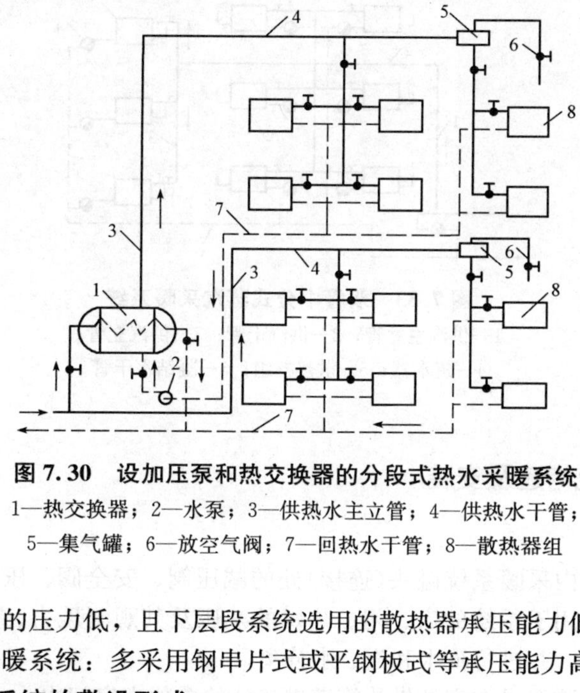

图 7.30　设加压泵和热交换器的分段式热水采暖系统

1—热交换器；2—水泵；3—供热水主立管；4—供热水干管；
5—集气罐；6—放空气阀；7—回热水干管；8—散热器组

通常室外供热管网的压力低，且下层段系统选用的散热器承压能力低时采用这种形式。

3)不分段的热水采暖系统：多采用钢串片式或平钢板式等承压能力高的散热器。

2. 室内蒸汽采暖系统的敷设形式

蒸汽采暖系统的敷设形式通常有以下几种：

(1)双管上分式蒸汽采暖系统。双管上分式蒸汽采暖系统如图 7.31 所示。这种系统的供汽干管敷设在顶层散热器之上；凝结水干管敷设在底层散热器下面。供汽、凝结水立管和连接散热器的供汽、凝结水支管均分开设置。在每根凝结水立管的下端和供汽主立管的低点各设疏水器一个。

(2)双管下分式蒸汽采暖系统。双管下分式蒸汽采暖系统如图 7.32 所示。该系统的供汽和凝结水干管均敷设在底层散热器下面。供汽立管、凝结水立管和连接散热器的供汽、凝结水支管均分开设置。在供汽干管的抬头处和每根凝结水立管的下端各设疏水器一个。

(3)双管中分式蒸汽采暖系统。双管中分式蒸汽采暖系统如图 7.33 所示。此系统的供汽干管敷设在建筑物中间某一层的地板上或天棚下。凝结水干管敷设在底层散热器下面。供汽、凝结水立管和连接散热器的供汽、凝结水支管均分开设置。在每组散热器的凝结水支管上设一个疏水器(或在每根凝结水立管的下端设一个疏水器)。

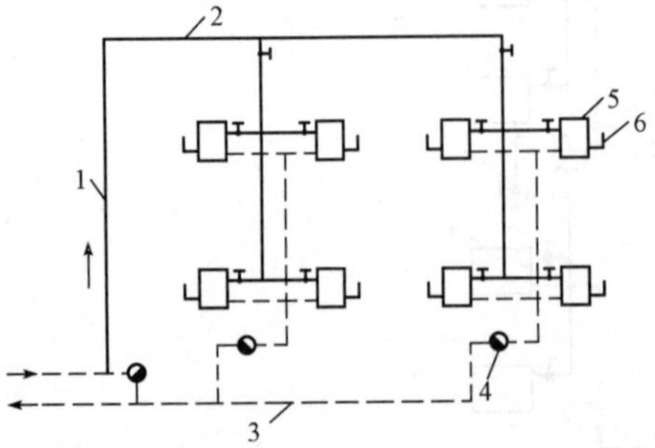

图 7.31　双管上分式蒸汽采暖系统

1—供汽主立管；2—供汽干管；3—凝结水干管；
4—疏水器；5—散热器组；6—放空气阀

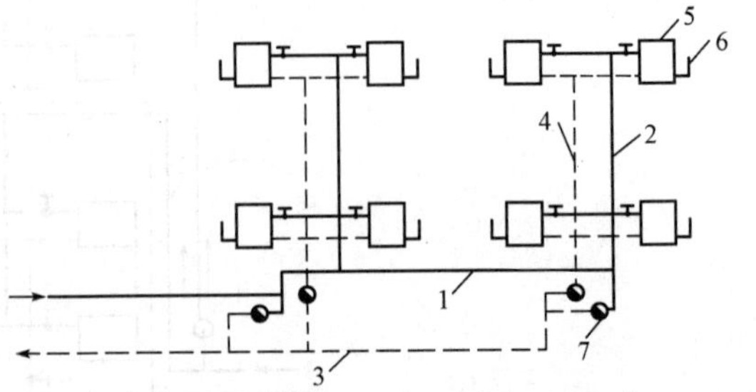

图 7.32　双管下分式蒸汽采暖系统

1—供汽干管；2—供汽立管；3—凝结水干管；
4—凝结水立管；5—散热器组；6—放空气阀；7—疏水器

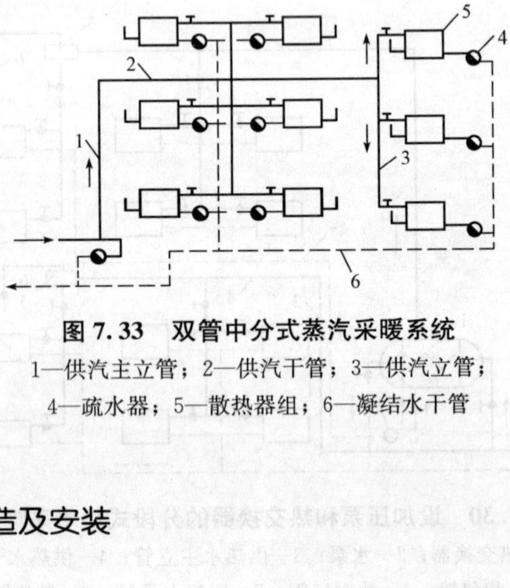

图 7.33　双管中分式蒸汽采暖系统

1—供汽主立管；2—供汽干管；3—供汽立管；
4—疏水器；5—散热器组；6—凝结水干管

7.3.2　采暖系统构造及安装

1. 系统入口装置

室外供热管道与室内采暖系统碰头(连接)处的减压阀、安全阀、压力表、温度计等一起称为采暖系统入口装置，用于系统的启、闭、热媒的减压及其观测压力、温度等，对于蒸汽管道还可用于保证蒸汽质量，并进行疏水和汽、水分离。

通常采暖系统入口装置设在室外供热管道进口处的单独小房间内。

(1)热水采暖系统入口装置。如图 7.34 所示，主要由调压板、除污器、压力表、温度计、截止阀等组成。

(2)蒸汽采暖系统入口装置。依据外网的供汽参数和用户的用汽参数不同，蒸汽采暖系统入口装置常采用以下两种形式：

1)设两个截止阀的入口装置。当外网的供汽压力稍高于室内所需的压力时，一般是在供汽总管上设两个截止阀并设安全阀、压力表。

2)设汽水分离器和减压阀的入口装置。当外网的压力高，室内所需的压力低，且汽质要求高时，需在供汽总管上设置汽水分离器、减压阀等，如图 7.35 所示。

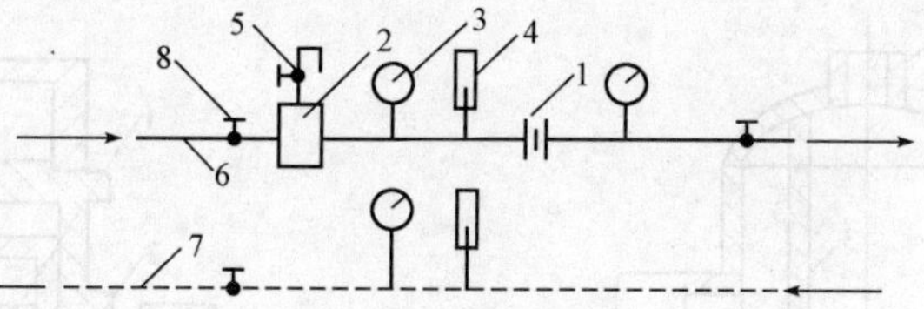

图 7.34　设调压板的热水采暖系统入口装置

1—调压板；2—除污器；3—压力表；4—温度计；
5—放气阀；6—供热水管；7—回热水管；8—截止阀

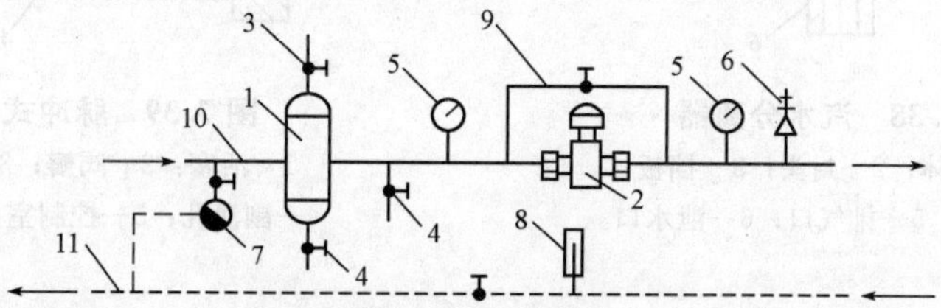

图 7.35　设汽水分离器和减压阀的蒸汽采暖系统入口装置

1—汽水分离器；2—减压阀；3—放气阀；4—泄水阀；5—压力表；6—安全阀；
7—疏水器；8—温度计；9—旁通管；10—供汽总管；11—凝结水总管

2. 系统附属设备及附件

(1)调压板。如图 7.36 所示，热水系统的调压板以铝合金或不锈钢制成，用来调整供水压力，起减压作用。安装时，先将系统冲洗洁净后再安装调压板。

(2)除污器。如图 7.37 所示，除污器安装在采暖系统的入口供水总管上，位于调压板之前。其作用是过滤管路内水中的泥砂等，确保系统内水质的洁净，防止堵塞管路及附件。

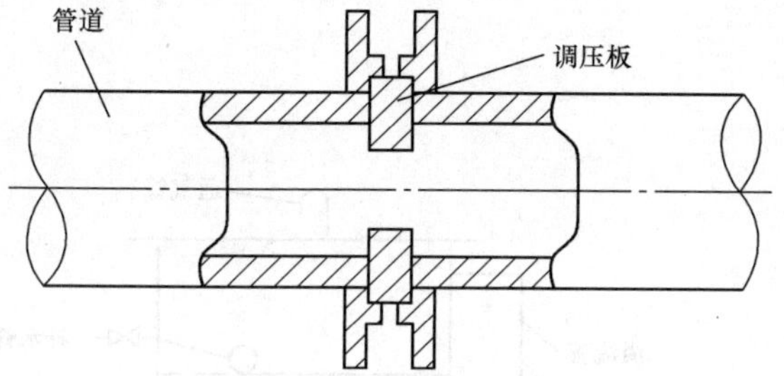

图 7.36　调压板安装

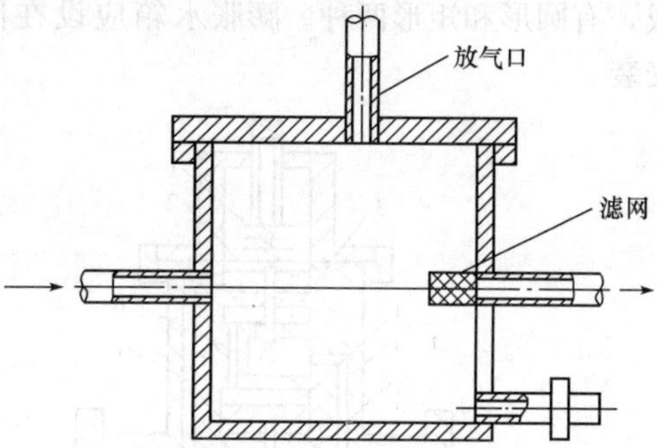

图 7.37　除污器安装

(3)汽水分离器。如图 7.38 所示，钢制圆筒，上、下有封头，内设挡板和滤板。圆筒侧面设蒸汽进、出口，圆筒顶接排空气管和排气阀，圆筒底设泄水管和泄水阀。其作用是使外网送来的蒸汽在此进行汽与凝结水的分离，以保证汽质。工作时有两种情况：一是外网启动时有大量的凝结水产生，将聚集在系统入口处，若只靠疏水器进行疏水是不够的，需用它来排除凝结水；二是外网正常运行后，它可辅助疏水器进行疏水。

汽水分离器安装位置如图 7.35 所示，安装时圆筒应垂直，其放空气管引至室外，一般距离地面 2.5 m；泄水管引至室外明沟(或排水沟)。

(4)疏水器。疏水器种类较多，有浮球式、浮筒式、吊筒式、脉冲式、热动力式疏水器等。脉冲式疏水器如图 7.39 所示，其具有体积小、质量轻、排水量大、便于检修等优点。

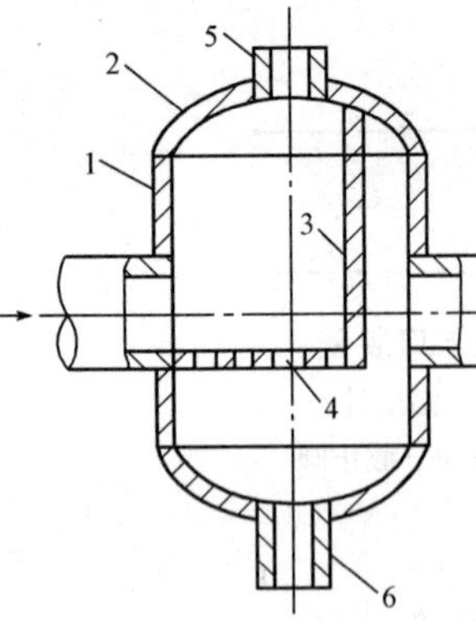

图 7.38　汽水分离器

1—圆筒体；2—封头；3—挡板；
4—滤板；5—排气口；6—泄水口

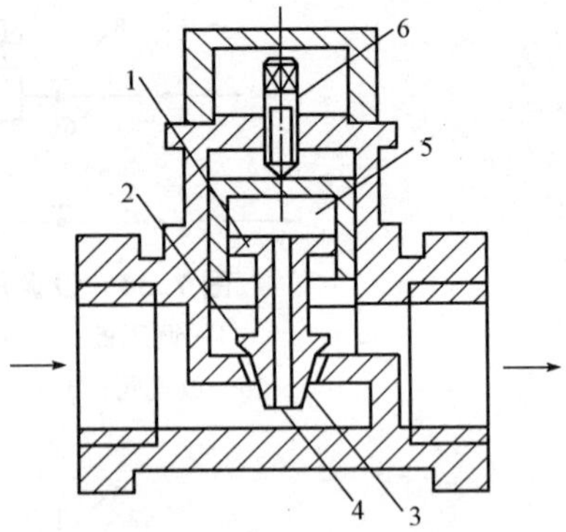

图 7.39　脉冲式疏水器

1—活塞；2—阀瓣；3—主泄孔；
4—副泄孔；5—控制室；6—调节杆

(5)减压阀。减压阀将外网的压力减到室内用热设备(或散热器)所需要的压力。其种类有活塞式减压阀、波纹管式减压阀和弹簧膜片式减压阀等。活塞式减压阀如图 7.40 所示。

(6)过滤器。过滤器(除污器)安装在减压阀之前，安装时要求垂直，介质流向依箭头标示。

(7)压力表。安装位置如图 7.35 所示，减压阀前为高压表，用来测室外管网的压力；减压阀后为低压表，用来测减压后的室内管道系统中介质压力。压力表应垂直安装，表盘向着便于观察的方向。

(8)安全阀。通常采用弹簧式安全阀，安装位置如图 7.35 所示，安装时要求垂直，其排放管应引至室外，距离地面 2.5 m 以上。

(9)膨胀水箱。膨胀水箱(图 7.41)是用来容纳热水后的膨胀水量，膨胀水箱用钢板焊接而成，有圆形和矩形两种。膨胀水箱应设在同一供暖系统中最高建筑物的顶部，一般不应露天安装。

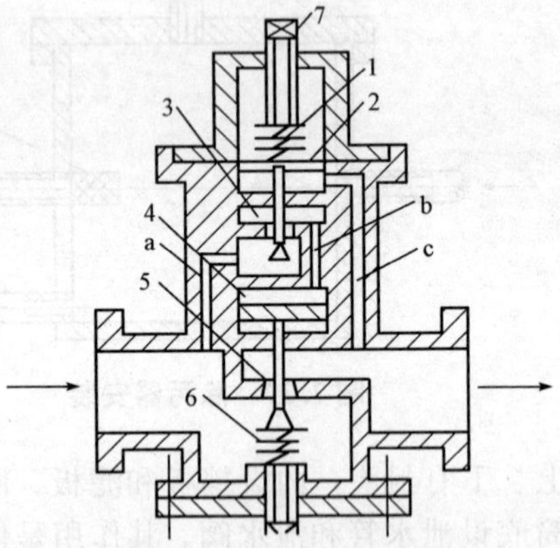

图 7.40　活塞式减压阀

1—调节弹簧；2—膜片；3—辅阀；4—活塞；5—主阀；
6—主阀弹簧；7—调整螺栓；a、b、c—通道

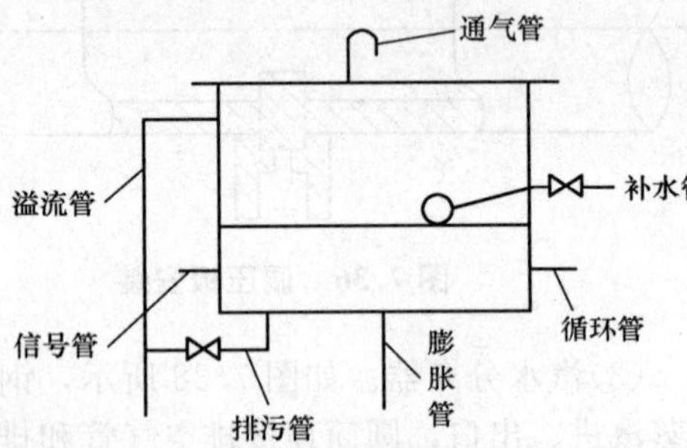

图 7.41　膨胀水箱

(10)排气装置。在热水系统中，如果散热器中存在空气，将会减少散热器的有效散热面积；如果管道中积聚空气，就可能形成空气塞，堵塞管道，破坏水循环，造成系统局部不热；空气与管道内表面接触，也会引起管道腐蚀，降低管道使用寿命。常用排气装置有以下几类：

1)集气罐。用直径为100～250 mm的钢管制成，有卧式和立式两种(图7.42)。集气罐顶部有直径为*DN*15的放气管，其上设阀门定期排除空气，阀门位置要便于人操作，放气管放气口引到附近水池或卫生设备上方。安装集气罐时应注意集气罐应设于系统末端的最高处，并使供水干管逆坡以利于排气。

2)手动排气阀。手动排气阀又称为手动跑风门、冷风阀、放风旋塞，多为铜制，如图7.43所示。其用于散热器上部专设的丝孔上，以手动方式排除空气。

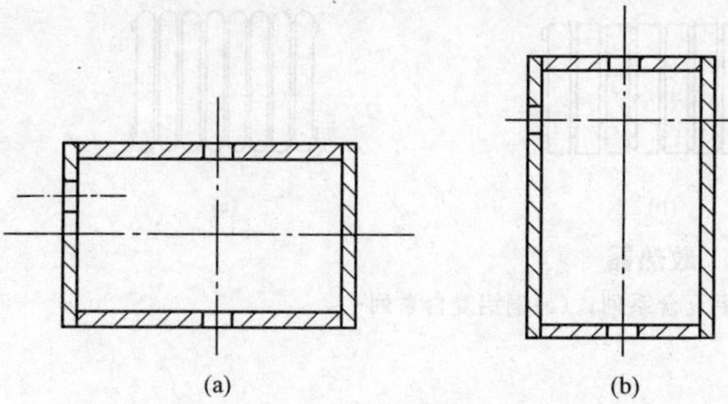

图7.42 集气罐

(a)卧式；(b)立式

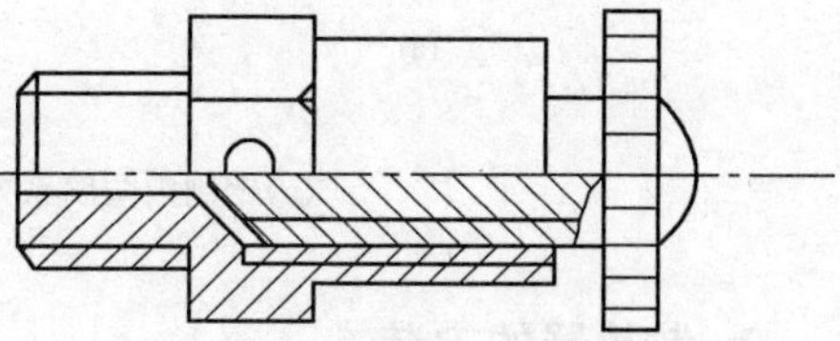

图7.43 手动排气阀

集气罐和手动排气阀的安装形式如图7.44所示。

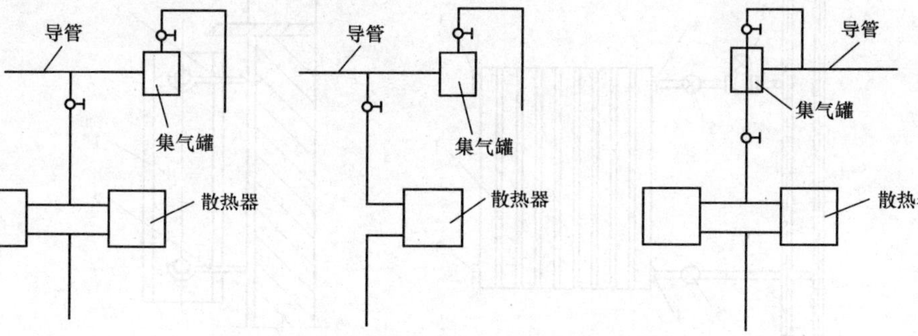

图7.44 集气罐和手动排气阀的安装形式

3)自动排气阀。自动排气阀是靠阀体内的启闭机构自动排除空气的装置(图7.45)。其安装方便，体积小巧，且避免了人工操作管理的麻烦，在热水采暖系统中被广泛采用。

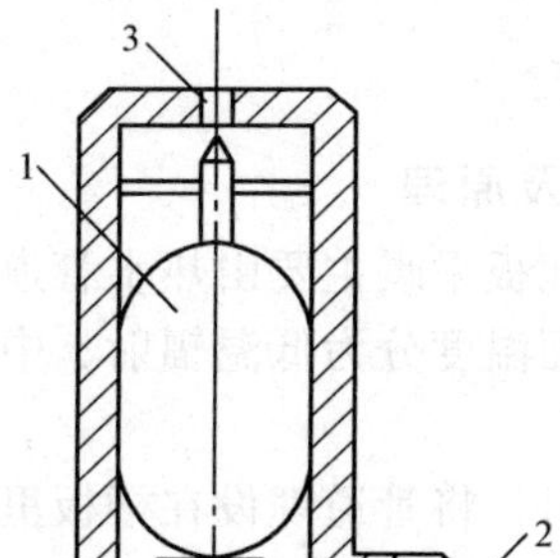

图7.45 自动排气阀

1—浮子；2—虹吸管；3—排气孔

7.3.3 散热器安装

散热器的功能是将热水或蒸汽的热能散发到室内空间，使室内气温升高的设备。

1. 散热器的种类

散热器的种类较多，常用的有三个系列，即钢制内防腐系列[图 7.46(a)]、钢铝复合系列[图 7.46(b)]与铜铝复合系列[图 7.46(c)]。

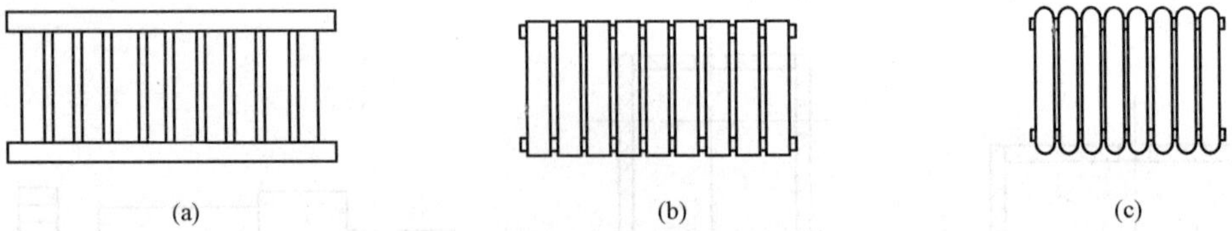

图 7.46　散热器

(a)钢制内防腐系列；(b)钢铝复合系列；(c)铜铝复合系列

2. 散热器的安装

(1)散热器的安装位置。散热器通常安装在室内外墙的窗台下、走廊和楼梯间等处。

(2)散热器的安装。民用散热器的安装形式如图 7.47 所示。安装时，一般先栽托架(钩)，然后将散热器组挂于托架上，再找平、找正。

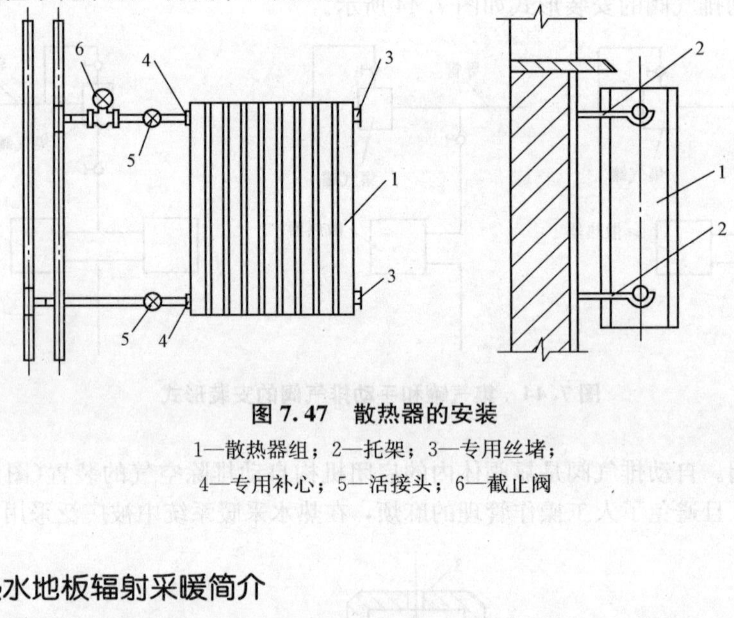

图 7.47　散热器的安装

1—散热器组；2—托架；3—专用丝堵；
4—专用补心；5—活接头；6—截止阀

7.3.4 热水地板辐射采暖简介

1. 热水地板采暖的组成、分类及原理

(1)热水地板采暖的组成。热水地板采暖主要由热水管道和地板两大部分组成。

(2)热水地板采暖的分类。按板面温度分为低温辐射、中温辐射、高温辐射；按辐射板位置可分为顶棚式、墙壁式、地板式。

(3)热水地板采暖的原理。施工时，将管道埋设在楼板里。运行时，管道内的热水将地板加热；再由地板面将热量辐射放热到室内的墙壁、顶棚和空气中，使室内的温度升高。

2. 热水地板采暖

热水地板采暖如图 7.48 和图 7.49 所示。从图 7.58 中可以看出，热水管道是埋设在某户客厅的地板里面的。从图 7.49 中可以看到，热水管道位于某户客厅的地板面下的第 3 层(混凝土)中。

(1)热水地板采暖的管材选用。热水地板采暖通常采用交联铝塑复合管(PAP—PAP)、交联聚乙烯管(PE—X)等。

(2)热水地板采暖的热伸长及施工时采取的措施。系统开始运行时，由于温度陡升，将使管道产生急剧地热胀、伸长。为了防止热胀、伸长时操作管道或使管道断裂，施工时应采取以下措施：

1)铺设热水管道时，在转弯处将其煨成如图 7.50 所示的形状。

2)浇灌完混凝土之后，趁其尚未凝固，立即向管道内通热水，使其预伸长。

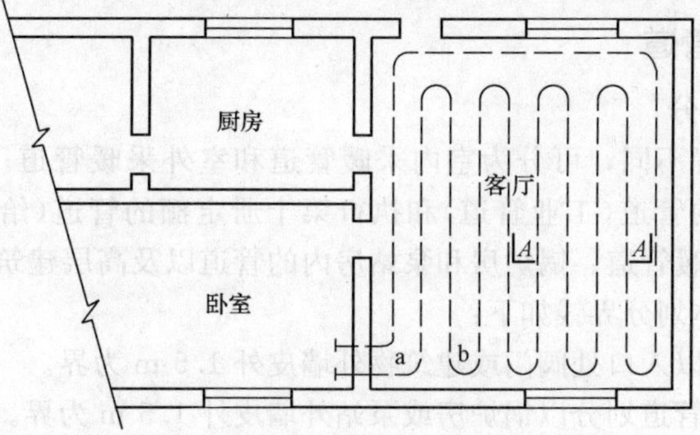

图 7.48　某户客厅热水地板采暖平面图

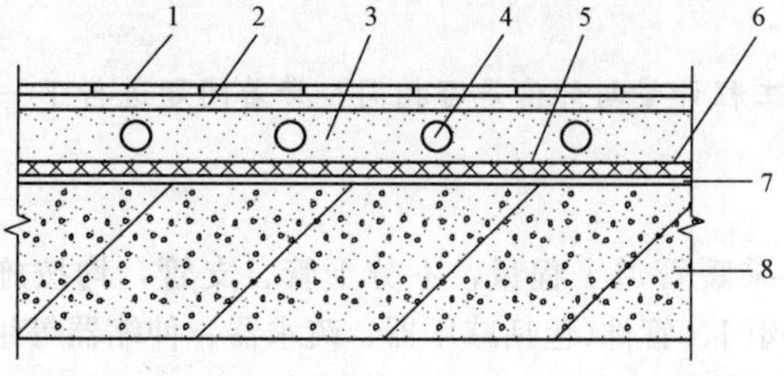

图 7.49　某户客厅热水地板采暖 A—A 剖面图

1—瓷砖；2—水泥砂浆；3—混凝土；4—热水管

5—钢丝网；6—隔热层；7—防水层；8—钢筋混凝土楼板

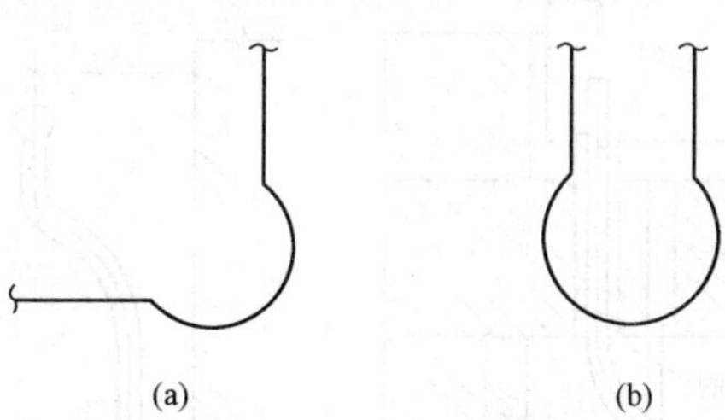

图 7.50　热水地板采暖管道转弯处的形状

(a)顺水弯；(b)回头弯

3. 热水地板采暖的优缺点

(1)热水地板采暖的优点。在系统运行之后，人体感受的温度比室内实际空气环境温度高 2 ℃～3 ℃，使人感到暖和舒服，具有最佳的舒适感。

(2)热水地板采暖的缺点。造价高，运行费用也高。一般不维修，一旦损坏，影响巨大。

7.4 室内采暖工程计量与计价

室内采暖系统由入口装置、室内采暖管道、管道附件、散热器等组成。

课堂活动

探讨一下可将室内采暖工程分成哪几大部分进行列项?

7.4.1 室内采暖管道

1. 采暖管道界线划分

采暖管道按所处位置不同，可分为室内采暖管道和室外采暖管道；按执行定额册的不同，可分为执行第八册定额的管道(工业管道)和执行第十册定额的管道(给水排水、采暖、燃气管道)。生产生活共用的采暖管道、锅炉房和泵站房内的管道以及高层建筑内加压泵房内的管道均属工业管道的范围。具体划分界线如下：

(1)室内外管道划分以入口处阀门或建筑物外墙皮外 1.5 m 为界。

(2)生活管道与工业管道划分以锅炉房或泵站外墙皮外 1.5 m 为界。

(3)工厂车间内采暖管道以车间采暖系统与工业管道碰头点为界。

(4)设在高层建筑内的加压泵间管道以泵间外墙皮为界，泵间管道执行工业管道定额。

思考:

采暖工程与给水排水工程计量与计价是否相同? 带着问题进行下一步学习。

2. 采暖管道安装

(1)工程量计算。

1)工程量计算规则。采暖管道工程量，不分干管、支管，均按施工图所示中心长度，以“m”为计量单位，不扣除阀门、管件(包括减压器、疏水器、伸缩器等组成安装)所占的长度。

注意：计量时要分不同管材、公称直径、连接方法。

采暖立管、支管上如有缩墙、躲管的灯叉弯、半圆弯时(图 7.51)，其增加的工程量应计入管道工程量中，增加长度可参照表 7.5 中的数值计取。

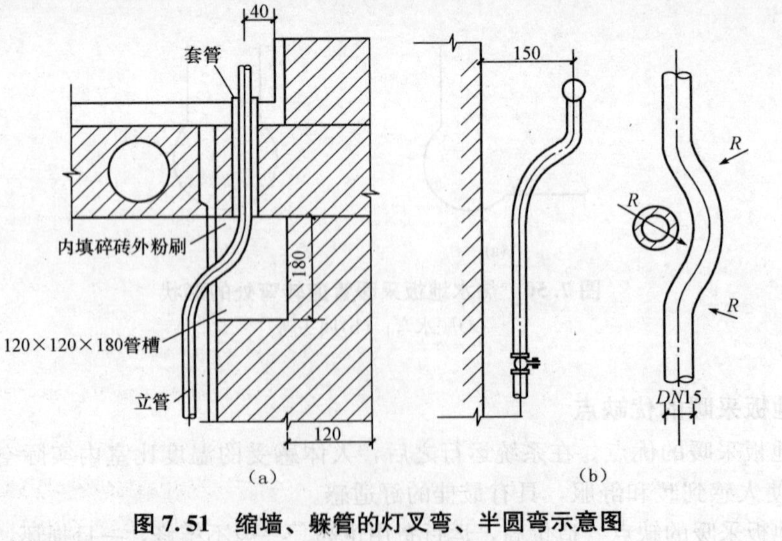

图 7.51 缩墙、躲管的灯叉弯、半圆弯示意图

(a)缩墙；(b)躲管

表 7.5　灯叉弯、半圆弯增加长度表

管别	灯叉弯/mm	半圆弯/mm
支管	35	50
立管	60	60

2)采暖管道立管、支管工程量计算。

①立管工程量计算。采暖系统立管应按管道系统图中的立管标高以及立管的布置形式(单管式、双管式)计算工程量。在施工图中，立管中间变径时，应分别计算工程量。供水管变径点在散热器的进口处，回水管变径点在散热器的出口处。

a. 单管式。图 7.52 所示为单管顺流式立管、支管安装示意图。立管长度计算见表 7.6。

b. 双管式。图 7.53 所示为双管式立管、支管安装示意图。立管长度计算见表 7.7。

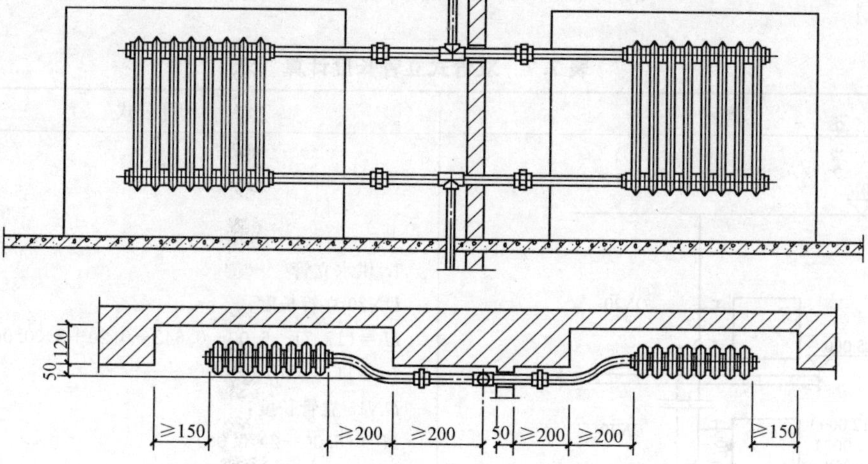

图 7.52　单管顺流式立管、支管安装示意图

表 7.6　单管顺流式立管长度计算

图示	计算公式
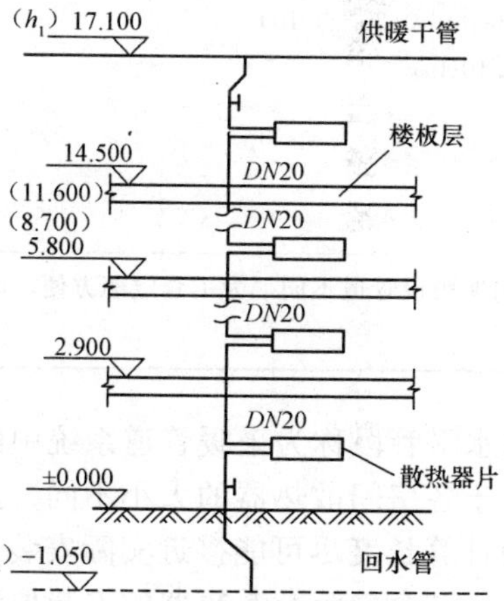	$H=h_1-h_2+2b-h_0\times n$ 式中　h_1——供暖干管标高； h_2——回水干管标高； b——缩墙灯叉弯(60 mm)； h_0——散热器进出口的中心距(642 mm)； n——楼层数。 $DN20$ 立管长度： $H=17.10-(-1.05)+2\times0.06-0.642\times6$ $=14.42(\text{m})$

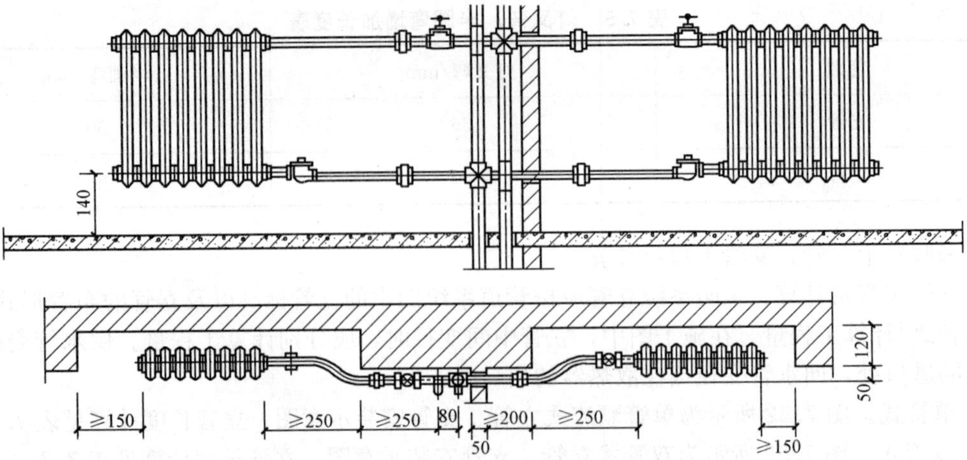

图 7.53　双管式立管、支管安装示意图

表 7.7　双管式立管长度计算

图示	计算公式
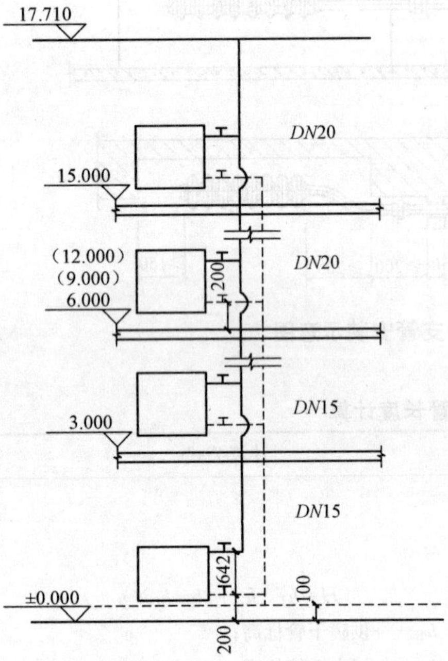	1. 供水立管 *DN*20 立管长度： $H=(17.71-6.00-0.642-0.20+3\times0.06)$ $=11.05(\mathrm{m})$ *DN*15 立管长度： $H=(6.00+2\times0.06)$ $=6.12(\mathrm{m})$ 2. 回水立管 *DN*20 立管长度： $H=(15.00-6.00)$ $=9.00(\mathrm{m})$ *DN*15 立管长度： $H=(6.00+0.20-0.10)$ $=6.10(\mathrm{m})$

注：如果回水管敷设在地沟中，由于地沟内管道的防腐和绝热与明敷设管道不同，为了套定额方便，可按地下、地上分别列项，工程量计算时应以±0.000 为界。

②支管工程量计算。连接立管与散热器进、出口的水平管段称为采暖管道系统中的水平支管。水平支管的计算是比较复杂的，在采暖系统中，由于各房间散热器的大小不同、立管和散热器的安装位置不同，水平支管的计算也不同。为了使计算长度尽可能接近实际安装长度，水平支管的计算一般应按建筑平面图上各房间的细部尺寸，结合立管及散热器的安装位置分别进行。下面就双立管式中几种常见的布置形式计算支管工程量。

a. 立管在墙角、散热器在窗中安装，支管长度计算见表 7.8。

表 7.8　立管在墙角、散热器在窗中安装的支管长度计算

图示	计算公式
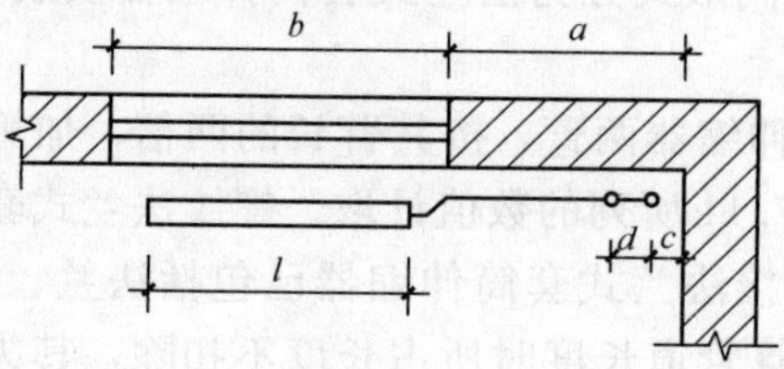	$L=[a+b/2-(d+c)-l/2+35\ \text{mm}]\times 2\times n$ 式中　L——供、回水管总长度； a——窗边距墙中心的长度； b——窗帘宽； c——半墙厚度； d——两个立管距离中心点至墙边距离； l——散热器长度； n——楼层数； 35 mm——缩墙灯叉弯增加长度

b. 立管在墙角、散热器在窗边安装，支管长度计算见表 7.9。

表 7.9　立管在墙角、散热器在窗边安装的支管长度计算

图示	计算公式
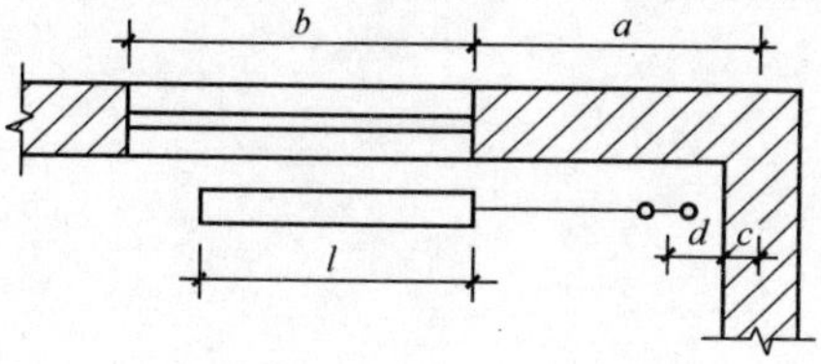	$L=[a-(d+c)]\times 2\times n$ 式中　L——供、回水管总长度； a——窗边距墙中心的长度； c——半墙厚度； d——两个立管距离中心点至墙边距离； n——楼层数

c. 立管在墙角，两边带散热器在窗中安装，支管长度计算见表 7.10。

表 7.10　立管在墙角、两边带散热器在窗中安装的支管长度计算

图示	计算公式
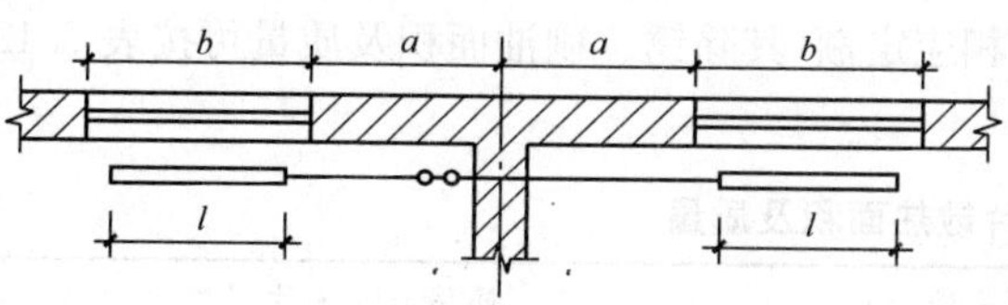	$L=[2a+2\times b/2-2\times l]\times 2\times n$ 式中　L——供、回水管总长度； a——窗边距墙中心的长度； b——窗帘宽； l——散热器长度； n——楼层数

(2)定额套用。室内采暖系统管道和给水管道套用同样的定额项目，其定额套用规定和方法相同。

注意：采暖管道中管道安装、管道碰头、支架制安、水压试验、冲洗吹扫、除锈刷油、绝热保温、管沟土石方及井道浇筑等工程量，定额用第十册或第八册。除调整试验不同外，其余与给水管网计算相同。

7.4.2 采暖管道附件

1. 工程量计算

(1)管路组件组成与安装。成组的减压器、疏水器以“组”为单位计量。

(2)管道伸缩器安装。伸缩器制作安装，定额按不同形式分为法兰式套筒伸缩器安装(分螺纹连接和焊接)和方形伸缩器制作安装。

各种伸缩器制作安装均以“个”为单位计量。方形伸缩器两臂，按其臂长的两倍，加算在同管径的管道延长米内。当设计未标注尺寸时，可按表7.11所列的数值计取。螺纹法兰式套筒伸缩器未包括法兰及带帽螺栓的费用，应另外计算。焊接法兰式套筒伸缩器已包括法兰、螺栓、螺母、垫片的费用，不再另行计算。套筒伸缩器在计算管道长度时所占长度不扣除，其为未计价材料。

表7.11 方形伸缩器每个长度表 m

公称直径/mm	25	50	100	150	200	250	300
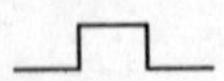	0.6	1.2	2.2	3.5	5.0	6.5	8.5
	0.6	1.1	2.0	3.0	4.0	5.0	6.0

(3)管道支架制作安装。同给水管道。

(4)套管制作安装。同给水管道。

(5)管道消毒冲洗。同给水管道。

(6)其他管道附件及阀门。同给水管道。

(7)其他小型容器。集气罐的制作安装按公称直径不同，以“个”计量；膨胀水箱制作以“100 kg”计量，安装以水箱的总容量(m^3)不同，以“个”计量。

2. 套用定额

减压器、疏水器、支架、套管、消毒冲洗、其他管道附件及阀门均同给水管道。集气罐套用相应定额。

7.4.3 采暖供热设备

(1)铸铁及钢制散热器：按“10片”计量，套用相应定额(其除锈、刷油面积及质量可按表7.12所列的数值计取)。

表7.12 铸铁散热片散热面积及质量

型号	散热面积/(m^2·片$^{-1}$)	质量/(kg·片$^{-1}$)
四柱813	0.28	7.99(有足)7.55(无足)
五柱813	0.37	9.50(有足)8.50(无足)
M132	0.24	6.5

(2)光排管散热器：按“10 m”计量，套用相应定额。

(3)暖风机及空气幕安装：按“台”计量，套用相应定额。

(4)燃气、电热水器：按“台”计量，套用相应定额。与热水器相接的冷、热水截止阀及软管接头，以及电源和接地部分安装，另立项计量。

7.4.4 其他费用

(1)脚手架搭拆费：按人工费的5%计算，其中人工费占25%。

(2)采暖系统调试费：热水供应及热水采暖系统，定额规定不计取系统调试费；蒸汽采暖系统计取调试费，定额规定按工程系统人工费的15%计取，其中人工费占20%。

(3)超高增加费：同给水管道。

(4)高层建筑增加费：同给水管道。

【例7.3】 如图7.54和图7.55所示。

某市第十人民医院办公楼采暖工程，位于市郊10 km处，建筑面积为740.28 m²，砖混结构，共两层，层高为3.600 m。该地区气温不太低，采暖期短，用热水作为采暖热媒，从室外−1.400 m供热管道沟中直接接入室内。散热器采用铸铁四柱型，楼上为有足，楼下为无足，挂于或用拉杆固定于墙上。*DN*15钢管用热镀锌钢管丝接，刷银粉漆两遍；*DN*20及以上钢管用焊接钢管焊接，管道除锈，刷红丹防锈漆一遍，银粉漆两遍。其工程量计算表见表7.13。

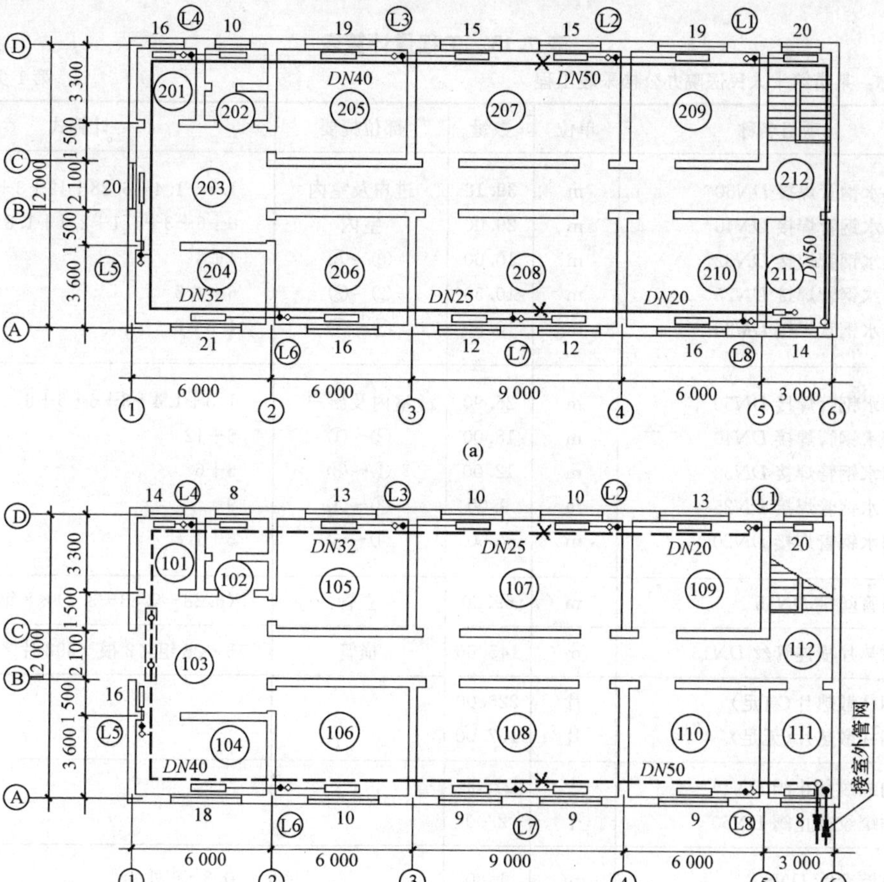

图7.54 采暖平面图

(a)二层采暖平面图；(b)一层采暖平面图

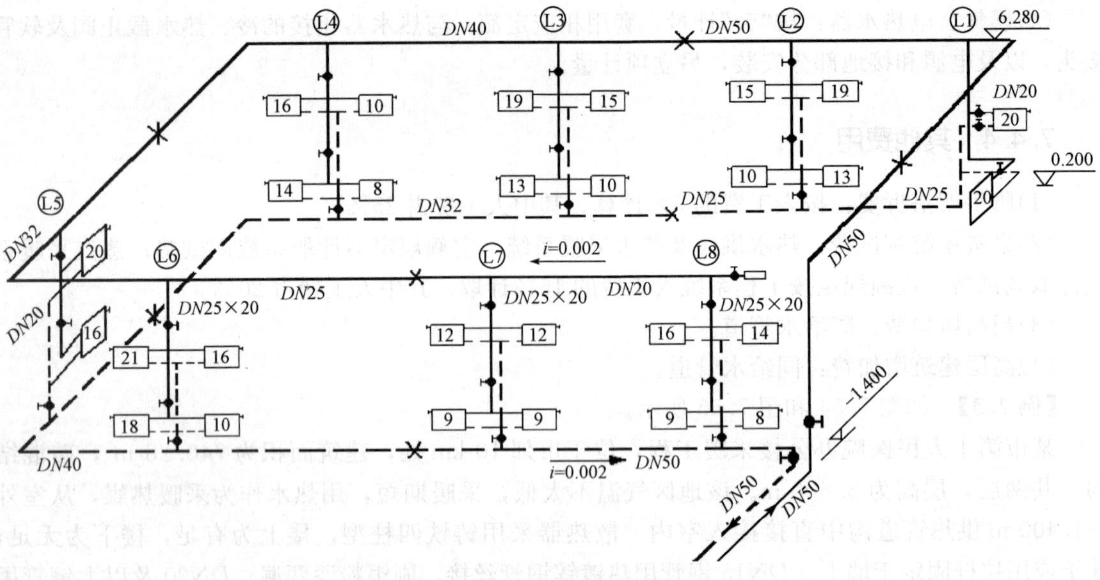

图 7.55 采暖系统图

表 7.13 工程量计算表

工程名称：某市第十人民医院办公楼采暖工程　　　　第 1 页共 1 页

序号	项目名称	单位	数量	部位提要	计算式
1	热水钢管焊接 DN50	m	39.18	进户及室内	1.5＋1.4＋6.28＋12＋3＋6＋9
	热水钢管焊接 DN40	m	20.00	室内	6＋6＋3＋1.1＋2.1＋1.8
	热水钢管焊接 DN32	m	10.00	Ⓑ～Ⓐ	4＋6
	热水钢管焊接 DN25	m	10.50	②～③	6＋4.5
	热水钢管焊接 DN20	m	10.50	③～④	4.5＋6
2	回水钢管焊接 DN50	m	26.90	室内及出户	1.5＋1.4＋3＋6＋9＋6
	回水钢管焊接 DN40	m	18.00	②～①	6＋12
	回水钢管焊接 DN32	m	12.00	①～③	6＋6
	回水钢管焊接 DN25	m	9.00	③～④	9
	回水钢管焊接 DN20	m	7.50	④～⑥	6＋1.5
3	竖管丝接 DN15	m	69.20	立管	(6.28－0.83＋3.2)×8 组
4	散热片横连管丝 DN15	m	145.66	横管	3×28 组×2 根－392 片×0.057 厚
5	四柱散热片(有足)	片	225.00		
	四柱散热片(无足)	片	167.00		
6	内螺纹截止阀 DN15	个	27.00		
	内螺纹截止阀 DN50	个	2.00		
7	过墙套管 DN80	m	1.80		0.3×6 处
	过墙套管 DN50	m	1.80		0.3×6
	过墙套管 DN40	m	2.40		0.3×8
	过墙套管 DN32	m	5.80		0.25×16＋6×0.3

续表

序号	项目名称	单位	数量	部位提要	计算式
8	集气罐 ϕ150 Ⅱ型	个	1.00		
9	散热片托钩 ϕ16	kg	13.27		0.3×14 组×2×1.58
10	管道支架∠50×5	kg	11.31		0.3×10×3.77
11	管道除锈刷漆	m²	41.10		*DN*15 214.2×0.054=11.47 *DN*20 18×0.085 8=1.54 *DN*25 19.5×0.105 9=2.07 *DN*32 32×0.141 3=4.52 *DN*40 38×0.150 7=5.73 *DN*50 66.08×0.188 5=12.46
12	散热片除锈刷漆	m²			(225+167)×0.28

本章小结

本章的内容包括：

(1)采暖工程图包括采暖平面图、采暖系统图和详图，其中，主要是前两种图样。识读的方法主要有两种：一种是顺序法，识读平面图的顺序为底层→中间层→顶层。识读系统图的顺序为从热力入口起，沿汽(水)流的方向识读。另一种是对照法，平面图与系统图对照识读。

(2)热水管道的特点是热胀冷缩；蒸汽管道的特点除热胀冷缩外还将产生凝结水。

(3)室外供热管道的敷设形式主要分为地上架空敷设和地下敷设两种形式。放水和排气装置通常是在蒸汽管道上设放空气阀和疏水、启动排水装置；在热水管道上设分段阀、泄水阀和放空气阀。

(4)管道安装安装时蒸汽管道采用无缝钢管；供、回热水管道和凝结水管道采用螺纹钢管或黑铁管。

(5)支座和补偿器供热管道的支座有活动、导向、固定支座三种。补偿器分为自然补偿器(管道的自然拐弯)和人工补偿器两种。

(6)采暖系统的敷设形式热水采暖系统主要有机械循环上分式双管系统、中分式双管系统和下分式双管系统；蒸汽采暖系统主要有双管上分式、双管中分式和双管下分式三种系统。

(7)采暖系统入口装置分为热水和蒸汽两种入口装置，其作用是用来启、闭和热媒的减压与观测(压力、温度)等。

(8)散热器安装常用的散热器有柱型、长翼型、钢串片式、平钢板式和光管式五种。前四种散热器通常适用于民用和公共建筑，光管式散热器一般用于车间、厂房。

本章的重点是：采暖系统图的识读；采暖系统入口装置安装；散热器的种类及其适用场合；采暖管道安装。

习　题

7.1　图 7.1 中安装了多少组四柱型散热器？其中，片数最多的散热器组设在何处？

7.2　图 7.2 中供、回水总管各几条？供水主立管几根？供、回水立管各多少根？四柱型散热器多少组？$DN$20 的截止阀多少个？

7.3　图 7.12 中有几个方形补偿器？几个自然补偿器？几个活动支座？

7.4　在弯头处为什么不设置导向支座？在热源出口和用户入口处为什么要设置固定支架(座)？

7.5　室外供热管道地上架空敷设与地沟敷设各有什么优缺点？

7.6　图 7.26～图 7.28 中膨胀水箱的立管为什么设在水泵吸入口之前？

7.7　图 7.31 中为什么要在供汽干管的抬头处设疏水器？

7.8　图 7.35 中汽水分离器前面的疏水器有什么作用？可否不设？

第 8 章　消防工程

学习目标

知识目标	能力目标	权重
熟悉消防工程相应图例	能基本识读消防工程相应图例	0.15
掌握消防工程识图方法	能正确识读消防工程施工图	0.25
了解消防工程构造及施工工艺	能基本领悟消防工程构造及施工工艺	0.25
掌握消防工程计价规定和方法	能基本编制消防工程施工图预算	0.35
合　计		1.0

教学准备

安装施工规范、消防工程施工图等。

教学建议

在安装构造实训基地采用集中讲授、课堂互动教学、分组实训等方法教学。

教学导入

人们在与火灾斗争中，采用了各种先进技术和设备，逐渐完善了消防工程(Fire Protection Engineering)。其由人工报警、人工消防，到自动报警、人工消防，再发展到了今日的自动探测、自动报警、自动灭火的联动消防系统。

课堂活动

想想火灾形成的要素有哪些？可以用哪些物质作为灭火剂？灭火器的系统有固定式和移动式，其主要以什么形式为主？

8.1　消防工程识图

8.1.1　消防工程图例

消防工程图例见表 8.1～表 8.7。

表 8.1　消防工程辅助符号

名称	图形	名称	图形
水		阀门	
手动启动		泡沫或泡沫液	●
出口		电铃	
无水	○	入口	
发声器		BC 类干粉	
热		扬声器	
ABC 类干粉	■	烟	
电话		卤代烷	
火焰		光信号	
二氧化碳	▲	易爆气体	

表 8.2　消防工程图例符号

图例	名称	图例	名称
J	生活给水管		检查口　通气帽
W	生活污水管		标准单口消火栓
XH	消火栓给水管	WL	排水立管
	蝶阀	JL	给水立管
	截止阀	XHL	消防立管
	止回阀	J	给水进户管
平面　系统	地漏	XH	消防水进户管
▲ ×—××—×	手提式灭火器	▲ ×—××—×	排水出户管

表 8.3　消防工程灭火器符号

名称	图形	名称	图形
清水灭火器		卤代烷灭火器	
推车式 ABC 类干粉灭火器		泡沫灭火器	
二氧化碳灭火器		推车式卤代烷灭火器	
BC 类干粉灭火器		推车式泡沫灭火器	
水桶		ABC 类干粉灭火器	
推车式 BC 类干粉灭火器		沙桶	

表 8.4　消防管路及配件符号

名称	图形	名称	图形
干式立管		消防水管线	—— FS ——
干式立管	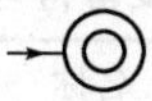	消防水罐(池)	
干式立管	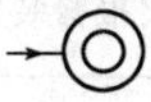	泡沫混合液管线	—— FP ——
报警阀		干式立管	
消火栓		开式喷头	
干式立管	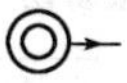	消防泵	
闭式喷头	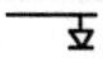	干式立管	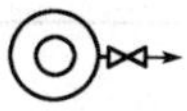
泡沫比例混合器		水泵结合器	
湿式立管		泡沫产生器	
泡沫混合器立管		泡沫液管	

表 8.5　消防工程固定灭火器系统符号

名称	图形	名称	图形
水灭火系统 （全淹没）		ABC类干粉 灭火系统	
手动控制 灭火系统		泡沫灭火系统 （全淹没）	
卤代烷 灭火系统		BC类干粉 灭火系统	
二氧化碳 灭火系统			

表 8.6　消防工程灭火设备安装处符号

名称	图形	名称	图形
二氧化碳瓶站		ABC干粉罐	
泡沫罐站		BC干粉灭火罐站	
消防泵站			

表 8.7　消防工程自动报警设备符号

名称	图形	名称	图形
消防控制中心		火灾报警装置	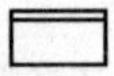
温感探测器		感光探测器	
手动报警装置		烟感探测器	
气体探测器		报警电话	
火灾警铃		火灾报警扬声器	
火灾报警发声器		火灾光信号装置	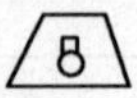

8.1.2　消防系统分类

消防系统(Fire-Fighting System)根据使用的灭火剂不同，可分为以下几种。

1. 水灭火系统

目前，世界上广泛采用的是水灭火系统，其成本低、灭火效率高、施工方便，还可自动报警、自动灭火。其分为以下两大类：

(1)室内消火栓灭火系统。其一般为人工消防，是低层和高层建筑室内主要灭火设备之一。它设备简单，根据供水情况，消防、生活及生产给水管网可公用，也可分开。

(2)喷水灭火系统。按管网充水情况可分为自动喷水湿式系统、干式系统、干湿两用系统；按喷头的形式可分为自动喷水雨淋系统、自动喷雾系统、水幕系统；按供水阀开启顺序可分为自动喷水预作用系统、重复启闭预作用系统等。

2. 气体灭火系统

气体灭火系统是利用气体灭火剂抑制化学反应而进行灭火的一种系统。其用于不能用水灭火的场所，如变压器室、电信、广播、计算机房、加油站、档案库、文物资料、船舶油轮等的灭火。气体灭火剂以二氧化碳、三氟甲烷、七氟丙烷或混合气体为主。卤代烷及哈龙灭火剂破坏臭氧层，根据国际公约禁止使用，已退出市场。

3. 泡沫灭火系统

泡沫灭火系统主要用于扑救非水溶性可燃性和一般固体火灾，如炼油厂、矿井、油库、机场及飞机库等的灭火。这种系统主要用空气泡沫剂(蛋白、氟蛋白类)、化学泡沫剂(水成泡沫类)，它们与水混合的液体吸入空气中，体积立即膨胀成 20～1 000 倍的泡沫，迅速淹没全部防护空间，或覆盖整个燃烧物的表面，以隔绝空气而灭火。所以，系统具有安全、可靠、灭火效率高的特点。根据泡沫产生的倍数不同，可分为低泡沫、中泡沫、高泡沫灭火系统；根据安装形式不同，可分为固定式、半固定式及移动式泡沫灭火系统。

8.1.3 消防工程图

1. 消防工程施工图的组成

消防工程施工图一般由图纸目录、主要设备材料表、设计说明、图例、平面图、系统图、施工详图等组成。

(1)消防平面图。消防平面图主要表示建筑物各层的消防设备和管道的平面布置。

(2)消防系统图。消防系统图表明整个消防系统的设备、附件和干、立、支管在空间的布置及其相互关系。

消防工程图首先要仔细识读总平面图，各建筑要分清楚，再看清楚前面的图纸设计说明和图例，其中有各种符号标示，然后看系统图。

消防图纸中电气线路应该这样看，根据系统图结合平面图来找每层管线的走向，一般先找到进水点，再按系统管线的布置来找每一层平面图的具体位置。一般系统图只是为了表示管线怎样连接及其所用的规格，主要是平面图电气的回路，识图时应注意看线的标识，如某消防广播总线：标识为采用 2×ZRBV－1.5 mm^2 线，意思为两根 1.5 mm^2 铜芯阻燃聚氯乙烯绝缘电线(ZRBV)，由两根线组成回路，在系统图上只画一根线表示，计算线长度时，要以两根算。而消防电话总线采用 ZRRVVP－2×1.0 mm^2 线，意思为一根阻燃屏蔽双绞线电缆，面积为 2×1.0 mm^2，在系统图上示意也是一根线表示，计算长度时，按一根计。

一般线缆字母前面的数字表示根数，后面的表示一根线缆由几芯组成，如上面的 2×1.0 mm^2，表示由两芯 1 mm^2 导线组成一根线缆。电缆的符号标识还有很多，如 ZR 阻燃、NH 耐火、WDZ 低烟无卤等，不同标识价格不同，作用也不同，

在消防图纸中，XL 代表消防立管、WL 代表污水立管、TL 代表通气立管、JL 代表给水立管、FL 代表废水立管(排粪立管)、PL 代表排水立管(或 GL)、NL 代表空调凝结水立管。例如，XL－1、XL－2、XL－3 是指第几条的意思。XL 中 X 代表消防，L 代表立管，以此类推 WL，W 代表污水，L 代表立管，假如图纸上标识着 XL－45，其标识编号 45 的消防立管。

2. 水灭火系统的组成

(1)消灭栓灭火系统。消火栓灭火系统是一种固定式消防设施。其由给水管网、消火栓

(箱)、消防水泵接合器、消防水泵、消防水池、消防水箱等组成，如图 8.1 所示。

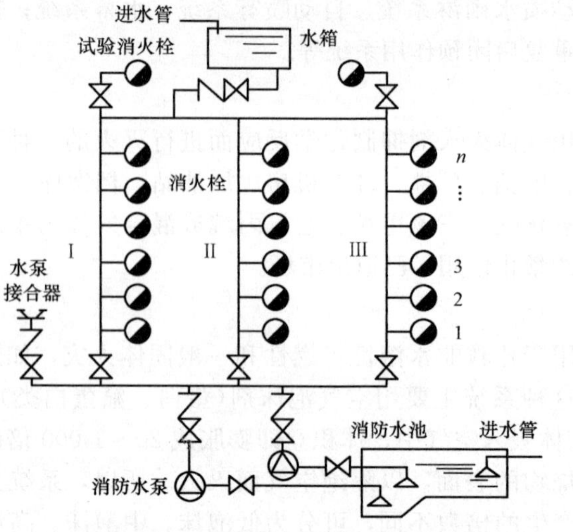

图 8.1　消火栓灭火系统组成

(2)自动喷水灭火系统。自动喷水灭火系统一般为固定式消防设施。在一些发达国家的消防规范中，几乎所有的建筑都要求使用自动喷水灭火系统。其由给水管网、报警装置、水流指示器、水喷头、试水装置、消防水箱、消防水泵及消防水池等组成。如图 8.2 所示为自动喷水干湿两用灭火系统。

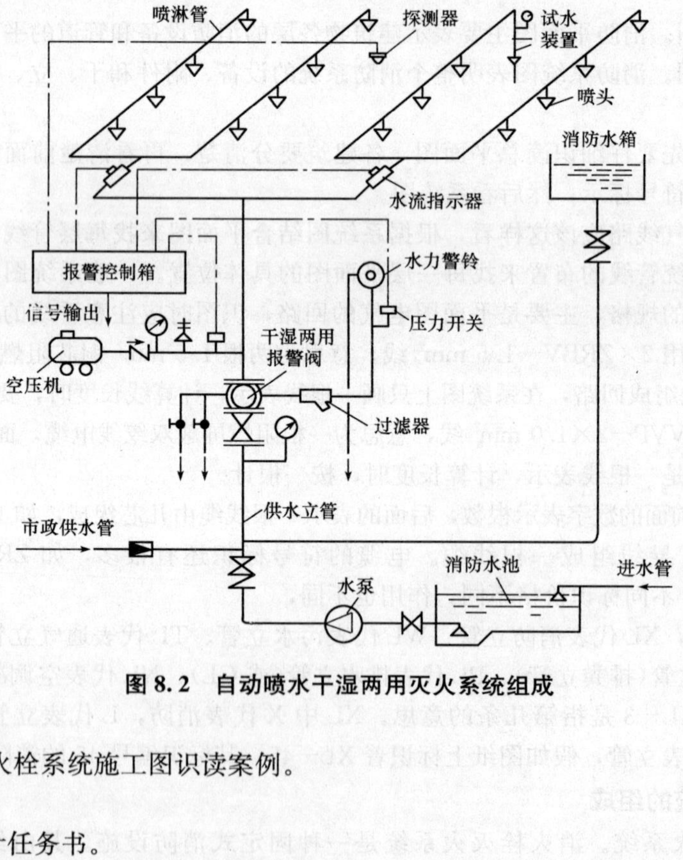

图 8.2　自动喷水干湿两用灭火系统组成

【例 8.1】　消火栓系统施工图识读案例。

一、设计依据

(1)本工程设计任务书。

(2)建设单位提供的有关要求及设计条件。

(3)建筑和有关工种提供的作业图及设计资料。

(4)国家颁布的现行有关设计规范。

二、工程概况

某村委会村委办公楼建筑面积为 2 640 m^2，建筑高度为 18.50 m，共 6 层。

三、设计范围

本设计承担教学楼室内给水排水及室内消防部分的设计。

四、系统设计

(一)系统简介

本工程设有生活给水系统、生活排水系统、室内消火栓系统及手提灭火器。

(二)消防系统

室外消防给水由建筑周围市政给水管网解决，室外消防水量为 25 L/s，室内消火栓水量为 10 L/s，火灾延续时间 2 h；消防泵房和消防水池由小区集中设置。在教学楼旁的办公楼楼顶设有专用消防水箱间，消防水箱有效贮水容积为 9 m^3。

(1)室内消火栓灭火系统：

1)室内消火栓系统给水管水平竖向均成环，并由小区泵房室内消火栓系统加压泵组通过两条供水管供水。室内消火栓系统采用临时高压制。

2)消火栓设备：消火栓箱采用白色钢板箱，配 *DN*65 mm 消火栓一个，25 m 长衬胶水带一条，*DN*19 mm 水枪一支，消防按钮和指示灯各一个，栓口安装高度为地面上 1.1 m。装修时应将消火栓箱做明显标志。不得封包隐蔽。

3)系统控制：

①正常情况系统压力由屋顶水箱保持；

②火灾时按动消火栓箱内按钮，启动消防加压泵，同时发出火灾报警讯号至消防控制中心；

③消防控制中心显示水泵工作状态，并能自动、手动启停消防泵；

④泵房内可就地手动启停水泵；

⑤水泵启动后，消火栓箱内信号灯亮。

(2)灭火器配置设计：

本工程按轻危险级设置手提式干粉(磷酸铵盐)灭火器，配置数量详见水施平面图纸。

以上所有消防器材与设备需经中国消防产品质量检测中心和省市消防建审部门和设计单位认可。

五、管材及接口

消火栓管道采用焊接钢管，焊接接口，阀门及需拆卸处采用法兰连接。

六、阀门及附件

消火栓管道上采用明杆蝶阀，其工作压力按其所在位置的管道工作压力确定。

七、管道敷设

1. 管道坡度应根据图中所注标高进行施工，当未注明时，按下列坡度安装：

给水管，消防管按 0.003 坡度敷设，坡向泄水装置。

2. 管道支架：

(1)钢管水平安装支架距离，不得大于表 8.8 所列的数值。

表 8.8 钢管水平安装支架距离 m

管径/mm	15	20	25	32	40	50	70	80	100	125	150	200
钢管	1.5	2	2	2.5	3	3	4	4	4.5	5	6	7

(2)立管均设管卡，安装高度为距离地面 1.5 m。

(3)管道穿楼板时应加设套管，套管内径比所穿管子外径大 10 mm。套管下端与楼板底相平，套管上端应高出楼板面 20～30 mm，管间空隙用油麻填实，并用沥青灌平。

八、防腐及油漆

(1)在涂刷底漆前，必须清除表面的灰尘、污垢、锈斑、焊渣等物。涂刷油漆应厚度均匀，不得有脱皮、起泡、流淌和漏涂现象。

(2)消火栓给水管明装者外刷樟丹两道，再刷两道红色调和漆。埋地者外壁刷两道沥青漆防腐。

(3)金属管道支架除锈后刷两道樟丹、两道灰色调和漆。

九、管道试压

管道安装完毕后应按设计规定对管道系统进行强度、严密性试验，以检查管道系统及各部位连接的工程质量。

(1)室内给水，消火栓管道试验压力为 1.0 MPa。在 10 min 内压力降不大于 0.02 MPa，然后将试验压力降至工作压力，作外观检查，以不漏为合格。

(2)消防管道在强度试验和管网冲洗合格后，进行严密性试验，试验压力为设计工作压力，稳压 24 h，无渗漏为合格。

十、管道冲洗

消防系统冲洗：

(1)室内消火栓系统在与室外地下给水管连接前必须将室外地下给水管道冲洗干净，其冲洗水量应达到消防时的最大设计流量。

(2)室内消火栓系统在交付使用前，应将室内管道冲洗干净，其冲洗水量应达到消防时的最大设计流量。

(3)冲洗时应将冲洗水排入雨水或排水管道，防止对建筑物等造成水害。

十一、其他

(1)图中所注尺寸，除标高以米计外，其余均以毫米计。

(2)图中所注标高，压力流管道指管中心，重力流管道及排水沟指内底。

(3)本说明和设计图纸具有同等效力，两者均应遵照执行，若两者有矛盾时，甲方及施工单位应及时提出，并以设计单位解释为准。

(4)本施工图施工前应经消防建审等有关部门批准后方可施工。

(5)除本设计说明外，还应遵守《建筑给水排水及采暖工程施工质量验收规范》(GB 50242—2002)。

平面图识读，如图 8.3～图 8.8 所示。

地下室消火栓系统平面图识图(图 8.3)：

(1)消防引入管 XH1、XH2 标高为－1.600，在⑥～⑦轴之间穿过外墙，室内干管标高为－0.850。

(2)地下室消防干管连接 6 个消火栓和立管 XHL－1～XHL－5。

(3)消防干管、支管、引入管上设有手动蝶阀 14 个，止回阀 2 个。

(4)距④轴 370、－1.600 标高处引管出室外，安装消防水泵结合器一组。

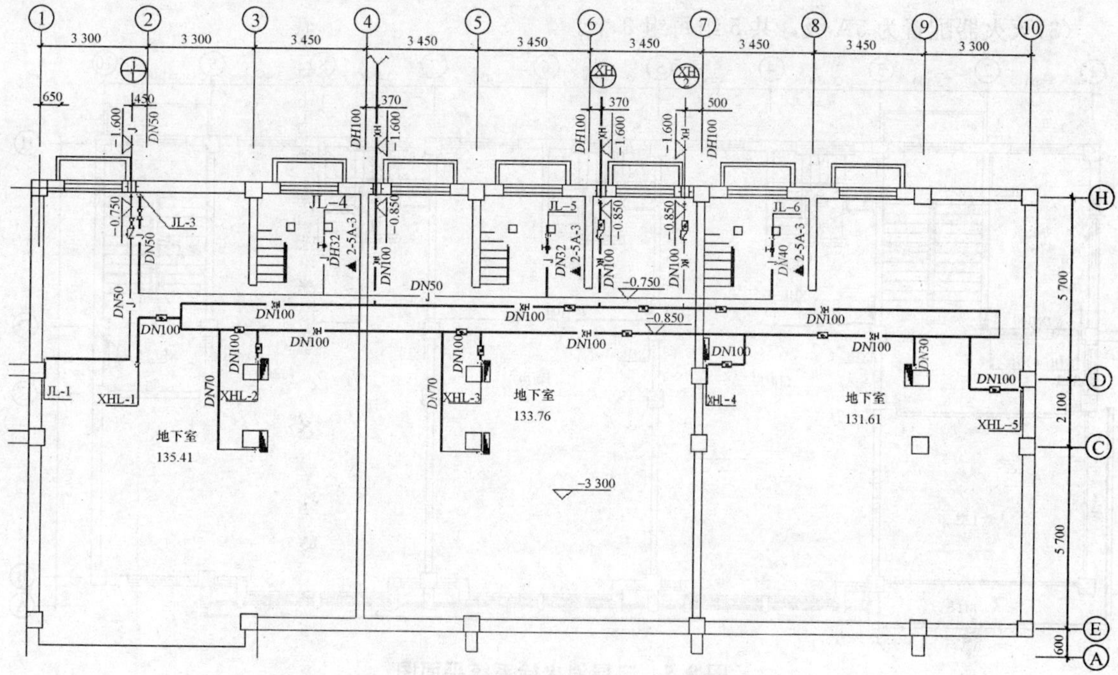

图 8.3　地下室消火栓系统平面图

一层消火栓系统平面图识图(图 8.4)：

(1)立管 XHL－1～XHL－5 穿过楼面，各连接一个消火栓。

(2)灭火器配置为 5A 级，共 5 组每组 3 个。

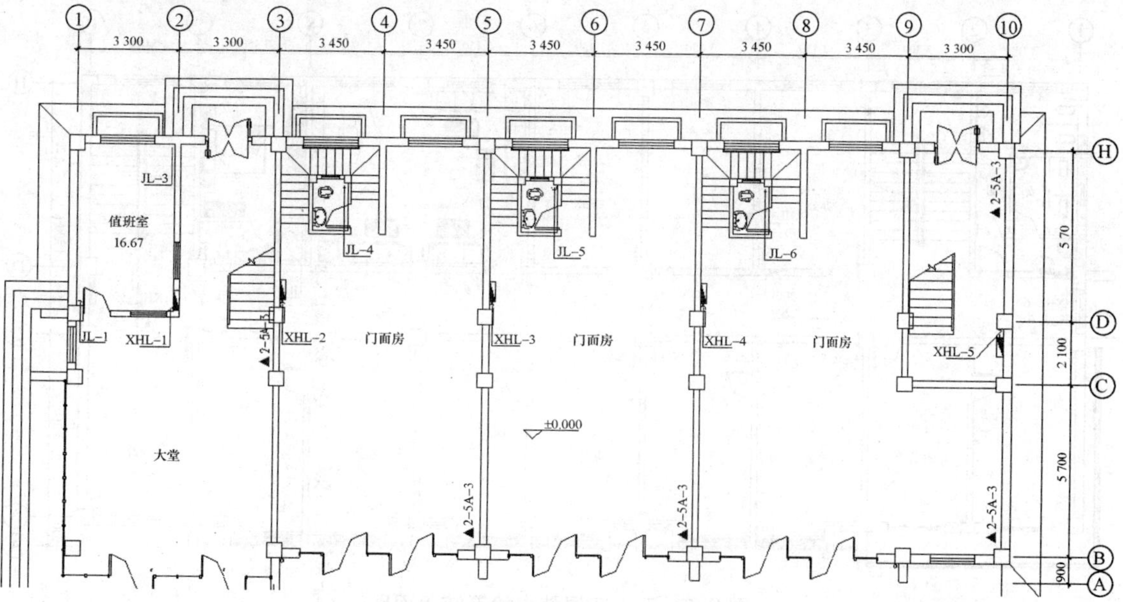

图 8.4　一层消火栓系统平面图

二层消火栓系统平面图识读(图 8.5)：

(1)立管 XHL－1～XHL－5 穿过楼面，各连接一个消火栓。

(2)立管 XHL－1 与 XHL－6 立管连通、立管 XHL－2 与 XHL－7 立管连通、立管 XHL－3 与 XHL－4 立管连通。

(3)灭火器配置为5A级，共5组每组3个。

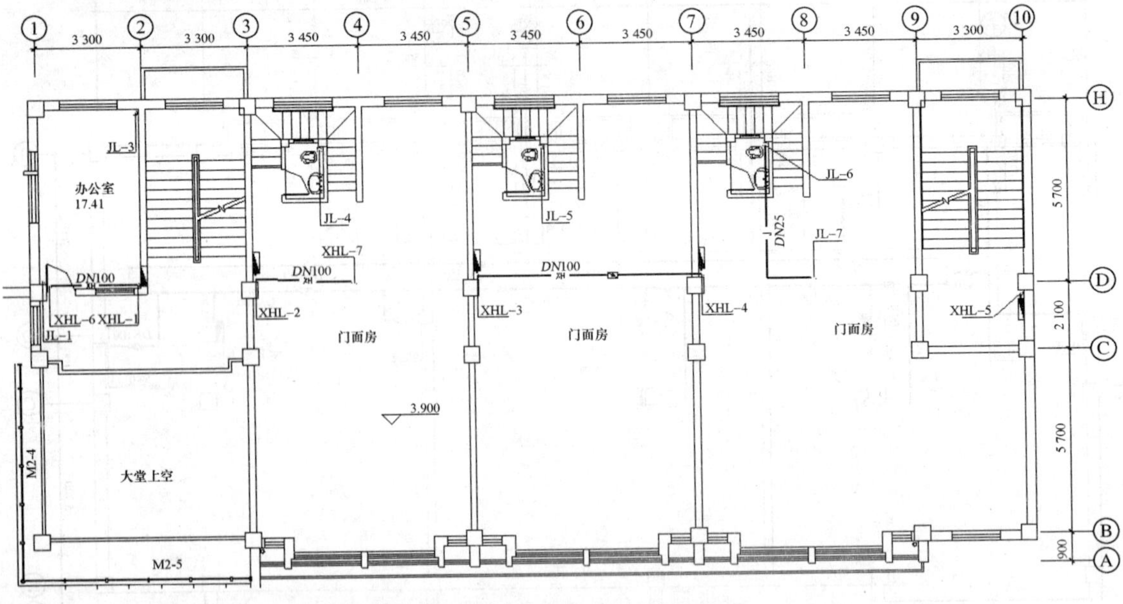

图 8.5　二层消火栓系统平面图

三～四层消火栓系统平面图识读(图8.6)：

(1)立管XHL－6、XHL－7、XHL－5穿过楼面，各连接一个消火栓。

(2)灭火器配置为5A级，共2组每组3个。

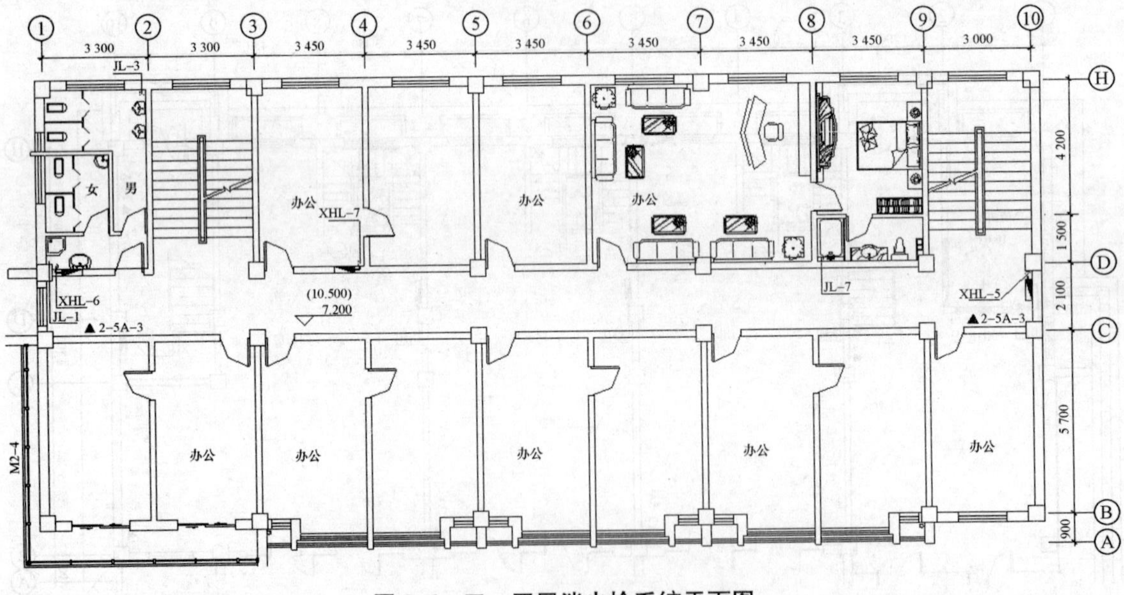

图 8.6　三～四层消火栓系统平面图

五层消火栓系统平面图识读(图8.7)：

(1)立管XHL－6、XHL－2、XHL－5穿过楼面，各连接一个消火栓。

(2)*DN*100干管连接XHL－6、XHL－7、XHL－5立管。

(3)灭火器配置为5 A级，共2组每组3个。

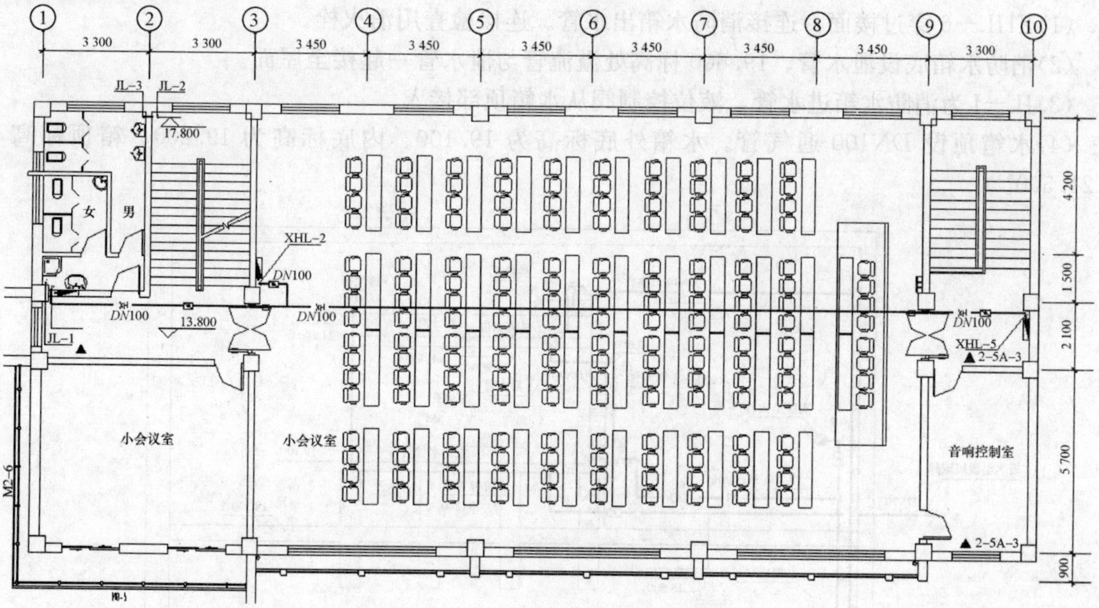

图 8.7　五层消火栓系统平面图

消防水箱间平面图识读(图 8.8)：

(1)XHL—6 穿过楼面，连接消防水箱。

(2)消防水箱设泄水管、溢流管接至屋面。

(3)JL—I 为消防水箱进水管。

(4)水箱间设置检查用消火栓一个。

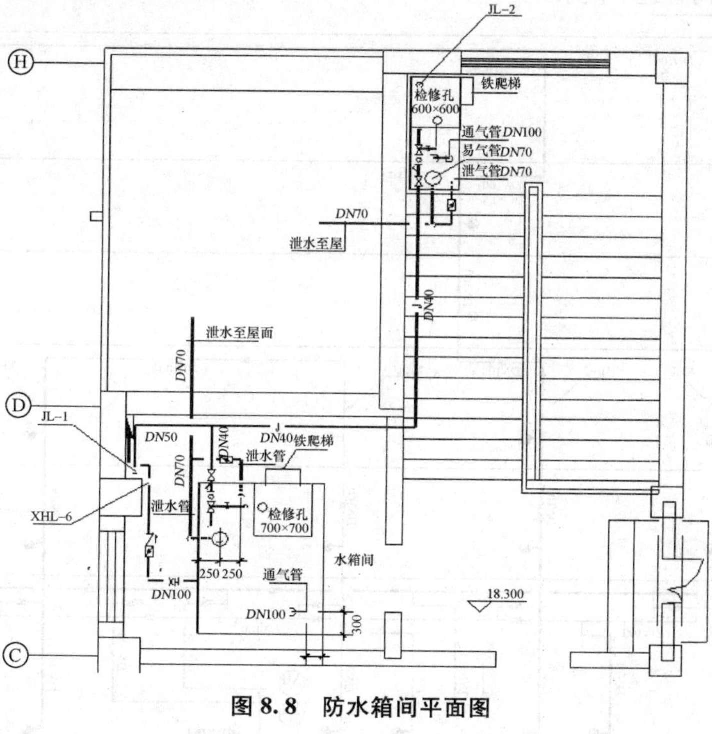

图 8.8　防水箱间平面图

消防水箱间剖面图识读(图 8.9)：

(1)XHL－6 穿过楼面，连接消防水箱出水管。连接检查用消火栓。

(2)消防水箱底设泄水管、19.600 标高处溢流管与泄水管一起接至屋面。

(3)JL－I 为消防水箱进水管，液位控制阀从水箱顶部接入。

(4)水箱顶设 *DN*100 通气管。水箱外底标高为 19.100、内底标高为 19.200、箱顶标高为 21.500。

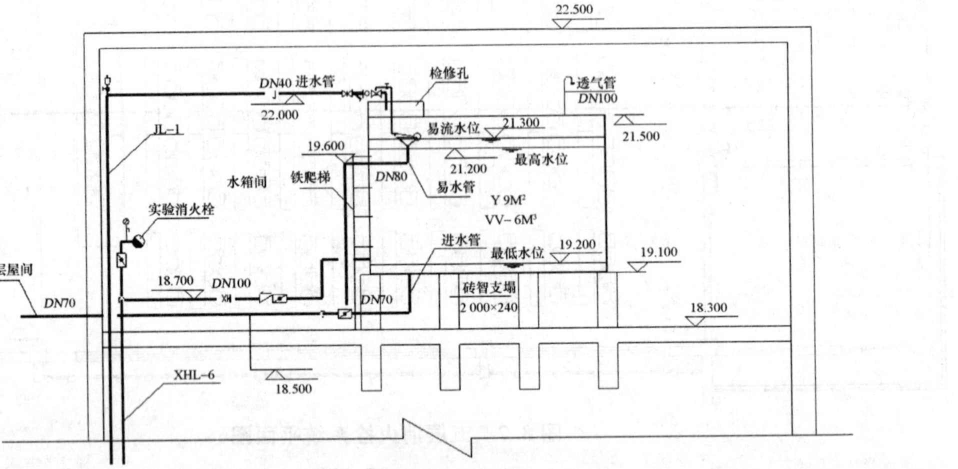

图 8.9　防水箱间剖面图

识读消火栓系统原理图(图 8-10)：消火栓系统管道中充满有压力的水，如系统有微量泄露，可以靠稳压泵或稳压罐来保持系统的水和压力。当火灾时，首先打开消火栓箱，按要求接好接口、水带，将水枪对准火源，打开消火栓阀门，水枪立即有水喷出，按下消火栓按钮时，通过消火栓启动消防泵向管道中供水。

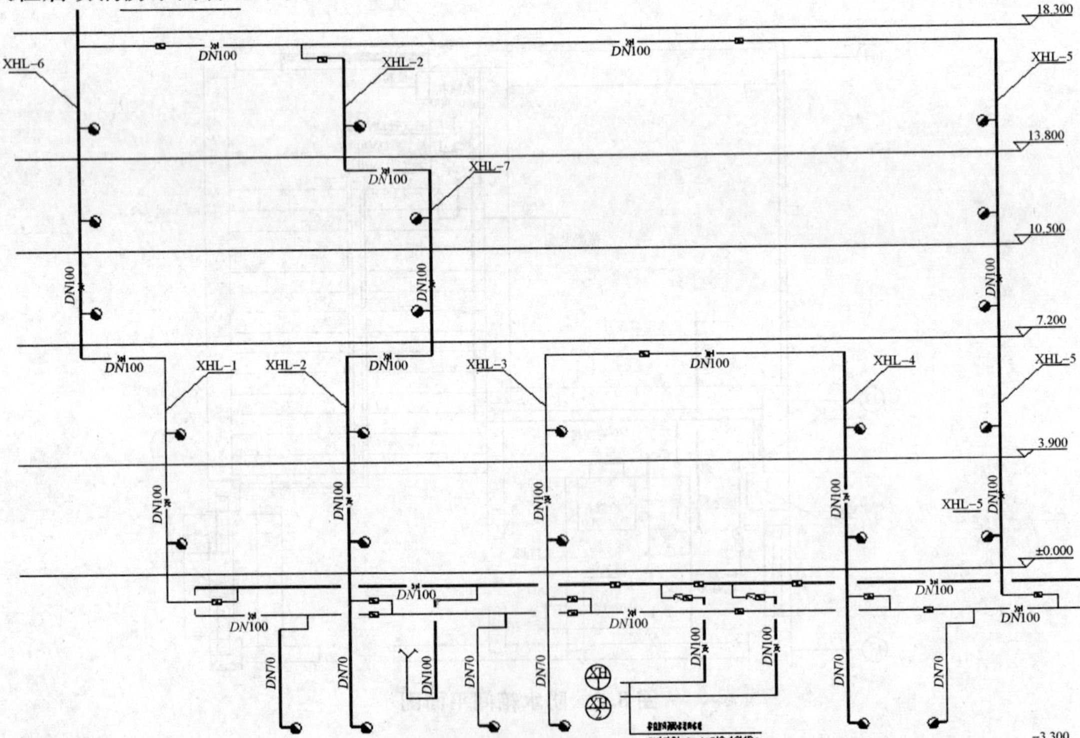

图 8.10　消火栓系统原理图

8.2　消防工程构造及施工工艺

建筑消防系统一般可分为消火栓给水系统、自动喷水灭火系统、水幕消防系统三种形式。

8.2.1　消火栓给水系统

1. 消火栓系统适用范围

(1)24 m 以下的厂房、仓库、科研楼。

(2)超过 800 个座位的剧院、电影院、俱乐部，超过 1 200 个座位的礼堂、体育馆。

(3)建筑体积大于 5 000 m^3 的各种公共场所，如车站、机场、商店、医院等。

(4)7 层以上的住宅，底层设有商店的单元式住宅。

(5)超过 5 层或者体积超过 10 000 m^3 等建筑物。

(6)国家文物保护单位的砖木或木结构建筑。

2. 消火栓系统的工作原理

建筑消火栓给水系统是把室外给水系统提供的水量，经过加压(外网压力不满足需要时)，输送到用于扑灭建筑物内的火灾而设置的固定灭火设备，是建筑物中最基本的灭火设施。

3. 消火栓系统的组成

消火栓系统由消火栓设备、水泵接合器、消防管道、消防水箱、消防水池、水源等组成，如图 8.11 所示。

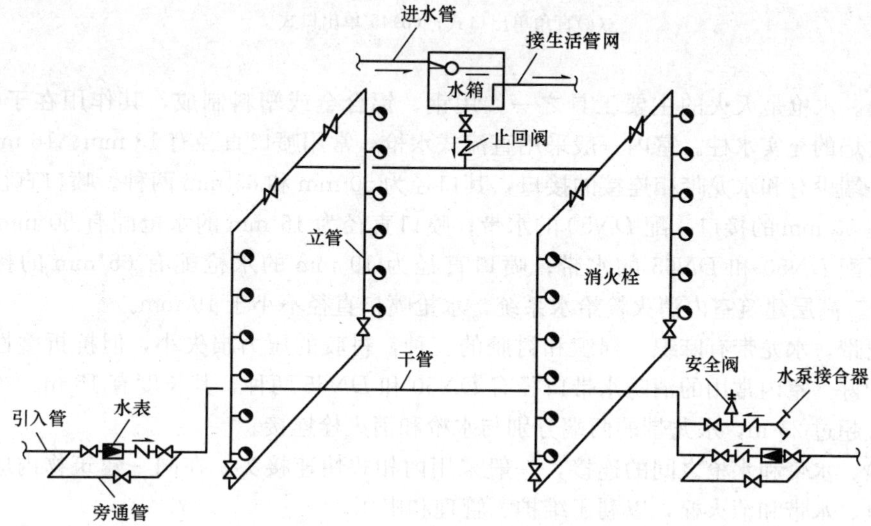

图 8.11　消火栓系统组成

(1)消火栓设备。消火栓设备由水枪、水带和消火栓组成，均安装在消火栓箱内，如图 8.12 所示。

1)消火栓。室内消火栓是具有内扣式接头的球形阀式龙头，有单出口和双出口之分，如图 8.13 所示。一般情况下推荐单出口消火栓。消火栓口径有 *DN*50 和 *DN*65 两种，前者用于 2.5～5 L/s，后者用于每支水枪最小流量大于等于 5 L/s。进水口端与消防立管相连接，出水口端与水带相连接。高层建筑室内消火栓口径应选 *DN*65。

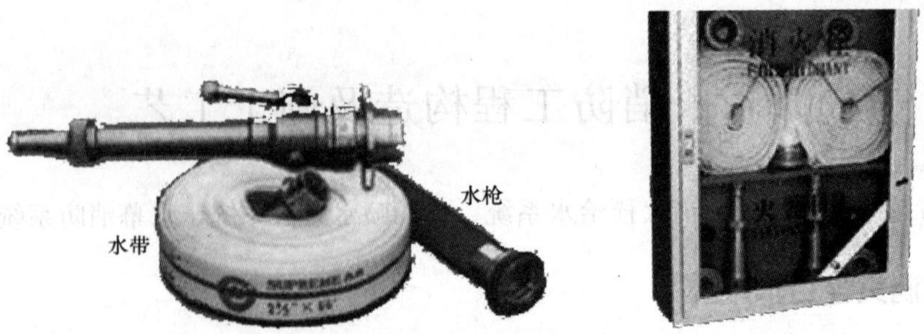

图 8.12　消火栓设备图

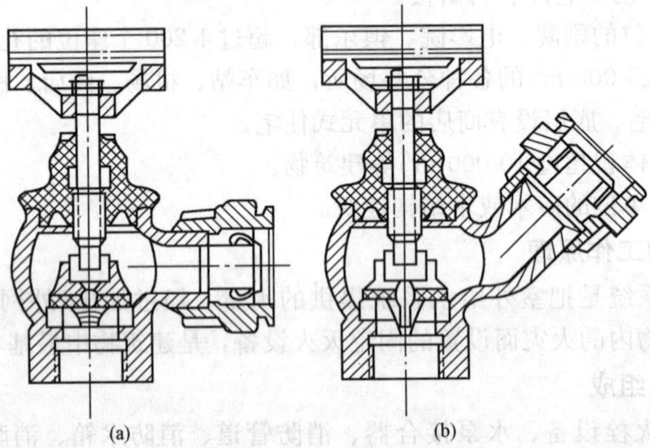

图 8.13　单出口室内消火栓

(a)直角单出口式；(b)45°单出口式

2)水枪。水枪是灭火的主要工具之一，用钢、铝合金或塑料制成，其作用在于收缩水流、产生击灭火焰的充实水柱。室内一般采用直流式水枪，常用喷口直径有 13 mm、16 mm、19 mm 三种，另一端设有和水龙带相连接的接口，其口径为 50 mm 和 65 mm 两种。喷口直径为 13 mm 的水枪配有 50 mm 的接口，配 *DN*50 的水带；喷口直径为 16 mm 的水枪配有 50 mm 或 65 mm 的接口，可配 *DN*50 和 *DN*65 的水带；喷口直径为 19 mm 的水枪配有 65 mm 的接口，可配 *DN*65 水带。高层建筑室内消火栓给水系统，水枪喷口直径不小于 19 mm。

3)水龙带。水龙带有麻织、棉织和衬胶的三种，衬胶的压力损失小，但抗折叠性能不如麻织和棉织的好。室内常用的消防水带口径有 *DN*50 和 *DN*65 两种，其长度有 15 m、20 m、25 m 三种，不宜超过 25 m，水龙带的两端分别与水枪和消火栓连接。

消火栓、水带和水枪之间的连接，一般采用内扣式快速接头。在同一建筑物内应选用同一规格的水枪、水带和消火栓，以利于维护、管理和串用。

4)消火栓箱。消火栓箱用来放置消火栓、水带和水枪，一般嵌入墙体暗装，也可以明装和半暗装。其安装高度以消火栓栓口中心距离地面 1.1 m 为基准。

常用消火栓箱的规格有 800 mm×650 mm×200(320)mm，如图 8.14 所示，用木材、铝合金或钢板制作而成，外装单开门，门上应有明显的标志，箱内水带和水枪平时应安放整齐。

(2)水泵接合器。水泵结合器是消防车从室外水源或市政给水管取水向室内消防管网供水的接口，一端由消防给水管网水平干管引出，另一端设于消防车易于接近的地方，如图 8.15 所示。超过四层的厂房和库房、高层工业建筑、设有消防管网的住宅及超过五层的其他民用建筑，其室内消防管网应设水泵接合器。

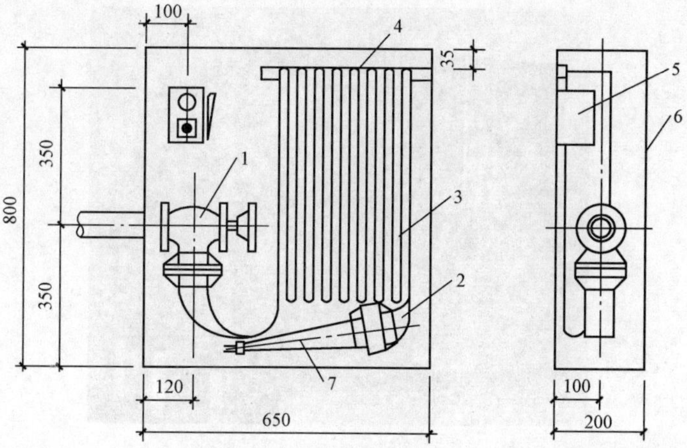

图 8.14　消火栓箱

1—消火栓；2—水带接口；3—水带；4—挂架；
5—消防水泵按钮；6—消火栓箱；7—水枪

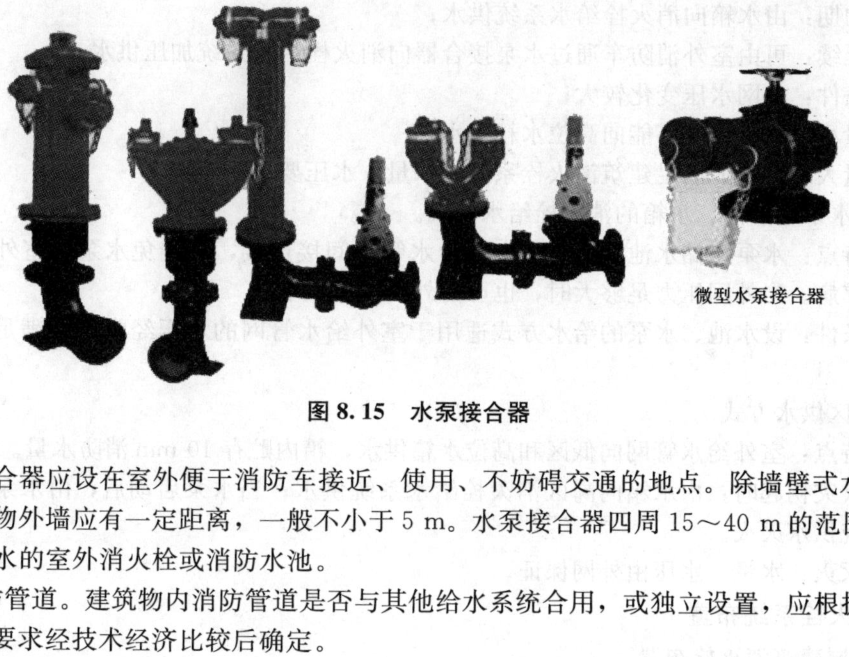

图 8.15　水泵接合器

水泵接合器应设在室外便于消防车接近、使用、不妨碍交通的地点。除墙壁式水泵接合器外，与建筑物外墙应有一定距离，一般不小于 5 m。水泵接合器四周 15～40 m 的范围内，应有供消防车取水的室外消火栓或消防水池。

(3)消防管道。建筑物内消防管道是否与其他给水系统合用，或独立设置，应根据建筑物的性质和使用要求经技术经济比较后确定。

(4)消防水池。

适用条件：用于无室外消防水源情况下，贮存火灾持续时间内的室内消防用。

设置：可设于室外地下或地面上，也可设在室内地下室，或与室内游泳池、水景水池兼用。

(5)消防水箱(图 8.16)。消防水箱对扑救初期火灾起着重要作用。

水箱的设置要求：为确保其自动供水的可靠性，应采用重力自流供水方式；消防水箱不应与生活(或生产)高位水箱合用；水箱应储存有 10 min 的室内消防用水量。

4. 系统的给水方式

(1)由室外给水管网直接供水的消防给水方式。

适用条件：室外给水管网提供的水量和水压，在任何时候均能满足室内消火栓给水系统所需的水量、水压要求时采用。

图 8.16　消防水箱

(2)设水箱的消火栓给水方式。

供水特点：由室外给水管网向水箱供水，箱内贮存 10 min 消防用水量；

火灾初期：由水箱向消火栓给水系统供水；

火灾延续：可由室外消防车通过水泵接合器向消火栓给水系统加压供水；

适用条件：外网水压变化较大；

用水量小时：水压升高能向高位水箱供水；

用水量大时：不能满足建筑消火栓系统的水量、水压要求。

(3)设水泵、水池、水箱的消火栓给水方式。

设置特点：水泵从储水池抽水，与室外给水管网间接连接，可避免水泵与室外给水管网直接连接的弊病。当外网压力足够大时，也可由外网直接供水。

适用条件：设水池、水泵的给水方式适用于室外给水管网的水压经常不能满足室内供水所需的建筑。

(4)分区供水方式。

设置特点：室外给水管网向低区和高位水箱供水，箱内贮存 10 min 消防水量。

高区火灾初起时：由水箱向高区消火栓给水系统供水；当水泵启动后，由水泵向高区消火栓给水系统供水灭火。

低区灭火：水量、水压由外网保证。

5. 消火栓系统布置

(1)多层建筑消火栓布置。

1)设有消火栓系统的建筑，其各层均应设置消火栓系统。

2)建筑高≤24 m、体积≤5 000 m^3 的库房，应保证有一支水枪的充实水柱到达同层内任何部位。其他民用建筑应保证有 2 支水枪的充实水柱同时达到任何部位。消火栓设备的水枪射流灭火，需要有一定强度的密实水流才能有效地扑灭火灾。水枪充实水柱长度应大于 7 m，小于 15 m。

3)消防电梯前室应设消火栓。

4)消火栓应布置在明显、易于取用的地方，如走廊、楼梯间、大厅、车间出入口、消防电梯前室等。消火栓口距地面安装高度为 1.1 m，栓口宜向下或与墙面垂直安装。(为保证及时灭火，每个消火栓处应设置直接启动消防水泵按钮或报警信号装置。)

5)在建筑物顶应设一个消火栓，以利于消防人员经常检查消防给水系统是否能正常运行，同时还能起到保护本建筑物免受邻近建筑火灾的波及。

6)高层建筑中由于楼高，消防管道上、下部的压差很大，当消火栓处最大压力超过 1.0 MPa 时，必须分区供水。

(2)高层民用建筑消火栓布置。

1)消火栓布置间距应经计算确定，但不应大于 30 m；

2)应保证同层有 2 支水枪的充实水柱同时达到任何部位；

3)消火栓水枪的充实水柱长度不应小于 10 m，高度超过 50 m 的金融楼、科研楼等一类高层不应小于 13 m；

4)消防电梯前室应设消火栓；

5)消火栓处的静水压力不应大于 0.8 MPa。当超过 0.5 MPa 时，应在消火栓处设减压装置。

6. 消防用水量

(1)多层建筑消防用水量。

1)同时使用水枪数量：火灾处出 1(2)支，上、下出 1、2 支堵截；

2)消防水箱的最小消防贮水量：10 min 的室内消防用水量；

3)低层和多层建筑以外救为主，应考虑消防车至火灾现场的时间。

(2)高层建筑消防用水量。

1)高层民用建筑必须设置室内、室外消火栓；

2)室内消火栓给水应采用高压或临时高压给水系统；

3)消防用水可由室外给水管网、消防水池或天然水源供给。

7. 消防管网设置

(1)多层建筑消防管网设置。

1)室内消火栓超过 10 个且消防用水量超过 15 L/s 时，室内消防给水管道至少应有两条进水管与室外管网连接，并将室内管道连接成环状或将进水管与室外管道连接环状；

2)高层工业建筑室内消防竖管应呈环状，且管道的直径不应小于 100 mm；

3)超过四层的厂房和库房、高层工业建筑、设有消防管网的住宅及超过五层的其他民用建筑，其消防给水管道应设水泵接合器。

(2)高层建筑消防管网设置。

1)有独立的消防给水系统和区域集中的消防给水系统。

2)按建筑高度划分，有分区和不分区消防给水系统。

3)引入管不少于 2 条，环网。

4)消防给水管道应设水泵接合器。

5)消防竖管应保证同层相邻两个消火栓的水枪充实水柱同时到达室内任何部位。立管管径不小于 100 mm。

6)用单出口栓，水箱距离最高的栓不小于 7 m，否则加压，远距离启动泵，火警后 5 min 泵必须启动。

7)与自动喷洒系统在报警阀前分开或独立设置。

8.2.2 自动喷水灭火系统

自动喷水灭火系统是一种在发生火灾时，能自动打开喷头喷水灭火并同时发出火警信号的消防灭火设施。

自动喷水灭火系统通过加压设备将水送入管网至带有热敏元件的喷头处，喷头在火灾的热环境中自动开启洒水灭火。通常喷头下方的覆盖面积大约为 12 m^2。自动喷水灭火系统扑灭初期火灾的效率在97%以上。

自动喷水灭火系统由水源、加压贮水设备、喷头、管网、报警装置等组成。自动喷水灭火系统分类如图8.17所示。

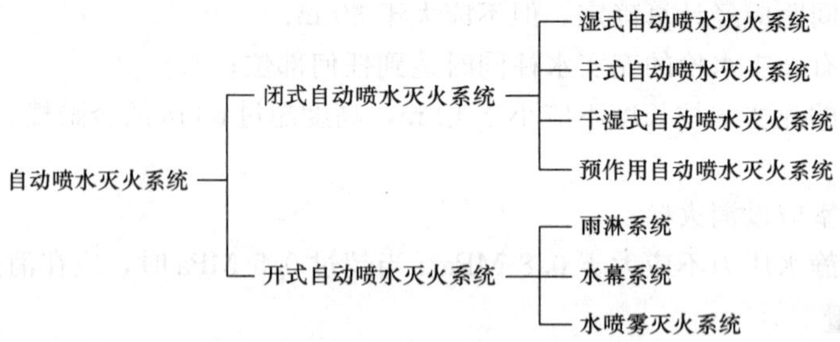

图8.17　自动喷水灭火系统分类

1. 湿式自动喷水灭火系统

(1)系统原理。

特点：为喷头常闭的灭火系统，管网中充满有压水，当建筑物发生火灾，火场温度达到喷头开启温度时，喷头出水灭火。

优点：灭火及时，扑救效率高。

缺点：由于管网中充有压水，当渗漏时会损毁建筑装饰和影响建筑的使用。该系统只适用于环境温度4 ℃<t<70 ℃的建筑物。湿式自动喷水灭火系统如图8.18所示。

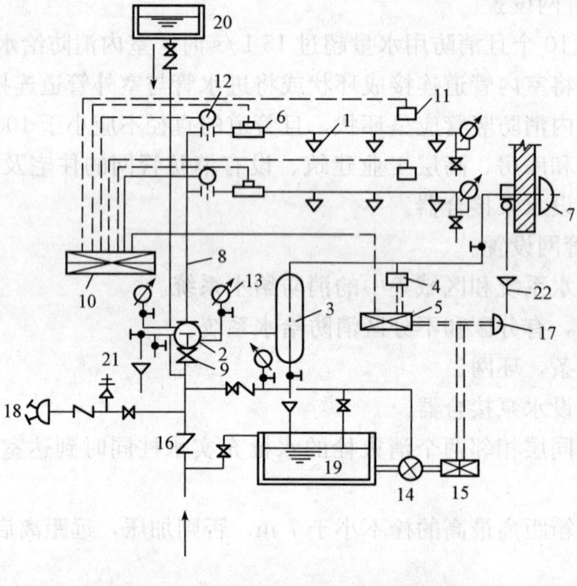

图8.18　湿式自动喷水灭火系统

1—闭式喷头；2—湿式报警阀；3—延迟器；4—压力继电器，5—电器自控箱；
6—水流指示器；7—水力警铃；8—配水管；9—阀门；10—火灾收信机；
11—感温、感烟火灾探测器；12—火灾报警装置；13—压力表；14—消防水泵；
15—电动机；16—止回阀；17—按钮；18—水泵接合器；19—水池；
20—高位水箱；21—安全阀；22—排水漏斗

湿式自动喷水灭火系统工作原理如图8.19所示。

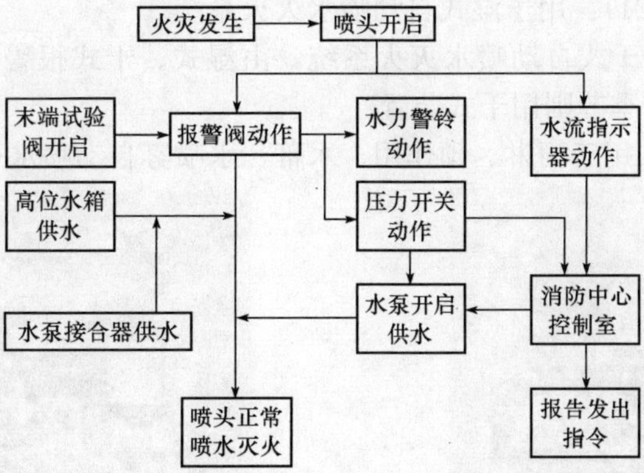

图 8.19　湿式自动喷水灭火系统示意图

(2)系统组成。

1)喷头。

①闭式喷头：喷口用由热敏元件组成的释放机构封闭，当达到一定温度时能自动开启，如玻璃球爆炸、易熔合金脱离。其构造按溅水盘的形式和安装位置，有直立型、下垂型、边墙型、普通型、吊顶型和干式下垂型洒水喷头之分，如图 8.20 所示。

②开式喷头：根据用途，可分为开启式、水幕式、喷雾式。

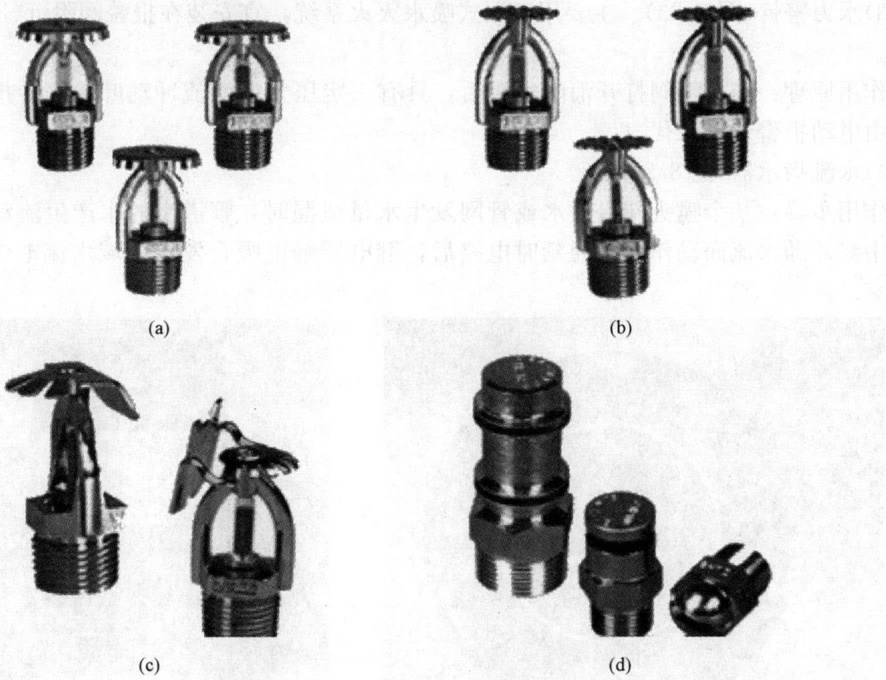

图 8.20　闭式喷头形式

(a)直立型；(b)下垂型；(c)边墙型；(d)水幕喷头

2)报警阀。

作用：开启和关闭管网的水流，传递控制信号至控制系统并启动水力警铃直接报警。其有湿式、干式、干湿式和雨淋式 4 种类型。

①湿式报警阀(图 8.21)：用于湿式自动喷水灭火系统。

②干式报警阀：用于干式自动喷水灭火系统，由湿式、干式报警阀依次连接而成。在温暖季节用湿式装置；在寒冷季节则用干式装置。

③雨淋阀(图 8.22)：用于雨淋、预作用、水幕、水喷雾自动喷水灭火系统。

图 8.21　湿式报警阀

图 8.22　雨淋阀

3)水力警铃(图 8.23)。主要用于湿式喷水灭火系统，宜安装在报警阀附近(连接管不宜超过 6 m)。

作用原理：当报警阀打开消防水源后，具有一定压力的水流冲动叶轮打铃报警。水力警铃不得由电动报警装置取代。

4)水流指示器(图 8.24)。

作用步骤：某个喷头开启喷水或管网发生水量泄漏时，管道中的水产生流动；引起水流指示器中桨片随水流而动作；接通延时电路后，继电器触电吸合发出区域水流电信号，送至消防控制室。

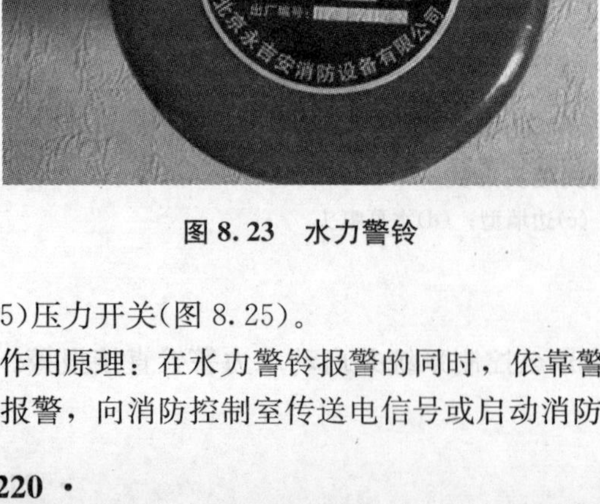

图 8.23　水力警铃

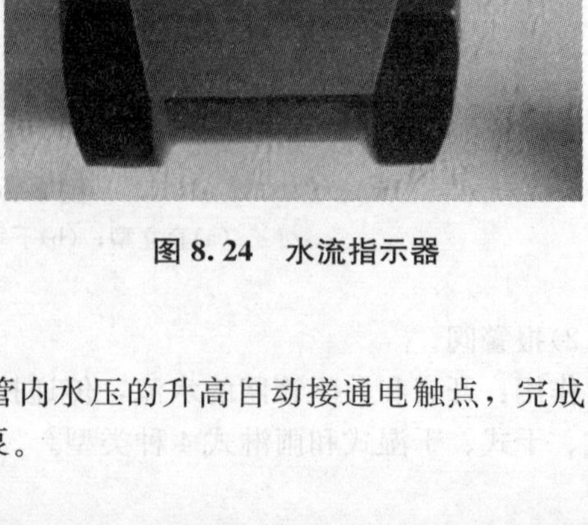

图 8.24　水流指示器

5)压力开关(图 8.25)。

作用原理：在水力警铃报警的同时，依靠警铃管内水压的升高自动接通电触点，完成电动警铃报警，向消防控制室传送电信号或启动消防水泵。

6)延迟器(图 8.26)。

定义：是一个罐式容器，安装于报警阀与水力警铃(或压力开关)之间。

用途：防止由于水压波动原因引起报警阀开启而导致的误报警。报警阀开启后，水流需经30 s左右充满延迟器后，方可冲打水力警铃。

图 8.25 压力开关

图 8.26 延迟器

7)火灾探测器。火灾探测器是自动喷水灭火系统的重要组成部分。目前常用的有感烟探测器、感温探测器。

①感烟探测器：利用火灾发生地点的烟雾浓度进行探测。

②感温探测器：通过火灾引起的温升进行探测。

火灾探测器布置在房间或走道的顶棚下面，其数量应根据探测器的保护面积和探测区面积计算而定。

2. 干式自动喷水灭火系统

特点：该系统为喷头常闭的灭火系统，管网中平时不充水，充有有压空气(或氮气)。当建筑物发生火灾火点温度达到开启闭式喷头时，喷头开启排气、充水灭火。

优点：管网中平时不充水，对建筑物装饰无影响，对环境温度也无要求，适用于采暖期长而建筑内无采暖的场所。

缺点：该系统灭火时需先排气，故喷头出水灭火不如湿式系统及时。

干式自动喷水灭火系统如图 8.27 所示。

干式自动喷水灭火系统的工作原理如图 8.28 所示。

3. 雨淋喷水灭火系统

特点：该系统为喷头常开的灭火系统，当建筑物发生火灾时，由自动控制装置打开集中控制闸门，使整个保护区域所有喷头喷水灭火，形似下雨降水。

优点：该系统出水量大，灭火及时。

雨淋喷水灭火系统适用场所：火灾的水平蔓延速度快、闭式喷头的开放不能及时使喷水有效覆盖着火区域的场所或部位；内部容纳物品的顶部与顶板或吊顶的净距大，发生火灾时，能驱动火灾自动报警系统，而不易迅速驱动喷头开放的场所或部位；严重Ⅱ级场所。

8.2.3 水幕系统

水幕系统喷头利用水喷雾喷头把水粉碎成细小的水雾滴之后喷射到正在燃烧的物质表面，通过表面冷却、窒息及乳化、稀释的同时作用实现灭火。工作过程同雨淋过程。

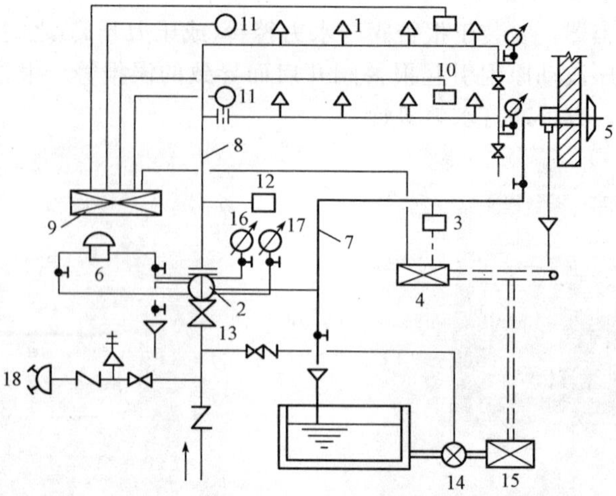

图 8.27　干式自动喷水灭火系统

1—闭式喷头；2—干式报警阀；3—压力继电器；4—电气自控箱；
5—水力警铃；6—快开器；7—信号管；8—配水管；9—火灾收信机；
10—感温、感烟火灾探测器；11—报警装置；12—气压保持器；13—阀门；
14—消防水泵；15—电动机；16—阀后压力表；17—阀前压力表；18—水泵接合器

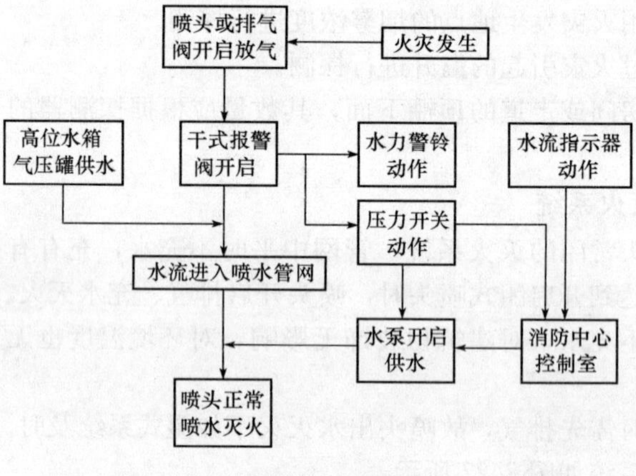

图 8.28　干式自动喷水灭火系统的工作原理

特点：该系统喷头沿线状布置，发生火灾时主要起阻火、冷却、隔离作用。

适用场所：需防火隔离的开口部位，如舞台与观众之间的隔离水帘、消防防火卷帘的冷却等。

8.2.4　水消防系统工程常用管材管件

1. 消防给水管材的种类

(1)球墨铸铁管。其适用于自动喷水灭火系统报警阀前的埋地管道、消火栓系统的埋地管道。

(2)焊接钢管。其适用于消火栓系统的埋地和架空管道及自动喷水灭火系统和水喷雾系统报警阀前的埋地和架空管道，用于输送低压流体。按照壁厚，可以分为普通钢管和加厚钢管。按工艺不同，可以分为普通焊接钢管和热浸镀锌焊接钢管。

(3)无缝钢管。其适用于主干管或系统下部工作压力较高部位的管道。按照工艺不同，可以分为热轧和冷轧两种。

2. 消防给水管材的选用

(1)室外消火栓给水系统。

1)当室外消防为生活、消防合用管道系统或低压消防给水系统时，可选用允许压力较低的承插支管的球墨铸铁管、焊接钢管、内外壁热镀锌焊接钢管以及PE给水管。

2)当室外消防给水系统为临时高压或常高压给水系统，且系统工作压力较低时，在管材允许的压力范围内可采用上述1)的管材；当系统的工作压力较大时，应根据系统工作压力情况，分别采用法兰式球墨铸铁管、焊接钢管、内外壁热镀锌普通钢管或加厚钢管以及无缝钢管。

(2)室内消火栓给水系统。

1)当室内消火栓系统的工作压力≤1.0 MPa时，可采用普通焊接钢管、内外壁热镀锌普通焊接钢管。

2)当室内消火栓系统的工作压力为1.0～1.6 MPa时，可采用加厚焊接钢管、热镀锌加厚焊接钢管和无缝钢管。

(3)自动喷水灭火系统。配水管道应采用内外壁热镀锌钢管。当报警阀入口前管道采用内壁不防腐的钢管时，应在管道的末端设置过滤器。

3. 消防给水管材的连接

(1)消防给水常用管材的连接方式。

1)球墨铸铁管：承插连接；

2)钢管：螺纹连接、法兰连接、焊接连接、卡箍连接。

(2)消防给水常用管材连接的一般要求。

1)消火栓给水系统管道当采用内外壁热浸镀锌钢管时，不应采用焊接。系统管道采用内壁不防腐管道时，可采用焊接连接，但管道焊接应符合相关要求。自动喷水灭火系统报警阀后管道不能采用焊接，应采用螺纹、沟槽式管接头或法兰接头。

2)消火栓给水系统管径大于100 mm的热镀锌钢管，应采用法兰连接或沟槽连接。自动喷水灭火系统管径大于100 mm时未规定不能使用螺纹连接，但要求在管径≥100 mm的管道上在一定距离配设法兰连接或沟槽连接点。

3)消火栓系统和自动喷水灭火系统管道在使用法兰连接时应采用螺纹法兰，当采用焊接法兰时应进行二次镀锌。

4)任何管段需要改变管径时，应使用符合标准的异径管接头和管件。

5)有关消防管道连接方式及相关技术要求可参照《全国民用建筑工程设计技术措施——给水排水》中的有关规定。

8.2.5 建筑消防给水设备安装

1. 工艺流程

消防给水设备安装工艺流程如图8.29所示。

2. 设备要求

(1)自动喷水灭火系统报警阀、水流指示器、运转式蝶阀、水泵接合器等主要组件的规格型号应符合设计要求，配件齐全，表面光洁，无裂纹，启闭灵活，有出厂合格证。

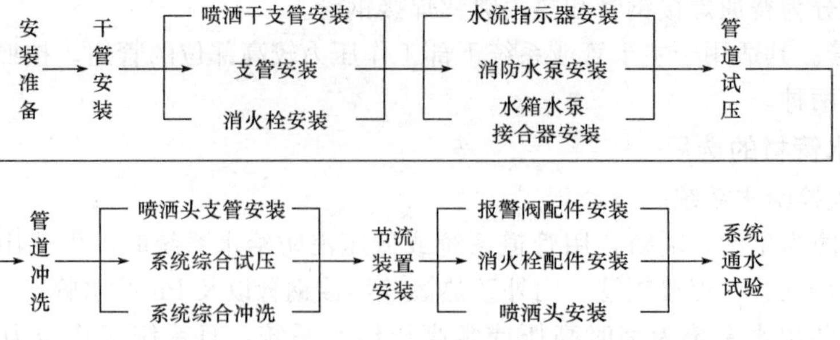

图 8.29 消防给水设备安装工艺流程

(2)喷洒头的规格、类型、动作温度应符合设计要求，丝扣完整，感温包无破碎、松动，易熔片无脱落和松动，有产品出厂合格证。

(3)消火栓箱体的规格类型应符合设计要求，箱体表面平整、光洁。金属箱体方正，无腐蚀，无划伤。栓阀外观无裂纹，启闭灵活，关闭严密，密封填料完好，有产品出厂合格证。

3. 质量要求

(1)喷头安装。

1)喷头安装应在系统试压、冲洗合格后进行。

2)喷头安装时宜采用专用的弯头、三通。

3)喷头安装时不得对喷头进行拆装、改动，并严禁给喷头附加任何装饰性涂层。

4)喷头安装应采用专用扳手，严禁利用喷头的框架施拧；当喷头的框架、溅水盘产生变形或原件损伤时，应采用规格、型号相同的喷头更换。

5)当喷头的公称直径小于 10 mm 时，应在配水干管或配水支管上安装过滤器。

6)安装在易受机械损伤处的喷头，应加喷头防护罩。

7)喷头安装时，溅水管与吊顶、门、窗、洞口或墙面的距离应符合设计要求。

8)当通风管道宽度大于 1.2 m 时，喷头应安装在其腹面以下部位。

9)当喷头安装在不到顶的隔断附近时，喷头与隔断的水平距离和最小垂直距离应符合规定。

(2)报警阀组的安装。报警阀组的安装应先安装水源控制阀、报警阀，然后再进行报警阀辅助管道的连接。水源控制阀、报警阀与配水干管的连接，应使水流方向一致。报警阀组安装的位置应符合设计要求，当设计无要求时，报警阀应安装在便于操作的明显位置，距室内地面高度宜为 1.2 m，两侧与墙的距离不应小于 0.5 m，正面与墙的距离不小于 1.2 m。

(3)水流指示器的安装。

1)水流指示器的安装应在管道试压和冲洗后进行，水流指示器的规格、型号应符合设计要求。

2)水流指示器应水平立装在水平管道上侧，其动作方向应和水流方向一致。安装后的水流指示器桨片、膜片应动作灵活，不应与管壁发生碰擦。

(4)水泵接合器的安装。

1)应安装在便于消防车接近的人行道或非机动车行驶的地段。

2)地下水泵接合器应采用铸有“水泵接合器”标志的铸铁井盖，并在附近设置指示其位置的固定标志。

3)地上水泵接合器应设置有与消火栓区别的固定标志。

4)墙壁水泵接合器的安装应符合设计要求。

(5)箱式消火栓的安装。箱式消火栓安装时应使栓口朝外，阀门距离地面、箱壁的尺寸符合施工规范规定。水龙带与消火栓和快速接头应绑扎紧密，并卷折挂在挂盘或支架上。

8.3 消防工程计量计价

8.3.1 水灭火系统

(1)管道安装按设计管道中心长度，以"m"为计量单位，不扣除阀门、管件及各种组件所占长度。

(2)镀锌钢管法兰连接项目管件是按成品，弯头两端是按接短管焊法兰考虑的，估价表中包括直管、管件、法兰等全部安装工作内容，但管件、法兰及螺栓的主材数量应按设计规定另行计算。

(3)喷头安装按有吊顶、无吊顶分别以"个"为计量单位。

(4)报警装置安装按成套产品以"组"为计量单位。其他报警装置适用于雨淋、干湿两用及预作用报警装置，其安装执行湿式报警装置安装项目，其人工乘以系数1.2，其余不变。

(5)温感式水幕装置安装，按不同型号和规格以"组"为计量单位。但给水三通至喷头、阀门间管道的主材数量按设计管道中心长度另加损耗计算，喷头数量按设计数量另加损耗计算。

(6)水流指示器、减压孔板安装，按不同规格均以"个"为计量单位。

(7)末端试水装置按不同规格均以"组"为计量单位。

(8)集热板制作安装均以"个"为计量单位。

(9)室内消火栓安装，区分单栓和双栓以"套"为计量单位，所带消防按钮的安装另行计算。

(10)室内消火栓组合卷盘安装，执行室内消火栓安装项目乘以系数1.2。

(11)室外消火栓安装，区分不同规格、工作压力和覆土深度以"套"为计量单位。

(12)消防水泵接合器安装，区分不同安装方式和规格以"套"为计量单位。如设计要求用短管时，其本身价值可另行计算，其余不变。

(13)隔膜式气压水罐安装，区分不同规格以"台"为计量单位。出入口法兰和螺栓按设计规定另行计算。地脚螺栓是按设备带有考虑的，估价表中包括指导二次灌浆用工，但二次灌浆费用应按相应项目另行计算。

(14)管道支吊架已综合支架、吊架及防晃支架的制作安装，均以"kg"为计量单位。

8.3.2 气体灭火系统

(1)各种管道安装按设计管道中心长度，以"m"为计量单位，不扣除阀门、管件及各种组件所占长度，主材数量应按估价表用量计算。

(2)钢制管件螺纹连接均按不同规格以"个"为计量单位。

(3)无缝钢管螺纹连接不包括钢制管件连接内容，其工程量应按设计用量执行钢制管件连接项目。

(4)无缝钢管法兰连接项目，管件是按成品、弯头两端是按接短管焊法兰考虑的，包括直管、管件、法兰等预装和安装的全部工作内容，但管件、法兰及螺栓的主材数量应按设计规定另行计算。

(5)螺纹连接的不锈钢管、铜管及管件安装时，按无缝钢管和钢制管件安装相应项目乘以系数1.2。

(6)无缝钢管和钢制管件内外镀锌及场外运输费用另行计算。

(7)气动驱动装置管道安装项目包括卡套连接件的安装，其本身价值按设计用量另行计算。

(8)喷头安装均按不同规格以“个”为计量单位。

(9)选择阀安装按不同规格和连接方式，分别以“个”为计量单位。

(10)贮存装置安装按贮存容器和驱动气瓶的规格(L)以“套”为计量单位。

(11)二氧化碳贮存装置安装时，如不需增压，应扣除高纯氮气，其余不变。

8.3.3 泡沫灭火系统

(1)泡沫发生器安装均按不同型号以“台”为计量单位，法兰和螺栓按设计规定另行计算。

(2)泡沫比例混合器安装均按不同型号以“台”为计量单位，法兰和螺栓按设计规定另行计算。

(3)泡沫灭火系统的管道、管件、法兰、阀门、管道支架等的安装及管道系统水冲洗、强度试验、严密性试验等执行第六册《工业管道安装工程》的相应项目。

(4)无缝钢管法兰连接项目，管件是按成品、弯头两端是按接短管焊法兰考虑的，包括直管、管件、法兰等预装和安装的全部工作内容，但管件、法兰及螺栓的主材数量应按设计规定另行计算。

(5)螺纹连接的不锈钢管、铜管及管件安装时，按无缝钢管和钢制管件安装相应项目乘以系数1.2。

(6)无缝钢管和钢制管件内外镀锌及场外运输费用另行计算。

(7)气动驱动装置管道安装项目包括卡套连接件的安装，其本身价值按设计用量另行计算。

(8)喷头安装均按不同规格以“个”为计量单位。

(9)选择阀安装按不同规格和连接方式分别以“个”为计量单位。

(10)贮存装置安装按贮存容器和驱动气瓶的规格(L)以“套”为计量单位。

(11)二氧化碳贮存装置安装时，如不需增压，应扣除高纯氮气，其余不变。

(12)二氧化碳称重检漏装置包括泄漏报警开关、配重、支架等，以“套”为计量单位。

(13)系统组件包括选择阀、单向阀(含气、液)及高压软管。试验按水压强度试验和气压严密性试验，分别以“个”为计量单位。

(14)无缝钢管、钢制管件、选择阀安装及系统组件试验均适用于卤代烷1211和1301灭火系统。二氧化碳灭火系统，按卤代烷灭火系统相应安装项目乘以系数1.2。

8.3.4 消防系统调试

(1)消防系统调试包括自动报警系统、水灭火系统、火灾事故广播、消防通信系统、消防电梯系统、电动防火门、防火卷帘门、正压送风阀、排烟阀、防火阀控制装置、气体灭火系统装置。

(2)自动报警系统包括各种探测器、报警按钮、报警控制器组成的报警系统，分别不同点数以“系统”为计量单位，其点数按多线制与总线制报警器的点数计算。

(3)水灭火系统控制装置按照不同点数以“系统”为计量单位，其点数按多线制与总线制联动控制器的点数计算。

(4)火灾事故广播、消防通信系统中的消防广播喇叭、音箱和消防通信的电话分机、电话插孔，按其数量以“个”为计量单位。

(5)消防用电梯与控制中心间的控制调试以“部”为计量单位。

(6)电动防火门、防火卷帘门指可由消防控制中心显示与控制的电动防火门、防火卷帘门，以“处”为计量单位，每樘为一处。

(7)正压送风阀、排烟阀、防火阀以“处”为计量单位，一个阀为一处。

(8)气体灭火系统装置调试包括模拟喷气试验、备用灭火器贮存容器切换操作试验，按试验容器的规格(L)，分别以“个”为计量单位。试验容器的数量包括系统调试、检测和验收所消耗的试验容器的总数，试验介质不同时可以换算。

本章小结

本章的内容包括：

(1)消防工程施工图一般由图纸目录、主要设备材料表、设计说明、图例、平面图、系统图、施工详图等组成。

(2)消防系统根据使用的灭火剂不同，分为水灭火系统、气体灭火系统、泡沫灭火系统。目前，世界上广泛采用的是水灭火系统，其成本低、灭火效率高、施工方便，还可自动报警自动灭火，分为室内消火栓灭火系统、喷水灭火系统。

习　题

8.1　消防工程图由哪些图组成？识读重点有哪些？

8.2　消火栓灭火系统由哪些设施组成？

8.3　自动喷水灭火系统的构造是什么？

8.4　湿式自动喷水灭火系统的原理和优缺点有哪些？

8.5　报警装置的定额计算规则是什么？

参考答案

第 9 章　通风与空调工程

学习目标

知识目标	能力目标	权重
了解通风与空调工程相应图例	能基本识读通风与空调工程相应图例	0.15
熟悉通风与空调工程识图方法	能正确识读通风与空调工程施工图	0.25
熟悉通风与空调工程构造及施工工艺	能基本领悟通风与空调工程构造及施工工艺	0.25
掌握通风与空调工程计价规定和方法	能基本编制通风与空调工程施工图预算	0.35
合　计		1.0

教学准备

安装施工规范、通风与空调工程施工图等。

教学建议

在安装构造实训基地采用集中讲授、课堂互动教学、分组实训等方法教学。

教学导入

通风系统的任务是将室内(或车间)不符合卫生标准的污浊空气(或废气经消毒之后)排至室外；再把室外的新鲜空气经过滤之后送到室内。

空气调节系统的任务是创造适宜人们生活(或适合生产)的空气环境。因此，送到空调房间的空气应具有一定的温度、湿度、流速和洁净度，且无噪声。

课堂活动

想想通风工程与空调系统的分类，你所在的室内环境用得是哪种通风与空调系统？

9.1　通风与空调工程概述

9.1.1　通风系统的分类

通风系统可分为自然通风和机械通风两种。

1. 自然通风

自然通风是靠室内外空气的重度差来进行室内外空气对流交换的，如图 9.1 所示。从图中可以看出：因室内的空气温度比室外的空气温度高，重度小，上升之后从最高处的筒形风帽排至室外；室外的空气温度较低，重度大，由下面的窗进入室内；形成了室内外空气的对流、交换。

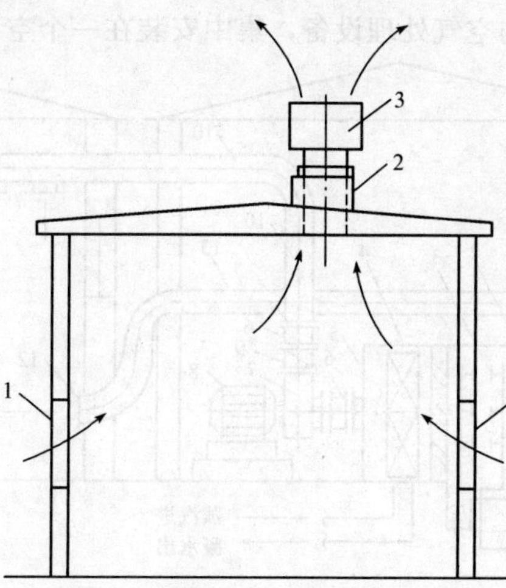

图 9.1　自然通风

1—窗；2—天洞及防雨罩；3—筒形风帽

2. 机械通风

机械通风可分为机械送风和机械排风两种。

(1)机械送风。机械送风是靠风机产生的动力，通过管道将空气送到用气房间(或用气点)，如图 9.2 所示。

(2)机械排风。机械排风是靠风机产生的动力，通过管道将室内污浊的空气(或废气经消毒之后)排到室外，如图 9.3 所示。

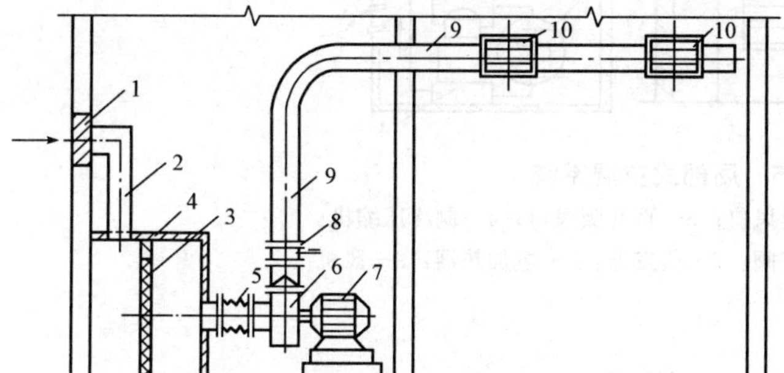

图 9.2　机械送风系统

1—百叶吸风口；2—吸风管；3—过滤器；4—进气箱；5—柔性短管；6—离心风机；7—电动机；8—启动插板阀；9—送风管；10—百叶送风口

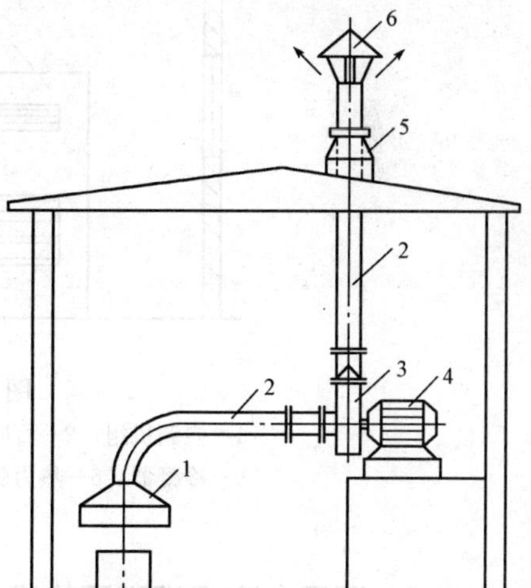

图 9.3　机械排风系统

1—排气罩；2—排风管；3—离心风机；4—电动机；5—防雨罩及天洞；6—伞形风帽

9.1.2　空调系统的分类

按空气处理设备的位置不同，可分为集中式空调系统和局部式空调系统两种。

1. 集中式空调系统

集中式空调系统是将所有的空气处理设备，集中安装在一个空调机房内，如图 9.4 所示。

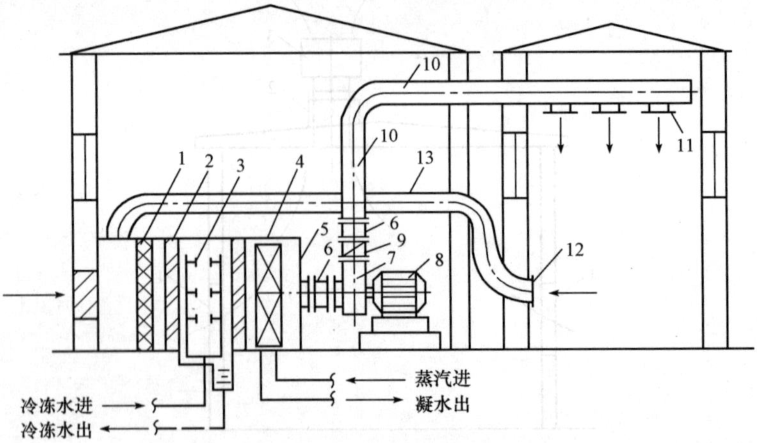

图 9.4　集中式空调系统

1—空气过滤器；2—挡水板；3—喷雾室；4—加热器；5—空气处理箱；6—柔性短管；7—离心风机；8—电动机；9—百叶式启动阀；10—送风管；11—送风口；12—回风口；13—回风管

2. 局部式空调系统

局部式空调系统是将所有空气处理设备组装成为一个整体(称为空调机组)。安装时将空调机组装于空调房间(或装在邻室，再接管道至空调房间)，如图 9.5 所示。

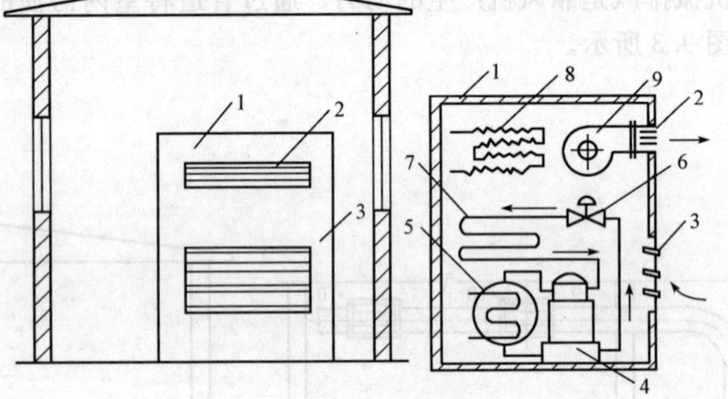

图 9.5　局部式空调系统

1—空调机组；2—百叶出风口；3—百叶吸风口；4—制冷压缩机；5—冷凝器；6—热力膨胀阀；7—蒸发器；8—电加热器；9—风机

9.1.3　通风与空调施工图的识读

1. 通风与空调施工图的组成

通风与空调工程施工图一般由两大部分组成，即文字部分和图纸部分。

(1)文字部分包括图纸目录、设计施工说明、设备及主要材料表。

(2)图纸部分包括基本图和详图。基本图包括空调通风系统的平面图、剖面图、轴测图、原理图等；详图包括系统中某局部或部件的放大图、加工图、施工图等。

图 9.6 所示为某多功能厅空调平面图，图 9.7 所示为其剖面图，图 9.8 所示为风管系统轴测图。

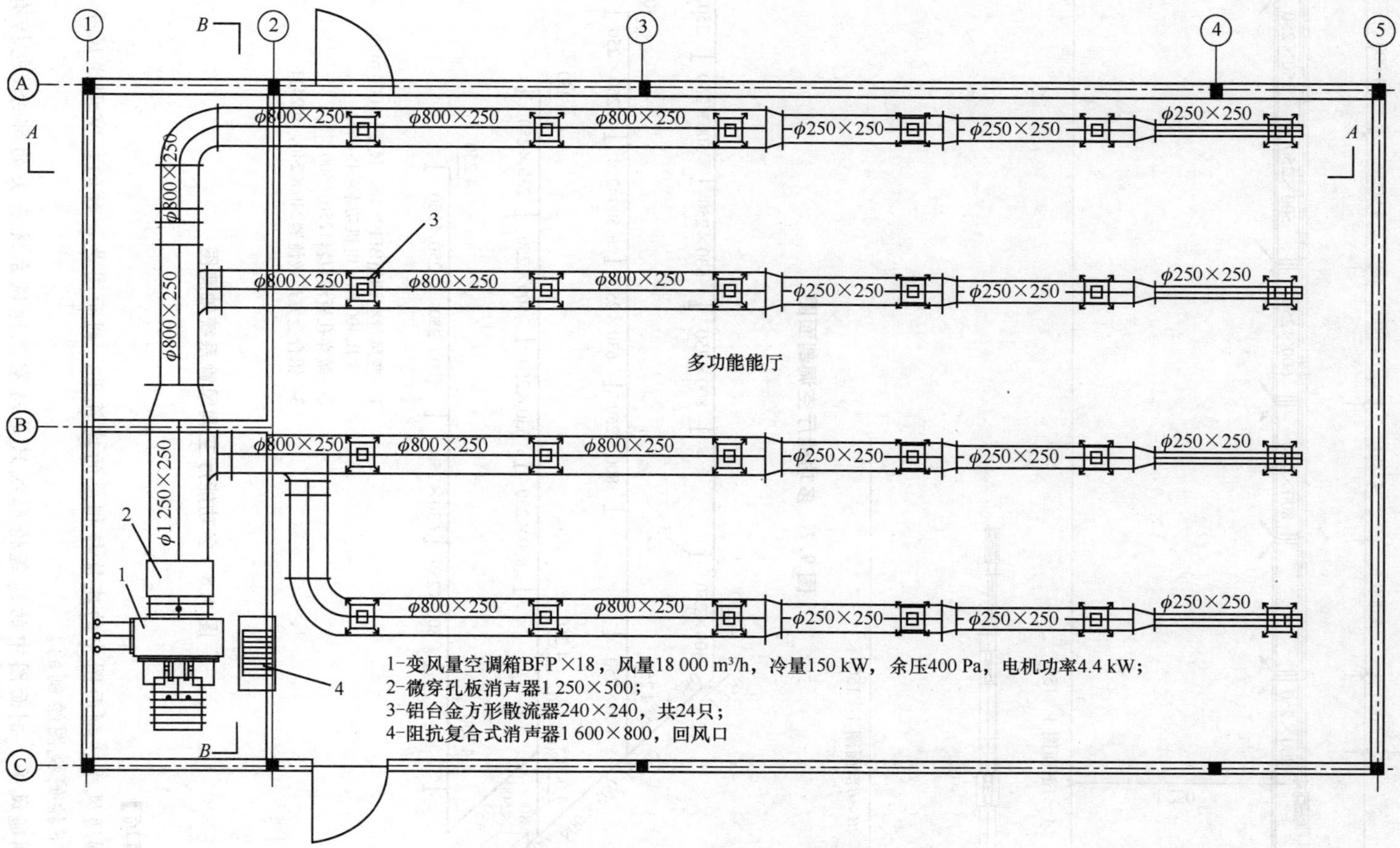

图 9.6　多功能厅空调平面图

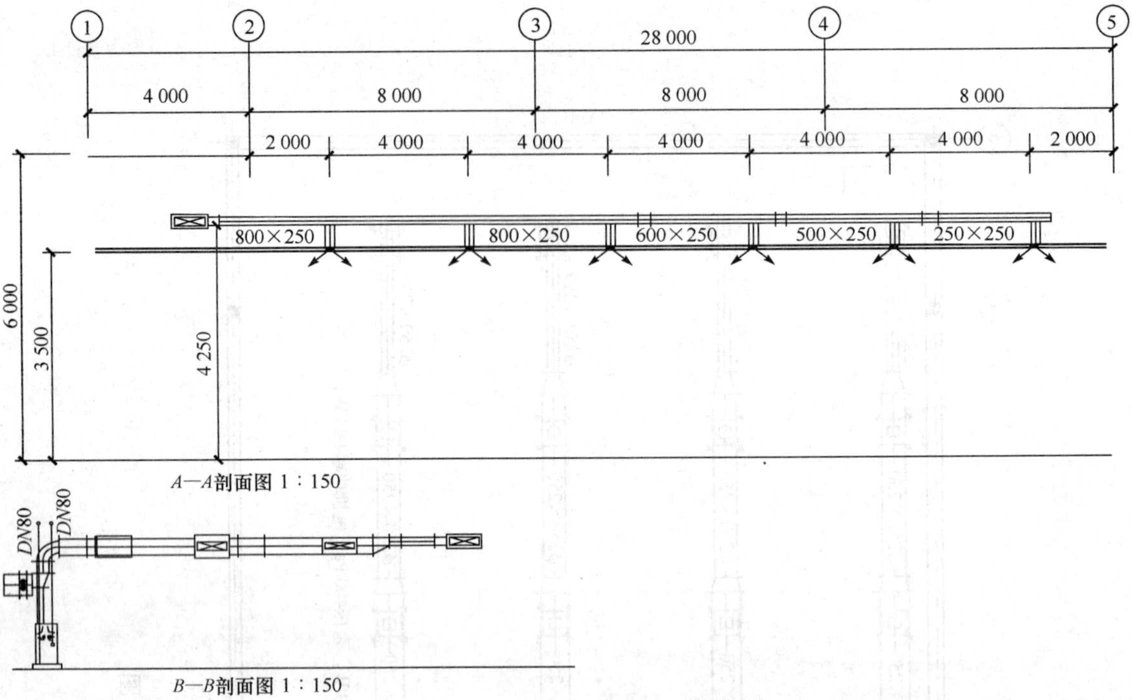

图 9.7　多功能厅空调剖面图

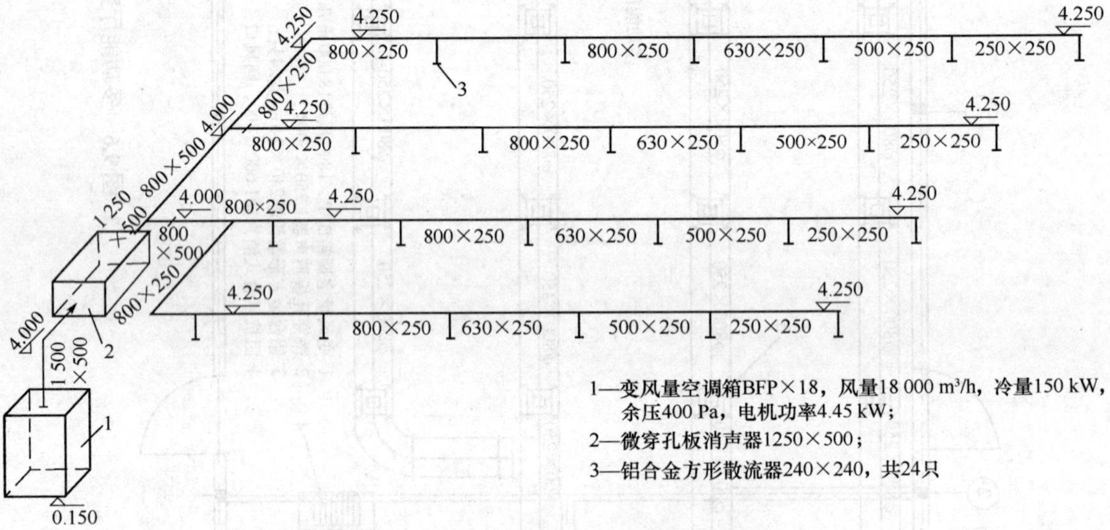

图 9.8　多功能厅空调风管系统轴测图

【注意事项】

(1)空调通风平、剖面图中的建筑与相应的建筑平、剖面图是一致的，空调通风平面图是在本层顶棚以下按俯视图绘制的。

(2)空调通风平、剖面图中的建筑轮廓线只是与空调通风系统有关的部分(包括有关的门、窗、梁、柱、平台等建筑构配件的轮廓线)。同时，还有各定位轴线编号、间距以及房间名称。

(3)空调通风系统的平面图、剖面图和系统图可以按建筑分层绘制，或按系统分系统绘制，必要时对同一系统可以分段进行绘制。

2. 通风空调工程制图采用的线型及常用图例、符号

通风空调工程制图采用的线型及常用图例、符号见表 9.1～表 9.5。

表 9.1　通风代号

代号	风道名称	代号	风道名称
K	空调风管	HF	回风管
SF	送风管	P	排风管
XF	新风管	PY	排烟管或排风排烟共用管

表 9.2　线型

图形符号	说明	图形符号	说明
	粗实线		细虚线
	中实线		细点画线
	细实线		细双点画线
	粗虚线		折断线
	中虚线		波浪线

表 9.3　风管及部件

图形符号	说明	图形符号	说明
	风管	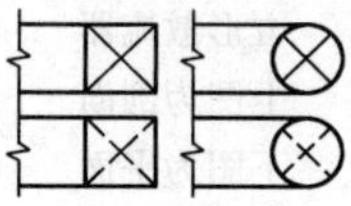	送风管 上图为可见剖面 下图为不可见剖面
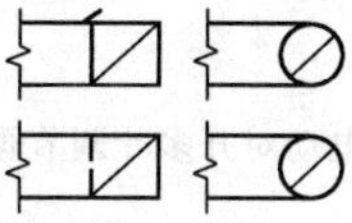	排风管 上图为可见剖面 下图为不可见剖面	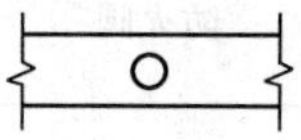	风管测定孔
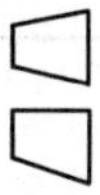	异径管	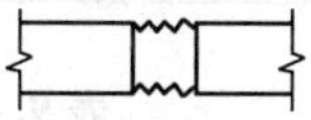	柔性接头 中间部分也适用于软风管
	异形管(天圆地方)	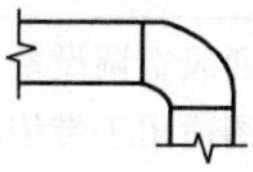	弯头
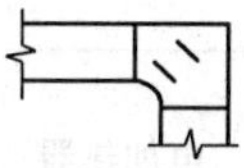	带导流片弯头	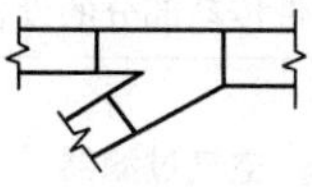	圆形三通
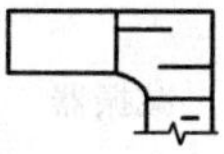	消声弯头	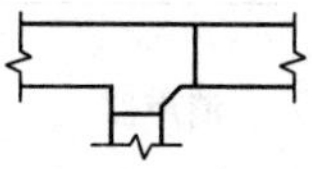	矩形三通

续表

图形符号	说明	图形符号	说明
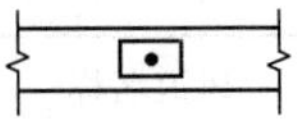	风管检查孔	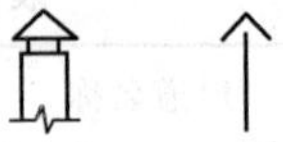	伞形风帽
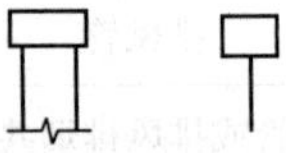	筒形风帽	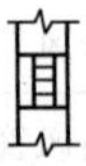	百叶窗
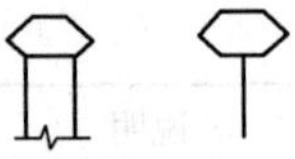	锥形风帽	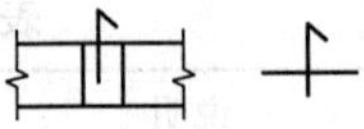	插板阀 本图例也适用于斜插板
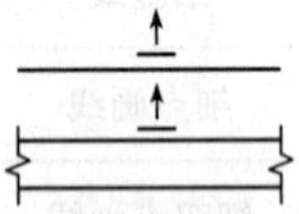	送风口	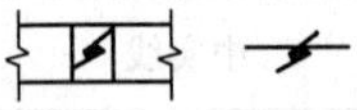	蝶阀
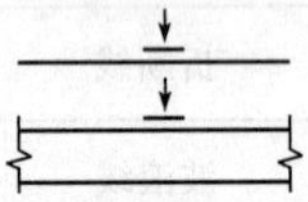	回风口	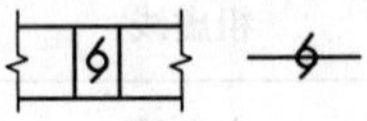	对开式多叶调节阀
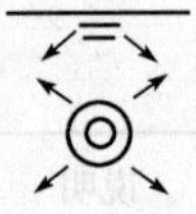	圆形散流器 上图为剖面 下图为平面	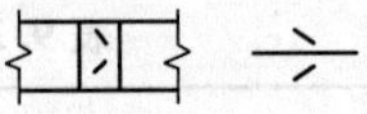	光圈式启动调节阀
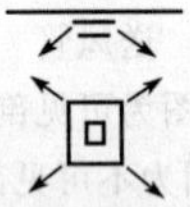	方形散流器 上图为剖面 下图为平面	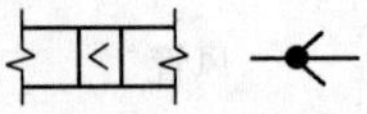	风管止回阀
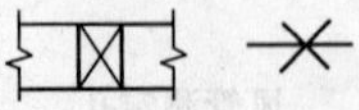	防火阀	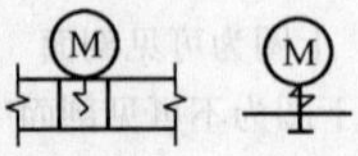	电动对开多叶调节阀
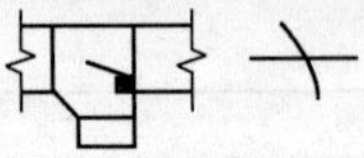	三通调节阀		

表 9.4　通风空调设备

图形符号	说明	图形符号	说明
	通风空调设备 左图适用于带传动 部分的设备，右图适用于 不带传动部分的设备		加湿器
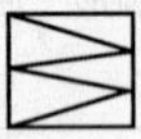	空气过滤器		电加热器
	消声器		减振器

续表

图形符号	说明	图形符号	说明
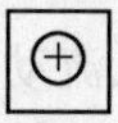	空气加热器	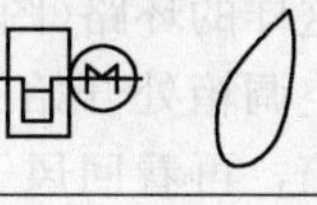	离心式通风机
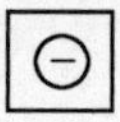	空气冷却器	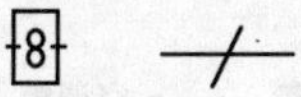	轴流式通风机
	风机盘管	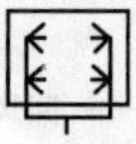	喷嘴及喷雾排管
	风机流向： 自三角形的底边至顶点	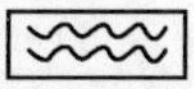	挡水板
	压缩机	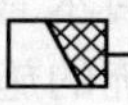	喷雾式滤水器

表 9.5 阀门

图形符号	说明	图形符号	说明
	安全阀		膨胀阀
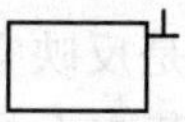	散热放风门		手动排气阀
	散热器三通阀		

3. 通风空调施工图的特点

(1)风、水系统环路的独立性。在空调通风施工图中，风管系统与水管系统(包括冷冻水、冷却水系统)按照它们的实际情况出现在同一张平、剖面图中，但是在实际运行中，风系统与水系统具有相对独立性。因此，在阅读施工图时，首先将风系统与水系统分开阅读，然后再综合起来。

(2)风、水系统环路的完整性。空调通风系统，无论是水管系统还是风管系统，都可以称之为环路，这就说明风、水管系统总是有一定来源，并按一定方向通过干管、支管，最后与具体设备相接，多数情况下又将回到它们的来源处，形成一个完整的系统。如图 9.9 所示为冷媒管道系统。

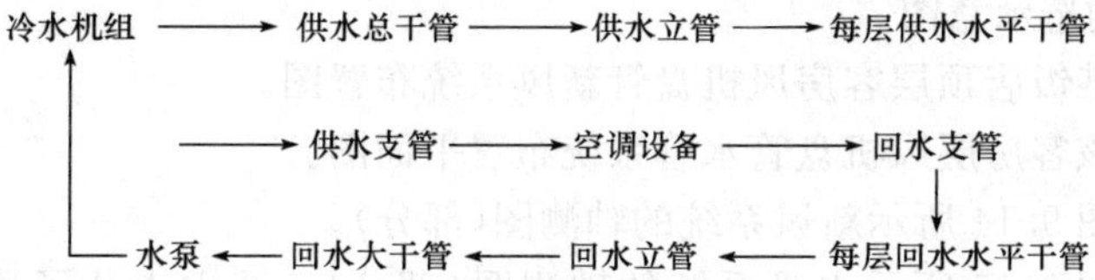

图 9.9 冷媒管道系统图

可见，系统形成了一个循环往复的完整的环路。我们可以从冷水机组开始阅读，也可以从空调设备处开始，直至经过完整的环路又回到起点。

风管系统同样可以写出这样的环路(图 9.10)：

对于风管系统，可以从空调箱处开始阅读，逆风流动方向看到新风口，顺风流动方向看到房间，再至回风干管、空调箱，再看回风干管到排风管、排风门这一支路。也可以从房间处看起，研究风的来源与去向。

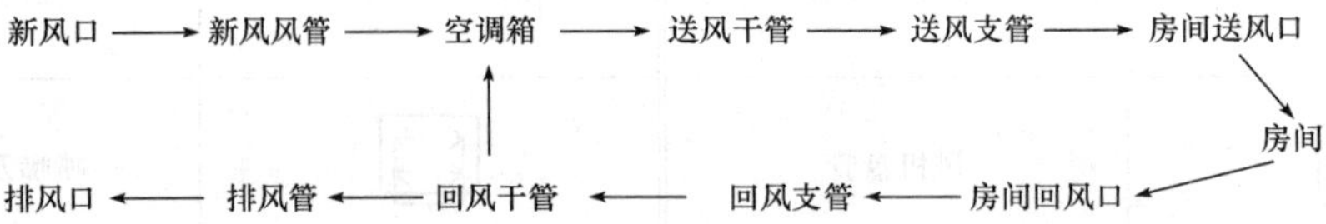

图 9.10　风管系统图

(3)空调通风系统的复杂性。空调通风系统中的主要设备，如冷水机组、空调箱等，其安装位置由土建决定，这使得风管系统与水管系统在空间的走向往往是纵、横交错，在平面图上很难表示清楚，因此，通风与空调系统的施工图中除大量的平面图、立面图外，还包括许多剖面图与系统图，它们对读懂图纸有重要帮助。

(4)与土建施工的密切性。空调通风系统中的设备、风管、水管及许多配件的安装都需要土建的建筑结构来容纳与支撑，因此，在阅读空调通风施工图时，要查看有关图纸，密切与土建配合，并及时对土建施工提出要求。

4. 通风空调施工图识图方法与步骤

(1)阅读图纸目录。

(2)阅读施工说明。

(3)阅读有代表性的图纸。在空调通风施工图中，有代表性的图纸基本上都是反映空调系统布置、空调机房布置、冷冻机房布置的平面图，因此，空调通风施工图的阅读基本上是从平面图开始的，先是总平面图，然后是其他平面图。

(4)阅读辅助性图纸。

(5)阅读其他内容。

【例 9.1】　某通风空调施工图实例

1. 空气调节箱总图

在看设备的制造或安装详图时，一般是在概括了解这个设备在管道系统中的地位、用途和工作情况后，从主要的视图开始，找出各视图间的投影关系，并参考明细表，再进一步了解其构造及零件的装配情况。

图 9.11 所示的叠式金属空气调节箱是一种体积较小、构造较紧凑的空调器，它的构造是标准化的，详细构造参见相关国家标准采暖通风标准图集。

2. 某饭店空气调节管道布置图

常用的风机盘管有卧式及立式两种。图 9.12 所示为卧式暗装(一般装在房间顶棚内)前出风型(WF－AQ 型)的构造示意图。

图 9.13 所示为某饭店顶层客房风机盘管新风系统布置图。

图 9.14 所示为该客房层风机盘管水管系统布置平面图。

图 9.15 所示为图 9.14 所示新风系统的轴测图(部分)。

图 9.16 所示为图 9.15 所示水管系统的轴测图(部分)，图中表达了这个水管系统的概貌，看图可一目了然。

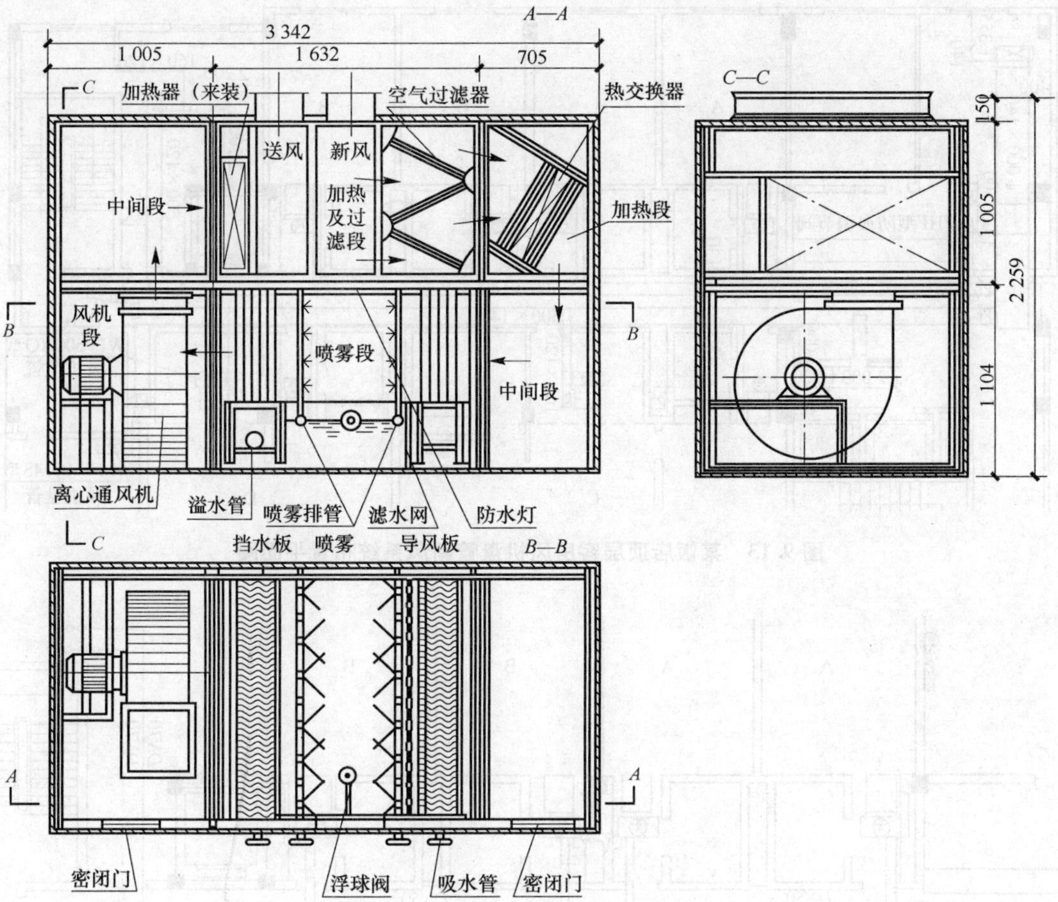

图 9.11　叠式金属空气调节箱总图

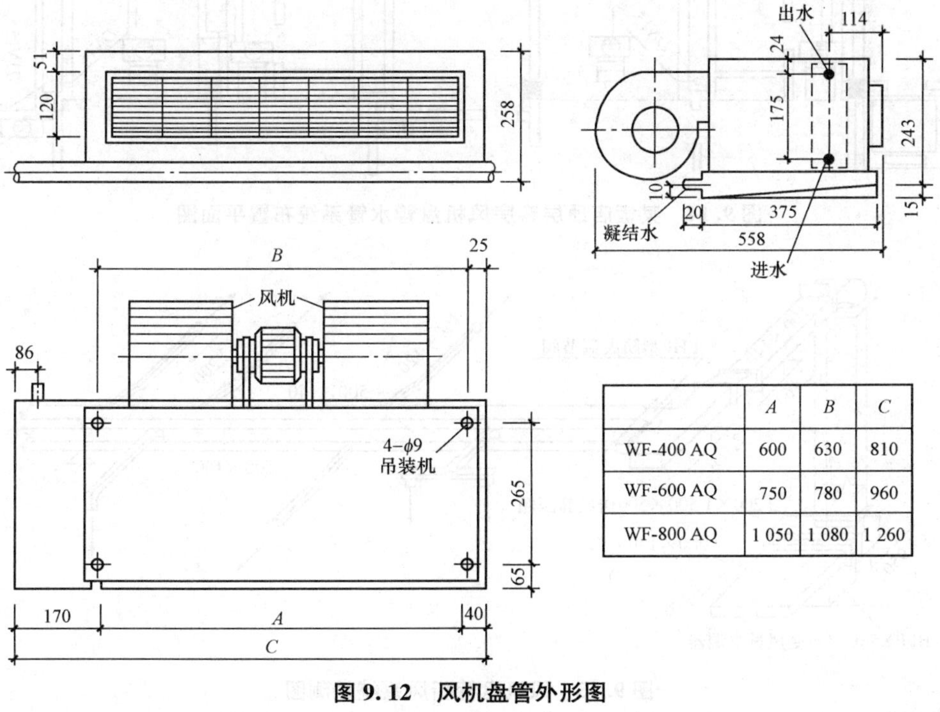

	A	B	C
WF-400 AQ	600	630	810
WF-600 AQ	750	780	960
WF-800 AQ	1 050	1 080	1 260

图 9.12　风机盘管外形图

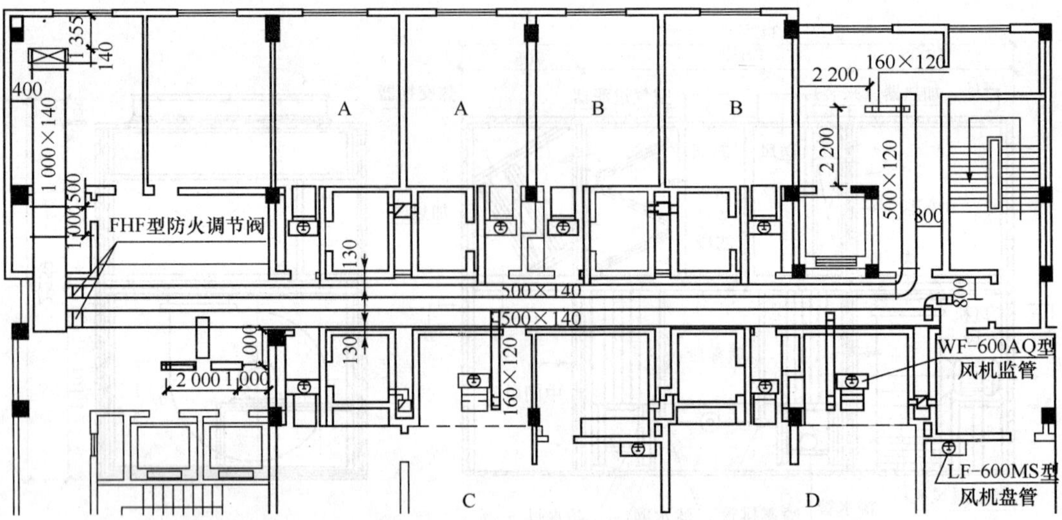

图 9.13 某饭店顶层客房风机盘管新风系统布置平面图

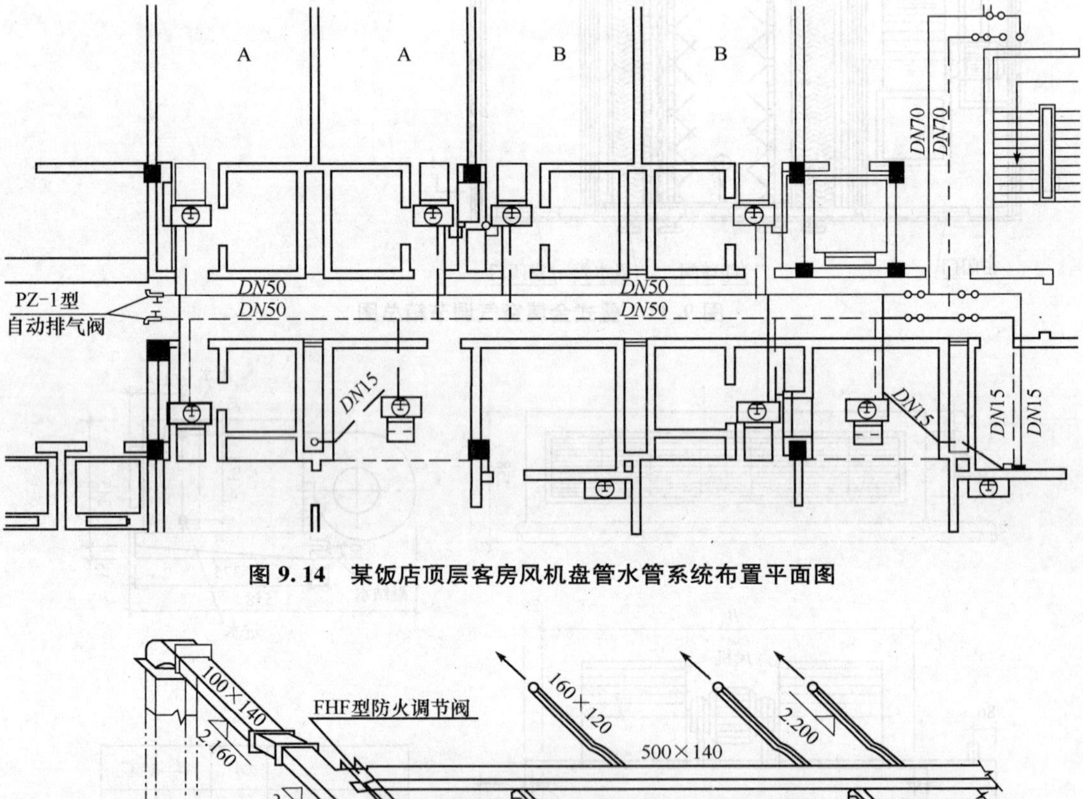

图 9.14 某饭店顶层客房风机盘管水管系统布置平面图

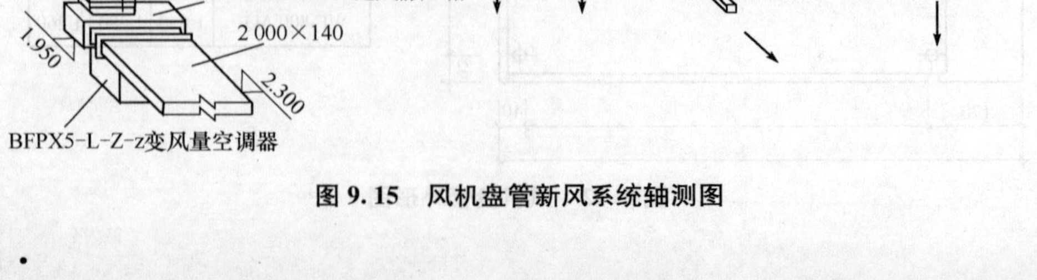

图 9.15 风机盘管新风系统轴测图

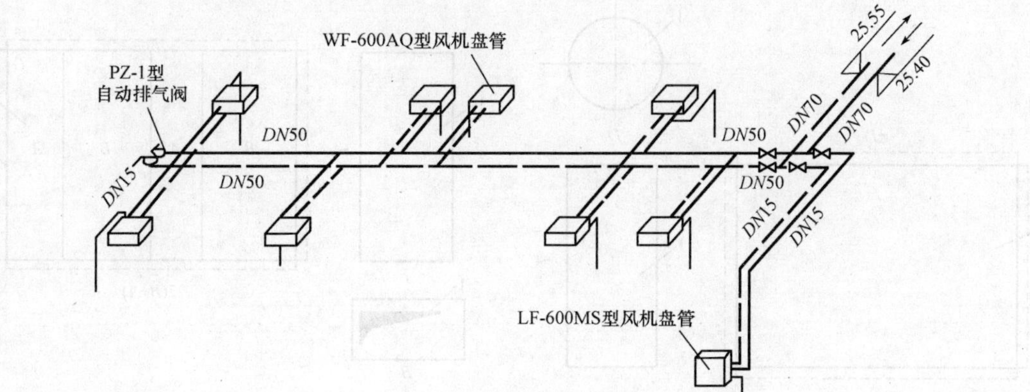

图 9.16　风机盘管水管系统轴测图

9.2　通风与空调工程安装

9.2.1　通风管的加工制作

通风管加工时常用的材料有板材、型钢和辅助材料三种。

常用板材有普通薄钢板(也称为黑铁皮)、镀锌钢板(也称为白铁皮)，这两种钢板的常用厚度为 0.5～2 mm；其次，还有铝板、不锈钢板、塑料复合钢板(在普通钢板的表面喷涂上一层 0.2～0.4 mm 的塑料层)和硬聚氯乙烯塑料板等。

常用型钢有圆钢、角钢、扁钢等。常用辅助材料有螺栓、螺帽、铆钉、垫料以及焊锡等。

1. 通风管的加工制作

通风管道由风管、各种管件、附件和部件等组成。

通常风管和三通、弯头、大小头等管件均无成品供应，需要在现场或加工厂加工制作。

风管的加工制作工艺为放样下料、剪切、薄钢板的咬口、圆风管卷圆，矩形风管折方、合口及压实(较厚钢板合口后焊接)以及风管端部安装法兰等工艺过程。

(1)放样下料。风管及其管件的放样下料，就如同裁缝在剪布料之前，首先要画出衣服形状的展开图一样，也是首先画出风管或管件的形状(尺寸)，然后再画其展开平面图，并留出咬口或接口余量。

1)圆形风管的放样下料如图 9.17 所示，通常在平台上进行。以每块钢板的长度作为一节风管的长度，钢板的宽度作为通风管的圆周长，若一块钢板不够时，可用几块钢板拼接起来。画线时，在风管的圆周长上应留出咬口余量(或考虑焊缝的宽度)；在管节长度方向上，每节管的两端应留出与法兰连接时的扳边余量(以不盖住法兰的螺栓孔为宜，一般为 8～10 mm)。较厚的钢板，每节风管的两端通常是与法兰采用焊接，不留余量。

2)矩形风管的放样下料如图 9.18 所示，也是在平台上进行。以每块钢板的长度作为一节风管的长度，钢板的宽度作为周边长；为增加其强度，咬口闭合缝应设在角上。当周边长小于钢板宽度时设一个角咬口；当周边长大于钢板宽时设 2～4 个角咬口。画线时应留出咬口余量和与法兰连接的扳边余量。管件的放样下料参见《钣金工手册》。

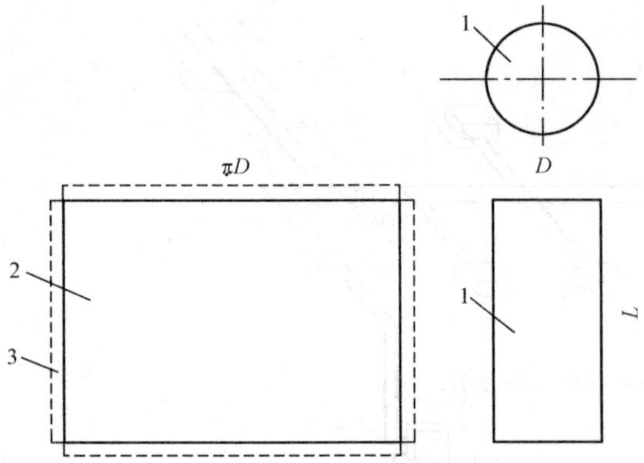

图 9.17　圆形风管的放样下料

1—圆风管；2—展开图；3—接口余量

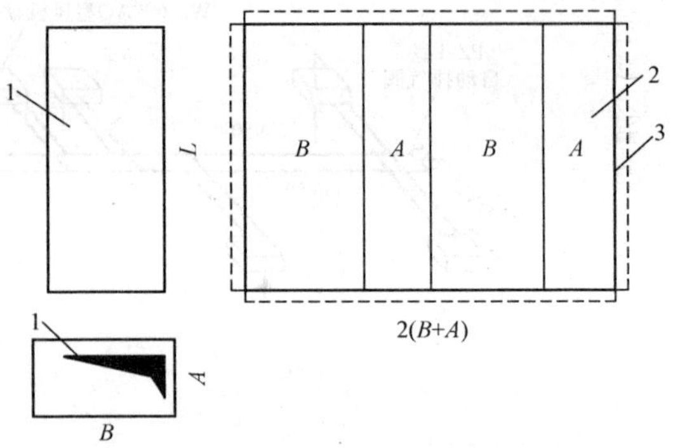

图 9.18　矩形风管的放样下料

1—矩形风管；2—展开图；3—接口余量

(2)钢板的剪切。放样下料完毕后，经检查无误后即可按展开图的形状进行剪切。剪切口要平、直(曲线要圆滑)。剪切方法有手工和机械两种。

1)手工剪切。手工剪切用的工具有直线剪和曲线剪两种。直线剪适用于剪直线及外圆曲线；曲线剪适用于剪内圆曲线。这两种手剪的特征是手柄长、刀片短。手工剪切的钢板厚度在 1.2 mm 之内。

2)机械剪切。机械剪切常用龙门剪板机，如图 9.19 所示，主要由电动机、皮带轮、传动轴、上下刀片等组成。其中，下刀片是固定的，上刀片可作上下运动。

操作时，将切线对准刀片，脚踏开关，上刀片即下行，钢板被切断。注意：操作时手不得置于上、下刀片之间，以防事故发生。

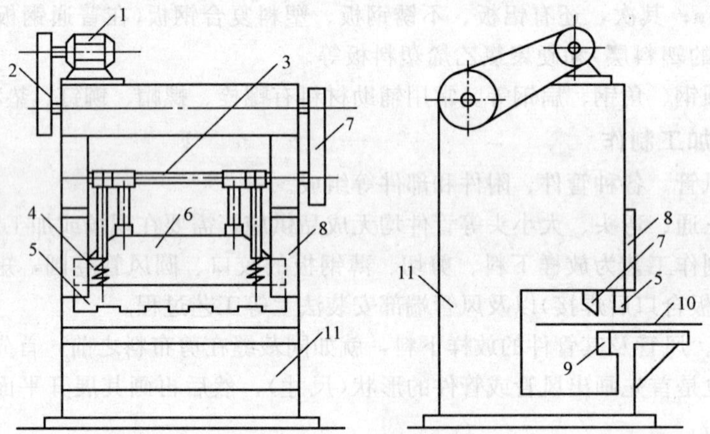

图 9.19　龙门剪板机

1—电动机；2—保护罩；3—传动轴；4—弹簧；5—压紧板；6—上刀架；

7—上刀片；8—导向板；9—下刀片；10—待剪钢板；11—机体

(3)薄钢板的咬口连接。咬口连接是将需要相互连接的两块钢板的边缘先折成钩状，然后钩挂起来，压紧。

咬口连接是通风工程中最常用的一种连接方法。这种连接方法主要适用于风管的闭合接口、几块钢板拼在一起的拼接口和圆形风管弯头的节间缝(即节与节之间的接口)等。钢板的厚度一般是在 1 mm 之内。

1)咬口的种类及其适用场合。最简单、常用的咬口有单平咬口、单立咬口和单角咬口三种，如图 9.20(a)所示。

①单平咬口。单平咬口适用于圆形或矩形风管在卷圆(或折方)后的闭合接口和钢板与钢板的拼接口，如图 9.20(b)中的 A 点所示。

②单立咬口。单立咬口适用于圆形风管弯头的节间接口，如图 9.20(b)中的 B 点所示。

③单角咬口。单角咬口适用于矩形风管在角处的接口，如图 9.20(b)中的 C 点所示。

在三种咬口中，尤其单平咬口采用最多。

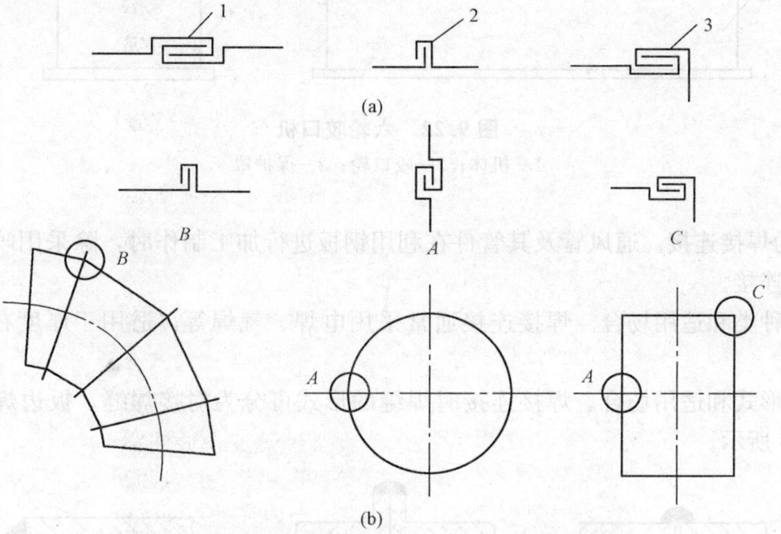

图 9.20　咬口的种类及其适用场合

(a)咬口的种类；(b)咬口的适用场合

1—单平咬口；2—单立咬口；3—单角咬口

2)单平咬口的加工。单平咬口的加工方法可分为手工和机械两种。

①手工咬口。手工咬口使用的工具有木槌、拍板(硬杂木制)、槽钢等。咬口的方法步骤如图 9.21 所示。首先，按画线将钢板的一边打成 90°，再将其翻过来打成约为 130°；然后，伸出咬口边宽打成钩状。以同样的方法将另一块钢板的一边也打成钩状。合口时，先将两块钢板钩挂起来，然后以木槌打紧。

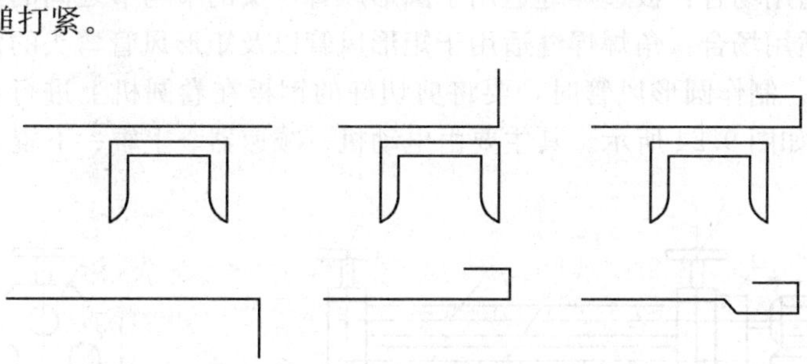

图 9.21　手工咬口

②机械咬口。常用的机械为多轮(六轮)咬口机，如图 9.22 所示。其前后各有 6 对轮子，可同时进行两块钢板的咬口。

在机前咬口时，将待咬口的钢板边置于左侧一对轮子的上、下轮之间，按启动按钮，此时 6

对轮子同时转动，钢板以一定的速度由左向右移动，钢板边被咬成钩状。按停止按钮，6 对轮子停止转动。

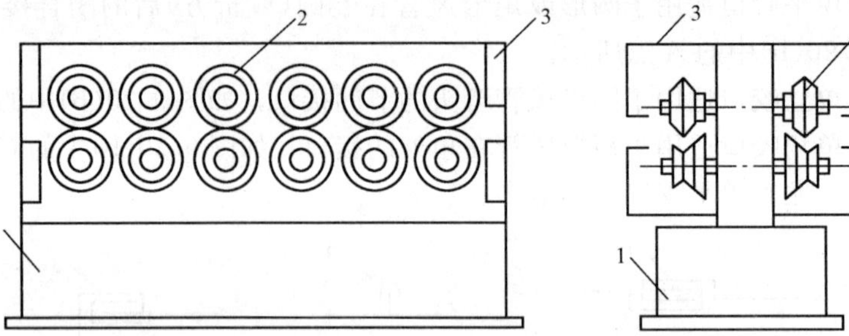

图 9.22　六轮咬口机

1—机体；2—咬口轮；3—保护罩

(4)钢板的焊接连接。通风管及其管件在利用钢板进行加工制作时，除采用咬口连接外，还可以采用焊接连接。

1)焊接的种类和适用场合。焊接连接通常采用电焊、气焊等，适用于厚度在 1.2 mm 以上的黑铁皮连接。

2)焊缝的形式和适用场合。焊接连接时焊缝的形式可分为对接焊缝、扳边焊缝和角焊焊缝等，如图 9.23 所示。

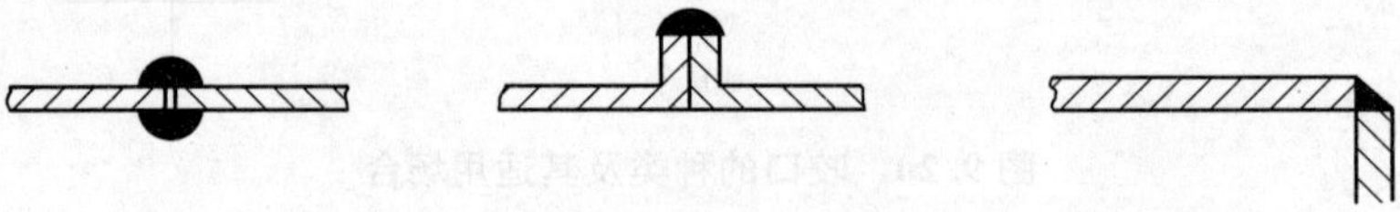

图 9.23　焊缝的形式分类

(a)对接焊缝；(b)扳边焊缝；(c)角焊焊缝

①对接焊缝的适用场合：对接焊缝适用于钢板与钢板的纵向或横向拼接缝以及风管的闭合接口缝等。

②扳边焊缝的适用场合：扳边焊缝适用于圆形风管弯头的节与节之间的接缝。

③角焊焊缝的适用场合：角焊焊缝适用于矩形风管以及矩形风管弯头的角缝。

(5)钢板的卷圆。制作圆形风管时，要将剪切好的钢板在卷圆机上进行卷圆。卷圆机(也称为卷板机或滚板机)如图 9.24 所示。其主要由电动机、减速器、上辊、下辊、调节手轮等组成。

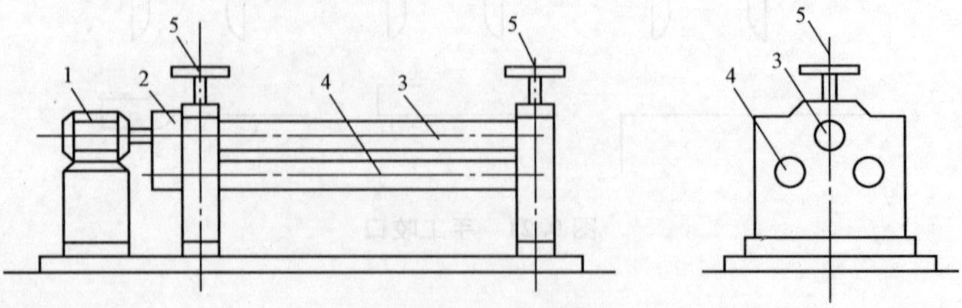

图 9.24　卷圆机

1—电动机；2—减速器；3—上辊；4—下辊；5—调节手轮

卷圆时，先将待卷圆钢板的两端打成弧形，然后放于上、下辊之间；开机，上、下辊同时转动并带动钢板滚动(反复)，直至卷成所需的圆(弧)为止，停机后取下风管。

(6)钢板的折方。制作矩形风管时，需要将剪切好的钢板在折方机上进行折方。

折方机如图 9.25 所示，主要由上、下压板，活动翻板、手柄和调节丝杠及其手轮等组成。其中，下压板是固定的，上压板可通过调节丝杠作上、下位移。

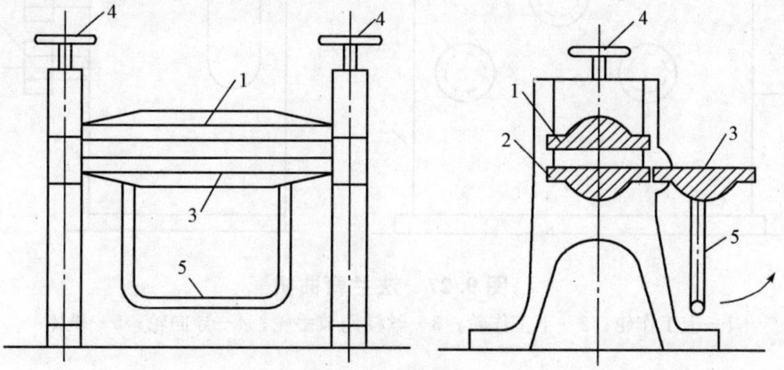

图 9.25　折方机

1—上压板；2—下压板；3—活动翻板；4—调节手轮；5—手柄

折方时，将待折钢板放于上、下压板之间，对准折线，转动调节丝杠手轮将钢板压紧；然后向上扳动手柄，折成所需角度(一般为 90°)；再逆转调节丝杠手轮，使上压板升起，取出已折钢板。

2. 法兰与附件的加工制作

(1)法兰的制作。法兰适用于风管与风管和风管与管件之间的连接。按其形状可分为圆形和矩形法兰两种。制作法兰时一般采用角钢或扁钢；其中多采用角钢。

1)矩形法兰的制作。矩形法兰如图 9.26 所示，通常是在平台上放样下料。组对时两对边和两条对角线均应相等，4 个角均为 90°，接触面上的焊缝应磨平。为了防止螺栓孔错位，应将一副法兰夹起之后，再放于钻床上进行钻孔。

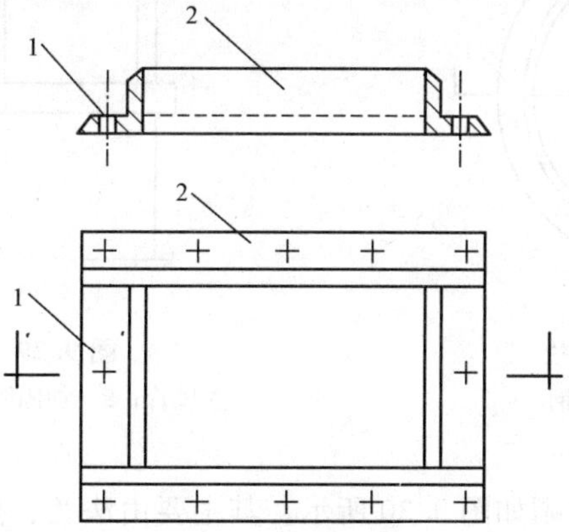

图 9.26　矩形法兰

1—螺栓孔；2—角钢

2)圆形法兰的制作。制作圆形法兰通常是在法兰弯曲机上进行的。法兰弯曲机如图 9.27 所示。其主要由上工作轮、下工作轮、丝杠调节手轮、导向轮等组成。

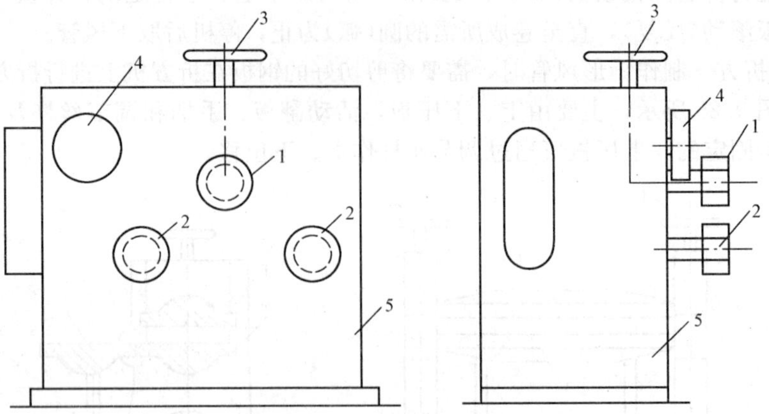

图 9.27　法兰弯曲机

1—上工作轮；2—下工作轮；3—丝杠调节手轮；4—导向轮；5—机体

煨制时，将整根角钢的一端伸到上、下工作轮之间。开机，上、下工作轮同时转动，此时，以手转动调节丝杠的手轮，使上工作轮慢慢向下挤压煨制过程中的角钢，依此，直至将角钢煨成所需直径的法兰。停机，取下煨好的法兰(通常一根角钢可煨几片法兰)，以气割法切断后逐片找圆、对焊、钻孔。圆形法兰如图 9.28 所示。

(2)风帽的制作。在排风系统中，通常采用伞形风帽和筒形风帽。

1)伞形风帽制作。伞形风帽如图 9.29 所示。其主要由伞形帽、支撑和加固圈组成。制作时伞形帽采用黑铁皮，支撑和加固圈采用扁钢。

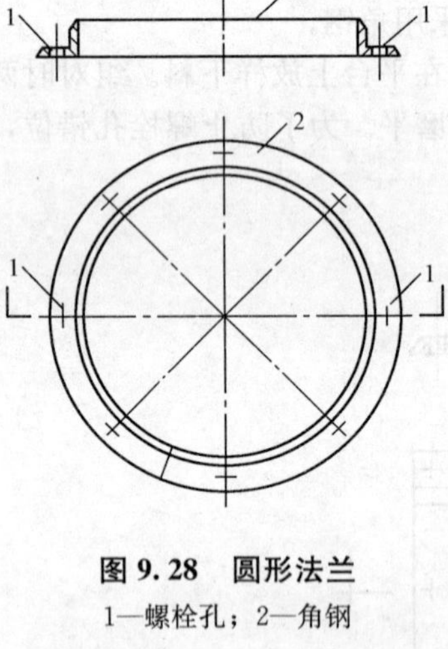

图 9.28　圆形法兰

1—螺栓孔；2—角钢

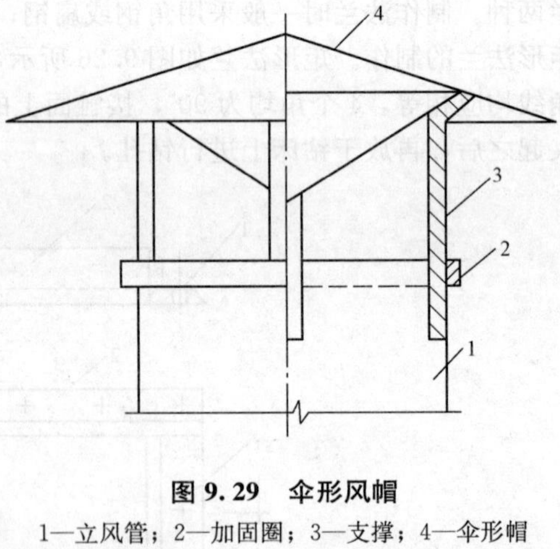

图 9.29　伞形风帽

1—立风管；2—加固圈；3—支撑；4—伞形帽

2)筒形风帽制作。筒形风帽如图 9.30 所示。其主要由法兰、扩散管、伞形帽、外圆筒和支撑等组成。扩散管、伞形帽和外圆筒采用黑铁皮制作；法兰采用角钢制作；支撑采用扁钢制作。组装时，扩散管的下口与角钢法兰铆接，上口与支撑采用螺栓(螺帽)连接。

(3)柔性短管的制作。风机在运行过程中要产生振动和噪声，为了防止噪声通过通风管道传到各通风房间，一般在风机的排出口和吸入口处应设置柔性短管。

柔性短管的长度一般为 200 mm，材质通常为帆布。对于腐蚀性介质的通风系统，可采用玻璃纤维布或软塑料薄膜制作，如图 9.31 所示。

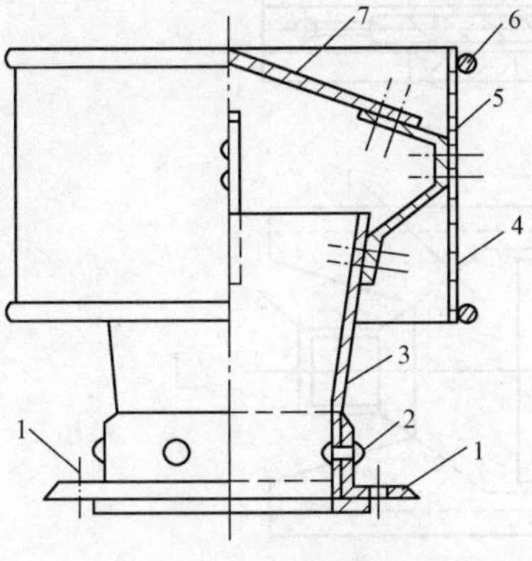

图 9.30　筒形风帽

1—角钢法兰；2—铆钉；3—扩散管；
4—外圆筒；5—支撑；6—加固筋；7—伞形帽

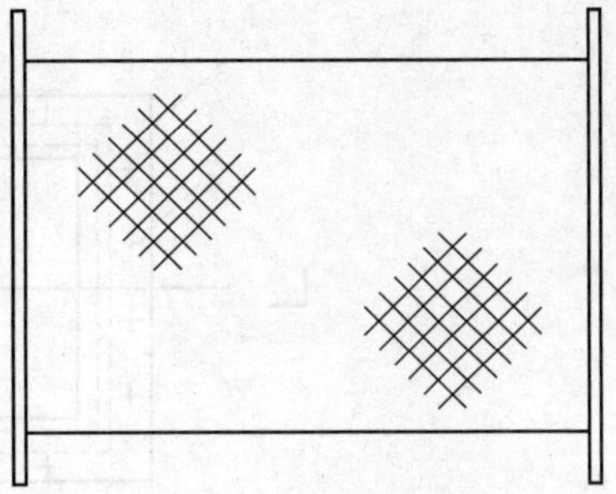

图 9.31　柔性短管

(4)离心式通风机启动阀和蝶阀制作。

1)离心式通风机方形百叶式启动阀制作。离心式通风机方形百叶平行式启动阀如图 9.32 所示。其主要由阀体、叶片和操纵装置等组成。

2)离心式通风机方形插板启动阀制作。离心式通风机方形插板启动阀如图 9.33 所示。其由插板、导向板和挡板等组成。

3)蝶阀制作蝶阀由短管、法兰、阀板和调节装置等组成，如图 9.34 所示。

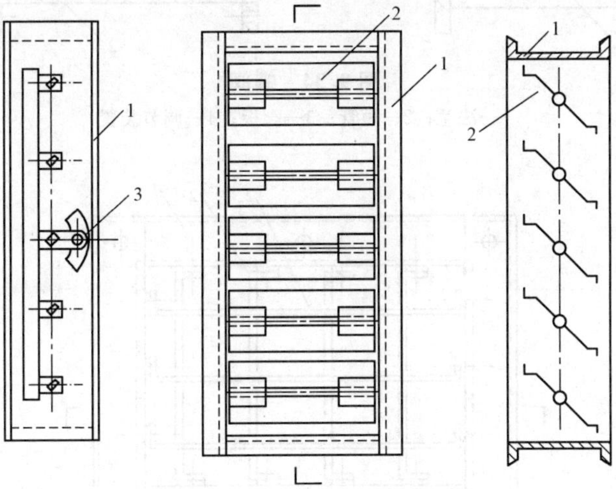

图 9.32　方形百叶平行式启动阀

1—阀体；2—叶片；3—操纵装置

(5)百叶送风口、条缝回风口和网式回风口制作。

1)双层百叶送风口制作。双层百叶送风口由边框和叶片组成，如图 9.35 所示。

2)条缝回风口制作。条缝回风口主要由边框和板条组成，如图 9.36 所示。

3)网式回风口制作。网式回风口由金属网和边框等组成，如图 9.37 所示。

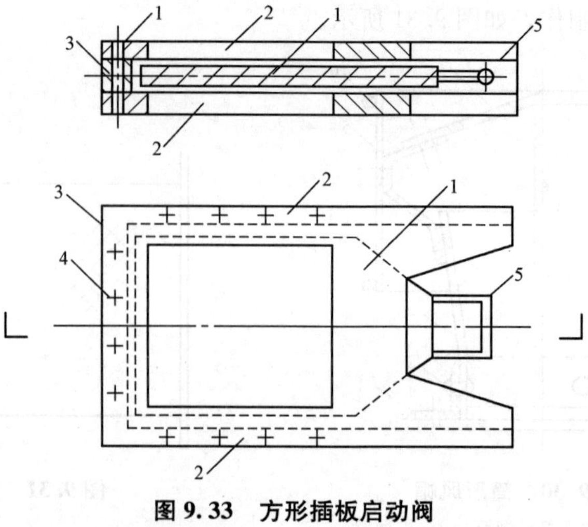

图 9.33　方形插板启动阀

1—插板；2—导向板；3—挡板；4—螺栓孔；5—拉手

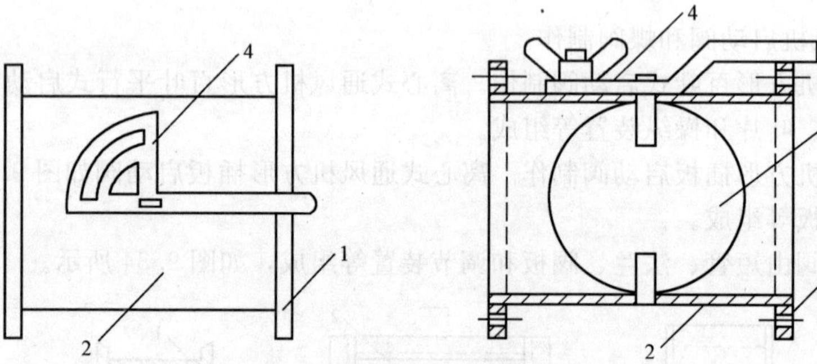

图 9.34　蝶阀

1—法兰；2—短管；3—阀板；4—调节装置

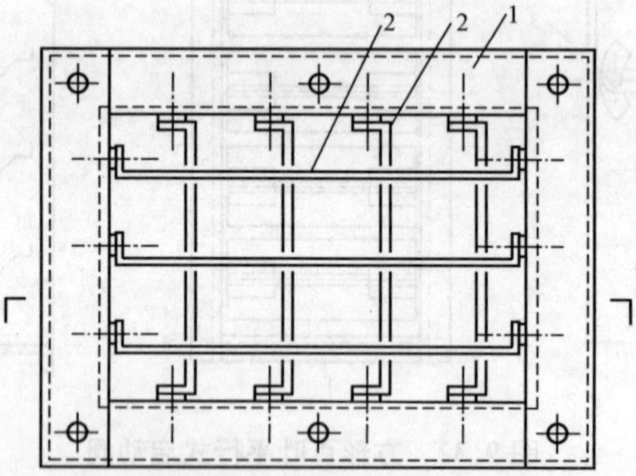

图 9.35　双层百叶送风口

1—边框；2—叶片

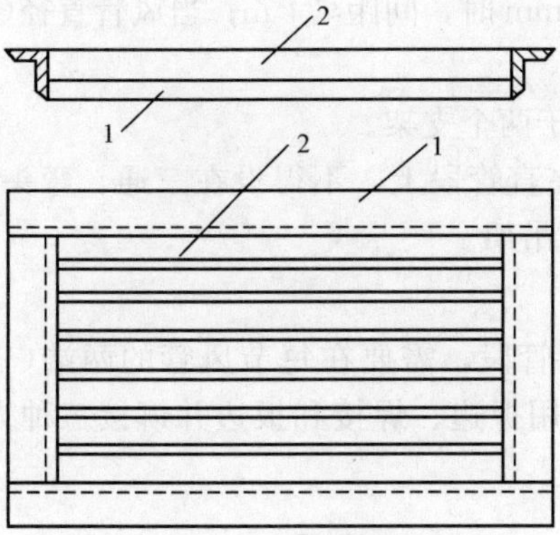

图 9.36　条缝回风口

1—边框；2—板条

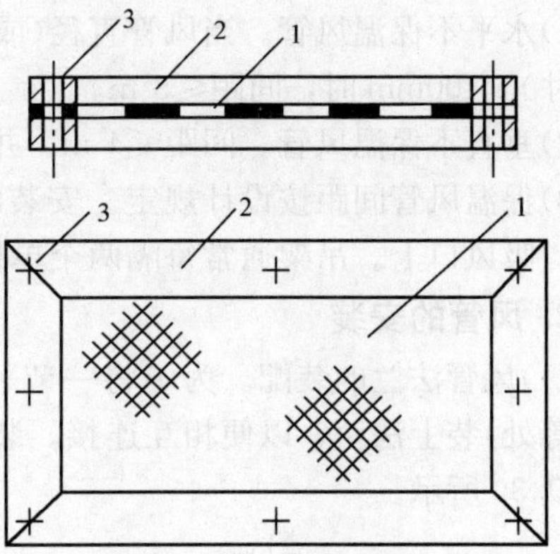

图 9.37　网式回风口

1—金属网；2—边框；3—螺栓孔

9.2.2　通风管道安装

通风管道的安装程序为：测绘、安装支架、敷设风管。测绘时，根据施工图首先进行实测实量，然后绘制草图并将实测的数据标在草图上。

1. 支架的安装

(1)支架的种类。通风系统支架的形式和种类比较多，常用的有悬臂式、三角形、横梁式支架和吊架等，如图 9.38 所示。

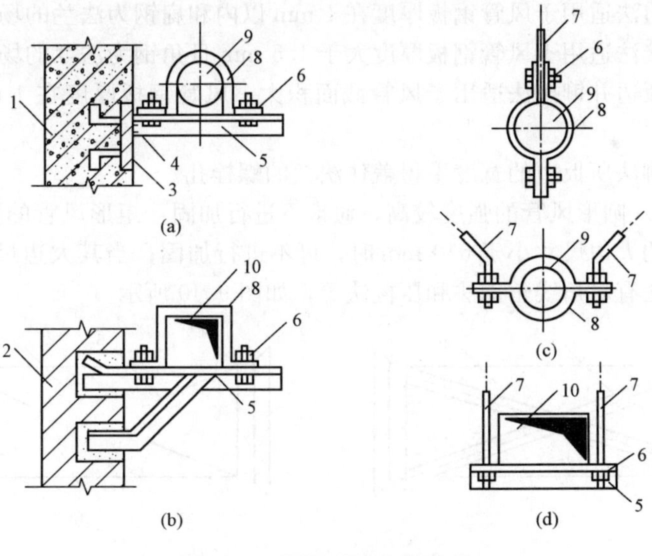

图 9.38　通风系统支架种类

(a)悬臂式；(b)三角形；(c)单双杆吊架；(d)横梁式吊架

1—钢筋混凝土墙(柱)；2—砖墙；3—预埋钢板；4—焊缝；5—角钢；

6—螺帽；7—吊杆；8—管卡；9—圆形风管；10—矩形风管

(2)支(吊)架的安装。支(吊)架所用的型钢一般是角钢、槽钢、扁钢及圆钢。土建单位在砌墙或预制混凝土柱子、楼板时，安装人员应密切配合做好支(吊)架的预留、预埋工作。其间距有以下几点要求：

1)水平不保温风管。当风管直径(或大边尺寸)<400 mm时，间距≤4 m；当风管直径(或大边尺寸)≥400mm时，间距≤3 m。

2)垂直不保温风管。间距≤4 m，并且每根立管不少于两个支架。

3)保温风管间距按设计规定。安装时支(吊)架应装在直管段上，不得设在三通、弯头和送风口、吸风口上。吊架通常每隔两个单杆吊架设一个双杆吊架。

2. 风管的安装

(1)风管法兰的装配。为了将一节一节的风管连接成管段，需要在每节风管的两端(三通、弯头等处)装上法兰，以便相互连接。装配法兰时一般采用扳边、焊接和扳边并铆接三种方法，如图 9.39 所示。

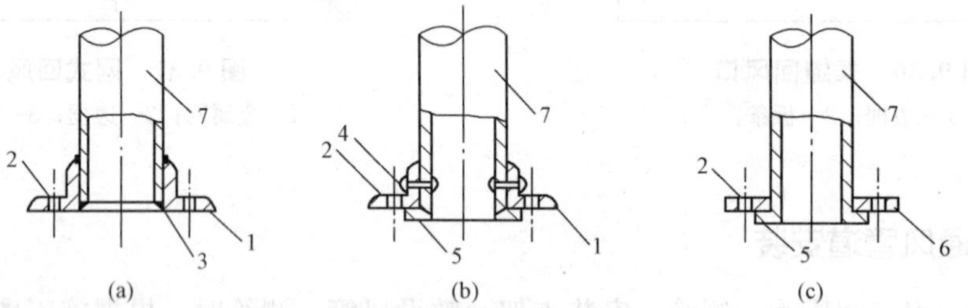

图 9.39　风管端的法兰装配

(a)焊接；(b)扳边并铆接；(c)扳边

1—角钢法兰；2—螺栓孔；3—焊缝；4—铆钉；

5—扳边；6—扁钢法兰；7—风管

1)扳边法。扳边法适用于风管钢板厚度在 1 mm 以内和扁钢为法兰的场合。

2)焊接法。焊接法适用于风管钢板厚度大于 1.5 mm 且角钢为法兰的场合。

3)扳、铆法。扳边并铆接法适用于风管截面积大，风管钢板厚度在 1 mm 以内和角钢为法兰的场合。

扳边法及扳、铆法所扳边的宽度不得盖住法兰的螺栓孔。

(2)风管的加固。圆形风管的强度较高，通常不进行加固；矩形风管的强度较低，容易产生变形。当矩形风管的大边尺寸小于 630 mm 时，可不进行加固；当其大边尺寸≥630 mm 时，需要加固。加固的方法有对角线角钢法和压棱法等，如图 9.40 所示。

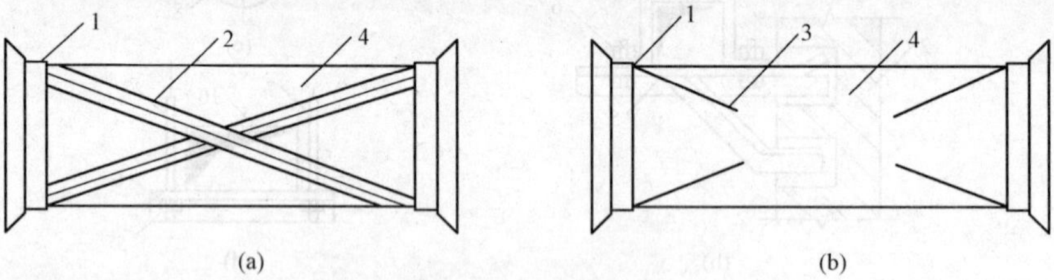

图 9.40　风管的加固

(a)对角线角钢法；(b)压棱法

1—法兰；2—角钢；3—棱；4—矩形风管

(3)风管的连接及就位。将预制的风管和管件按测绘草图编号后运到现场，并在平地上排列组对成适当长度的管段。两片法兰之间放垫片，垫片的材质为：输送一般的空气采用 2～3 mm 厚的橡胶板；输送高温气体采用石棉绳。

风管组对成适当长度的管段之后，采用手拉葫芦或其他起重机具，将其吊装就位于支架或吊架上找平、找正并以卡子固定。

(4)敷设通风管道时的一般规定。

1)输送湿空气的通风管道应按设计规定的坡度和坡向进行安装，风管的底部不得设有纵向接缝。

2)位于易燃易爆环境中的通风系统安装时，应尽量减少法兰接口的数量，并设可靠的接地装置。

3)风管内不得敷设其他管道，不得将电线、电缆以及给水、排水和供热等管道安装在通风管道内。

4)楼板和墙内不得设可拆卸口，通风管道上的所有法兰接口不得设在墙和楼板内。

5)风管穿出屋面时应设防雨罩，穿出屋面的立风管高度超过 1.5 m 时应设拉索，拉索不得固定在法兰上，并严禁拉在避雷针、网上。在屋面洞口上安装防雨罩，其上端以扁钢抱箍与立风管固定，下端将整个洞口罩住，如图 9.41 所示。

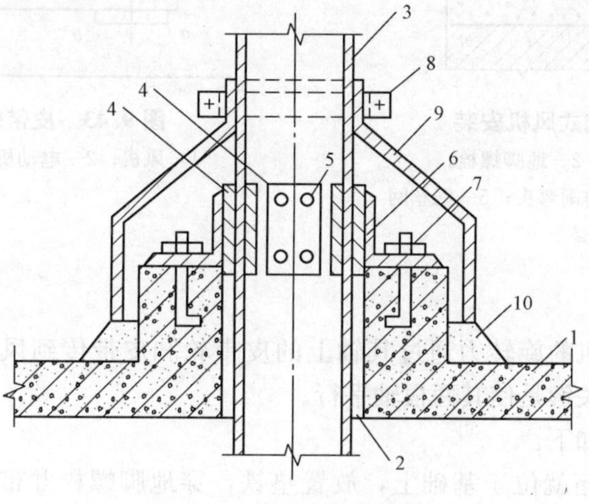

图 9.41　防雨罩的设置

1—屋面；2—天洞；3—立风管；4—加固板；5—铆钉；6—角钢法兰；7—地脚螺栓；8—卡箍；9—防雨罩；10—水泥砂浆

6)风管及支架的防腐风管及其支(吊)架均应按设计要求进行防腐。通常是涂刷底、面漆各两遍；对于保温的风管一般只刷底漆两遍。

7)风管与墙、柱的间距风管及其管件与墙、柱灰面的净距，按设计要求或施工及验收规范的规定。

9.2.3　风机安装

通风系统常用的风机有轴流式和离心式两种。

1. 轴流式风机安装

轴流式风机一般安装在墙洞内，如图 9.42 所示。安装时，将风机放在墙洞内预先做好的基础上，放置 4 组垫铁，以水平尺找平，同时拧紧地脚螺栓帽，然后将防雨弯头与风机出口以法兰连接(防雨弯头上应有钢丝网)。

2. 离心式风机安装

小型风机为直联(整体)式，中型风机为联轴器式，大型风机一般为皮带轮式。

(1)直联式和联轴器式离心风机安装。直联式和联轴器式离心风机安装与直联式和联轴器式离心水泵安装基本相同。

(2)皮带轮式离心风机安装。皮带轮式离心风机的安装如图 9.43 所示，这种风机的风机轴与电动机轴是分开的，通过皮带轮和皮带将两轴联系在一起。

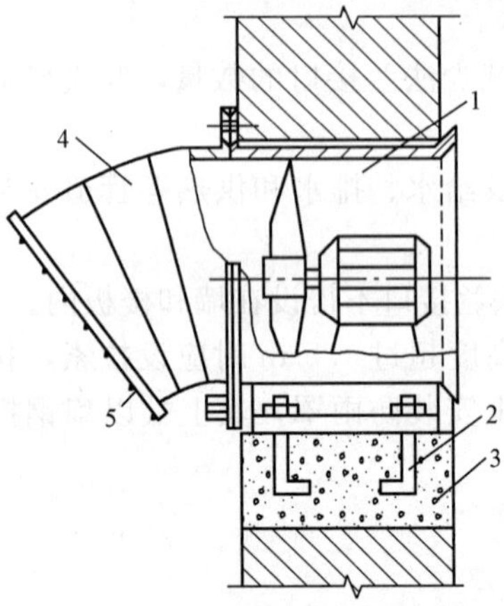

图 9.42　轴流式风机安装

1—轴流式风机；2—地脚螺栓；

3—混凝土基础；4—防雨弯头；5—钢丝网

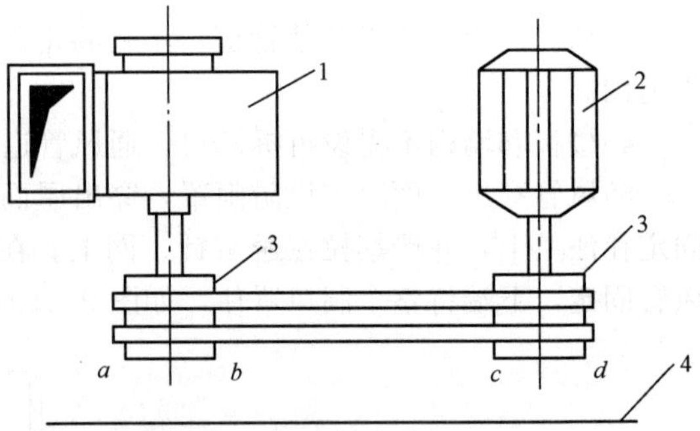

图 9.43　皮带轮式离心风机安装

1—风机；2—电动机；3—皮带轮；4—粉线

风机运行时，电动机的旋转力通过其轴上的皮带轮和皮带传到风机轴，使风机叶轮旋转。因此，安装这种风机的关键是使其两根轴平行。

安装时的方法步骤如下：

1)将风机及其轴承箱就位于基础上，放置垫铁，穿地脚螺栓并带螺帽，初步找平、找正；先不灌混凝土。

2)将电动机就位于基础上，放置垫铁，穿地脚螺栓并带螺帽，初步找平、找正，先不灌混凝土。

3)将水平尺分别放于风机轴的皮带轮上和电动机轴的皮带轮上，检测其轴的水平度(调垫铁达到水平)。

4)两轴平行度的检测，将一条粉线拉直，测其 a、b、c、d 四点至粉线的间距，同时微调风机(或电动机)的位置，直至 a、b、c、d 四点至粉线的间距相等为止。

5)将风机和电动机的地脚螺栓孔灌满混凝土，捣实抹平，待混凝土凝固期满，进行精平并拧紧地脚螺栓帽。

6)将各组垫铁点焊固定，基础面以水泥砂浆抹平。

9.3　通风与空调工程安装工程量

通风工程与空调工程验收项目的划分。《建筑工程施工质量验收统一标准》(GB 50300—2013)将通风工程与空调工程作为建筑工程的第八部分，划分为 7 个分项工程(7 个子系统)：送排风系统、防排烟系统、除尘系统、空调风系统、净化空调系统、制冷设备系统及空调水系统，以此进行检测、调试和验收。

9.3.1 通风与空调工程系统空气输送风管制作安装工程量

1. 通风与空调工程系统空气输送风道

(1)风道是通风与空调系统输送空气的路道，统称为风道。用砖石或混凝土浇筑的空气路道，才称为“风道”；用金属或非金属板制作的空气路道，应称为风管。

(2)空气输送风管断面形状。风管断面有圆形和矩形两种。圆形周长短，耗材量小，强度大，但占有效空间大；矩形占有效空间小，易于布置，明装美观，但产生局部涡流，风压损失较大，因其便于与建筑物配合的优点，大多采用矩形。一些特殊场合采用异形断面，如螺旋形、椭圆形(扁管)或铝箔伸缩软管等。圆形、矩形风管的各种管件及其组合情况，如图 9.44 和图 9.45 所示。

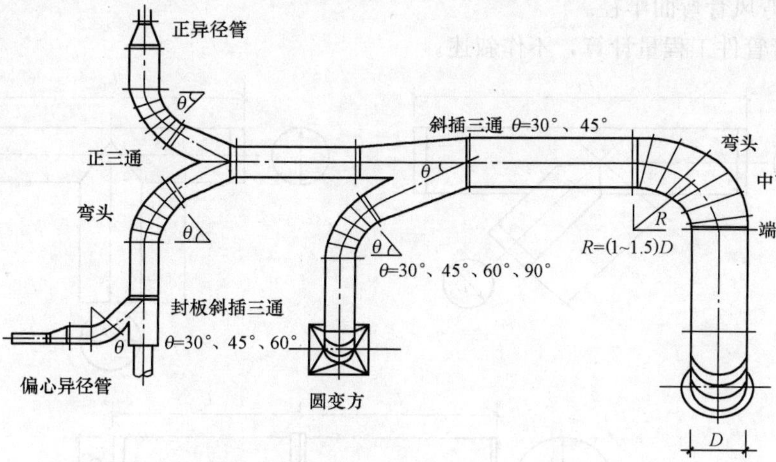

图 9.44　圆形风管管件形状和组合示意

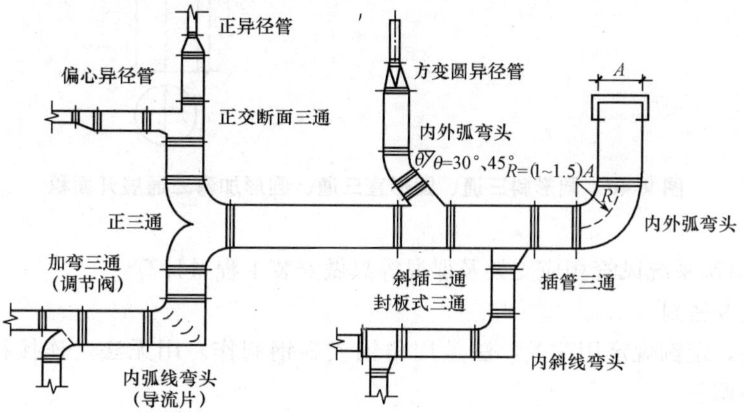

图 9.45　矩形管管件形状和组合示意

2. 通风与空调风管工程量计算

(1)通风与空调系统风管制作安装工程量计算。

1)风管工程量计算。无论用钢板、塑料板或复合材料等板材制作的圆形断面或矩形断面风管，均以风管展开面积“m^2”计算。其计算公式如下：

风管制作安装计算工程量 $= \sum$ 按风管各断面设计图示中心线长度展开面积

风管制作安装报价工程量＝风管计算面积×（1＋损耗率）

2）风管管件工程量计算。

①圆形风管斜三通、直三通、加弯三通，如图9.46所示，按下式计算：

圆形斜三通展开面积：主管 $F_1=\pi D_1 L_1$；支管 $F_2=\pi D_2 L_2$

圆形直三通展开面积：主管 $F_1=\pi D_1 L_1$；支管 $F_2=\pi D_2 L_2$

圆形加弯三通展开面积：主管 $F_1=\pi D_1 L_1$；支管1 $F_2=\pi D_2 L_2$；支管2 $F_3=\pi D_3(L_{31}+L_{32}+2\pi r\theta)$

式中 θ——弧度，θ＝角度×0.017 45；

角度——风管中心线夹角；

r——加弯风管弯曲半径。

②矩形风管管件工程量计算，不作叙述。

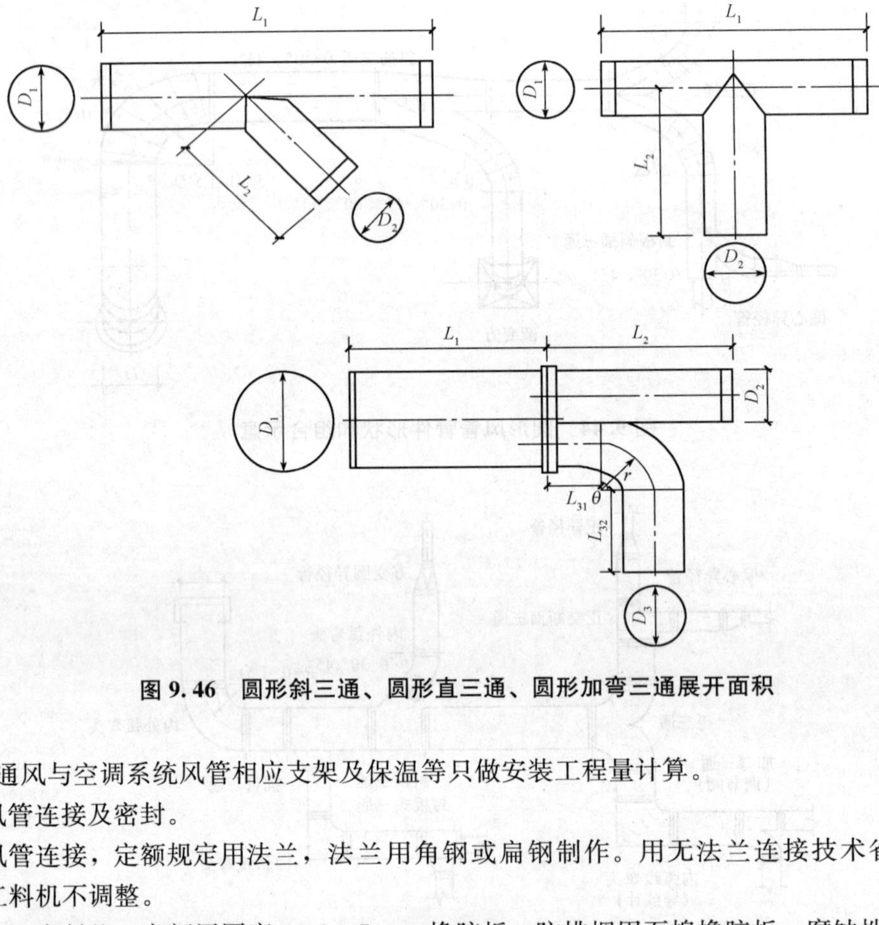

图9.46 圆形斜三通、圆形直三通、圆形加弯三通展开面积

（2）通风与空调系统风管相应支架及保温等只做安装工程量计算。

1）风管连接及密封。

①风管连接，定额规定用法兰，法兰用角钢或扁钢制作。用无法兰连接技术省工、省料，但定额工料机不调整。

②法兰密封垫，定额用厚度 δ＝3～5 mm橡胶板。防排烟用石棉橡胶板；腐蚀性气体用耐酸橡胶板、软聚氯乙烯板；洁净系统空调用软橡胶板、闭孔海绵橡胶板；新型垫料粘胶型泡沫氯丁橡胶垫等，按“kg”换量换价，人工不变。

2）风管支架、吊架、加固。定额包括制作、安装，因数量大要计算材料量。除锈、刷油另计。风管加固措施如下：

①在风管外壁或风管内壁加支撑或加固框。

②风管壁上铆1～1.5 mm镀锌钢板制作的加固条。

③用滚筋机械在风管壁上滚楞筋，增加风管壁的刚度。

3)过跨风管落地支架制作安装、除锈、刷油。当风管跨距较大，无法安装支(吊)架时，用落地支架支撑。

4)风管绝热、保温及保护层。风管绝热、保温及保护层，按设计要求计算。

(3)通风与空调系统风管、部件及非标准设备加工及场外加工工程量计算。

1)生产方式：风管可采用现场半机械手工制作、简易生产流水线制作、工厂自动生产流水线制作三种形式。因生产方式不同，效率和成本也不同，对计量与计价，定额均不作调整。

2)场外运输：因施工场地或其他原因，必须在场外加工生产，施工组织设计方案经过审批，同意后，风管、管件、部件及其非标准设备发生的运输费用可按下式计算：

运费＝运输车次数×车核定吨位×吨千米单价×里程

运输车次数＝加工件总质量(kg)/车核定吨位×装载系数

式中，装载系数：非标准设备及风管部件为0.7；风管及管件为0.5。不足一车按一车计算。

3. 通风与空调系统风管制作安装工程量

(1)碳钢通风管道制作安装。

【定额工程量】 碳钢通风管道制作安装按“10 m^2”计量。

1)风管及管件制作安装。定额包括风管、管件、法兰、零件、支吊架、加固框制作、安装。δ＝0.5～1.2 mm的钢板拼缝用咬口、铆接，δ＝1.2 mm以上用焊接；风管用法兰连接。风管工程量计算时，咬口风管损耗率可取13.8%，焊接风管可取8.00%，由报价人确定。

2)其他各项的计算见9.3.1中“2.”。

(2)净化通风管道制作安装。

【定额工程量】 净化通风管道制作安装按“10 m^2”计量。

1)净化通风管、管件制作安装。净化通风管，定额是按洁净度100 000级编制的，设计洁净度不同时，应另计算；定额是用优质镀锌钢板编制的，其他板材按设计计算。工程量计算见9.3.1中“2.”，制作损耗可取14.90%。“洁净度”要求“洁净施工”：施工场地相对封闭，地面、墙面不产尘、不积尘、易清扫。施工地面铺设橡胶板、塑料板或其他不产尘的防护材料。定额包括：板材下料前及制成的风管、管件及部件，均用无腐蚀性清洁剂、酒精清洗，用白绸(不用棉布)擦干净；所有咬口、铆接、翻边等处必须填涂规定的密封胶，检查认可后，用聚氯乙烯薄膜密封待安装。

2)净化通风管过墙处理。净化通风管过墙处理的材料、密封胶等工料，按设计要求另立项计算。

3)净化通风管法兰、支架、吊架、加固框。定额包括制作安装，不包括除锈、刷油、镀锌，铝制品的电化处理，按设计要求另计算。

4)净化通风管系统的检验。净化风管系统一般要求为中压及高压系统，要求全部作不漏风检验。

5)其余各项的计算见9.3.1中“2.”，空气过滤器安装见9.3.2中“2.”。

(3)不锈钢板通风管制作安装。

【定额工程量】 不锈钢板通风管制作安装按“10 m^2”计量。

1)不锈钢风管、管件制作安装。工程量计算见9.3.1中“2.”。不锈钢因堆放、冷加工及焊接等不当，产生晶间腐蚀、点腐蚀及应力等腐蚀。所以堆场及加工桌面措施：铺设木板、橡胶或塑料板，不与碳素钢接触；用木、铜或不锈钢等材质的工具；用油毡、纸板放样下料；不锈钢板厚度δ＝0.5～1 mm用咬接，大于1 mm用电弧焊或氩弧焊，不用气焊，焊条应与主体金属相配。定额包括油污用煤油、汽油或丙酮清洗；焊缝用铜丝刷刷出光泽，并用10%硝酸溶液及热水冲净。

风管定额用电焊的子目，实际用手工氩弧焊时，人、材、机乘以定额规定的系数计算。

2)风管法兰、支架、吊架、加固框制作安装。定额不包括法兰、支架、吊架制作安装，除锈、刷油、镀锌等按设计另计算。碳素钢支架与风管不直接接触，垫不锈钢块，或垫含氯离子不超过 50×10^{-6} 的非金属垫块，或刷绝缘漆等。法兰垫片用耐酸橡胶板，或含氯离子不超过 50×10 －6的非金属垫片制作。

3)其余各项的计算见 9.3.1 中“2.”。

(4)铝板通风管制作安装。

【定额工程量】 铝板通风管制作安装按“10 m^2”计量。

1)铝板风管、管件制作安装。工程量计算见 9.3.1 中“2.”。铝板较柔软，堆场及加工桌面措施同不锈钢风管；加工制作，放样下料要求也相同。厚度 $\delta=1.5$ mm 以内的咬接，大于 1.5 mm 用气焊或氩弧焊。定额包括油污用清洗剂，如航空汽油、工业酒精、丙酮、松香水、四氯化碳及木精等清洗脱脂(一般用酒精)。焊后，用不锈钢丝刷清洗氧化膜，用热水清洗焊缝等。铝板风管保温材料和法兰垫片不允许使用石棉制品和玻璃棉等带碱性的材料。

2)铝板风管过墙处理。铝及铝合金风管穿过砖、石材或混凝土墙时，因石灰质能腐蚀铝，所以，在风管上刷油漆或做绝缘层与墙隔绝等防腐蚀措施，按设计要求或按时计算。

3)风管法兰、支架、吊架、加固框制作安装。法兰、支吊架制作安装，定额不包括除锈、刷油、镀锌、铝制品的电化处理等，按设计另计算，同不锈钢通风管要求。铝及铝合金与碳素钢、铜等金属接触产生电化学腐蚀，所以，铝板风管法兰采用铝板制作，若用碳钢法兰必须镀锌或做防腐绝缘处理。钢支架或风管抱箍也必须镀锌，或做防腐绝缘以及其他措施处理，按设计要求计算。

风管及风帽制作安装，定额用电焊考虑的，实际用手工氩弧焊时，人、材、机乘以定额规定的系数计算。

4)其余各项的计算见 9.3.1 中“2.”

(5)塑料通风管道制作安装。

【定额工程量】 塑料通风管制作安装按“10 m^2”计量。

1)塑料风管、管件制作安装。

①工程量计算见 9.3.1 中“2.”。风管用 $\delta=2\sim15$ mm 硬聚氯乙烯板制作，因其易脆易划伤，堆场及加工桌面措施同不锈钢风管。下料，用剪床、圆盘锯或普通木工锯切割；成型，加热塑料后借助于胎具；加热法，用电热炉、蒸汽或热空气；板料拼接及连接，用热风焊或热挤压法。

②塑料风管、管件制作的胎具摊销费。塑料风管成型必须借助于胎具，并用帆布缠裹加水冷却定型，胎具用木材加工。木材摊销量计算：风管工程量在 30 m^2 以上者，每 10 m^2 风管摊销一等木材 0.06 m^3；风管在 30 m^2 以下者，每 10 m^2 风管摊销一等木材 0.09 m^3。

2)塑料风管过墙处理。因塑料易脆，塑料风管穿墙或过楼板时，用不小于 2 mm 厚的钢板做套管，缝隙用柔软不燃材料密封处理，按设计要求计算。

3)风管法兰、支架、吊架、加固框制作安装。塑料风管的法兰，用厚塑料板($\delta=20$ mm 以上)锯成条再用热风焊接而成，法兰垫用软聚氯乙烯板制作。支架、吊架、加固框制作安装、除锈、刷油，见 9.3.1 中“2.”计算。塑料较硬脆，支架、抱箍与风管之间垫橡胶板、软塑料板或木块等柔软材料。

4)其余各项的计算见 9.3.1 中“2.”。

(6)玻璃钢通风管道制作安装。

【定额工程量】 玻璃钢通风管道制作安装按“10 m^2”计量。

1)玻璃钢风管、管件安装。玻璃钢风管、管件一般在工厂加工，现场安装。计算方法见 9.3.1

中“2.”。风管壁厚一般为1.0～3.5 mm，法兰与风管制成整体，法兰垫片按设计要求制作安装。

2)定额包括风管支架、吊架、加固框制作安装，但除锈、刷油、镀锌等另计。

3)其余各项的计算见9.3.1中“2.”。

(7)复合型通风管道制作安装。

【定额工程量】 复合型通风管道制作安装按“10 m^2”计量。

1)复合型风管、管件制作安装。工程量计算见9.3.1中“2.”，复合材料种类较多，常用复合玻璃纤维板、发泡复合材料板，净化空调风管用双面钢塑铝板复合板等。前两种板材，风管板缝及接口用打胶或热敏铝箔胶带封口，用塑料或橡胶作法兰或密封垫。因板材不同，施工要求也不同，在立项编码时，应仔细描述特征。

2)定额包括风管支架、吊架、加固框制作安装，除锈、刷油等另计。

3)其余各项的计算见9.3.1中“2.”。

(8)柔性软风管制作安装。

【定额工程量】 柔性软风管制作安装按“10 m^2”计量。

柔性风管用铝箔、软塑料等难燃B1级材料制成，要求防腐、不透气、不霉变、不结露。为防止变形需衬钢丝胎圈，风管断面均为圆形 $\phi150\sim\phi910$。柔性风管及保温套管或不保温套管，以及风量控制阀等都是配套产品，按设计要求选用，按产品说明安装。

(9)通风与空调工程系统风管附件制作安装工程量。

1)风管检查孔，型号有Ⅰ～Ⅳ号，质量为2.04～6.35 kg，制作按质量“kg”计量，安装按“个”计量。

2)风管温度、风量测定孔，制作、安装按“个”计量。

3)风管导流叶片，使矩形风管弯头减少空气助力与涡流，让气流通道顺畅。其组成有单叶片与双叶片，双叶片有香蕉形和月牙形。制作按展开面积“m^2”计量，安装按“组”计量。单导流叶片表面积可按表9.6选用。

表9.6 单导流叶片表面积表

风管高/mm	200	250	320	400	500	630	800	1 000	1 250	1 600	2 000
导流叶片表面面积/m^2	0.075	0.091	0.114	0.140	0.170	0.216	0.273	0.425	0.502	0.623	0.755

4. 通风与空调工程系统风管部件制作安装工程量

(1)风阀制作安装。

【定额工程量】 风阀制作按质量“100 kg”计量，安装按“个”计量。

1)风阀制作安装。各类风阀可现场加工制作、安装。市购风阀只计安装，但必须与风管断面形状及风机型号相匹配。计量需要规格尺寸、质量等数据时，可查阅标准图或定额第九册附录。不锈钢、铝合金、塑料、玻璃钢及柔性软风管风阀，清单按规范附录G.3相应编码立项。

2)碳钢类风阀除锈、刷油。碳钢类风阀因易锈蚀，必须除锈、刷油，其漆类按设计要求计算。

【注意】 防火阀的限位开关、水银开关、接触器、电铃及管线的安装；VAV的电动调节阀、气动阀等的执行器、传感器的安装，在电气安装工程中计算，不要漏项。

(2)风口、散流器、百叶窗制作安装。

【定额工程量】 风口散流器、百叶窗制作按“100 kg”“m^2”计量，安装按“个”计量。

1)风口制作与安装。各类风口、散流器制作按“100 kg”计量，安装按“个”计量。碳钢类风口要计算除锈与刷油。

2)百叶窗制作与安装。无论用碳钢、不锈钢、铝及铝合金等材质的百叶窗，制作均按百叶窗框内尺寸以“m^2”计量，安装按“个”计量。碳钢百叶窗还要计算除锈、油漆。

不锈钢、铝合金、塑料、玻璃钢材质的风口，散流器或百叶窗制作安装，清单按规范附录G.3相应编码立项。

【注意】 电动风口及风口的执行器、传感器等安装，不要遗漏。

(3)风帽制作安装。

【定额工程量】 风帽制作按质量“100 kg”计量，安装按“个”计量。

1)碳钢风帽制作安装及除锈刷油工程量。制作安装按“100 kg”计量；除锈、刷油见前述。

2)不锈钢、铝板及塑料风帽制作安装工程量。不锈钢、铝板及塑料风帽计算同碳钢风帽，不计除锈及刷油。

3)玻璃钢风帽安装工程量。玻璃钢风帽一般由工厂加工，只计算安装，不计算制作与除锈油漆。

4)风帽滴水盘、筝绳制作安装。制作安装按“100 kg”计量，除锈、刷油见前述。

不锈钢、铝合金、塑料、玻璃钢材质的风帽制作安装，清单按规范附录G.3相应编码立项。

(4)风罩柔性接口制作安装。

【定额工程量】 风罩柔性接口制作按质量“100 kg”计量。

1)罩类制作安装。

①防护类，如电动机皮带罩、防雨罩与电动机的型号及与风机安装的方式相配。

②侧吸罩类，用于酸洗、电镀或表面处理等液槽、排除有害气体之用。其可分为上吸式、下吸式；吹风式、吸风式、抽风式；整体式、分组式；一般式、条缝式等。当侧吸罩配置调节阀时，其阀另立项计算，清单按规范附录G.3立项，套用相关定额。

③焊接工作台排气罩：中小型零件焊接工作台排气罩一般为上吸式。

④烘炉排气罩，作为烘烤、烘护、手锻炉产生的热气、粉尘排除之用，可分为固定式、升降式、回转式，上吸式、下吸式。

2)柔性接口制作安装。柔性接口也称帆布接口。它将风管与通风机、空调机、静压箱连接起来，起伸缩、隔振、防止塑料风管受振破裂以及防止噪声传播等作用。柔性接口用帆布、人造革或软聚氯乙烯塑料加工制作，长度一般为150～50 mm，按展开面积以“m^2”计算。

(5)消声器制作安装。

【定额工程量】 消声器制作按质量“100 kg”计量，安装按“个”计量。

1)消声器制作。

①消声器壳体制作。壳体可以用金属板、塑料板、钢筋混凝土或重砂浆砌体等材料制成，碳钢壳体的除锈、刷油另行计算。钢筋混凝土或重砂浆砌体壳体一般属于土建工程。

②消声器框架制作安装及填充吸声材料：

用角钢、木材等材料制作框架并安装。

在框架内装填松散类吸声材料，如卡普隆纤维、无碱玻璃丝棉、超细玻璃棉毡、聚酯乙烯泡沫、矿棉及矿棉多孔板等。吸声材料必须防火、防腐、防潮以及无尘卫生等。

填充完后用玻璃纤维布、细布、麻布等面料覆盖，防止吸声材料飞散、脱落、污染空气。

微孔板式消声器。安装嵌挂微孔板。

2)消声器安装。按消声器设计长度尺寸不同，分别按“个”计量。消声器大多采用成品，现场较少制作。

(6)静压箱制作安装。静压箱：是送风系统中减少动压、增加静压、稳定气流、减少气流振动和均匀分配气流的一种部件。

【定额工程量】 静压箱制作按“10 m^2”计量，安装按“个”计量。

一般用碳钢板或镀锌钢板制作，消声静压箱箱内需粘贴吸声材料、静压箱按展开面积计算，箱体、支架制安、除锈、刷油、防腐，按设计要求计算。

9.3.2 通风与空调工程系统设备安装工程量

1. 通风与空调工程系统设备安装清单和定额项目的选用

(1)通风空调系统的泵、压缩机、冷水机组、冷却塔、冷凝器、蒸发器等设备安装，清单按规范附录 A.1 立项。

(2)为生产、生活服务的通风空调系统的风机设备安装，清单按规范附录 G.1 立项，定额用第九册；用于各类工业、化工、石油化工等新建、扩建及技术改造项目的风机安装。清单按规范附录 A.1 立项。

(3)锅炉设备的风机是其附属机械，如锅炉送风机、引风机及排粉风机等的安装，清单按规范附录 B.3 立项。

2. 通风与空调工程系统设备安装工程量

(1)空气加热器(冷却器)。

【定额工程量】 空气加热器(冷却器)安装按“台”计量。

1)加热器安装。

①电加热器安装。一般用不锈钢电热管组合而成。按风管断面面积不同，有 40 多种型号。电阻丝式加热器，不安全，寿命短，已淘汰。

②管式、板式加热器和冷却器安装。管式可分为光管式、肋(翅)管式、管壳式三种。光管式传热(冷)效率低，少用；板式，可分为框架式、波纹板式飞、螺旋板式等。以质量(kg)不同，按“台”计量。

2)设备支架制作、安装、除锈、刷油。设备支架制作、安装、除锈、刷油见前述。

【注意】 空气加热器安装不要漏以下项目：

①加热器的接地、密封温度继电器防超温保护装置的安装。

②与冷、热水管连接的法兰安装等。

(2)通风机安装。通风机是把气压提高并排送气体的机械，按输送气流与风机叶轮轴的关系可分为离心式、轴流式、斜流式及贯流式等；按风机进口与出口风压差值可分为低压、中压及高压；按用途可分为换气、排尘、防腐、排烟、防爆、高温、鼓风、屋顶及隧道的射流风机等；按材质可分为碳钢、不锈钢、玻璃钢、耐酸陶瓷及塑料等风机；按电功机传动方式可分为 A、B、C、D、E 和 F 型等风机，如图 9.47、图 9.48 所示。

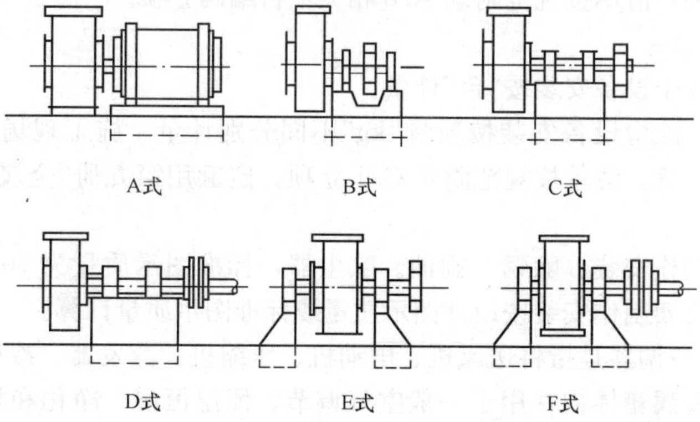

图 9.47 轴流式风机传动方式

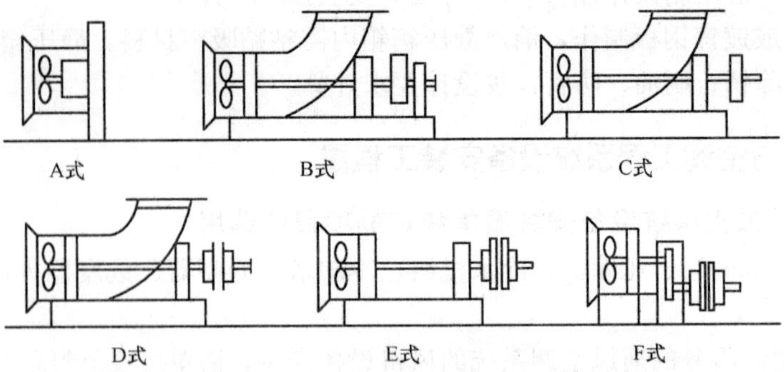

图 9.48　离心式风机传动方式

【定额工程量】　通风机安装按"台"计量。

1)生活服务用通风机安装。

①服务用通风机安装：有离心式、轴流式、屋顶式及卫生间通风机等，按风机型号大小以"台"计算。安装包括：A、B、C及D型传动方式的风机、电动机和自带的减震器，底座灌浆。清单立项编码用此项目。

②服务用通风机安装不包括：

地脚螺栓、减震台座、设备支架、皮带罩及安全防护罩的制作、安装、除锈、刷油。

风机软管接口制作与安装。

电动机的抽芯检查、干燥、配线及调试。

2)工业生产用通风机安装。

①工业生产用通风机安装：作通(引)风、排尘、防腐、排烟、防爆、高温、鼓风等用途，按风机质量"t"计算。安装包括：A、B、C、D、E及F传动方式风机，电动机和底座，自带的皮带罩、防护罩、减振器等。清单立项编码用此项目。

②工业生产用通风机安装不包括：

设备的拆装检查，按规范规定或久置受潮或运输受振等，需要进行拆装检查，经业主、监理、设计签证同意后，方可计算拆装检查。

设备不自带的支架、减振器台座等，制作安装及除锈、刷油。

电动机的抽芯检查、干燥、配线及调试，同上。

风机软管接口制作与安装。

其他类型风机安装，清单按规范附录A.8相关项目编码立项。

(3)除尘设备安装。

【定额工程量】　除尘设备安装按"台"计量。

1)除尘设备安装。除尘设备安装按质量"kg"不同分别计量。施工现场一般不制作除尘器，若制作，按设计要求计算，清单按规范附录G.1立项，定额用第九册"金属空调器壳体"等子母计算。

2)除尘设备支架制作安装、除锈、刷油。除尘器，标准图示质量为70～2 400 kg，质量较大，要求支架可靠。支架制作安装按设计图示质量或标准图示质量计算。

(4)空调器安装。空调器是指将送风机、电动机、压缩机、蒸发器、冷凝器及过滤器等，集中组装在一个或两个金属箱体内，用于一般空气调节、恒温恒湿、净化和除湿等空气处理的设备。空调器按部件组合情况可分为整体式、分离式、分段式；安装分为挂式、落地式、嵌入式、窗式等，如图 9.49、图 9.50 所示。

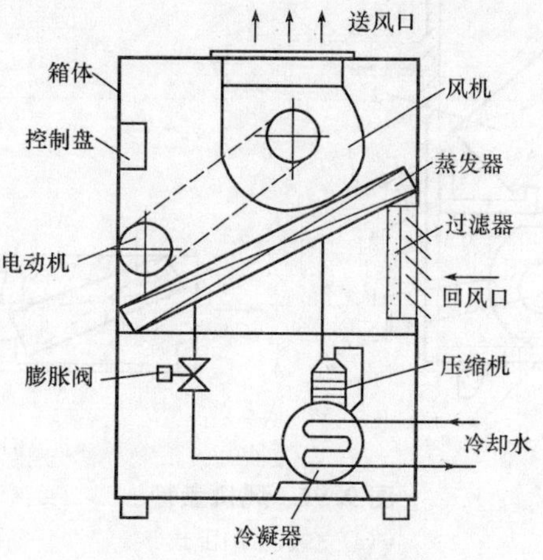

图 9.49　整体空调器组成

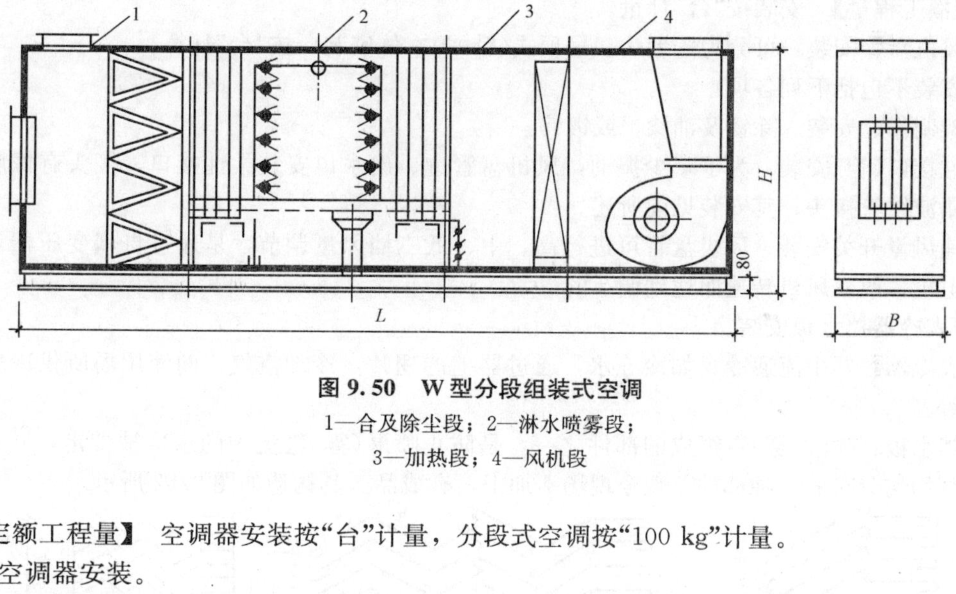

图 9.50　W 型分段组装式空调

1—合及除尘段；2—淋水喷雾段；
3—加热段；4—风机段

【定额工程量】　空调器安装按“台”计量，分段式空调按“100 kg”计量。

1)空调器安装。

①空调器本体安装及调试：壁挂、落地、窗式、吊顶式等按“台”计算，包括自带的支架；调试，开机 15 min 以上，功能正常。

②制冷量和送风量较大的空调器安装：与风管相连接的软管接头制作、安装另计。

2)分段式空调器安装。当制冷量大时，除制冷机组外的部分，制成各种功能的标准区段，在施工现场按设计要求直接组装而成，称为分段式、组合式或模块式空调器，是一种标准化、模块化的产品，根据场地和环境条件可分为卧式、方式、重叠式或吊顶式。

(5)风机盘管安装。风机盘管是中央空调的末端装置，它属于不带制冷压缩机的非独立形式的空调器，由通风机、盘管、电动机、表冷器、空气过滤器、凝结水盘、送风及回风口和室温控制装置等组成。其优点就是空气通过盘管机在某个房间内循环，不循环到其他房间，所以用于医院、宾馆等场所，如图 9.51 所示。

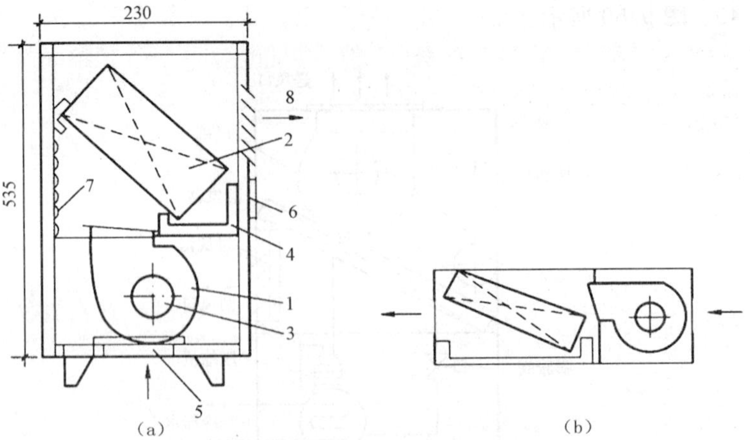

图 9.51　风机盘管

(a)立式；(b)卧式

1—风机；2—盘管；3—电机；4—凝结水盘；

5—循环风口及过滤器；6—控制器；7—消声材料；8—出风口

【定额工程量】 安装按“台”计量。

1)风机盘管安装：可分为落地式、吊顶式(卧式)本体安装，按“台”计算。

2)安装不包括下列各项：

支架制作、安装、除锈及油漆，或镀锌。

柔性接口(管)安装。为了减少振动，风机盘管进、出水口安装柔性接口，接头有橡胶软接头或金属波纹管接头，其安装见前所述。

三速风量开关安装。风机盘管可进行高、中、低三档风量调节，是通过自耦变压器调节电压输入电机，改变风机转速而达到调节的。

(6)表冷器挡水板安装。

1)表冷器：器中流通冷媒如冷冻水，通过器上的翅片，冷却空气，向使用场所供冷空气的空调装置。

2)挡水板：喷淋(雾)室组成的部件之一，是防止喷淋(雾)气流中的水珠被带走，同时还使气流湿度均匀分布的一种部件。现今现场不加工，有成品。其构造如图 9.52 所示。

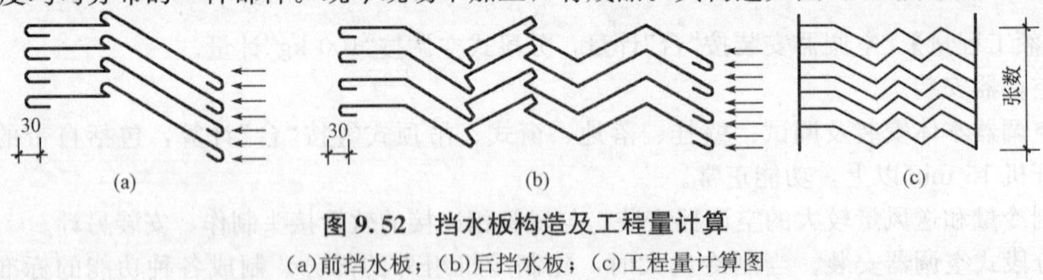

图 9.52　挡水板构造及工程量计算

(a)前挡水板；(b)后挡水板；(c)工程量计算图

【定额工程量】 表冷器按“台”计量；挡水板按“m^2”计量。

1)表冷器安装。表冷器本体安装按“台”计量；型钢支座制作、安装、除锈、油漆或镀锌，如前述；与空调机组同时调试运行。

2)挡水板制作安装。挡水板用镀锌钢板 $\delta=0.75\sim1.0$ mm 或玻璃板制作。现今用 PVC 或 ABS 塑料、玻璃钢、不锈钢、铝合金等材料制作。按作用分前挡水板(三折)、后挡水板(六折)。波折形状多样。挡水板工程量按下式计算：

挡水板计算工程量＝空调器挡水室断面积×挡水板张数

挡水板报价工程量＝挡水板计算工程量×(1＋制作损耗率)

式中，镀锌钢板损耗率按质量(kg)29％～56％计取。

(7)过滤器制作安装。

【定额工程量】 空气过滤器按“台”计量，过滤器按“100 kg”计量。

1)净化空调系统空气过滤器制作安装。

①过滤器框架制作安装：按“100 kg”计算。钢框架除锈、刷油、镀锌、铝合金电化处理，另计。参阅前述净化通风管制作安装的叙述。

②空气过滤器安装：空气过滤器按低效、中效、高效，分别按“台”计量。

2)一般通风空调系统空气滤尘器制作安装。一般的空气过滤器称为空气滤尘器。常用的有LWP型(金属网格浸油式滤尘器)和LWZ型(自动浸油滤尘器)。它们属于粗效或中效型的过滤器，因产生油雾不能用于净化系统。工程量计算与立项均用此编码，其框架制作安装、金属网格制作安装，用定额第九册。

空气过滤器、滤尘器，一般在工厂制作，现场安装，注意价值的计算。

(8)净化工作台、风淋室、洁净室安装。

【定额工程量】 净化工作台、风淋室、洁净室安装按“台”计量。

9.3.3 空气调节制冷设备系统安装工程量

1. 空气调节制冷设备系统及其组成

(1)空气调节制冷设备系统组成。制冷设备系统，是通风空调7个子系统中最重要的一个系统。它由制冷机及附属装置两大部分组成，其中，制冷机是系统的核心。制冷机是用机械能通过冷工质转移冷量和热量，使被冷物体获得冷量的机械。它有压缩式、吸收式、蒸汽喷射式及半导体制冷机等类型；附属装置由冷凝器、蒸发器、储液器、油水分离器及相应的阀门(如膨胀阀门、电磁阀)等组成。

(2)空气调节制冷设备系统组成形式。对制冷能量的要求不同，制冷设备系统组成的形式不同，有三种安装形式：一是单体式，冷量和通风量大时，设备个体也大，将它们安装在一个或两个机房内，用于大型集中空调系统，如图9.53所示；二是整体式，将压缩机、冷凝器、蒸发器、各种辅助设备以及空气处理部分，全部组装在共用底盘上和一个箱体内，只要接上水管和电源即可投入运转；三是分离式，将制冷设备一部分组装，另一部分分装，如空调机组。其组成形式不同，工程量计算和使用定额也不同。

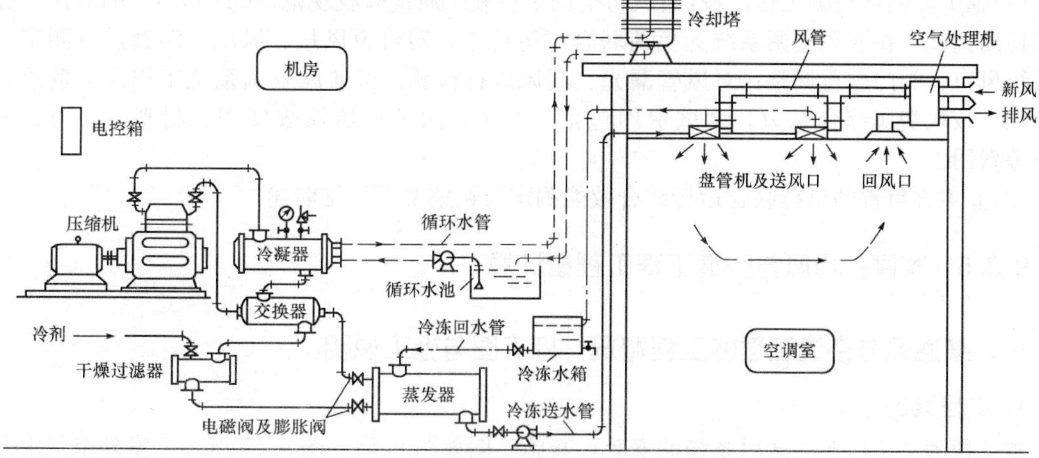

图9.53 冷水机组风机盘管机系统组成

2. 空气调节制冷设备系统安装工程量

【定额工程量】 空气调节制冷设备系统安装以质量不同，按“台”计量。

3. 空气调节制冷设备系统附属装置安装工程量

制冷系统设备附属装置是指依托制冷主机合作运行达到制冷目的的装置。制冷站(库)及通风空调系统的制冷系统中，其制冷设备由压缩机及配套的附属装置组成。附属装置，如冷凝器、蒸发器、储液器、集油器、分离器、过滤器、冷却器、冷却塔、冷却机等。

(1)冷凝器安装。

【定额工程量】 冷凝器安装以冷却面积不同，按“台”计量。

1)冷凝器安装包括：本体及联体的配件，如放水阀、放油阀、安全阀、压力表、压力控制器、水位计等安装；单体做一次气密性试验，要求多次连续试验时，每做一次计算一次。

2)冷凝器安装不包括：本体第一个法兰以外的管道、附件的安装、制作；平台、梯子、栏杆等金属构件的制作、安装。另立项计算。

(2)蒸发器安装。

【定额工程量】 蒸发器安装以冷却面积不同，按“台”计量。

蒸发器安装与冷凝器安装相同。

(3)储液器、分离器、过滤器安装。

【定额工程量】 储液器分离器、过滤器安装以容积和直径不同，按“台”计量。

储液器按容积不同，以“台”计量；分离器、过滤器，按直径不同，以“台”计量。

(4)中间冷却器、冷却塔安装。

【定额工程量】 中间冷却器、冷却塔安装以冷却面积(m^2)和处理水量(m^2/h)不同，按“台”计量。

1)中间冷却器安装：与冷凝器安装相同。

2)冷却塔安装。

①冷却塔安装包括：随塔带来的上下壳体、填料架、通风装置、消声器、进出水管、布水器、溢流水管及检修梯等。

②冷却塔安装不包括：塔体进、出水管法兰盘以外的管道，法兰安装，配管，配线，自动控制系统、防雷接地，混凝土塔体、基础及预埋件等，另立项计算。

9.3.4 通风与空调工程系统检测与调试工程量

【定额工程量】 通风与空调工程系统检测与调试工程量按“系统”计量。

(1)施工方调试检测工作。按《通风与空调工程施工质量验收规范》(GB 50243)的规定，进行下列检测调试：在通风空调系统无负荷联合试运行中，对管道风量、风压、温度进行测定；对各系统风口、阀门进行调整；对风管漏光、漏风进行检测。按通风空调系统工程人工费的百分率计取，该取费属综合系数。调试费用包括：人工、测试仪器仪表使用、材料、动力、水气(汽)等费用。

(2)业主方负责的负荷联合运行综合效能测定与调整费用，见前述。

9.3.5 实例：通风与空调工程工程量计算

一、某通风与空调工程的工程概况、施工图与施工说明

1. 工程概况

本工程为某工厂车间送风系统的安装，其施工图如图 9.54、图 9.55 所示。室外空气由空调

箱的固定式钢百叶窗引入，经保温阀去空气过滤器过滤。再由上通阀，进入空气加热器(冷却器)，加热或降温后的空气由帆布软管，经风机圆形瓣式启动阀进入风机，由风机驱动进入主风管。再由六根支管上的空气分布器送入室内。空气分布器前均设有圆形蝶阀，供调节风量用。

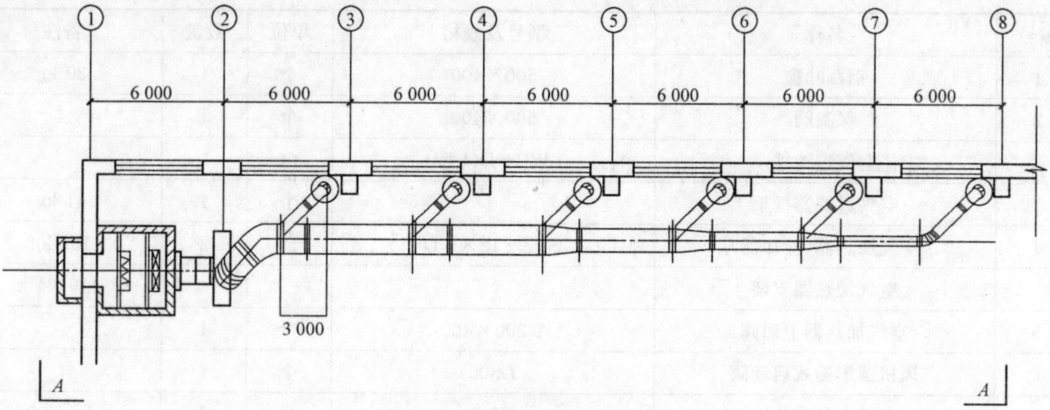

图 9.54　通风系统平面图

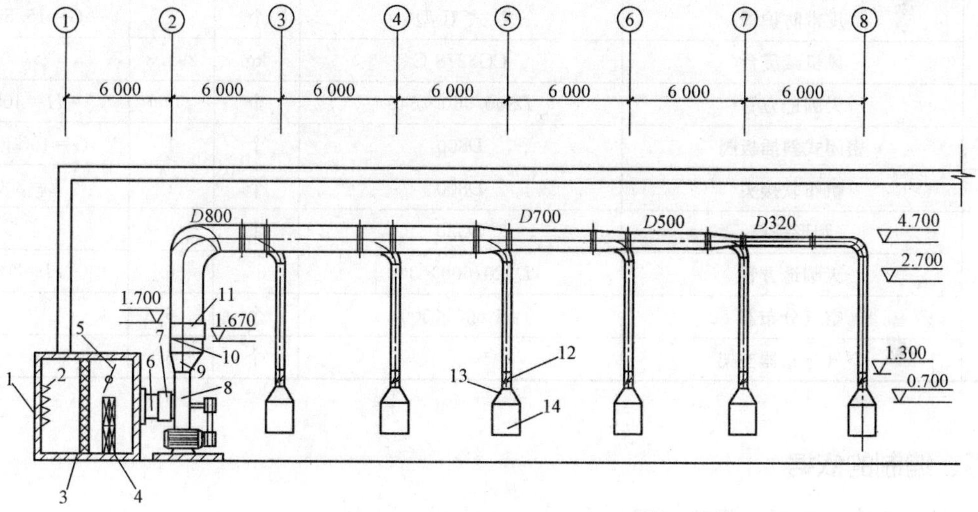

图 9.55　通风系统 A—A 剖面图

1—钢百叶窗；2—保温阀；3—空气过滤器；4—空气加热器(冷却器)；
5—空气加热器上通阀；6—风机圆形瓣式启动阀；7—帆布软接头；
8—离心式通风机；9—天圆地方管；10—密闭式斜插板阀；
11—帆布软接头；12—圆形蝶阀；13—天圆地方管；14—空气分布器

2. 施工说明

(1)风管采用热轧薄钢板。风管壁厚：$DN500$，$\delta=0.75$ mm；$DN500$ 以上，$\delta=1.0$ mm。
(2)风管角钢法兰规格：$DN500$，∟ 25×4；$DN500$ 以上，∟ 30×4。
(3)风管内外表面除锈后刷红丹酚醛防锈漆两道，外表面再刷灰色酚醛调和漆两道。
(4)所有钢部件内外表面除锈后刷红丹酚醛防锈漆两道，外表面再刷灰色厚漆两道。
(5)风管、部件制作安装要求，执行国家施工验收规范有关规定。

3. 设备部件一览表

设备部件一览表见表 9.7。

表 9.7　设备部件一览表

编号	名称	型号及规格	单位	数量	备注
1	钢百叶窗	500×400	个	1	20 kg
2	保温阀	500×400	个	1	
3	空气过滤器	LWP－D(Ⅰ型)	台	1	
	空气过滤器框架		个	1	41 kg
4	空气加热器(冷却器)	SRZ－12×6 D	台	2	139 kg
	空气加热器支架				G=9.64 kg
5	空气加热器上通阀	1 200×400	个	1	
6	风机圆形瓣式启动阀	$D$800	个	1	
7	帆布软接头	$D$600	个	1	L=300
8	离心式通风机	T4－72 No8 C	台	1	
	电动机	Y200 L－4 300 kW	台	1	
	皮带防护罩	C 式 Ⅱ 型	个	1	G=15.5 kg
	风机减震台	CG3278 C	kg	291.3	
9	天圆地方管	$D$800/560×640	个	1	H=400
10	密闭式斜插板阀	$D$800	个	1	G=40 kg/个
11	帆布软接头	$D$800	个	1	L=300
12	圆形蝶阀	$D$320	个	6	
13	天圆地方管	$D$320/600×300		6	H=200
14	空气分布器	4# 600×300	个	6	
	空气分布器支架		个	6	

二、编制的依据

(1)某工厂车间通风工程施工图。

(2)重庆安装工程预算工程量计算规则。

(3)《重庆安装工程计价定额》第九册《通风空调工程》；第十一册《刷油、防腐蚀、绝热工程》。

三、分项工程项目的划分和排列

根据本例的工程内容，通风系统安装套用《重庆安装工程计价定额》第九册《通风空调工程》，通风系统的除锈、刷油漆套用第十一册《刷油、防腐蚀、绝热工程》。按以上两册定额划分和排列的分项工程项目如下：

(1)薄钢板通风管道制作安装。

(2)帆布接口制作安装。

(3)调节阀制作安装。

(4)矩形空气分布器制作安装。

(5)矩形空气分布器支架制作安装。

(6)空气加热器金属支架制作安装。

(7)皮带防护罩制作安装。

(8)过滤器安装。

(9)过滤器框架制作安装。

(10)通风设备安装。(以上属于第九册定额范围)

(11)风管、部件、管架除锈刷油。

1)通风管道(含吊托支架)除锈。

2)金属结构(部件、框架、设备支架)除锈。

3)通风部件及支架刷油。(以上属于第十一册定额范围)

四、工程量计算

按照所列分项工程项目,依据工程量计算规则逐项计算工程量。

1. 薄钢板通风管道制作安装

根据图 9.54 所示的通风系统平面图和图 9.55 所示的通风系统 $A-A$ 剖面图,将通风管道的水平投影长度和标高标注在图 9.56 通风管网系统图上,从而计算通风管道的面积如下:

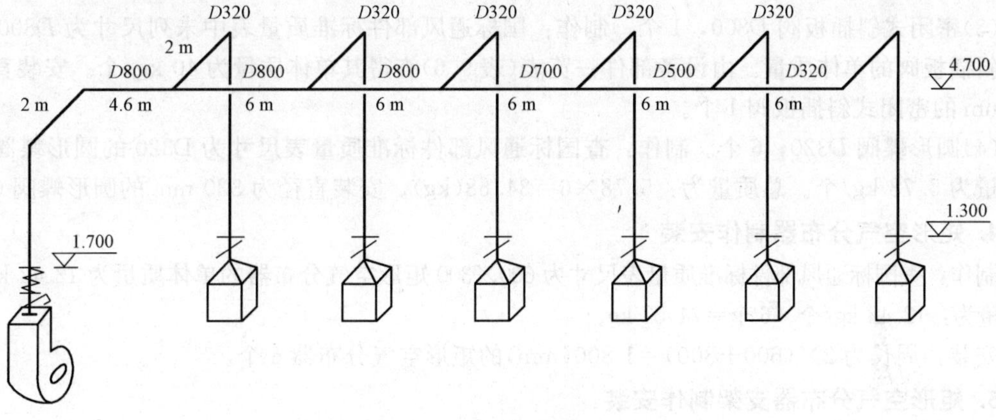

图 9.56 通风管网系统图

(1)$D800$:长度 $L=(4.7-1.7)$(标高差)$+2$(水平长度)$+(4.6+6+6)$(水平长度)$=21.6$(m)

面积 $S=21.6\times0.8\times3.141\ 6=54.28(\text{m}^2)$

(2)$D700$:长度 $L=6-0.5$(大小头长度)$=5.5$(m)

面积 $S=5.5\times0.7\times3.141\ 6=12.10(\text{m}^2)$

大小头 $D800\times700$,平均直径:$(0.8+0.7)/2=0.75$(m)

面积 $S=0.5\times0.75\times3.141\ 6=1.18(\text{m}^2)$

(3)$D500$:长度 $L=6-0.5$(大小头长度)$=5.5$(m)

面积 $S=5.5\times0.5\times3.141\ 6=8.64(\text{m}^2)$

大小头 D700×500,平均直径:$(0.7+0.5)/2=0.6$(m)

面积 $S=0.5\times0.6\times3.141\ 6=0.95(\text{m}^2)$

(4)$D320$:长度 $L=[6-0.5$(大小头长度)$]$(主管水平长度)$+2\times6$(6 根支管水平长度)$+(4.7-1.3)\times6$(6 根支管标高差)$=37.9$(m)

面积 $S=37.9\times0.32\times3.141\ 6=38.10(\text{m}^2)$

大小头 $D500\times320$，平均直径：$(0.5+0.32)/2=0.41$(m)

面积 $S=0.5\times0.41\times3.1416=0.65(m^2)$

(5)天圆地方管 $D800/560\times640$，$H=400$，1个。

面积 $S=[(0.8\times3.1416)/2+0.56+0.64]\times0.4=0.98(m^2)$

(6)天圆地方管 $D320/600\times300$，6个。

面积 $S=[(0.32\times3.1416)/2+0.6+0.3]\times0.2\times6=1.69(m^2)$

2. 帆布接口制作安装

帆布软接头 $D600$，$L=300$ mm 及 $D800$，$L=300$ mm 各1个。

面积 $S=3.1416\times(0.6\times0.3+0.8\times0.3)=1.32(m^2)$

3. 调节阀制作安装

(1)空气加热器上通阀 1 200×400，1个。制作：查国标通风部件标准质量表得尺寸为 1 200×400 的空气加热器上通阀的单体质量为 23.16 kg/个。安装：周长为：2×(1 200+400)=3 200(mm)空气加热器上通阀1个。

(2)风机圆形瓣式启动阀 $D800$，1个。制作：查国标通风部件标准质量表得尺寸为 $D800$ 的风机圆形瓣式启动阀的单体质量为 42.38 kg/个。安装：直径为 800 mm 风机圆形瓣式启动阀1个。

(3)密闭式斜插板阀 $D800$，1个。制作：国标通风部件标准质量表中未列尺寸为 $D800$ 的密闭式斜插板阀的单体质量。由设备部件一览表(表 9.6)查得其单体质量为 40 kg/个。安装直径为 800 mm 的密闭式斜插板阀1个。

(4)圆形蝶阀 $D320$，6个。制作：查国标通风部件标准质量表尺寸为 D320 的圆形蝶阀的单体质量为 5.78 kg/个。总质量为：5.78×6=34.68(kg)。安装直径为 320 mm 的圆形蝶阀6个。

4. 矩形空气分布器制作安装

制作：查国标通风部件标准质量表尺寸为 600×300 矩形空气分布器的单体质量为 12.42 kg/个。总质量为：12.42 kg/个×6 个=74.52 kg。

安装：周长为 2×(600+300)=1 800(mm)的矩形空气分布器6个。

5. 矩形空气分布器支架制作安装

本例矩形分布器安装在图 9.57 所示的型钢支架上。其质量计算如下：

[(0.41+0.2)×2+0.61](角钢长度)×6(个)×2.42(角钢每米质量)=26.57(kg)

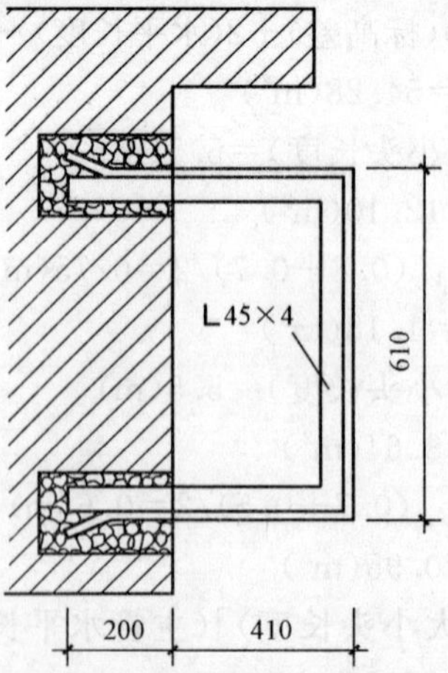

图 9.57　矩形空气分布器支架

6. 空气加热器金属支架制作安装

由设备部件一览表(表 9.7)查得空气加热器金属支架单体质量为：G=9.64 kg。

7. 皮带防护罩制作安装

由设备部件一览表(表 9.7)查得皮带防护罩(C式)单体质量为：G=15.5 kg。

8. 过滤器安装

LWP－D(Ⅰ型)过滤器：1台。

9. 过滤器框架制作安装

过滤器框架制作安装由设备部件一览表(表 9.7)查得过滤器框架单体质量为：G=41 kg。

10. 钢百叶窗制作安装

制作：面积 S=0.5×0.4=0.2(m^2)，安装：钢百叶窗 500×400，1个。

11. 通风设备安装

由设备部件一览表(表 9.6)查得：

(1)离心式通风机安装：T4－72 No8C，1台；

(2)风机减震台制作安装：291.3 kg；

(3)空气加热器安装：SRZ－12×6D，2台，G=139 kg/台。

12. 风管、部件、支架出锈刷油

(1)薄钢板风管(包括法兰、吊托支架)内、外除锈、刷油(见以上风管面积计算)，风管内外表面除锈后刷红丹酚醛防锈漆两道，面积：[54.27＋0.98＋12.10＋1.18＋8.64＋0.95＋38.10＋0.65＋1.69]×2×1.1=119×2×1.1=262(m^2)；外表面再刷灰色酚醛调和漆两道，面积：119×1.2=143(m^2)。

(2)通风部件除锈、刷油。

质量：[23.16(加热器上通阀)＋42.38(圆形瓣式启动阀)＋40(斜插板阀)＋34.68(圆形蝶阀)＋74.52(矩形空气分布器)＋20(钢百叶窗)]×1.15=270(kg)。

(3)空气分布器、空气加热器、防护罩、过滤器框架、支架及风机减震台制作安装除锈、刷油质量：26.57(矩形空气分布器支架)＋9.64(空气加热器金属支架)＋15.5(皮带防护罩)＋41(过滤器框架)＋291.3(风机减震台)=384(kg)。

(4)零星刷油估计(如帆布接口法兰等)：46 kg。

13. 工程量计算表

本例工程量计算表见表 9.8。

表 9.8　工程量计算表(工程名称：通风安装工程)

序号	分项工程名称	计算公式	单位	工程量
1	通风管道制作安装			
①	薄钢板圆形风管(δ=1 mm 咬口)$D$800	[(4.7－1.7)(标高差)＋2(水平长度)＋(4.6＋6＋6)(水平长度)]×0.8×3.141 6	m^2	54.27
⑤	天圆地方管 $D$800/560×640，H=400，1个	[(0.8×3.141 6)/2＋0.56＋0.64]×0.4	m^2	0.98
②	薄钢板圆形风管(δ=1 mm 咬口)$D$700	[6－0.5(大小头长度)]×0.7×3.141 6	m^2	12.10
	$D$800×700 大小头	0.5×(0.8＋0.7)/2×3.141 6	m^2	1.18

续表

序号	分项工程名称	计算公式	单位	工程量
	薄钢板圆形风管(δ=1 mm 咬口)$D$1120 以下共：	54.27+0.98+12.10		67.4
③	薄钢板圆形风管(δ=0.75 mm 咬口)$D$500	[6−0.5(大小头长度)]×0.5×3.141 6	m^2	8.64
	$D$700×500 大小头	0.5×[(0.7+0.5)/2]×3.141 6	m^2	0.95
④	薄钢板圆形风管(δ=0.75 mm 咬口)$D$320	{[6−0.5(大小头长度)](主管水平长度)+2×6(6 根支管水平长度)+(4.7−1.3)×6(6 根支管标高差)}×0.32×3.141 6	m^2	38.10
	$D$500×320 大小头	0.5×[(0.5+0.32)/2]×3.141 6	m^2	0.65
⑥	天圆地方管 $D$320/600×300，6 个	[(0.32×3.141 6)/2+0.6+0.3]×0.2×6	m^2	1.69
	薄钢板圆形风管(δ=0.75 mm 咬口)$D$500 以下共：	8.64+0.95+38.10+0.65+1.69	m^2	50
2	帆布接口制作安装。$D$600，L=300 mm $D$800，L=300 mm 各 1 个	3.141 6×(0.6×0.3+0.8×0.3)	m^2	1.32
3	调节阀制作安装			
①	空气加热器上通阀 1 200×400，1 个	查国标通风部件标准质量表得单体质量为 23.16 kg /个		
	制作	23.16×1	kg	23.2
	安装	周长为：2×(1 200+400)=3 200(mm)	个	1
②	风机圆形瓣式启动阀 $D$800，1 个	查国标通风部件标准质量表得单体质量为 42.38 kg/个		
	制作	42.38×1	kg	42.4
	安装	直径为：800mm	个	1
③	密闭式斜插板阀 $D$800，1 个	由设备部件一览表(表 9.6)查得其单体质量为 40 kg/个		
	制作	制作：400×1	kg	40
	安装	直径为：800 mm	个	1
④	圆形蝶阀 $D$320，6 个	查国标通风部件标准质量表得单体质量为 5.78 kg/个		
	制作	5.78×6	kg	34.7
	安装	直径为：320 mm	个	6
4	矩形空气分布器制作安装 600×300，6 个	查国标通风部件标准质量表得单体质量为 12.42 kg/个		
	制作	12.42×6	kg	74.5

续表

序号	分项工程名称	计算公式	单位	工程量
	安装	周长为：2×(600＋300)＝1 800(mm)	个	6
5	矩形空气分布器支架制作安装	[(0.41＋0.2)×2＋0.61](角钢长度)×6(个)×2.42(角钢每米质量)	kg	26.57
6	空气加热器金属支架，1个	由设备部件一览表(表9.6)查得其单体质量为9.64 kg/个		
	制作安装	9.64×1	kg	9.64
7	皮带防护罩	由设备部件一览表(表9.6)查得其单体质量为15.5 kg/个		
	制作安装	15.5×1	kg	15.5
8	过滤器安装LWP－D(Ⅰ型)	1	台	1
9	过滤器框架	由设备部件一览表(表9.6)查得其单体质量为41 kg/个		
	制作安装	41×1	kg	41
10	钢百叶窗500×400			
	制作	0.5×0.4	m^2	0.2
	安装	0.5 m^2 以内	个	1
11	离心式风机安装：T4－72 No8 C	8号	台	1
12	风机减震台制作安装	291.3(风机减震台)	kg	291.3
13	空气加热器安装SRZ－12×6 D	139 kg/台	台	2
14	设备支架制作安装(50 kg以下)	26.57(空气分布器支架)＋9.64(空气加热器金属支架)	kg	36.21
15	风管刷油		m^2	
	内外表面除锈后刷红丹酚醛防锈漆	[54.27＋0.98＋12.10＋1.18＋8.64＋0.95＋38.10＋0.65＋1.69]×2×1.1＝119×2×1.1	m^2	262
	外表面刷灰色酚醛调和漆	119×1.2		143
16	通风部件除锈、刷油	[23.16(加热器上通阀)＋42.38(圆形瓣式启动阀)＋40(斜插板阀)＋34.68(圆形蝶阀)＋74.5(矩形空气分布器)＋20(钢百叶窗)]×1.15	kg	270
17	框架、支架除锈、刷油	26.57(矩形空气分布器支架)＋9.64(空气加热器金属支架)＋15.5(皮带防护罩)＋41(过滤器框架)＋291.3(风机减震台)	kg	384
	金属结构刷油	270＋384＋46(零星)	kg	700

本章小结

本章的内容包括：

(1)通风与空调系统的分类。通风系统可分为自然通风和机械通风两种。空调系统按空气处理设备所处的位置不同，可分为集中式和局部式两种。通风管的加工制作通常风管及其管件均无成品供应，需要现场加工制作。附件的制作安装主要有风帽，柔性短管，阀门，送、吸风口等。风管安装安装程序为：通风管道的测绘，支(吊)架安装，风管的吊装就位。风机安装通风系统常用的风机有轴流式和离心式两种。

(2)通风空调工程量计算的要领，仍然遵循安装工程工程量计算的规律，即从新风入口处，或者从风机、空调设备处开始，沿主风道或管道，逐段计算风管展开面积或管道长度，并累计沿线的装置、设备或部件，算完后分别按类汇总，即成工程量。

(3)通风空调系统的调整调试项目很多，如设备和装置单体调整、调试；通风管道系统调试；空调制冷设备系统调试、冷冻水管道安装检测试验；空调水系统管道安装检测试验；电气控制系统检测调测；防火排烟系统调整调试；BAS调试；联动系统调整、调试；综合效能测定与调整等，注意区别，才能正确计算。

习　题

一、单选题

1. 圆形金属风管(不包括螺旋风管)直径大于等于800 mm，且其管段长度大于(　　)mm或总表面积大于4 m^2 均应采取加固措施。

A. 1 000　　B. 1 250

C. 1 500　　D. 2 000

2. 截面面积大于(　　)m^2 的风阀应实施分组调节。

A. 1.0　　B. 1.2

C. 1.5　　D. 2.0

参考答案

3. 硬聚氯乙烯风管的直径或边长大于(　　)mm时，其风管与法兰的连接处应设加强板，且间距不得大于450 mm。

A. 400　　B. 500　　C. 600　　D. 800

4. 通风与空调工程系统无生产负荷的联合试运转及调试，应在制冷设备和通风与空调设备单机试运转合格后进行。空调系统带冷(热)源的正常联合试运转不应少于(　　)h，通风、除尘系统的连续试运转不应少于2 h。

A. 2　　B. 5　　C. 8　　D. 24

5. 通风机的传动装置外露部分应有防护罩，当风机的进口或进风管路直通大气时，应加装(　　)或采取其他安全措施。

A. 防雨罩　　B. 防尘罩

C. 防护罩(网)　　D. 活动百叶格

6. 防火阀和排烟阀(排烟口)必须符合有关(　　)标准的规定，并具有相应的产品合格证明文件。

A. 建筑产品　　B. 行业产品　　C. 新产品　　D. 消防产品

二、多项选择题

1. 组装式的制冷机组和现场充注制冷剂的机组，必须进行(　　)试验。

A. 吹污　　B. 气密性　　C. 真空　　D. 充注制冷剂检漏

2. 中、低压系统金属风管法兰的螺栓及铆钉孔的孔距不得大于(　　)mm；高压系统金属风管不得大于(　　)mm。矩形金属风管法兰的四角部位应设有螺孔。非金属风管法兰的螺栓孔的间距不得大于(　)mm。

A. 90　　B. 100　　C. 120　　D. 150

3. 矩形风管边长大于或等于(　　)mm 和保温风管边长大于或等于(　　)mm，且其管段长度大于(　　)mm 时，均应采取加固措施。

A. 630　　B. 800　　C. 1 000　　D. 1 250

4. 风管安装，支吊架不得设置在(　　)处。

A. 风口　　B. 风阀　　C. 检查门　　D. 自控机构

参 考 文 献

[1] 秦树和．管道工程识图与施工工艺[M]．重庆：重庆大学出版社，2013.
[2] 郎嘉辉．建筑给水排水工程[M]．重庆：重庆大学出版社，2004.
[3] 周玲．建筑设备安装识图与施工工艺[M]．西安：西安交通大学出版社，2012.
[4] 吴心伦．安装工程造价[M]．重庆：重庆大学出版社，2014.
[5] 刘钦．建筑安装工程预算[M]．北京：机械工业出版社，2013.
[6] 中华人民共和国国家标准．GB 50242—2002 建筑给水排水及采暖工程施工质量验收规范[S]．北京：中国标准出版社，2003.
[7] 重庆市建设工程造价管理总站．CQAZDE—2008 重庆市安装工程计价定额[S]．北京：中国建材工业出版社，2008.
[8] 中华人民共和国国家标准．GB 50300—2013 建筑工程施工质量验收统一标准[S]．北京：中国建筑工业出版社，2013.